岩田弘遺稿集
追悼の意を込めて

五味久壽［編］

批評社

岩田弘先生（2011 年 7 月 21 日：田中裕之撮影）

岩田弘遺稿集
――追悼の意を込めて――

『岩田弘遺稿集——追悼の意を込めて』の刊行にあたって

五味久壽

　岩田弘は、2007年と2008年には、『世界資本主義Ⅱ』執筆に集中し、そのプランをたびたび作り直したが、結局『世界資本主義Ⅱ』を文章としては完成できないまま、プランと断片的な草稿とメモだけを残して2012年1月末享年82歳で逝去した。

　ここに『世界資本主義Ⅱ』のプランと1990年以降次第に限られてきた岩田の著作、岩田の晩年の対談・鼎談の一部、友人による追悼文を集め、『岩田弘遺稿集——追悼の意を込めて』として、『世界資本主義Ⅱ』に代えて刊行する次第である。

　岩田弘は、第2次大戦という20世紀の前半と後半とを画する世界史的出来事——戦前の教育・戦中の勤労動員・戦後における「焼け跡・闇市」時代の激動——を若かりし時に体験し、さらに高度成長経済による変化の中で社会に対する発言を開始した世代に属する。晩年に岩田は、「自分たちがマルクス主義を教養の基本とした最後の世代ではないか」と述懐した。岩田自身の意識では、中学生時代から一貫して社会運動の中で生きることを当然としてきたからであったに違いない。岩田は、「理論と実践」を区別した宇野経済学に属しながら、師の宇野弘蔵を批判した初版『世界資本主義』を契機として理論の側から運動との接点を持つようになり苦闘した。その結果宇野経済学の他の人々との交流を晩年に再開するまで長く持たなかった。

　岩田のいわば《原点》は、戦後危機の「焼け跡・闇市」時代におけるいわば「無頼」さの支配という状況の中で、独立独歩の事業家として「商売」の現実を経験しただけでなく理念を思索したことにあったのではないかと推測される。岩田は、理念を相手とする体系的思索を重視する理論家であったが、同時に「僕は自分自身で経験し、自分の目で見たものしか信じない」現実重視の人でもあった。

　このためであろう。個人としての岩田は、一面では高潔であるが、他面では後の世代の甘い考えを許さない厳しさと端倪すべからざるところを持っていた。岩田は常に前に向かって進もうとし、最晩年のわずかな期間を除いて過去を振り返ることはしな

かった。また、対人関係については、「人と人とは、なれなれしく近づくことやべたべたした付き合いはせず、水のような淡々とした関係であるべきだ」を信条とし、個人の内面に立ち入ることはせず、自己のそれを明らかにすることもしなかったし、噂話の類も「僕に覗き見の趣味はない」と言って嫌っていた。

　岩田は、経済学者の歴史的役割を「資本主義システムの目や口」であるとし、固有名詞が付いておりそれぞれが一回限りの出来事として展開する多層的多次元的な現実の全体認識を繰り返して行ってきたことに求めていた。したがって「現実が最大の教科書」であり、「理論が現実にそのまま表れるものではない」ことを持論としていた。岩田は、歴史的現実を相手として考え抜いた文章を発表することに、終生一貫して努めていた不世出の人である。したがって、現実離れのした理念や既成の発想法に縛られる学者やインテリを、《俗物》と軽蔑し嫌っていた。

　後年の岩田は、「理論は現実の一部分にすぎない」、「現在とは過去があって未来に向かう歴史的現在」と言い、現時点の特徴を確定した上で歴史的過程の全体を現時点から振り返ってその必然性を解明することの重要性を強調するようになった。「原理論も段階的なものかもしれない」と口にしたこともあった。日常の講義や講演でも、すでに書いたものに縛られることを嫌い、話しながら思いつくことを好んでいた。晩年には、「僕はまた考え方を変えましたよ」とよく口にするようになった。

　だが、このことは、岩田世界資本主義論と呼ばれていても、書物において定型化された「岩田理論」は存在しないという結果となった。岩田自身は、「人は最後に書いたものによって評価されるべきだ」という意見であったが。

　岩田個人から離れて2015年時点の世界を見れば、その特徴の多くは、1990年代にすでに胚胎していたものといえよう。とりわけ、かつての欧米先進国と発展途上国という経済学のこれまでの教科書に書かれた二分法の図式を覆す経済発展は、中国を先頭に1990年代にすでに開始されていた。そして、岩田自身の思考の転換も1990年代に行われたのだが、「資本主義の組織原理」執筆のいわば《挫折》を経てこれまでの「経済学」の枠を突破する必要を認識したため、具体的成果には容易に結びつかなかった。

　岩田が1990年代以来関心を持っていたのは、左翼が一般的に注目するアメリカ帝国主義や「金融市場資本主義」の下での格差の拡大ではなく、ヨーロッパ・アメリカシステムに代わって中国・アジアシステムの主導する世界史的段階が登場することにあった。すなわち、この中国・アジアシステムが、世界市場構造と産業構造の再編成を通して新たな発展を開始するだけでなく、新たな生産力の質——力学的物理的生産

『岩田弘遺稿集——追悼の意を込めて』の刊行にあたって

五味久壽

力システムから分散・ネットワークシステムを通しての生物学的生産力への接近——を代表するものと見たからであった。このために岩田は、生物学、心理学、言語学、現代数学などを研究していた。

　1964年に旧版『世界資本主義』を書いた時点での岩田は、「僕の書くことは全部『資本論』からの推論だ」と言い、原理論も歴史的に始まりと終わりがある資本主義の全体認識として考え、「1960年代までの資本主義の歴史は全部頭に入っている」としていた。金・ドル・ポンド体制の破綻が戦後体制の危機を生み出すという自らの理論的問題提起によって登場し、資本主義がいかにして行き詰るか、もしくは行き詰らせるかという危機論に主たる関心があった。この危機論は、1970年代前半の第一次石油ショックの時の引き締めを見て撤回された。この後の岩田は宇野『経済政策論』がコピーしているヒルファーディング『金融資本論』とレーニン『帝国主義論』の批判などを通して、宇野経済学のシステムの再批判、特に帝国主義段階を世界史的段階ではなく過渡的なものとすること、現代資本主義を社会主義への移行期とする宇野の楽観主義を否定する方向へと向かった。

　マルクスに対しても自由主義の急進版・デモクラットと規定し、マルクス主義も自由主義の延長線上にあるヨーロッパ・アメリカシステムとしての資本主義の歴史的産物と見てその再評価を行ったのが、岩田の1980年代の多彩な作業の一半であった。岩田世界資本主義は、飛行機の窓からの系統的観察——中国世界・インド世界、オリエント世界さらにヨーロッパにおけるラテン・ゲルマン・スラブの対比、さらにアメリカ・メキシコまでは見た——による集落と産業配置の認識に加えて、マルクス『フォルメン』の批判的考察を行うことを通して、資本主義的商品経済という範囲を超える時間的空間的広がりを示した。1989年の『現代社会主義と世界資本主義』は、これらをいったん集約したものとなった。

　岩田は、1990年代の「グローバルキャピタリズム」の登場以降における資本主義の新たな展開、すなわちシリコンバレーから中国に向かって展開した新情報革命とこれを通して産業の側で起きている革命——流通革命・金融革命・産業における生産システムの革命に、早くから着目していた。また岩田は、これら1990年代からの革命の根拠を、伝統的な地域コミュニティや産業コミュニティにではなく、シリコンバレーや中国の郷鎮コミュニティに求め、これらを「分散・並列・ネットワークシステム」を現実に展開している地域的コミュニティとして高く評価していた。

　岩田が2006年に刊行した久々の著作で、実質的に最後の著作となった『世界資本主義Ⅰ』で、岩田は、資本ないし産業の側における「革命」と世界市場システムとし

ての世界資本主義の新たな担い手の考察を行った。引き続いて岩田は、『世界資本主義Ⅰ』と間をおかず『世界資本主義Ⅱ』を書き、21世紀の世界の主導的要因となる中国的・アジア的社会システムに着目して、その歴史的特質に対して「素人としての大胆な問題提起」を行う意欲を示していた。それは、『世界資本主義Ⅰ』で説いた中国新資本主義・「コミュニティ資本主義」のより立ち入った解明よりは、中国を律令制共同体国家として位置づけ、そこから中国の郷鎮コミュニズムを演繹するという方向を目指していた。

　この方向は、『世界資本主義Ⅰ』で岩田が『世界資本主義Ⅱ』の課題として当初設定していた課題——20世紀の二つの大革命であるロシア革命と中国革命とを総括すること、さらにそれを通してマルクス主義をどう総括するか——に対応していた。この課題は、『世界資本主義Ⅱ』のプランではソ連型ソーシャリズムと中国の郷鎮コミュニズムの中国における対立関係として捉えられている。

　20世紀の前半が2回の世界戦争と社会主義を掲げる革命による激動の時代であったことは、「自分たちがマルクス主義を教養の基本とした最後の世代ではないか」という先にあげた述懐の歴史的根拠であった。そこにはこれまでの発想法の枠組への反省も込められていたのではないか。ただし、岩田は第二次大戦の戦後がすでに70年と自由主義段階よりも長く続き変質して、戦後体制という概念ではすでに包括できなくなっていることを認めていた。

　岩田は社会運動の中で生きて来た者として、晩年には直接関係を持たなくなったが、社会運動は自然発生的に起こるもの、運動は何らかの理念を掲げるものと見ていた。コミュニティは遍在する日常的存在であり、またたえず新しく生まれるものでもある。また、国家組織が関わろうとしない領域で活動し、国家を超える「トランスナショナル」な活動と相互扶助をも行う主体である。岩田が見出した「コミュニズム」は具体的にどのようなものであり、「人間コミュニティの復活」という将来に向かう理念の役割を果たし得るものであるか。また、これと岩田のいう「新資本主義の世界的展開」、「中国新資本主義」、「生物学的生産力」との関係はどうなるのか。

　これらは、岩田が我々に残した課題であろう。

岩田弘遺稿集
―― 追悼の意を込めて ――

目次

『岩田弘遺稿集――追悼の意を込めて』の刊行にあたって…………3
五味久壽

第1部
岩田弘と世界資本主義

『世界資本主義Ⅱ』のプランについて (解題) ……………………16
五味久壽
1.「世界資本主義Ⅱ」の当初プラン……16
中国新資本主義論ではなく中国革命論が主題に…16／基底にある中国の農民コミュニティ革命（農民コミューン革命）論…17／コミュニティと商品経済の位置づけの変化…18
2.『世界資本主義Ⅱ』の全体イメージ……18
3. 各章に予定されていた内容のプラン……23

岩田弘と『世界資本主義』とを振り返って……………………28
五味久壽
岩田の人柄と発想法……28
岩田『世界資本主義』と筆者…28／筆者の世代が出会った『世界資本主義』…29／岩田の戦後危機体験と経営者的側面…30／戦後の混乱期の体験を基礎として考えた世代…32／篇別構成と首尾一貫性を最も重視…35／経済学の時事的側面に重きを置いた岩田…36／原理論と実証分析との関係…38／岩田の対話の仕方の特徴…39／岩田の対話の仕方と行動様式…40

1970年代から1990年代前半までの変化……43
1970年代における危機論からの転換…43／「資本とは機構の支配」という発想へ…43／『現代社会主義と世界資本主義』の位置…45／『資本の経済的組織原理』の執筆へ…46／『資本の経済的組織原理』執筆の中断とその理由…48／「グローバルキャピタリズム」の時代と試行錯誤…49

1990年代後半からの岩田の「コミュニズム」への転換……51
コミュニティ重視への転換とその契機…51／環境問題への関心による変化…53／留学生教育への

注力と自動車産業への注目…54／2000年代の岩田…55／原理論の意味の縮小…57／最晩年の岩田と企業「革命」への関心…59／左翼の伝統的発想法からの転換…60／「コミュニティの包容性」・実質的革命論へ…61／労働過程とコミュニティ…63／『世界資本主義II』へ…65

『世界資本主義II』が提起しようとした問題…………66

農民コミュニティ革命、さらに郷鎮コミュニティ革命としての中国革命…66／岩田のヨーロッパシステムと中国システムとの対比…68／谷川道雄の中国共同体論との共通性…70／谷川における中国「共同体世界の発見」…71／中国国家システム・商品経済・コミュニティ…73／清帝国における中国商品経済の急激な拡大とヨーロッパ世界商業…75／中国のナショナリズム…76／中国共産党の評価…77／中国の自動車社会化の意義…78／新情報革命の中心地中国は何を提起するか？…79／中国金融改革と景気循環…81

終わりに…………82

グローバル資本主義とマルチチュード革命……………………84
―― ネグリ＆ハートの『帝国』に寄せて

岩田 弘

1. ネグリ＆ハートの「マルチチュード」とマルクス革命論の二面性……84
2. ローザ・ルクセンブルクのマッセンストライキと近代工業プロレタリアートのコミューン……87
3. ネグリ＆ハートのグローバル資本主義とマルクス経済学体系の二面性……90
4. IT革命・新産業革命とグローバル資本主義……93
5. 20世紀型社会主義運動からコミュニズム革命の原点へ……95

3.11後の世界と日本資本主義が直面する問題………………97
―― 現代型製造業のグローバルなネットワーク化と新情報革命の世界史的意味

岩田 弘 ＋ 田中裕之

〔一〕東日本大震災が提起した日本資本主義の基本問題……97
―― 日本資本主義における現代型製造業の地位

A 資本主義にとって大災害の被害と救済・支援の主体は何か？…97／B 企業の資本主義的性格とその二重の意味…99／C 製造業の世界史的展開と労働生産過程の組織化の意味…100

〔二〕現代型製造業のグローバルな再編成とその世界史的意味……102
　　──自動車産業が直面する制御系部品の電子化と部品供給のネットワーク化
　　　A　部品サプライチェーン被害が提起する現代製造業の地位…102／B　部品生産のネットワーク化と電子情報制御システムの展開…103／C　パソコンを軸とする情報革命の二重の意味…105

〔三〕新情報革命の現代的展開と中国世界市場の登場……106
　　──21世紀的革命としての新産業革命
　　　A　21世紀パソコンネットワーク革命の現状…106／B　グローバルネットワーク革命と中国巨大世界市場の登場…108／【後記】…109

経済学原理論序説……111
岩田　弘

経済学原理論序説(一)……111
──世界システムとしての資本主義とその経済的組織原理

序……111

第一節　自己組織体としての世界資本主義……114
　　一　世界システムとしての資本主義…114／二　地域システムとしての農業社会…117／三　農業社会と国家…120／四　農業社会と商品経済…123／五　資本主義の発生と国家…125／六　自己組織体としての世界資本主義…129

経済学原理論序説(二)……132
──世界資本主義の自己組織学としての経済学原理論

第二節　世界資本主義の自己組織学としての経済学原理論……132
　　一　資本主義の発生と経済学の発生──経済学の発生形態としての重商主義の経済学…132／二　古典経済学と労働価値説…138／三　『資本論』体系と資本主義…146

第三節　経済学原理論の篇別構成……159
　　一　経済学原理論の篇別構成…159／二　世界市場と資本主義的大工業…161／三　資本主義的大工業の内部編成…165／四　資本主義的大工業と世界市場…170

第2部
「世界資本主義」の現局面をめぐる鼎談

鼎談
始まった世界恐慌、その歴史的意義を問う……………………182
岩田 弘 ＋ 五味久壽 ＋ 矢沢国光

金融危機から産業恐慌へ……182／岩田の緊急提案……186／29年恐慌の歴史的課題は何であったか……187／29年恐慌の歴史的課題とその遂行プロセス……188／08年恐慌の特徴とその歴史的課題……191／産業再編と世界市場再編……193／アメリカの産業再編成はどうなる?……197／オバマの課題……201

鼎談
アメリカ金融危機が意味するもの……………………………205
── 29年型世界大恐慌は始まったのか
岩田 弘 ＋ 五味久壽 ＋ 矢沢国光

アメリカ金融危機から「世界恐慌」へ?……205／なぜ世界金融危機になったか……207／アメリカ産業の二極化……209／ニューディール政策とオバマ「第二のニューディール」……210／日本はどうなるか?……214／中国産業の可能性……216／中国とインドのIT産業……222／資源確保競争と今日の「帝国主義」論……223／世界政治のアメリカ体制の破綻……225／「世界危機論」の今日……228／中国革命と農村コミュニティ……230／コミュニティ……232／アメリカの政治的変革……233

鼎談
現代資本主義と世界大恐慌······235
侘美光彦 + 伊藤 誠 + 岩田 弘

【第一部】
現代資本主義はどのように世界大恐慌を回避したのか······235

現代資本主義はどのように世界大恐慌を回避したのか······235
- ●財政支出とインフレ体制、戦時経済との関連······236
  戦時経済と大恐慌回避体制···236 ／戦後的蓄積とフォーディズム···237 ／ケインズ効果か、フォーディズム効果か···237 ／戦後体制の政治的軍事的性格···237
- ●ドルを基軸とする固定為替相場制······239
  為替の固定レート制と自由交換制のバッティング···239 ／基軸為替の金決済と国際通貨体制···240 ／ブレトン＝ウッズ体制と国際金本位制···241 ／ドル金決済の停止とブレトン＝ウッズ体制···243
- ●インフレの加速と変動相場制への移行······244
  ドルの金決済停止とポンドの金決済停止···244 ／ドルの金決済停止と過剰ドルの累積···245

新自由主義の台頭と金融不安定性の増大······247
- ●ケインズ主義の行詰りと市場原理主義の台頭······247
  スタグフレーションとケインズ主義の行詰り···248 ／戦後デモクラシーの行詰りと労働組合への攻撃···248 ／組合攻撃とマイクロエレクトロニクス革命···249
- ●新自由主義の現実的基盤と資本主義発展の螺旋的逆流······251
  新自由主義の台頭と逆流する資本主義···251 ／レーガノミクスのケインズ的効果···251
- ●貨幣・金融の不安定性の増大······251
  80年代の低経済成長と金融資産バブルの起動···251 ／ケインズ政策論的好況シナリオと長期不況論的金融資産バブルシナリオ···251 ／実体経済の停滞と金融不安定性の増大···254 ／金融資産バブルの加速と金融システムのバーチャル化···255

【第二部】
世界大恐慌の条件は熟しているか······257

世界大恐慌の条件は再び成熟しつつあるか······257
- ●バブルの崩壊と日本の平成不況······257
- ●金融自由化とアジア経済危機······262
- ●ITバブルの崩壊とアメリカの景気後退······268
- (岩田コメント)貨幣市場と資本市場、株式会社における所有と経営······277

【第三部】
20世紀の世界史的総括と人類史的課題……283
現代資本主義分析の方法論的枠組み……283
- 世界資本主義論と恐慌論的接近をどう活かすか……283
- ソ連崩壊の世界史的意味（および中国社会主義市場経済の意義）……290
- 人類史の危機と分析の焦点……309

宇野経済学50年をめぐる座談会……312
大内秀明 ＋ 櫻井 毅 ＋ 岩田 弘　（記録・田中裕之）

〈導入〉……314

〈本論〉……317

Ⅰ　宇野原論の課題と問題点……317
Ⅱ　商品経済のロジックと国際関係、外部関係（純粋資本主義と世界資本主義）……321
Ⅲ　利子論、景気循環論をどう説くか？……323
Ⅳ　宇野理論と実践活動との関係性……325
Ⅴ　ソ連社会主義の崩壊の意味……330
Ⅵ　共同体の根本問題（社会主義をめぐるマルクスとレーニンの問題、モリスの提起）……331
Ⅶ　08年アメリカ金融危機以降のグローバル資本主義と中国の登場、IT革命の現状……338
Ⅷ　宇野理論の展開と現状（鈴木原理論以降）……342

【コメント】
「宇野・岩田論争」が提起したもの……347
大内秀明

1）世界資本主義と一国資本主義、純粋資本主義の抽象の意味…347 ／ 2）「貨幣の資本への転化」と「資本の商品化」…349 ／ 3）段階論と移行論の違い…352 ／ 4）国家論の方法をめぐって…354 ／ 5）ソ連型社会主義の崩壊と「現状分析」の方法…356 ／ 6）宇野理論とコミュニタリアニズム（共同体社会主義）…359

【講演】
岩田弘の世界資本主義論とその内面化論としての経済理論……361
櫻井 毅

第3部
追悼 岩田弘先生

追憶の二重丸…………390
伊藤 誠

岩田さんの人と学問…………395
山口重克

岩田先生を偲ぶ…………398
河村哲二

岩田弘先生の追悼の意を込めて…………402
福岡克也

最晩年の岩田先生から学ぶ…………407
田中裕之

岩田弘先生著作目録……416

岩田弘先生年譜……418

あとがき…………419
五味久壽

初出一覧……422

第1部

岩田弘と世界資本主義

『世界資本主義Ⅱ』のプランについて（解題）

五味久壽
（立正大学名誉教授）

1.「世界資本主義Ⅱ」の当初プラン

中国新資本主義論ではなく中国革命論が主題に

　序で触れたように、岩田は「自分の特徴が演繹にあるとあらためて自覚した」と宣言し、『世界資本主義Ⅱ』の副題に「律令制共同体国家と中国革命　中国革命の変容と中国新資本主義の登場」を予定した。但し、岩田自身も『世界資本主義Ⅰ』における予告で、「読者が奇異に感ぜられるのは、……（中略）……『中国革命の変容と中国新資本主義の登場』を論ずるに当たってなぜ古代中国以来の律令制共同体国家の振り返りが必要かという問題」があることは認めていた。

　岩田としては、中国新資本主義の登場を「中国革命」論を通した人民公社・大躍進運動の歴史的遺産として捉えるという大きな課題設定をすることも、「中国新資本主義」自体に重点を置いて、「中国革命の変容が中国新資本主義の登場」に至る意味を明らかにし、「新情報革命」の下で展開する生物学的生産力という新しい生産力の質への接近という岩田の問題提起を現状に即して論じる方向もありえた。だが、体調のため1990年以降中国に行くことがなかった岩田は、後者を選択しなかった。

　このため、中国「律令制共同体国家」には、農民コミュニティの維持という公的任務を天から負託された皇帝ないし天子をトップとする国家コミュニズムが埋め込まれているという理念を出発点とし、易姓革命が歴史的に繰り返されてきたことを重視して「農民コミュニティ革命（農民コミューン革命）としての中国革命論、その律令制共同体国家との通底性」を説く「中国革命」論が内容上の基軸となった。

　当時岩田が、「歴史学の素人としては、専門家が見過ごしている問題もあり門外漢

『世界資本主義Ⅱ』のプランについて（解題）
五味久壽

として大胆な問題提起」をするつもりだが、「川上忠雄氏から岩田さんももっと中国史をやってから書けばいいのにと言われた」と漏らしていたので、完全な自信はなかったのであろう。もともとは歴史学者が行う現状分析をあまり評価していなかった岩田が、その逆の立場に立ったわけである。作業は難航し、次第に「中国は一筋縄ではいかない」と言うようになり、補論に相当する部分を増やしながらプランを何度か作り直すこととなった。

基底にある中国の農民コミュニティ革命（農民コミューン革命）論

中国革命の全体は農民コミュニティ革命（農民コミューン革命）と位置づけられた。これは、農業が生産手段のメンテナンスを生産者自らが行う総合産業（コミュニティ産業）であり、主体であるコミュニティは自給自足的で自立性を持つことが前提となっている。

第一に、毛沢東の農村根拠地闘争によって切り拓かれた中国革命は、人民公社大躍進運動においてそのクライマックスに達したと、岩田は見た。これに、「だが、マルクスやエンゲルスは、こうした勤労人民大衆の闘争──共同体の防衛と再生という意味でのコミュニズム──に対して充分な理解と関心を持っていなかった」というかねてからの批判が加わっている。

孫文の国民革命の綱領に対しては、二つの異質なもの、すなわち立憲国家の確立を目指す近代主義の政治綱領と、「均田制」──古代中国以来の土地均分主義の国家綱領、裏返せば易姓革命の綱領──の復活再生を目指す農民コミュニズムの革命綱領との結合物と見た。

第二に、人民公社大躍進運動を中国革命のクライマックスとする理由は、国家機関のいくつかの重要業務を地域農民コミュニティの内部へと吸収し、その発展を通して国家を解体再編成する運動を意味したことにあるとした。

第三に、毛沢東の人民コミューン運動と鄧小平の改革開放路線による資本主義化・近代化との関係を問うが、これを判定評価するのは、新情報革命・新産業革命が中国産業と中国経済に及ぼした巨大なインパクトであるとする。シリコンバレーのデジタル型産業は、中国農村コミュニティ型の郷鎮型企業にとっては最適の産業となり、デジタルによって装備された中国製造業の登場は、農民コミューン運動の遺産であるとして、鄧小平はその補助的な条件整備をしただけであると結論した。

17

コミュニティと商品経済の位置づけの変化

　岩田は、文化大革命当時「文化革命」ではだめで「社会革命」でなければならないと言ったが、内部関係が分からない以上軽々に判断すべきではないという慎重な態度をとっていた。だが、人民公社大躍進運動は「一部に行き過ぎがあったとしても」と基本的に肯定し、食糧不足による大量の餓死についてもなかなか信じようとしなかった。「毛沢東も最後は狂って死んだのだろう」とは言ったが、毛沢東の役割を基本的に肯定し、トロツキー(最晩年にドイッチャーを読み直していた)やレーニンへの否定的見解と対照的であった。

　岩田は、ソ連型社会主義の実体をドイツの戦時統制経済の平時版と見ており、中国の企業改革・金融改革・行政改革も、日本の戦時直接統制から戦後の市場による間接統制への移行と同じとみなしていた。また岩田は、1870年のドイツ統一から20世紀初頭までのドイツ資本主義の興隆も、また戦後日本資本主義の高度成長から株式・不動産バブルの破綻に至る変化に対しても、「30年たてば大きく変化する」といっていた。しかし、岩田が毛沢東を中国コミュニズムの一つの頂点とする「中国革命論」から現在の中国新資本主義をとらえようとすることに、編者は全面的に賛同できなかった。

　最晩年の岩田は「コミュニティ」を極めて重視した。中国革命における農村根拠地闘争のコミュニズムとしての評価は、そこではコミュニティが商品経済と共存していたから、商品経済というものは恐れるべきものではないといった評価となった。

　商品経済がどこから生まれるのかという問題を岩田は再考していた。古代農業社会に生れた定住型農業共同体の国家的統合において巨大性は、統合の困難性であり、それと表裏の関係において異質のものを統合する世界市場関係としての商品経済を必要とする。岩田の言う「中国の国家システムは商品経済と仲良し」である。岩田は、中国国家システムに見られる商品経済との親和性、毛沢東時代の農村根拠地が商品経済と対立せずにそれを包摂していたことなどを通して、最晩年には商品経済とは共存できるものであり、国家については人類の作り上げた制度であるから廃棄できると考えたようである。

2.『世界資本主義Ⅱ』の全体イメージ

　『世界資本主義Ⅱ』の全体イメージは、岩田自身の表紙のデザインに表現されているのでその例を二つ示す。Aのプランは、『世界資本主義Ⅰ』の予告との連続性が強く、

『世界資本主義Ⅱ』のプランについて（解題）

五味久壽

A

世界資本主義 Ⅱ

律令制共同体国家と中国革命
中国革命の包容性と中国新資本主義の登場

その21世紀的意味を問う

岩田 弘

農民コミュニティ革命としての中国革命
中国コミュニズムの包容性と中国新資本主義の登場
世界の製造業・デジタル産業の集積基地としての中国世界
中国を軸とするアジア世界の再編
新資本主義と旧資本主義へのアメリカ資本主義の分極化
ロシア社会主義の自壊と全ヨーロッパ資本主義の流動化
新資本主義の世界展開と人間コミュニティ再生の運動

批評社

B

世界資本主義 Ⅱ

郷鎮コミュニティ革命としての中国革命
中国革命の包容性と中国新資本主義の登場

その21世紀的意味を問う

岩田 弘

地域コミュニティ集積産業としてのアメリカ・シリコンバレー産業
アナリー分析の功績とシリコンバレー革命の中国世界への波及
台頭する地域コミュニティ産業としての中国デジタル産業
世界の製造業・情報産業の集積基地としての中国世界
中国世界を軸とするアジア資本主義の再編
スラブ社会主義の自壊とEU資本主義の拡散
米中新資本主義の世界圧力の増大と人間コミュニティの再生
物理・化学的生産力から情報学的・記号的・生物学的生産力へ

批評社

2008年12月の日付があるBのものの方が新しい。
　副題の第1、「律令制共同体国家と中国革命」の「郷鎮コミュニティ革命としての中国革命」への変更は、律令制共同体国家論からの演繹の意図が後退し、中国の産業集積構造の特徴とその背景をなす米中新産業の共通性が浮上している。
　副題の第2、「中国革命の包容性と中国新資本主義の登場」における「中国革命の包容性」とは、人民公社・大躍進をコミュニズムの運動と捉えつつ、それが商品経済・商業と工業さらには行政などまで包容したという趣旨である。
　白抜き部分の主要論点列挙のレベルでは、これと対応して「農民コミュニティ革命としての中国革命」が、「地域コミュニティ集積産業としてのアメリカ・シリコンバレー産業」に置き換わっている。したがって後者では農民コミュニティ革命から出発するという捉え方が後退したということであろう。この「地域コミュニティ集積産業」という概念と後者でつけ加わっている「アナリー（アナリー・サクセニアン）分析の功績とシリコンバレー革命の中国世界への波及」は、中国新資本主義の特徴の提起である。
　「世界の製造業・情報産業（デジタル産業）の集積基地としての中国世界」および次の「中国（世界）を軸とするアジア資本主義の再編」は、後者の方が新資本主義という規

19

定が明確になっている。

「新資本主義と旧資本主義とへのアメリカ資本主義の分極化」は、「米中新資本主義」となり、その「世界圧力の増大」に対する「人間コミュニティの再生」という表現に変えられた。この「人間コミュニティ再生の運動」で結論とするのか、「物理・化学的生産力から情報学的・記号的・生物学的生産力へ」という生産力の新たな質的規定を結論とするのかという問題点が（両者が矛盾するわけではないが）挙げられている。

篇別構成のプランは、2008年のものと岩田が批評社に対して「できた」と告げた2010年のもの二つ、合計三つを見て頂きたい。2010年について二つのプランを挙げ

世界資本主義 Ⅱ（08年1月12日）
律令制共同体国家と中国革命
中国革命の包容性と中国新資本主義の登場
その21世紀的意味を問う

　　　　『世界資本主義Ⅱ』の刊行にあたって
序　章　農民コミュニティ革命としての中国革命、その変容と中国新資本主義の登場
第1章　人類史における農業社会登場の特殊的意義、共同体・国家・商品経済の相互関係の出現
第2章　中国における国家形成の独自性、律令制共同体国家と「易姓革命」
　　　　――農民コミュニティの国家的統合とその公的機関としての国家
第3章　最後の律令制国家としての清帝国とヨーロッパ資本主義のインパクト
　　　　――清帝国における律令制国家の完成形態と自壊形態
第4章　中国近代化革命の開始と孫文の革命綱領の二重性
　　　　――中国近代化の国民革命綱領と土地均分主義の農民コミュニティ革命の綱領
第5章　毛沢東による孫文綱領の継承と農民コミュニティ革命としての農村根拠地建設闘争
　　　　――毛沢東コミュニズムとヨーロッパマルクス主義の異質性
第6章　人民共和国の樹立、農民コミュニティ革命の第1次的勝利と革命の分裂
　　　　――農民コミュニティ革命の拡大深化か、ソ連型社会主義の建設路線か
第7章　コミュニズムとソーシャリズムの死闘としての人民公社運動
　　　　――マルクス主義におけるコミュニズムとソーシャリズム、中国革命の独自的意義
第8章　毛沢東コミュニズムから鄧小平の改革開放路線へ
　　　　――中国企業改革と郷鎮企業の設立ラッシュが意味するもの、前進か逆転か
第9章　アメリカにおけるシリコンバレー革命の開始とその生物学的特徴
　　　　――中国型ヴェンチャー企業の活躍とその中国世界への波及、中国新資本主義の登場
第10章　世界の製造業・デジタル産業のネットワーク型集積基地としての中国世界
　　　　――アメリカ新資本主義をも取り込む無国籍資本主義としての中国新資本主義
終　章　21世紀に問われているもの
　　　　――新資本主義の展開、そしてコミュニティ再生の運動としてのコミュニズムへ

『世界資本主義Ⅱ』のプランについて（解題）

五味久壽

たのは、全体編成の内容がまだ完全には確定していなかったこと、全体のある程度一貫したイメージはあるが、序章および第1章であってもまだ具体的には書き始められなかったことが示されているからである。

世界資本主義 Ⅱ（10年6月3日）
律令制共同体国家と中国革命
中国革命の包容性と中国新資本主義の登場
その21世紀的意味を問う

　　　　　『世界資本主義 Ⅱ』の刊行にあたって
序　章　郷鎮コミュニティ革命としての中国革命
　　　　──中国革命の包容性と中国新資本主義の登場
第1章　人類史における定住型農業社会登場の革命的意義、共同体・国家・商品経済の相互関係の登場、思考言語としての文字言語の出現
第2章　中国における国家形成の独自性、律令制共同体国家と「易姓革命」
　　　　──農民共同体の国家的統合と律令制科挙官僚制の出現、漢字文化圏としての中国世界の形成
第3章　モンゴル部族の活動と元帝国の成立、その巨大な世界史的役割
　　　　──中国世界と中近東・ヨーロッパ世界との陸路交通と海上航路による結合
第4章　最後の律令制共同体国家・清帝国と中国資本主義の大展開
　　　　──中国世界における人口爆発と産業爆発、清帝国の国家基盤の自壊
第5章　中国近代化の政治革命の開始と孫文の革命綱領の二重性
　　　　──共和制国民革命の綱領と「耕作者有其田」の農民コミュニティ革命の綱領
第6章　第一次大戦と兵士・労働者コミュニティ革命の爆発
　　　　──ソヴェト・レーテ革命としてのヨーロッパ・コミュニティ革命の開始
第7章　毛沢東の農村根拠地闘争、近代中国における農民コミュニティ革命の開始
　　　　──孫文綱領の継承、ヨーロッパマルクス主義との異質性
第8章　人民共和国の樹立、革命の第1次的勝利と革命の分裂
　　　　──農民コミュニティ革命の全中国への拡大か、ロシア型ソーシャリズムの導入か
第9章　人民公社大躍進運動から文化大革命運動へ
　　　　──郷鎮コミュニティによる共同体農業の再生と地域企業の設立ラッシュ、今日に至る中国産業大発展の開始
第10章　ロシア型ソーシャリズムの排他性と自壊、中国コミュニズムの包容性と現実性
　　　　──唯物史観的ソーシャリズムの仮想性と共同体コミュニズムの現実性
第11章　アメリカ・シリコンバレー革命の開始と中国新資本主義の登場
　　　　──中国型コミュニズムの包容性、郷鎮資本主義としての中国新資本主義
第12章　世界の製造業・デジタル産業のネットワーク型集積基地としての中国世界
　　　　──中国世界を推進基地とする新産業革命の世界展開、その巨大な世界的インパクト
終　章　21世紀に問われているもの
　　　　──新産業革命の世界展開と人間共同体・人間コミュニティの再生、その可能性はコミュニズムの包容性と商品経済の部分性

世界資本主義 Ⅱ（10年9月15日）
郷鎮コミュニティ革命としての中国革命
その包容性と中国新資本主義の登場
その21世紀的意味を問う

『世界資本主義Ⅱ』の刊行にあたって

序　章　郷鎮コミュニティ革命としての中国革命
　　　　──中国革命の包容性と中国新資本主義の登場
　　第1節　郷鎮コミュニティ革命としての中国革命
　　第2節　中国革命と中国資本主義
　　第3節　アメリカ・シリコンバレー革命の開始と中国新資本主義の登場

第1章　人類史における定住型農業社会登場の革命的意義、共同体・国家・商品経済の相互関係の登場、思考言語としての文字言語の出現
　　第1節　人類史における定住型農業社会の出現と農業共同体
　　第2節　土地地力の維持再生産・灌漑土木工事と農業共同体・国家・商品経済の相互関係の登場
　　第3節　非人格的な多角的交換関係としての商品経済、その独自的組織者としての商品と貨幣

第2章　中国における国家形成の独自性、律令制共同体国家と「易姓革命」
　　　　──農民共同体の国家的統合と律令制科挙官僚制の出現、漢字文化圏としての中国世界の形成

第3章　遊牧商業部族としてのモンゴル部族と元帝国の成立、その巨大な世界史的役割
　　　　──中国世界と中近東・ヨーロッパ世界との陸路交通と海上航路による結合

第4章　最後の律令制共同体国家・清帝国と中国資本主義の大展開
　　　　──中国世界における人口爆発と産業爆発、清帝国の国家基盤の自壊

第5章　中国近代化の政治革命の開始と孫文の革命綱領の二重性
　　　　──共和制国民革命の綱領と「耕作者有其田」の農民コミュニティ革命の綱領

第6章　第一次大戦と兵士・労働者コミュニティ革命の爆発
　　　　──ソヴェト・レーテ革命としてのヨーロッパ・コミュニティ革命の開始

第7章　毛沢東の農村根拠地闘争、近代中国における農民コミュニティ革命の開始
　　　　──孫文綱領の継承、ヨーロッパマルクス主義との異質性

第8章　人民共和国の樹立、革命の第1次的勝利と革命の分裂
　　　　──農民コミュニティ革命の全中国への拡大か、ロシア型ソーシャリズムの導入か

第9章　人民公社大躍進運動から文化大革命運動へ
　　　　──郷鎮コミュニティによる共同体農業の再生と地域企業の設立ラッシュ、今日に至る中国産業大発展の開始

第10章　ロシア型ソーシャリズムの排他性と自壊、中国コミュニズムの包容性と現実性
　　　　──唯物史観的ソーシャリズムの仮想性と共同体コミュニズムの現実性

第11章　アメリカ・シリコンバレー革命の開始と中国新資本主義の登場
　　　　──中国型コミュニズムの包容性、郷鎮資本主義としての中国新資本主義

第12章　世界の製造業・デジタル産業のネットワーク型集積基地としての中国世界
　　　　──中国世界を推進基地とする新産業革命の世界展開、その巨大な世界的インパクト

終　章　21世紀に問われているもの
　　　　──新産業革命の世界展開と人間共同体・人間コミュニティの再生、その可能性はコミュニズムの包容性と商品経済の部分性

『世界資本主義II』のプランについて（解題）
五味久壽

3. 各章に予定されていた内容のプラン

　以下岩田の予定していたプランを編者がまとめたメモに過ぎないが、各章で論じようとした問題を示しておきたい。

序章

　「郷鎮コミュニティ革命としての中国革命」——中国革命の包容性と中国新資本主義の登場——から説き起こそうとした。ヨーロッパコミュニズムの原型をフランス大革命におけるサンキュロット・コミューンの闘争に求め、中国の易姓革命を郷鎮コミュニティ革命と捉え、それを近代的に再生させたのが毛沢東革命とする。

　ヨーロッパ史と中国史の異質性、マルクス主義の唯物史観の一面性、それが中国人自身の歴史認識を阻害したとする。ロシアソヴェト革命が成功しても、商品経済を廃棄しえないがゆえに労働者資本主義になるしかなかったとし、それと中国新資本主義とを対比している。

　この「包容性」とは、郷鎮コミュニティが商品経済と福祉・教育・行政等をも包摂する存在であることを指す。「農民コミュニティ革命としての中国革命」と、「郷鎮コミュニティ革命としての中国革命」とでは、後者に定着したようである。歴史的にはともかく、コミュニティを「農民」に限定することが、現代的にどれだけ意味があるかは疑問である。次いで中国の現状を中国「新資本主義」と規定するが、アメリカのシリコンバレー革命が中国世界へと波及したことを重視している。後者の表現では、郷鎮企業の設立運動が中国産業大発展を起動させ、それがソ連型社会主義企業との異質性を作り出したことが重視され、アメリカ型ヴェンチャー企業と中国型郷鎮ヴェンチャー企業との同質性を説く。

第1章

　「人類史における定住型農業社会出現の革命的意義、共同体・国家・商品経済の相互関係の登場、思考言語としての文字言語の出現」とし、序章を受けて人類史への振り返りを行う。進化生物学を彷彿とさせる書き方である。農民共同体もしくは農業共同体は、土地占有・地力再生産の共同労働体となる。国家の原点は部族国家か階級国家か？　という問題提起があらためてなされ、国家論の根本問題は共同体国家か、階級国家かが再度検討される。これは、部族集団による土地の排他的占有と土地地力の

維持再生産のための灌漑土木工事とどちらを重視するかという問題でもある。共同体の国家的統合にたいする商品経済的結合関係の登場の必然性とその独自性、その組織者としての貨幣と資本の位置づけが行われる。

第2章

多数の部族国家の大王国家としての統合からさらに中央集権国家の成立を説く。中央集権的な国家機関としての官僚制が登場し、その経済基盤として現物経済的な租税制度・均田制が成立する。中国国家が律令制共同体国家である理由を、「易姓革命」シナリオ、天子の交代を超える国家業務の独立した実質的担い手としての官僚制国家機関の実質的継続性により説く。官僚集団とその名目的代表者としての皇帝・天子、天・天子・天下の三者関係と易姓革命。科挙制度の確立をもって律令制共同体国家としての中国国家が確立。

第3章

遊牧商業部族・モンゴル族の役割、その中国征服と元帝国建設。この元帝国による中国世界と中近東・ヨーロッパ世界との陸路交通と海上航路による結合。明清帝国による元帝国の遺産の継承と中国・ヨーロッパ貿易の展開。なぜこの主題に飛ぶかは、中国文明史批判による。古代フェニキア商業と比較した近世モンゴル商業における貨幣・商業の独自的機能、世界商業の巨大な歴史的役割と世界市場の特異性、非人格的多角的な交換である商品経済の共同体外的性格。古典経済学の商品経済認識は共同体内的交換のイメージに依存したもの。

第4章

律令制共同体国家の最終形態としての清帝国を、律令制共同体国家の完成形態と自壊形態の同一性として説くのか、ヨーロッパナショナリズムとの接触において暴露される科挙官僚集団の限界・中華思想の限界として説くのかという問題。清帝国時代の人口爆発とその背後にある急速な経済発展を指摘し、これを中国初期資本主義の登場として重視する。フランス革命以降のヨーロッパナショナリズムとそれと並行して進むヨーロッパの商業資本的進出が、アジアにおける鉄道建設の開始とともに一変した。鉄道帝国主義による清帝国の分割合戦とこれに反発する中国ナショナリズムの起動が中国近代化革命の開始へと向かう。これにはアジアにおける鉄道帝国主義の先兵としての日本帝国主義による対中進出が深く関わる。これを通して、排満、共和制を旗印

『世界資本主義Ⅱ』のプランについて（解題）
五味久壽

とする中国ナショナリズムの台頭。

第5章
　孫文綱領は、ヨーロッパ近代革命から来る中国近代化の政治綱領と土地均分主義の農民コミュニティ綱領との二重性。ヨーロッパの近代革命も中国とは異なった意味の農民コミュニティ革命を伴うので、それとの比較における中国の独自性。中国古来の共同体的土地所有とその国家的統合体としての国家コミュニズムの理念。(孫文自身は無関心で曖昧)。辛亥革命による中国革命の端緒的開始。孫文の蹶起と郷鎮コミュニティの反乱闘争。

第6章
　ソヴェト・レーテ革命をヨーロッパのコミュニティ革命と捉え、マルクスの革命の大衆的蜂起の組織形態への無関心性、コミンテルン党組織論の根底的批判の必要性を指摘して、コミュニティに無関心かつコミュニズムと対立したヨーロッパマルクス主義の限界を説く。

第7章
　①孫文による中国革命の開始と孫文主義の特殊中国性、ヨーロッパマルクス主義との異質性を説く。②毛沢東による孫文綱領の継承と農村根拠地闘争（武装農村コミュニティの建設運動）の展開。③農民コミュニティ革命としての中国革命とその世界史的意義。毛沢東はロシアマルクス主義の批判的克服を問われたが、その欠落により不断の動揺と自己矛盾に。根拠地革命の主軸組織。

第8章
　①中国革命の分裂。毛沢東にコミュニズムとソ連型社会主義との区別がなく、毛沢東派にコミュニズム建設の明確な方針はなかった。このため中国革命の勝利は同時にコミュニズムとソーシャリズムとの分裂になったが、ヨーロッパマルクス主義が繰り返し経験した問題。②ロシア型ソーシャリズムの導入か、毛沢東の反撃による農民コミュニティ革命の全中国への拡大か。毛沢東は社会主義運動の人海戦術によるスピードアップと解釈していた。地域コミュニティの大衆動員によるコミュニズム運動としての人民公社大躍進。人民公社が福祉・教育などの地域コミュニティ所属事業を設置・拡大したことを高く評価。

第9章

ロシア型ソーシャリズムと中国のコミュニズムとの異質性の強調。①中国型郷鎮コミュニズム運動としての人民公社大躍進運動。農業協同組合運動と地域コミュニティ運動。合作社運動と人民公社運動との質的相違。人民公社運動を国家そのものの廃棄を目指すものとなったと評価。②毛沢東の死と鄧小平路線の登場。毛沢東には易姓革命・農民コミュニティ革命の自己認識＝中国革命の歴史的自己認識と自己貫徹が問われていた。③郷鎮企業設立運動から中国産業の長期大発展へ。唯物史観ソーシャリズムは国家独占の確保なしには存立不能。伝統的な日常組織としてのコミュニティ。コミュニティに対するマルクスの無知。

中小企業のネットワークシステムとして資本主義的近代産業を捉え、中国郷鎮企業のそれへの適合性を説く。GMスローンシステムも並列・分散・ネットワークシステムと捉える。人民公社大躍進運動が郷鎮企業を生み出し、郷鎮企業がさらに企業内ヴェンチャーを生み出すことを通して中国産業の長期大発展に向かった。

第10章

アメリカ自動車産業における分散ネットワークシステムの台頭。中国型ネットワークシステムは郷鎮コミュニティシステム。ロシア型唯物史観的ソーシャリズムの仮想性と中国コミュニズムの現実性。古代以来の郷鎮コミュニティの目的意識的再設定としての中国コミュニズム。ソーシャリズムの唯一可能な存在形態であったスターリン社会主義は、国家資本主義が実体。ソ連型工場システムとそのフォードシステムとの同質性はフォードシステムへの物神崇拝であるだけで、現実には非適合的。ソーシャリズムの部分的自由化（国営商業の廃止）はその瞬時的崩壊になったこと。

第11章

①新情報革命、新産業革命の生体システムへの接近、アメリカ資本主義における旧資本主義と新資本主義との併存体制、グローバルな無国籍資本主義としてのシリコンバレー資本主義の中国世界への波及、②人民公社運動の生み出した地域コミュニティ企業としての郷鎮企業。中国コミュニズムの包容性、郷鎮資本主義としての中国新資本主義。

第12章

①新情報革命の開発国・アメリカと米中関係、思考マシーンとしてのパソコンネッ

『世界資本主義Ⅱ』のプランについて（解題）
五味久壽

トワーク。②シリコンバレー革命の中国世界への波及と中国新資本主義の台頭。中国世界を推進基地とする新産業革命の21世紀的展開、③永続的革命としての情報革命の独自性とメカ的革命の第二義化。

かつて岩田が強調した資本蓄積過程に対する固定資本的制約の地位が後退した。基軸産業のアメリカから中国への移動、中国新資本主義をその基軸産業論、景気循環機構論で総括しようとする発想もある。またコミュニズムと資本主義との親和性、それが意味するものは唯物史観的認識の終焉であるという発想も見られる。

終章
①地域コミュニティの国家的統合の意味喪失、それは地域的統合の累積的ネットワークの全人類への拡大か。新産業革命の世界展開と人間コミュニティの再生の可能性、コミュニズムの包容性と商品経済関係の部分性という考え方も。②共同体、国家、商品経済の相互関係と新産業革命、産業システムの生体システムへの端緒的接近。商品経済関係の部分性と生産基軸としての資本主義生産。商品経済関係は、その疎外的外面性ゆえに人間労働力を部分的にしか掌握しえないこと。これに対して国家関係は多種多様性、階層的ネットワーク性を持つ共同体関係との密着性があること。③人類最後の産業革命としての新情報革命。

岩田弘と『世界資本主義』とを振り返って

五味久壽

岩田の人柄と発想法

岩田『世界資本主義』と筆者

　1945年生まれの筆者は、1964年に岩田に出会い約50年弱(約30年は立正大学経済学部での同僚・約40年は同じ団地の住民として)の間、岩田からも「腐れ縁だね」と言われた通り日常的にも接触し、独立独歩の人であった岩田の自問自答の聞き手の役割を務めていた。

　「駄法螺経済学」と自称していた岩田は、スケールが大きいだけでなく現実の新しい展開に対して敏感でありそれを意味づけることができる発想の豊かな人であった。また、着想の面白さに止まらず、常に一貫して考えて考え抜いた上で文章を発表することにおいて、不世出の人であった。

　本書を手にとって頂いた人であっても、初版『世界資本主義』の(危機論の)岩田しかご存知ない人もあろうし、大半の人は1989年の『現代社会主義と世界資本主義』までの岩田を記憶しているに止まるであろう。岩田は、2006年の『世界資本主義Ⅰ』まで本を出版しなかっただけでなく、発表した論文も大学の紀要に掲載されていたからである。また岩田は、1990年代には「微生物のおしっこじゃないですか」とアルコールを揶揄しつつ、アルコールを飲まないでも「現代史研究会」などでの講演会後の懇親会の席にも付き合っていたが、2000年代に入るとそうした機会は急速に減少した。

　だが、筆者は、『現代社会主義と世界資本主義』以前の「迷った時には高いところに上ってみるしかない」と言い、『資本論』をあらためて読み直しつつ様々な試行錯誤をしていた1980年代の岩田、1990年代において「コミュニティ」に対して発想法の大きな転換を行った岩田、生物学——遺伝子さらに言語システム——の研究に熱心であ

岩田弘と『世界資本主義』とを振り返って
五味久壽

った2000年代の岩田、それぞれの年代における変化と、その年代の中での発想法の転換を見てきた。

考え抜いて書いたものだけから判断すべきであるという岩田の考えは尊重するが、筆者だけが知る岩田の興味深い発言もある。そこで、岩田『世界資本主義論』の推移と変化を、筆者が思い出せるエピソードを交えて紹介したい。常々筆者は、16歳の年齢差がある岩田の持つ「厳しさ」に、体験した時代の違いを何よりも強く感じた。加えて岩田と筆者では、能力・資質の大きな懸隔があることは言うまでもない。

筆者から見て岩田は、他人への思いやりはあっても他人だけでなく自分自身に対しても厳しい人であったし、個人的なことについてほとんど話さなかった人であった。したがって、岩田が自分から言いださないことには立ち入って聞かないことにしていたため、岩田の発言に対する筆者の理解不足や思い違いがあるかもしれないことは、お断りしておきたい。

筆者の世代が出会った『世界資本主義』

筆者の世代は、国内的には昭和30年代の工業化と都市化により並木正吉の言った「農村は変わる」——農民が出稼ぎ依存から工場労働者の衣服を着るように変身し、伝統的な「生業」と地域コミュニティが次第に解体した——状況の中にあった。また日本資本主義の対外面では資本の自由化・為替の自由化や日韓条約締結という世界の政治・経済との新たなかかわりが出てきたころであり、学生運動もまだ盛んではなく、いわば平時の状況で、旧版『世界資本主義』を通してマルクス経済学に接触した。大内兵衛が『経済学50年』に日露戦争後のこととして書いているのと同様に、経済の発展期にあたって「これからのことを解るには経済学をやらなければならない」と思ったためであった。このことが現実と接触することを好んでいなかった筆者の進学先を文学部から変更させる契機となった。

岩田の世界資本主義論の主張は、固有名詞のついた世界史の展開それ自体について具体的に論じる部分と、その展開を内面化（のちには価格機構への還元という表現に緩和された）した原理論の部分とに分かれていた。私の世代は1964年に出版された『世界資本主義』によって経済学に入門したが、それよりも上の世代は、『経済学原理論』を通してであった。このことは、『世界資本主義』の受け止め方についても、原理論の位置づけに対しても、上の世代との差を生むことになった。

若い時の岩田は、鈴木鴻一郎編『経済学原理論』（東大出版会、上1960年、下1962年）に深くかかわり、さらに旧版『世界資本主義』（未来社、1964年）を執筆してその主張を

具体化した。

　岩田は、議論は私的なものではないとして内輪褒めはしなかった。それと同時に、「論争を通して議論は鋭くなる」として、「マルクスの『フォークト氏』のように、批判は相手を一撃の下に倒すものでなければならない」と言っていた。その批判は内容的には徹底していても、「相手の名前を挙げてやると後で嫌な気がするでしょう」というものであった。また、師の宇野弘蔵はぶつかって批判してもやりがいのある「横綱」であったが、他はそれと比較すれば格下であるという気持ちがあったようであり、批判するには相手を選ばなければならないという趣旨のことを言っていた。岩田には、他人の言うことを受け入れて修正できる素直なところと、相手を大きく包みこむ温かいが「だべって遊んでいないでやることをやりなさい」という厳しいところが同時に感じられた。

　筆者が1965年に経済学部に進学すると、岩田の先生であり筆者にとってゼミナール（大学院鈴木ゼミへの進学は前年2人であったのが同学年では8人に増えた。他に慶応から栗本慎一郎・野口建彦らが参加していた）指導教官であった鈴木鴻一郎先生は、原理論も現状分析も両方やりなさいという方針であった。大学院の先輩たちは、伊藤誠と侘美光彦らによる『帝国主義研究』や『恐慌史研究』（藤川昌弘、馬渡尚憲、杉浦克己）をすでにやっていた。我々の世代は、これを見て『経済学原理論』というものがすでに存在している以上、これからは現状分析（特に世界資本主義論でいう世界市場の基軸国としてのアメリカ）が仕事になるであろうという感覚で受け止め、さらに上の世代のように、ヨーロッパ資本主義の分析をやっている場合でもないと思えた。したがって、アメリカ資本主義の分析に行った人が多かった。岩田からは、「原理論ができる時の議論を知らないと浅い理解になる」と注意されていたし、「全体を通してやっておくと強いよ」とも言われていた。なお一言触れておけば、我々よりも2年ほど下の学年で、マルクス経済学に対する関心は急速に薄れ研究者になる人も減少し、5年ほど下の学年では全く様変わりした。東大闘争・全共闘運動の退潮によるものであろう。

岩田の戦後危機体験と経営者的側面

　戦後危機の激動を文字通り体験した岩田は、戦後民主主義の中で育った世代に対しては、(1960年、第一次安保闘争には関心を持たず参加しなかったことに見られたように)違和感を持っていたようである。また、岩田の世代は、戦前の天皇制資本主義の下にあって、日本の国家権力と社会の性格規定を巡って争った日本資本主義論争のマルクス主義世代――天下国家を論じるという面では天皇制国家権力のエリートと共通性を持ってい

たが、日本社会のアイデンティティをマルクス主義が明らかにしたと受けとめたアンチエリートの世代――からの直接的影響は少なかったようであり、その次の世代――資本主義システムの探究者としてのマルクスの『資本論』の論理・その体系性に魅力を感じたであろう――に属していた。岩田が残した『グルンドリッセ』や『資本論』への書き込みを見ると、岩田が翻訳を通さないで（大学院時代の岩田は『資本論』の原書をゼミナールにもって行ったそうである）、原書からこれらの解読にいかに熱心に取り組んだこと、『経済学原理論（上・下）』から入門した我々の世代がとても及ばないことを感じる。

　岩田は、大学院時代に降旗節雄とともに『グルンドリッセ』の翻訳に取り組んだ（他の本屋つまり大月書店から翻訳が出るという話を聞いて止めたと言っていた）ように、ドイツ語は得意としており、英語は戦時中の教育のためか自己流であったが、翻訳の適否に対してここはおかしいと的確に指摘できる鋭い感覚を持っていた。また、「主語」（主語では一般にはわかりにくいとして主導的要因と言い換えることもあった）を明確にすることを、岩田は常に厳格にわれわれに求めた。

　岩田は、戦後の焼け跡闇市時代の混乱期において、生活のために紙のブローカーの仕事を経験していた。1970年代後半に岩田は地域の住民運動に関わったが、「行けると思ったら強引に交渉してまとめるものだよ」と言い、必要な時には文字通りの迫力ある恫喝をしてまとめ上げた。長男として（「長男・長女というのは経営者だよ」と言っていた）の責任感によったものであろうが、商業資本の活動とそれにかかわる信用売買の役割とその決済システムの必要性を体験し、それは後に宇野の貨幣論さらに信用論への批判に結びついた。またこの商売の背景にあった統制経済の実態とその反面に必ず成立する闇商売との関係、さらに闇商売がドッジライン以降なぜ行き詰まったのかについても、実践を通した感覚を持っていた。闇市場はまた、価値形態論に対しても、それを考える素材を提供する場所であったことは間違いない。

　岩田が対話の相手に感じさせた現実の新しい動向に対する好奇心と、新しい発想・着想を生み出す「カンの良さ」と、行けると思えば交渉を強引にまとめ上げる力は、この時代におそらく培われたものであろう。岩田は、よく相手の立場にいったん立って考えること、議論を通して双方の対立点を確認したうえで結輪まで詰めて行くことの必要性を言っていた。

　また、岩田は、相手に対して感情的な対応をしない「クールさ」を心がけていたと思われる。「何言ってんだ」とか「許せん」という気持ちは人一倍激しい人であったはずであるが、「感情が顔に出たら負けだよ」と言っており、そうしたことはしなかった。

　岩田は、名古屋時代には簿記も学び実務的な知識を持っていた。『資本論』だけでな

く、それに続いて『剰余価値学説史』を通して古典経済学に対する学説史的理解を持ち、ケインズの『雇用・利子および貨幣の一般理論』も「塩野谷九十九のわかりにくい翻訳でね」といっていたように、大学に編入する前の名古屋経済専門学校時代に読んでいた。岩田は、後年経済学研究科の設置に際して立正大学にケインズ研究家の神戸大の則武保夫が来て話し合うようになってからのことであったが、ケインズを1920年代の歴史的状況を一般化した理論家としてよりも、その前半期に代表される時論家としての方がはるかに面白いと評価していた（ケインズの先生であったピグーは、「安楽椅子の経済学」と言って評価していなかった）。

　晩年に岩田は、マルクスとケインズとが資本蓄積の問題を軸において説こうとしていることでは共通性を持つと見ており、さらにクラシックの資本蓄積論が労働力の不足など「不足」というところに注目したのに対して、ケインズが生産設備の「過剰」というところにあらためて注目した問題提起の仕方の新しさを評価し、さらにケインズが銀行学派の新版という面を持つこと、ケインズのように1920年代の歴史的事実を基に「一般理論」とすると、そこには「無理」が出てくると評していた。

戦後の混乱期の体験を基礎として考えた世代
　前項でも述べたように、岩田の認識の根底には戦後の混乱期の実体験があった。それは、岩田がよく「僕は自分の目で見たものしか信じない」と言っていたことに表れており、商業などの実体験を根拠として考えられた現状分析も具体的であった。この点では師の宇野弘蔵氏に対しても、「紡績企業家の息子にしては現実感覚がないため現状分析ができない」として批判的であった。

　但し岩田の言うように「自分の目で見たものしか信じない」ことに徹すれば、共通性（類概念）を取り出して概念化する（たとえばアマゾンのピダハン語のように「赤い」「青い」という視覚的共通点を表現する言葉や数を数える言葉がない言語があるそうである）ことはできなくなるはずである。一回限りのできごとがそれぞれ必然性を持って展開する世界史を、いかにして固有名詞を外して理論化するかについて、岩田はよく外交条約の例を挙げた。固有名詞が書いてなくても何を表現しているのかがわかるというのである。この場合、岩田がヘーゲル哲学の体系に最晩年まで興味を持つ人柄であったことは、岩田が的確な概念化を行い、常に体系という問題を考える上で役立ったと思われる。但しその岩田も、「文章を書いていて時にはそれがロジックなのか修辞法なのか、自分でも区別があいまいになることもある」とは言っていた。

　岩田は、たとえ宇野に対してもマルクスに対しても対等の人間と見て、その主張を

岩田弘と『世界資本主義』とを振り返って
五味久壽

「果たしてそうか」と繰り返して問いなおし、突き詰めて考えた結果として、「どうしてもそう考えざるを得ない」という結論に到達しようとしていた。そうした時において、岩田が「理論の応用問題」という言い方をすることはあっても、「理論が現実にそのまま表れるわけではない」ことを強調していた。筆者は、そこにわれわれの上の（10年程前までの）世代との違いを感じた。一般的に言って、われわれはすぐ上の世代から直接に影響を受けるわけではなく、もう一回り上の世代から影響を受けるものではないかと思う。

さらに、筆者にとって印象的であったのは、岩田が「19世紀のイギリスを中心とした世界のイメージ」を前提として原理論を書いたと言いつつ、これと並行して原理を「それぞれの人の内的なもの」、「自分自身の原理」であるとして、「彼は自分自身の論理を持っているね」という原理の内面化の主体に対する評価をしていたことであった（本書所収の櫻井毅「岩田弘の世界資本主義論とその内面化論としての経済理論」をご参照いただきたい）。

つまり、経済学者としての岩田は、余分なものが入らない構図を考える写真家よりも、むしろ画家のように自らのイメージに合わせて現実から必要でない余分なものを取り去って、岩田の言う「内面化」を通して、抽象化し構成しなおすことに優れていたのではないか。ただし、内的なものという面を強く言うようになると、考える上での共通の基準としての原理という面が薄れるため、絶えず見通しを立てながら現実の動向を見定めてそれを修正する自分自身の原理に帰着してしまうとも考えられる。

岩田は、晩年体調が悪化するまで愛煙家であったが、その最初はレジスタンスで吸い始めたといっていた。自分が過去に書いたものに縛られることも嫌い、講義でもまた講演などでも、話しながら思いつくことがあるので準備しすぎるとかえって駄目であるとして、「出たとこ勝負で行きましょう」とよく言っていた。したがって岩田の発想法は、常に柔軟性・現実性を持ち、現実を概念化する時のアイディアの面白さは、人を惹きつけるものがあった（もっとも個人的には、言い出したら聞かない頑固な一面を人一倍持っていたが）。

岩田は、子供のころ大工になろうと思ったというくらい器用であり、「本を書く仕事をするより楽だ」といって手を動かすこと自体を好み、自宅の本棚は手作りであったし、中学時代の勤労動員に際して機関砲の弾丸を研磨していた時に習い覚えたという旋盤も所有していた。それは、いつも「何かしていないと損をしたような気がする」という岩田の気質のためであったのかもしれない。もう一つは、岩田が「機械は（因果関係が）直接目に見えて理解できるので、論理そのものだ」と言い、「機械のリズム

が好きだ」とよく言っていたことによる。

　印刷機も、西片町時代にドイツのハイデルベルグ社の本格的なもの（当時1000万円以上したので手形の裏書を頼まれたが、岩田は単一の原動機と多数の歯車で構成されたその精密なメカニズムを見て満足していた）を買い、流山時代にはリョービのものを団地の庭に自分で小屋を作って（岩田は住民運動のために団地の管理組合の理事長をやったことがあったが、厳密に言えば規約違反の行為）所有していた。書物の書式設定や表紙のデザインを自分でやることを好んだし、写真の現像や引き伸ばしにも一時期凝って浴室が暗室になるように工夫をし、引き伸ばし機も所有していた。

　料理も「板前になっても食べていける」と自称したほど得意にしていたが、毎朝食べるサラダの胡瓜は細切れが嫌いで手で折るのを好むといったところがあり、「おなかがポンポンになると眠くなるし頭の働きが鈍くなる」といって1日2食主義で、おなかがすいた時に食べるというタイプであった。また頭の働きがはっきりしなくなった時には頭を洗うと言っていた。

　岩田は、割に大雑把なところがあり、晩年大学に出かける時はいつも同じジーンズとハンティングジャケットという格好であった（ただし首にはいつも子供の時の瘰癧のため、冷えると言ってアスコットタイを結んでいた）。

　理論的なことに対しても、大体わかればいいやというところと、何かに興味を持って追究するが「底が見えてしまうと興味を失う」というところもあったが、これは「僕はいつまでたっても若者と同じで好奇心が強い」ことの反面であったと解釈できる。

　岩田は、闘志の強い人であったため、他人に助けてもらおうとはしなかったが、他人に対しては「まあ話していきませんか」といって大きく包み込む人格を感じさせる一面があり、自分の意図を理解してもらおうとしてどのような相手でも一生懸命説得した。また、相手によって言い方を変えたりしないで裏表がない、一言でいえば潔い人であった。人一倍準備し警戒心もあった岩田が、「（これだけやっても駄目なら）しゃーないじゃないですか」とよく言ったことを思い出す。

　岩田が教授会で原理原則に立って高所から議論するだけでなく、現実的妥協案を出すのが上手かったのは、すでに見たように議論を通して対立点を明確にすることができたことが根本にあったし、情勢を具体的に分析することを通して、その時点における現実的な獲得目標（会議の前にはいつも「今日の獲得目標は何ですかね」と言うのが口癖であった）を決めることができたためである。岩田は、イデオロギー的なマルクス経済学者は嫌いであると口にし、近代経済学の連中は「議論を詰めることがないので大雑把だね」と言いながら彼らとよく対話していた。実際に岩田は、好奇心があり器用でも

あって自分で物を作ることが得意であり、さらにホームセンターや家電販売店を見に行って、価格システムの動向や商品のスペック、その陳列の仕方の観察から現実のイメージを得ることを好んだ。このように、岩田は、柔軟性がある現実主義者であり、またドライかつ合理的に考えを柔軟に変えることができた。

篇別構成と首尾一貫性を最も重視

　岩田は、書物や論文の篇別構成と各部分の問題提起と総括の首尾一貫性を最も重視していた。経済学の原理に対しては、リカードの原理のように体系化するために必要な無理を含むことやフィクション性（資本主義自身が作り出す虚偽性でありたんなる虚偽性ではないとしていた）を持つため、首尾一貫性、体系の中に矛盾を含まないことがもっとも重要であるとしていた。

　岩田は、他人の文章の篇別構成を見ただけで、その結論を直ちに判断できたし、逆にまず結論を決めておけば、結論に達するための構成を示すことができた（だから、大学院生時代には先輩の論文を添削してその結論だけを宇野先生の意向に沿って変えるという離れ業もできたようである）。

　これは、教授会などの日常の議論に対しても同様であり、現実的な獲得目標は何かを常に定めることが習慣であったので、対立点を確認したうえで相手の言い分を取り込み妥協することの名手であった。

　若い時の岩田は、書き上げた原稿用紙を部屋いっぱいに広げて見渡してその構成を繰り返して再検討し、またこの原稿用紙を糊で張り合わせて書き直していた。つまり、岩田の言う寄せ集め的総体ではない「全体性」を実現するためである。篇別構成および演繹的展開のロジックを重視し、本文を仕上げるのに全力を注ぐので注記までは付ける余裕がないと、手書き原稿の時代には言っていた（だから旧版の『世界資本主義』には注が全く付けられていない）。

　ただし、『世界資本主義Ⅰ』の時代になると、本文で論じることと注記で論じることとをよく入れ替えるようになったため、結果として補論の部分が増えた。岩田は、文章を仕上げ完成させる必要性を強く意識していたので、手書きの時代から完成原稿の10倍は書き直すと言い、引用した文には倍以上のクリティークをつけなさいという主義であった。要は「びびらずにきちんと仕上げろ」ということであろう。

　これと同時に岩田は、マルクスが『資本論』草稿の執筆過程で重金主義・重商主義以来の資本主義商品経済の発生・展開過程に対する経済学者たちの理論的把握の試みの歴史的な積み重ねを振り返り、それぞれの学説に正当な歴史的位置づけを与えよう

とした『剰余価値学説史』を重視していた。岩田は、理論的には新しく見えるものに飛びつくことに対して極めて慎重であったが、これは、経済学の理論や概念が歴史的な含みを持つこと、つまり固有名詞が付いたシステムとしての資本主義が現実に生み出したものを超えることができないと考えていたためであった。

したがって、岩田は、経済学の歴史において同じような発想法が繰り返して出てくるが、経済学が思い付き的なシェーマによって左右されてはならないと考えていた。このため、岩田は学説史を知っていることが経済学の発想法と用語の持つ歴史的な含みを理解することになるため、論点をおかしな方向に行かせないことになるだけでなく、また新規なものに見える思い付きに飛びつかせない歯止めとなるとしていた。

文章に対しては「力まずに一歩引いて書いた方がかえって迫力が出る」と言っていた。旧版『世界資本主義』の文章は長いが、後になればなるほど簡明な文章を心がけるようになる。文章の書きだし部分と主語、語順の重要性、過度な修飾語や複文を避けることなど、厳しく言われた。

岩田は、「（女性が）おしゃべりするように、書いているうちに格好がついてくる」体の文章——たとえばH教授の経済原論のように、「あのようにも考えられ、こうも考えられる」という推理小説的な展開、一見分かりやすいが内容に隙間がある文章——を書くことを嫌っていた。余談であるが、H教授が鈴木鴻一郎先生に対して、経済原論を書いていたころ「僕は文章を書いていて途中でつまらなくなってしまい他のものを読んでまた書く」と言い、鈴木先生が「君そんなことはあるまいよ」と鈴木先生らしく気を使って答えたことを、たまたま傍らで耳にしたことを思い出す。当時、学生であったわれわれの世代にとっても、岩田の文章は他の人には見られない密度とつながり、さらに張りを感じさせた。ただし、若い時の岩田の文章はとにかく長かったが、のちには改行を多くすることによって短い文を書くという文体に意識的に変えて行ったようである。

経済学の時事的側面に重きを置いた岩田

岩田は、研究者・探究者にとって研究は一生を通じての仕事であり、それゆえ研究者が最後に残した著作の内容を最も重視して評価すべきであるという信念を持っていた。岩田は、世界史の現実の新たな展開に対する興味を最晩年まで持ち続け、経済学が時事問題を論じつつその世界史的意義付けを行うことを通して展開することを重視した。最晩年の岩田が時事問題を一層重視した理由については、のちに述べたい。

岩田は、マルクスが経済学においてはリカードの忠実な弟子であった『共産党宣言』

岩田弘と『世界資本主義』とを振り返って
五味久壽

に代表される唯物史観の段階と、『資本論』システムを通した「資本のシステムの探究者」の段階を早くから区別していた。現実の渦中にあって意味づけを見出すことを、岩田はもともと好んだが、最晩年においては、「原理といっても現実の一部分にすぎない」という見方をより強めた。「(ドイツの田舎町トリーアに生まれた)マルクスが『資本論』を執筆できたのは、世界商業と世界金融の中心地であるロンドンに住んで現実を観察したからであり、さらにピール条例を巡る論争などの渦中にあってそれを総括したからである」とする見方であった。さらにマルクスが「ニューヨーク・デイリー・トリビューン」への寄稿というジャーナリズムの活動を通して現実感覚を持ち続けたことも評価していた。ちなみにマルクスに対しては、商業資本の活動を「(世界商業のセンターにいても溢れる商品を自分が買うことができないので)こん畜生と思ってみていたから」、十分に評価できなかったとも批評していた。

リカードの『原理』は、資本が価格関係を通して、その対世界市場関係を生産過程の内部関係に翻訳する機構を持つ現実の核心部分だけを取り出してその特徴をデフォルメしたものであり、アダム・スミスの原理とは性格が異なるとした。

またリカードをクラシックの「経済学原理」の完成者としての面だけでなく、ナポレオン戦争下とそれに引き続くポンドの金兌換停止状況の中で起こったインフレーションにリカードが対応し具体的な結論を(媒介項を省略した形ではあっても)得たことを評価していた。晩年に世界資本主義を「内面化」したものが原理となるという言い方を「価格機構に還元する」という言い方に修正したのは、リカードの原理を念頭に置いていたからであろう。

岩田は、時事問題を論じる場合にも、読者を具体的に想定して読者に異様な表現と思われないように、できるだけ一般的で日常的な表現を使うことに努めていた。また、「経済学は時事問題に密着しているため、時事問題に解消してしまう一面がある」と言い、重金主義・重商主義の経済学が、「世界市場の経済学」、「流通の経済学」、「国際収支の経済学」といった性格を持ち世界市場の現実に密着していること、さらに日本の明治時代における経済学の端緒も当時の時事問題を論じていることを重視していた。しかも、岩田は、「特殊な事実を知らなければ現実を理解できないということはない」とよく言っており、「新聞に書いてあるようなことからも」鋭い問題提起を行うことができるという気構えを持っており、新しい問題には常に注目していた。

ただし、「定款」を「じょうかん」と読み、漢字の読み方や書き方に対しては(修士論文で『グルントリッセ』を論じた際に宇野さんに「関係」の「係」が「系」になっていることを叱られたことなどがあったと言っていたが)「どっちだっていいじゃないですか」というところが

あった。この「どっちだっていいじゃないですか」というところがあったから、相手の言い分を取り込むことができ、自分の主張に対しても拘りがなく、いいと思えば意見を変えることができたのかもしれない。

原理論と実証分析との関係

　岩田自身は、当初は『世界資本主義Ⅲ』として「『資本論』体系を現代に生かす」べく、原理論を執筆する意図を持っていたが、実現しなかった。筆者が岩田に尋ねたところ、「原理は現実の一部にすぎない」、「今原理を書いたところでどれだけの人が関心を持ってくれるか」という答えが返ってきた。この事情については、あとでより立ち入って述べることとしたい。

　したがって、岩田は、恩師であり論敵でもあった宇野弘蔵氏に「対する敬意のしるしとして」、宇野との対話を念頭に置いた『マルクス経済学（上）』は書いたが、晩年にそれまで目標としていたマルクスと直接対話する自らの原理論を、「資本とは機構である」ないし「資本の自己組織方法」という考え方をとっていたが、完成した形では残さなかった。

　原理論と実証分析との関係であるが、若い時の岩田は、「実証とは他人の理論を借りてやるもの」と理論の面白さを語っていた。おそらく「実証分析に本当に面白いものはない」というのが、価値形態論や貨幣論などをはじめとする『資本論』の緻密な論理展開に魅力を感じた岩田の世代に共通した見方であったであろう。ちなみに、岩田にとっては、大学院時代に『経済学原理論（上・下）』（鈴木鴻一郎編）の執筆に直接かかわった人とそうでない人とに対しては、同世代であっても親疎の差があったように見受けられた。

　だが、戦略・戦術を岩田が重視していた時代に書かれた旧版『世界資本主義』は、岩田のもう一つの面を示したといえよう。呉天降氏の『アメリカ金融資本成立史』に触れて「本当の実証分析とは原資料に当たってやるもの」であると高く評価していたことが印象的であった。岩田自身は『世界資本主義』を執筆する時、年表とメンデリソン『恐慌の理論と歴史』程度の粗さではあるが長期的統計と自分で作ったグラフを机上に常に置いていて、年表などを重視することでは終生一貫していた。この際、岩田は、（自分自身の内的論理と思考能力の訓練を重視する）理論研究に対して、「実証研究はいったん自己を無にした上で行うもの」という考えであった。

　筆者が『中国巨大資本主義の登場と世界資本主義』を書いた後で、最晩年の岩田から一度、「君は僕より実証寄りだね」と言われたことがある。

岩田弘と『世界資本主義』とを振り返って
五味久壽

　一回限りでの必然性を持って展開する世界資本主義の運動を、そこから固有名詞を外して内面化ないし理論化することは難しいが、それが岩田の言う原理論である。岩田は、「経済学ではシステムがいったん出来上がると、その形成過程で議論されていた問題が忘れ去られてしまい、議論に含み（深み）が無くなり、エピゴーネンしか出てこない」と、よく言っていた。

　したがって、岩田にそう言われてしまえば、我々の世代は理論をやろうとすればエピゴーネンにならざるを得ない位置にすでに置かれていたのかもしれない。だが、われわれとしては、「原理論」を教科書的に受け入れていたにしても、その上の世代が、宇野原論や鈴木原理論の描き出す世界が実在するかのように、言い換えれば理論が現実にそのまま適用できるかのように議論していたことに対しては、違和感があった。

　われわれは、岩田が『グルントリッセ』などに立ち返りつつスケールの大きな原理的議論をすることに感心した。「現実が最大の教科書」であることを強調し、理論が現実にそのまま現れることはないと言っていたことにも納得した。岩田は当時宇宙論にたとえて「経済学原理」ないし世界資本主義のシステム（世界市場システムを銀河系宇宙に喩えて、重力に相当するものは商品と貨幣の流れだと言っていた）を論じて、われわれに「スケールの大きな議論をしなさい」と言っていた。その意味でこのころの岩田の考え方は、力学的、物理学的なものであった。

　岩田は、すでに触れたように「資本主義システムの自己認識としての経済学は、世界市場流通の経済学・国際収支の経済学であり世界経済から出発して固有名詞のついた分析をする重金・重商主義から、生産の経済学・国民経済から出発して類概念を使って共通性を括り出すことによって、古典経済学へと発想法が180度変化する。そこが面白い」と述べていた。実際に当時の1960年代後半からの世界資本主義の現実も、岩田が「君、面白い時代に来合わせたよ」と言っていた変化と激動の時代に入っていた。岩田は、あとでも述べるが、若い時から運動とともに生きてきたからであった。

岩田の対話の仕方の特徴

　岩田が「面白い時代」と言ったのは、若い時から運動の中で生き、それを当然のこととしてきたためであり、自分が社会運動をすることに対して「僕は迷ったことがないからね」と言っていた。このことが、岩田個人の資質として、「厳しい、他人に助けてもらおうとしない、淡々とした水のような付き合いを好む」ことを強めたのであろう。この点について岩田は、「僕が自分と同じ性格の人と仕事をしたら喧嘩してしまうであろう」と述懐していた。またすでに触れたように、岩田は互いに凭れ合い、他

人の内面に無遠慮に踏み込むような付き合いを好まず、とりわけ個人的なことについて聞かれた時に「知りません」とにべもなく答えた。

「迷ったことなどない」ことは、岩田の議論の仕方に特徴を与えていた。岩田は常に理論の真摯な探究者であったが、議論するとき、相手の理解のレヴェルや迷い、疑問を飛び越え、もしくは理解せずに、自分自身の問題意識に置き換えてしまい、相手を熱心に説得しようとするあまり、「僕はおっかぶせるようにものを言ってしまうから反感も買うね」と、対話が必ずしもうまくないことを認めていた。

僭越な言い方であるが、岩田の論文指導を見ているとこうした岩田の特徴がよく表れており、学生の提起した問題がすぐに岩田自身の問題に変換されて、当の学生にはすぐに呑み込めないより高度な問題に翻訳されてしまった。岩田は、ゼミナールなどで学生の名前を覚えることが苦手であり、相手の事情や「迷い」などの内面には興味を持たなかったので、指導される学生の側から見れば、自分の理解水準を超える課題を押し付けられるということになり、対話上手の教育者ではなく、したがって教育を通して組織作りができる人でもなかった。同時に、多分普通の人であればすぐにわかる程度の問題に対して理解できず、「は？」と聞き返すことが多かった。岩田の言う「僕はずっと理論の世界で生きてきた。だから現実に対する感度は落ちるよ」と言う一面であろう。

だが、岩田は、何に対しても「果たしてそうか？」と常に問い直す謙虚かつ慎重なところと、そのことを通して新たな問題点を切り開こうとする積極性とを持っていた。このため、既成の理論や教養に縛られるインテリや学者——例えば恩師宇野弘蔵の『経済政策論』に対しても、あれは講義のためのノートに過ぎないといって否定的であった——を嫌っていた。

岩田の対話の仕方と行動様式

岩田は、「僕は若者と同じで好奇心が強く、興味を覚えるとすぐにのめり込んでしまうが、その問題の底がいったん見えると興味を失ってしまう」と言っており、晩年までそうしたところを持っていた。気持ちが若者と同じという点では、48歳ごろ初めて中近東に行ったとき「日本のヤング」と自称したそうであり、「カラテ」と言って危機を脱したことがあったと語っていた。

知的好奇心にしたがって問題を追及するのは、研究者の特権であると考えていた岩田が興味の対象を変え、発想法を変えることはよくあった。このことは、他の人から見れば、岩田が根拠を十分に説明していないと見えたであろう。「本を読んだって論

岩田弘と『世界資本主義』とを振り返って
五味久壽

文は書けない」と言い、時事問題には常に興味を持ち、興味を持った問題があるとすぐに電話がかかってきたし、さらに「ちょっと話に来ませんか」ということになった。ただ面倒くさがり屋という一面もあった。

　岩田の現実との対話であるが、辞書（他人の論文について、辞書を引けばすぐわかることをなぜ調べないで書くのだろうと不思議がっていた）、事典と年表（例えば中国の建築労働をやるのであれば中国の建築史くらいやってから書けばよいのにというように）は重視し、手元に常に置いていたが、大体のことは手近にある本の「抜き読み」で（本屋に行く時間がもったいないと言っていた）済ませていた。また他人の書いたものをほとんど読まないで（本人は篇別構成を見ただけで結論が分かるためであろう）批評するところもあった。運動の面倒を見るのに忙しかった時の岩田から、「君、宇野さんの（例えば『資本論の経済学』の）批判を書きませんか、でも宇野さんは自分に対する批判は読むからなあ」と言われたこともあったのは、その例証であろう。

　また実名を挙げることは失礼にあたるかもしれないが、「批評空間」誌上で柄谷行人氏（東大経済学部卒）と対談した後の岩田が、「しまった。どうせ相手は分かってくれないと思って《警戒して》彼の書いたものを読んでいかなかったものだから、本当の対談にならなかった。ところが相手は僕の書いたものを『経済学原理論』を含めてよく読んできたのに悪かった」という趣旨のことを述べたことを思い出す。

　伊藤誠さんが本書に寄せられた追悼文で「岩田さんの発表は日ごろ難解」であったと評されているが、岩田は、確かに警戒心の強い、用心深い一面――何か（例えば住民闘争）をする時には、あらかじめ準備しておかないと後から対策をやるのでは10倍のコストと時間がかかると言っていた――を持っていたし、問題を最後まで詰めようとする努力を怠らなかった。伊藤さんが指摘する理論問題に対しては、「今の問題を抽象化すると」と言ってできるだけ抽象化した形で説き、具体的にどうなるかわからない場合にはより長期的問題に置き換えて言うことが多かった。したがって、「岩田が言い換えると、問題の中身が変わってしまう」という声もあったことは事実であろう。

　岩田自身は理論自体の背景にある議論の積み重ね、それに使われている概念が持っている歴史的含み、総じていえば議論の持つ「含み」を非常に重視していた。このため、例えばウォーラーステインのようなシェーマ化した議論に対しては、「アメリカではああいう風にシェーマ化して問題を出さないと理解されないし評価されないだろうね」と言いながらも、「宇野さんと比べれば雑魚」であるとしていた。

　さらに、例えば哲学者のH氏のように個別の命題に固執することも、新しい現象に新しいネーミングをつけてその意味を掘り下げないで終わりにすることを嫌ってい

た。新しく見えることに対しては、「経済学史では同じ発想法が繰り返して出てくるからね」と言い、用心深く慎重に対応していた。このため、岩田によって考え抜かれていた論理であっても、相手側から見れば、それは単純明快ではなく「難解」であるし、また「岩田節」と受け取られたのであろう。

　同時に、岩田の方は、自分の言いたいことがすぐわかってくれる人は少ないということを自覚していたと思われた。「君は、僕がちょっと話すとすぐ言いたいことを分かってくれる」と一度言われたことがあったからである。もとより岩田は、読者を何とか説得して言いたいことを理解させようとはするのであるが、諦念もあったのではないかと感じられた。

　行動様式ということではないかもしれないが、岩田が好きだったのは、若い時のこととしてよく知られているベートーベンを聴くことよりも、(晩年には「耳に快い音楽を」と言って同じ曲をBGM的に繰り返して聞くことが多かったし、演奏家・曲目とも特に拘っていなかった) 50歳を過ぎて運転免許を取得した自動車の運転であった。主に同乗者であった筆者は、岩田と車に関わるいろいろな事柄を記憶している。岩田が比較的好んだ車は、一度東名で疲労のために転覆事故を起こし、その事故を忘れないためとして壊れた車の半分を新車と接合して修復したが、運転中にウォーターポンプの異常にかまわず運転し続けて車両火災を起こした三菱のスタリオンであった。スティックシフトを選んだが上り坂でよくエンストを起こしたトヨタのソアラ、最後まで乗ってあちこちぶつけてぼこぼこになったホンダのレジェンドなどが記憶にある。車好きは中古車(2ドア車を選んだ)を好むと岩田は言い、新車を買ったのは一度だけであった。様々なエピソードがあるが、運転はとにかく好きであった。実家への往復をはじめとしていろいろな場所に出かけ(時には事故も起こし、事故の対策としてスコップ、長靴その他の道具を常に積んでいた)、「車に乗ってくると気持ちがすっきりする」と言っていた。そこには、たとえばヘーゲルについての議論を好んだ岩田とは別の一面(言ってみれば「僕が癌になったら車で海に飛び込んでしまう」と言っていたような諦めがよいというか単純明快を好むところ)が感じられた。

　運転では、「道路を有効に使っている」と称してカーブでも物理学の法則に挑戦するようなスピードを出し、「8割の人は小心翼翼とした運転をしているね」とか「エンジンブレーキなどは使ったことがない」と言っていたので、「捕まるのはばからしいと思い用心するようになった」のは、60歳をかなり過ぎてからのことであった。助手席で見た限りでは、割り込みが好きなところなどは、きちんと考えすぎるところがないため社会性に富むと言えるが、現実主義であると同時にいささか「横着な」ところと、

岩田弘と『世界資本主義』とを振り返って
五味久壽

(権利の) 主張には敏感なところとが感じられる運転であった。
　以上、岩田の人柄に対して筆者はドライに書き過ぎたかもしれないが、いったん打ち切り、次に岩田の発想法の時間的変化について述べたい。筆者は、岩田の発想法が大きく変化した時期は、1990年代半ばつまり岩田の年齢でいえば60歳代半ばであったと考える。

1970年代から1990年代前半までの変化

1970年代における危機論からの転換

　岩田は、1970年代において第一次オイルショック後の世界資本主義の現実に直面して、旧版『世界資本主義』で展開したドル体制の破綻による世界資本主義の危機論——岩田は、これを武器にして実践活動を再開した——を、「古い岩田」として捨てた。このことについては、『世界資本主義Ⅰ』に岩田自身が詳しく述べている。それを通して資本主義の危機といっても自動的に政治的社会的危機になるわけではないこと、結果的には資本主義の再編成になるだけであるという観点を持ったのであった。
　ここから宇野三段階論に対して、宇野『経済政策論』が下敷きにしていたヒルファーディング『金融資本論』およびレーニン『帝国主義論』を再度徹底的に批判し、ヨーロッパを主たる舞台として展開した帝国主義段階を、独立した世界史的段階ではなくして、過渡的なものとして見るようになった。
　1977年に半年であるが、北京経由のパキスタン航空の南回りアジア線を利用してオリエント社会としてのエジプトにも行き、その後ヨーロッパ全体を見て回ったことを通して、オリエント的・ギリシャローマ的集落配置とゲルマン的集落配置との相違を初めて実感し、産業配置を大局的に把握した。このことは、岩田自身も「飛行機経済学」と呼んでいたように、岩田の思考範囲を、資本主義システムを超えて時間的空間的に拡大することになった。

「資本とは機構の支配」という発想へ

　岩田は、1980年代の初頭にウォーラースティンの「世界システム」論の翻訳が出た時 (京都大学のグループも『世界資本主義』という題名の本を出版した)、「世界資本主義」という発想法は常識化したと言い、世界資本主義を特殊な主張とは見ていなかった。岩田は、社会科学もマルクス主義も特殊ヨーロッパシステムとしての資本主義が生み出し

た歴史的産物・歴史的自己認識であるとしていたが、「世界システム」論のような発想は、ヨーロッパシステムとしての資本主義が行き詰まったからこそ、それがどこから出てきたかを探ろうとするために生じてきたものと見た。

　岩田は、この後しだいに、現状の到達点の特徴をまず確認して、それに至る過程として過去の歴史全体を描き出すこと、つまり現状の特徴を確定することに、いっそう重点を置くようになった。

　1980年代は、岩田にとって充実した理論活動の時期であったが、波乱もあった。岩田が名古屋大学の学生時代にかかわった大須事件――未決拘留中にご母堂が面会に行き改造社版マルクス・エンゲルス全集を差し入れたという。これを岩田は手元にとどめていた。その後、ヘーゲルの『精神現象学』を半分読んだところで出所になったということは常々言っていた。――の判決が確定したためであった。教授会に岩田自身が出席して「ローマ法は仮定法から始まりこれに条件を代入して」という調子で自己防衛した結果、約半年教員身分を辞して職員身分となった後、教員に復帰するという経験をした。ちなみにこの事件の「首魁」に擬されたH氏は、松下電器の下請け工場を経営しており、岩田もよくそこに出かけていた。岩田が裁判に対して、「ああいうものは相手が頭の中でストーリーを作るものだからね」と言っていたことが記憶に残っている（但し、このことは立正大学の内部では、岩田にとってのいわば柵を残す結果となった。岩田を大学から追い出そうという策動は、「就業規則の制定」といった形でなお続いたからである）。

　1980年代において岩田は、「迷った時には高いところに上って見渡してみる以外にない」とよく言っていた。『資本論』体系全体を、会計学や簿記概念について経営学部のメンバーと対話しつつ改めて学びなおし、当時立正の経営学部長であった会計学者S教授に「岩田さんはエンティティのことを言っているのですね」と言われたことをきっかけとして、『会計学辞典』――岩田は辞典だけでなく、事典、年表などを愛読した――も精読し、ソ連社会主義の経済的実体についても改めて検討していた。それを通して、資本の現実について論じた『資本論』第2巻をより重視するようになり、「貨幣的運動体としての資本」、すなわち資本とは「機構の支配」であるということを軸において考えるようになった。

　筆者は、岩田が一度だけ「憎しみの坩堝に赤く燃ゆるくろがねの剣を打ち鍛えよ」と歌うのを聞いたことがあるが、こうした階級闘争主義を捨て、これまで断続的に取り組んできた綱領問題を考察する『共産主義Ⅰ　資本主義と階級闘争』を絶版にする方向に動いた。ポーランドの『連帯』の運動やユーゴの自主管理社会主義などについても具体的に検討し、論文を残したが、要するに商品経済が残っている限りよく行って

も「労働者資本主義」にしかならないという評価であった（この後岩田は、かつての「商品経済の廃止は可能か」という問題設定を、商品経済はどこから出てくるのか、社会の内部からなのかそれとも国家システムの側からなのかという問題に置き換えて、再度追究することになる）。

「労働者資本主義」とは、資本家といっても資本に目や口がついて人格化したものであるに過ぎないものであるから、資本という「機構の支配」を意味する。したがって、岩田はその機構の内部において人格化した資本の機能を果たすとともに体制からの受益者となるのは労働者の上層部であり、それと体制から疎外された一般労働者との対立関係が生まれるだけであるとして、労使対立は実体から見れば労－労対立になるだけとしたのであった。

だが、資本とは「機構の支配」と見ても、そこには社会における運動とは自然発生的に起こるものであるから、どのように展開するかは分からないものとする含みがあり、岩田は最晩年に至るまで社会運動に対するそうした考え方は持ち続けた。すでに触れたことであるが、岩田は、若い時から社会運動の中で生きることを当然としてきたからであった。

さらに1980年代末には中国の企業改革と金融改革について具体的に掘り下げ、北京大学（当時、日本研究班が置かれていた）にも講義に行き、この講義を通しての縁で華東師範大学にも招かれた（この二つの大学で後に教授になったOとT二人の博士論文を日本で実質上指導した）。

『現代社会主義と世界資本主義』の位置

岩田は、1980年代の営為をまとめた『現代社会主義と世界資本主義』を1989年に刊行したが、その年に起こった旧ソ連社会主義の崩壊（自壊ないし瓦解）を、自らのそれまでの理論的営為に対してもきわめて深刻な反省を迫る出来事として受け止めて総括しようとした。20世紀の社会主義がソ連型社会主義としてしか成立しなかったことの意味は重いと、岩田は繰り返して語っていた。

振り返ってみると、1929年生まれの岩田は、1989年に60歳に達した時、『現代社会主義と世界資本主義』を出版し、ソ連社会主義の瓦解に遭遇し本の題名として「現代社会主義」を先においたことに疑問符がついたとはいえ、「これからは毎年1冊本を書く」と意気軒昂としていた。この本は、1980年代の論考を集めた第1部「現代社会主義と現代資本主義」と、「はたして人類は資本主義と国家を廃棄しうるか、という原理問題を『資本論』体系の再検討を手掛かりにして考察した」第2部「共同体・国家・資本主義」——この第2部の副題は、資本主義の組織原理とその人類史的地位となってお

り、この本全体の副題ともなっているが、資本主義の組織原理を主に「農業社会と農業共同体」の組織原理を振り返ることによってこれと対比検討したもの——からなる。

したがってこの本は、ヨーロッパシステムとしての資本主義が、オリエント以来の農業社会からどのようにして発生してきたかに力点があった。但し、1992年初めころ、岩田はこの書物を読み直した時に、「僕の論理にもあいまいなところが残っているね」と言った。この「あいまいなところ」の中身まで当時問いただされなかったことが残念であるが、「あいまいなところ」とは、「今日のソ連体制と中国体制」だけでなく「現代資本主義もまた、二つの世界戦争をとおして国民経済の国家資本主義的な管理統制と組織化の時代に入っている」という「序」の並列的な問題提起を指しているのか、それとも最終ページの「革命理論としてのマルクス主義を解体再編成し、それを、廃棄の対象をなす資本主義とその人類史的地位について真の全体認識——体系知——へと再編成しておかなければならぬ」を指しているのかであろう。後から振り返れば、岩田は、生物学を通して「人類史」の探究という方向へと向かったのであった。

この時代の岩田は、人間社会の基本的構成要素を「共同体・国家・資本主義」、もしくは「コミュニティ・国家システム・商品経済」の三者の連関に絞りこんで行った。したがって、イラン革命や旧ユーゴの民族対立などの実例を考えたこともきっかけになっていたが、市民社会になっているのはヨーロッパでも表面だけのことであり、コミュニティが社会の実体をなしているとして、階級関係をこの市民社会を前提にして生まれた概念と見るようになった。「マルクスは『コミュニスト・マニフェスト』のプロレタリアートという概念をどこから持って来たのだろうね」という岩田の呟きを聞いたことがあった。さらに、コミュニティの中心となっていた宗教の役割を再評価し、古代社会（つまり農業社会）の最後の局面（つまり共同体原理の社会の解体局面）でなぜ世界宗教（普遍宗教）が生まれたのかを、コミュニティの再建運動の一部として捉えるようになった。

『資本の経済的組織原理』の執筆へ

1980年代末に再びヨーロッパに旅行した岩田が、サッチャーの「労働党はイギリスをポーランドの社会主義のような混乱状態にするのか」と非難した演説を聞いて、「歯切れが良いね。労働党ではあれに対抗できないよ」と、サッチャーの福祉国家の行き詰まりに対する問題提起を体制の側からの「革命」の試みとして評価したこと、サッチャリズムに対しても労働者が一度資本主義による痛い目に合わないと次の「オルタナティブ」を考えることができないと言っていたことを思い出す。

岩田弘と『世界資本主義』とを振り返って
五味久壽

　ヨーロッパを見た後アメリカにも行き、計画的にアメリカを再三横断して飛行機の窓から観察を継続して、北東部で旧型の重工業（スモークスタック産業）地帯がそのままそっくり捨てられていること（ラスト＝錆ベルト）や都市問題（ダウンタウンの荒廃）を実見した。そしてこのことはさらに、岩田がアメリカにおける旧産業と新産業とを区別した上で新産業台頭のダイナミズムを評価すること、新情報革命が促進するシリコンヴァレーと台湾を経由した中国本土との無国籍なネットワークの形成という岩田自身の発見に繋がった。

　また筆者にとって印象的であったのは、岩田が中西部の中心地シカゴの砂塵のひどさを実感した後、フロリダまで飛んで中国と比較して河川の治水がなされていないこと、またアメリカの農家の造作の粗末さ（たとえば庭木などほとんどないこと）にも気付き、ヨーロッパを追われてアメリカで森林を焼き払うことによって農民に戻った新大陸の農業（今、アマゾンの熱帯雨林を破壊するブラジルとアメリカとは同じことだといっていた）の商品経済的モノカルチャー性と密集農業地帯の農地を維持しつつ繰り返し利用してきた旧世界の農業との異質性を強調するようになったことであった。というのは、岩田もかつては「農業など生業であっても産業たりえない」という見方をしていたからであった。このあと中国の新情報革命を考察する際においても岩田は、農業社会の中で育てられ維持された労働力の重要性と農業のように生産手段を生産主体自身がメンテナンスする技術を持つことの役割を強調するようになった。岩田がよく言ったのは、地球規模で見れば農業社会は面を維持する主体であり、それを前提とした海運や高速道路などは岩田の言う分散・並列ネットワークシステムを形成するいわば「線」であり、その結節点に成立するのが近代工業であるということであった。

　岩田は、翌年の1990年に「経済学原理論序説（一）（二）」を書き、これに引き続いて「資本主義の経済的組織原理（一）〜（六）」までを2003年に中断してしまうまで書いていた。すなわち、『マルクス経済学（上）』における師であった宇野弘蔵との対話を軸とするのではなく、マルクスと対話しようとしたのであった。さらに、「経済学原理」は、「経済学」の原理ではなく「資本主義経済そのものの組織原理」、すなわち資本の自己組織方法、自己組織論を叙述したものであることを強調するようになった。もっとも、1980年代は全体としてマルクスとの対話をやり直す時期であったので、岩田がこの時点で原理論を書こうとしたのは、その延長線上であり、ソ連社会主義の崩壊に衝撃を受けたことと直接関係して原理論を書き直そうと思ったわけではない。

　この時期の岩田は、マルクスに対して「どぐさい（鈍くさい）——当時私は関西弁のこ

の言葉を知らずに重くて大変な仕事をしたという意味かなと思っていたのだが——」という批判を時々言っていたことが印象的であった。具体的には、それは価値形態論の展開——マルクスのように持って回った展開にせずもっと単純明快に展開できる——に対する批判であり、また資本をその現実——岩田は簿記・会計学を資本の循環・回転などに関して資本の現実を表現するものと見ていた——に即して説く第2巻を重視するようになったためであった。少なくとも、マルクスに対する批判を岩田が明確に意識するようなったということは言えるであろう（ただし、当時のブルジョアジーの子弟として家庭教師によって教育されて育ったマルクスが、商人の学としての数学や簿記については教えられなかったことは知らなかったようであるので、余計に「どぐさい」という印象を持ったのかもしれない）。

『経済学批判』を書いた若い時のマルクスに対しても、リカードの基本概念の二、三を批判してひっくり返すことを通して世に出ようという山っ気があったと見ていた。もう一つ「自由主義ブルジョアジーの急進派・フランス革命の第二世代であったマルクスには、農業社会やコミュニティのことは分かるはずがない」ということにも批判的であった。ちなみに岩田は、華北から引き揚げてきた父親が農地の地力ということを知らないものだから、肥料をやりすぎてかえって作柄をダメにしてしまったと言い、肥料を運んだ肥桶で水を浴びた経験を語り、都会人は農作物を作ることだけが農業だと思っているが、何世代もかけて作り上げた生産手段としての農地地力の維持再生産が最重要であるという批判をしていた。

また、エンゲルスに対しては「お人よし」であり、マルクスのような人柄でないと『資本論』体系は書けないと見ていたと記憶している。付け加えれば、岩田の人柄も岩田の長年の伴侶（われわれは単におばさんと呼んでいた）の表現によると、「岩田はドライです。ですがお世話焼きです」というところにあった。また、岩田は、お人よしではなく、相手の言い分や利害を利用したドライな術策をとることもでき、おばさんが時々岩田に向かって「悪いことを考えるのね」と言うこともある人柄であった。

『資本の経済的組織原理』執筆の中断とその理由

もともと岩田は、資本主義システムが確立し世界市場における景気循環を行った自由主義段階を念頭に置いて原理を展開した。岩田が『世界資本主義』で展開した宇野『経済政策論』批判は帝国主義段階の資本蓄積様式の問題を中心としていたが、のちには重商主義段階の内容の無さに対して、さらに自由主義段階について景気循環を軸にして捉えるべしという批判が加わった。岩田が景気循環を説けなければ原理とは言

岩田弘と『世界資本主義』とを振り返って
五味久壽

えないと考えていた時期もあったことは事実である。ただし晩年には「『世界資本主義』を書いたころには国際通貨体制という考え方はあったが世界市場景気循環という考え方はなかった」という発言もあり、今後中国を基軸とする景気循環が開始されるかについては留保していたので、景気循環に対する岩田の考え方は定かではない。

しかし、資本とは「機構の支配」と規定した以上、資本の機構ないし自己組織方法を解明すべく、岩田がマルクスと直接対話することを通して『資本主義の経済的組織原理』を執筆しようとしたことは、自然な成り行きであった。

前項目でも触れた「資本の経済的組織原理」の執筆作業の過程では、レイアウト形式で最初横書きを採用していたのを(人間の目は横に動くようにできていないとして)縦書きに戻し、図形を用いた説明を多用した。内容的には信用論を資本の生産過程に先行して流通論で説いたことが大きな変化であった。これは、近代初期のイタリアの為替市場の研究を読んだことが、決済市場としての銀行間市場と為替市場との連関を考察するきっかけとなったためであった。さらにこれらの諸市場と中央銀行との連関は、1990年代に進行した中国の企業改革と銀行改革、さらに中央銀行改革をも踏まえてあらためて見直された。

岩田の執筆作業は、価値形態論の説き方をマルクスのそれと変えたこと、労賃の説き方でも労働者が仕事のきつさに対する自己評価と労賃と比較して仕事の種類を選択するものとしたことなど新たな要素があったが、資本の生産過程論を展開しているところで、中断してしまった。

資本の生産過程論で原理論の執筆を中断した直接的理由は、19世紀の綿紡績業を対象としていたマルクスの生産過程論が、1980年代後半からパソコンの自作などに取り組んで生産過程における「分散・並列・ネットワークシステム」の登場に注目し、生物の遺伝子をも言語システムであると考えるようになった岩田から見れば、「古色蒼然としていて読者には異様なものと見えるであろう」と考えためであった。筆者から見てもこの原理論執筆の中断後、岩田にとっての「原理論」の比重は下がってきた。全体論の対象が「資本主義の経済的組織原理」だけでなく生命の歴史だけでなく「ビッグバン」以後の宇宙の歴史に拡大したためであるから当然ということもできる。

「グローバルキャピタリズム」の時代と試行錯誤

岩田の旧版『世界資本主義』が影響力を持っていた時代は、マルクス経済学の分析の対象となった帝国主義・金融資本といっても主としてヨーロッパのそれであった。同時に岩田が後に強調するように、19世紀の「世界資本主義」の実体がヨーロッパシ

ステムとしての資本主義にあった以上、社会科学とりわけ経済学も、ヨーロッパ資本主義の歴史的産物として生まれ、またマルクス主義もヨーロッパマルクス主義であったのである。

したがって、岩田の世界資本主義論も、その歴史的根拠としてあったものは、具体的に固有名詞が付いたヨーロッパ・アメリカシステムとしての資本主義であり、それが生み出した歴史的産物としての自由主義、さらにはその延長線上にあるマルクス主義の批判的検討であったわけである。これを大きく変えたのが、1990年代の「グローバルキャピタリズム」の時代において、その根底で進行していた中国を先頭とするいわゆる新興国経済の台頭であった。だが、岩田がかねてから興味を持っていた情報革命やIT産業の台頭とを総合した認識に達するには様々な試行錯誤を要した。

岩田個人にとっても、徹夜の繰り返しとタバコの吸いすぎのためか、年齢によるものか、1990年代には体調面でも明らかな変化があった。おばさんが、かつては「岩田はどんなに忙しくても一日30分でも本を読んだり文章を書いたりして仕事をしないと悪いことをした気がすると言っています」と言ったのが、「どうも最近すぐに仕事に取り掛かれない」という状況に変化した。

また、「僕はあまりものを知らない」と言って放送大学の講義を体系的に聴きヴィデオでも集めていたことは岩田の関心の拡大の証明（岩田はいわゆる博識タイプではなかった）であったが、他方で「老人心理学の講義を聞くと僕にも思い当たることがあるよ」と漏らすようにもなった。

それまでの岩田は、他人に頼ろうとは全く思わずに独立独歩で自分のアイディアで切り開いていこうとする闘争心を持つ人柄（「女々しい」を強い否定の際に使っていた）であったと、筆者は感じてきた。おばさんは、筆者に「岩田は誰からも助けてもらおうと思ったことも助けてもらったこともない。厳しい人で一度あいつは『俗物』だと判断したら一切付き合わないのです。でも私が（筆者との関係は）うまくやってあげますから」と語っていた。

さらに、岩田が「僕が知っていることは皆教える」と言ったので、筆者は内心驚いた。岩田は確かに鍛えてくれたが、《あいつの考え方は甘い》と思っても「僕はお父ちゃんではないので直接に注意したりはしない」と言っていたそうであり、「勉強のやり方は教えられるものではない」というのが持論であったからである。その岩田が世代間の断層を何かで感じたためであろう。ちなみに、経済学原理を講義科目としていた筆者も、1980年代の「ジャパン・アズ・ナンバーワン」の時代になると、学生がマルクス経済学に対してそれまでの「わからないとしても尊重する」から「わからないも

のだから興味がない」として、身近なわかりやすいものだけに関心を示す姿勢へ変化したことを感じた。

　1970年代までは冷戦体制が残っていた岩田の言う戦後体制の時期であり、1980年代には冷戦体制の実体は消滅しつつあったが、筆者には、冷戦時代の思考法がまだ残っていた時期であったと思える。これに対して1990年代はその当初において「市場と国家」といった問題の立て方がなされたが、中国の台頭などによる世界経済の構造の大きな変化が開始されたことの意義は大きく、新情報革命がIT企業におけるマイクロソフトやインテルなどの部品企業間における機能の競争を通して世界市場規模での分散・並列・ネットワークシステムとなって、流通業・金融業からさらに製造業まで巻き込んで広く展開する文字通りの「革命」となった。また、かつての国家を担い手とする世界政策に代わって、企業だけでなく国家以外の社会組織であるNPO、NGOなどの国境を超える活動もまた活発化した。したがって、1990年代には現時点までつながっているような新たな動きが開始されつつあった。このため、次に見るように岩田の発想法もこの時期に大きく転換した。

1990年代後半からの岩田の「コミュニズム」への転換

コミュニティ重視への転換とその契機
　岩田の仕事の内容と発想にも変化が見られたのは、「私が岩田を支える」と言っていたおばさんの体調が悪化し、岩田が自分で自宅介護をしてきたが、60歳代半ばの時に亡くなられた後であった。このことは、岩田の《コミュニティ》に対する発想法を転換させる大きな契機となった。

　普段から健康に気を配り健康法として運動を心がけるような人柄ではなかった岩田が、「サウナに行って鏡を見たら手足が細くなりおなかが膨らんで餓鬼の様に見えてぎょっとした」と、おばさんの介護を済ませた後で言ったことが思い出される。

　その後、おばさんとご母堂が書き残したものを読んだ岩田は、「自分は女性の気持ちを全く分かっていなかった」と言い、子育てに携わることを通して家族という日常的なコミュニティの維持者である女性の役割とコミュニズムを積極的に評価するようになった。

　岩田は、1990年代後半からであったと思うが、『千と千尋の神隠し』などの宮崎駿による女の子が出てくるアニメーションを、「女性特に女の子の心理が巧みに書かれ

て」いるし、「話の展開がうまく論文を書く上でも参考になる」と評価して繰り返し見るようになった (それ以前は論文を書くときに参考にしていたのは山手樹一郎の時代小説であった)。毎朝まず鳥 (オウムのモモちゃんたち) の世話 (暑がり寒がりの岩田を含めた冷暖房費の電気代は月5～6万円かかっていたはず) をし、「人間はおかしなところがあるものだからね」、「人間はまったく一人では生きられない」と言っていた。また、庭に来る鳥を見て鳥の社会とその言語の観察も行っていた。

振り返ってみると、岩田は、戦後労働運動の「地域ぐるみ闘争」を評価していたし、1970年代後半には地域の住民運動に参加したことを通して「運動とは普通の人がやるもの」と言っていた。さらに、この1970年代後半ごろには、岩田より10歳年上であり戦前世代の佐伯陽介 (『古代共同体史論』、『マルクス敗れたり』、『現代革命と大崩壊』などの著書があり「コンミュン」誌も発行した) の研究会に参加し、古代農業帝国時代からのコミュニティには——「古臭いもの」という見方ではなく、日本の左翼には地についた社会運動がなかったのでそれを考えるという観点から——関心を持っていた。もっとも「彼らには現状に対する問題提起はゼロだね」という批判も持っていたので、戦前世代からは特に大きな影響を受けたのではなかった。

岩田は、先にも挙げたように機械システムの持つ論理とリズムとを好んでいたが、ロボットアニメーションが盛んであった1980年代に、『装甲騎兵ボトムズ』などのアニメーションに興味を持ち、メカシステムに対して人間が持つ目的意識性が生物・有機体システムの優位性となると言っていた。その際、人間労働は、本来すべての生産物を生産できるものでありどの労働分野にも向かいうる普遍性を持つが、個人が社会全体とのかかわりで特定の労働分野を選択するのはその個人の目的意識性によること、目的意識とは生産方法の選択の合理性と経済性とを超えるものであって、人間の感情——それぞれの言語システムと価値意識とは一体化して結びついている——と切り離せないと言っていた。

現在、人工知能や工場のロボット化の問題が新たなレヴェルで登場しているが、人間にしかできない労働とは何か、人間の頭脳の働きは (岩田も好んで使ったインプットとアウトプットという) 情報処理の概念で解けるか、心の働きとその進化はそれで解けるかといった問題が浮上している。岩田は、こうした現代にまで繋がる時流の大きな変化を見通していたといえるであろう。

その後岩田は、1990年代に入って急速に進行したインターネットとの融合によるIT革命の新たな段階、新情報革命を通して産業革命以来の物理的・力学的な (梃子と歯車を使った機械システムのように因果関係が直接的に目に見える) 生産力システムに代わっ

て、生物学的な分散・ネットワークシステム (因果関係が多層的多次元的になるため間接的・社会的に推定するしかない) という新たな生産力の質を持つことの追求にいっそう力を入れることになった。

　だが、観点を変えてみると、岩田が1980年代に農業社会は資本主義システムをいかにして生み出すのかに関心を持った時に考えていた農民「コミュニティ」——農地の集団的占有と灌漑治水を通して農地を維持再生産する組織との両面を持つものであった——は、動物集団の縄張り (テリトリー) と共通する面から人間のコミュニティを捉えていた。これに対して、以上に見たように、女性が維持再生産する (哺乳類一般にも共通する) コミュニティを考える場合には、コミュニティの性格規定は大きく異なってくるはずである。

　筆者から見ると岩田は、『世界資本主義Ⅱ』の執筆過程においては、革命論 (その原点は、マチエの『フランス革命史』に描き出されたコミューンであったと思う) の観点をとったために、再び旧来のコミュニティの規定に部分的に戻った。そこに行く前に、1990年代に岩田の関心のもう一つの焦点となった問題に触れておきたい。

環境問題への関心による変化

　1990年代の岩田は、大学内部の仕事——大学院の博士課程の設置を巡るカリキュラム改革にも積極的にかかわり、設置申請の文章も全部自分が請け負って作成し、入力・印刷までやり、環境問題や「情報・言語・文化」分野の位置づけにも注力した。岩田は、これらの問題にもあらためて関心を持って研究するだけでなく、学部内のすべての人たちに配慮し、学内の利害調整にも気を配った。こうした時の岩田が、「具体的な問題に対して答えが出せなければ、何のために原理論をやったのかが問われる」と言っていたことが思い出される。

　1999年の定年直前のことであるが、「若い時は経済学をやればすべてが分かるものと思っていた。この年になってようやく人間がどのように動くものか、またどのようにして他人を動かせばよいのかがわかってきた」と、具体的に何のこととは言わなかったが述懐していた。さらに定年退職した時に岩田は、「これで僕も一切のしがらみから解放された。だが、しがらみがあるから人間は仕事をするのかもしれないね」とも言った。2000年代初頭の対談・鼎談を行った後の岩田は、急速に外とのチャネルを減らした (たとえば、新聞も日経産業新聞を止め日経本紙だけにした)。その後の最晩年に筆者に対しては「君、時間はないよ」と言って、学内業務にかかわることを強く引き止めたのは、岩田の体験がもとにあったからであろう。

話を戻すと、この時期において岩田の発想法は、従来の運動の観点から「資本主義をいかにして行き詰らせるかを中心において考えて、右へ行くか左へ行くかを判断する」というものから変化した。岩田は自分がそうした「指図」をすることに向いていると思っていたのは事実である。ここで発想法の転換という言葉を使ったのは、環境問題を含む現代社会の根源的な課題を考えると、それが含む歴史的背景と多層的な因果関係を推定しながら、最終的に金融問題と財政問題に集約されて行く商品経済の存在を前提としつつ、現実的な対応策をとる方向に転換することになった。筆者は、岩田が1990年代に大学の入試戦略にも関心を持ったことにも驚いたが、留学生への対応に力を入れたことを含めて、大学関連のことだけでなく、理念は掲げるが現実的な獲得目標は何かを中心において考える、総じて極めて現実的な路線に転じた。

留学生教育への注力と自動車産業への注目

繰り返して言うようであるが、岩田は、「現実の社会主義がなくなった時、（マルクス）経済学がその論理の力だけで人を引き付けられるか」が問われ、「ソ連社会主義の崩壊の意味を真に理論的に総括した人はいない」とたびたび語った。

前項で書いたことと関わるが、この時期に岩田がよく言っていたことは、「ある分野（つまり経済学）のことが理解できていれば、他の分野の問題点もわかる」ということであった。したがって岩田は、人類史的に視野を広げることで、「資本主義と国家を廃棄することができるか」という疑問を解こうとしたが、しだいに「世界資本主義の現在の到達点の特徴とその動向を見極めたうえで、それに至る過程としてこれまでの全過程を見直す」と言い、「世界史は常にそれまで予測されていなかった方向に向けて変化するもの、一週間といえどもそれは歴史なのであって、過去があり現在を通って未来に向けて進むもの」というようになった。時事問題により重点が置かれた。

前項で環境問題への関心を挙げたことと並んで、1990年代に岩田がもう一つ注力したのは、大学院における中国人留学生に対する教育（当時留学生に門戸を開いていた大学院はまだ少なかったので学生が集中して来た）とそのためにも必要な中国経済改革の研究であった。それは同じ時期に、鄧小平の「南巡講話」を機に郷鎮企業の発展を先頭とする中国経済の発展が開始されていたからであった。岩田が中国統計年鑑などを自分でエクセルを使いグラフ化し、新聞記事のスクラップを集めて編集し、学生に配っていたことが今でも思い出される。すでに触れたことであるが、岩田の企業家としての経験を含むこれまでの蓄積が生かされた時期でもあったと、筆者から見ても感じられる。

実際に中国で社会経験を積んできた留学生に対する論文指導の中から、岩田が学ん

だと言っている点も多かった。筆者が今でも記憶しているのは、たとえば、中国の市場経済化の本格化を1983～4年の利改税改革から出発したこと、中国企業の内部関係がなぜ請負制的になるのか、郷鎮炭鉱がなぜ多いかなどであり、その他にも中国の高速道路を建設し物流システムを作りつつ進む物流改革の進展と企業改革・金融改革にも深い関心を持っていた。(岩田が現実の分類学としての法律学の方が経済学よりも現実の社会の動きを知る上では役に立つと言って)中国における企業法、銀行法、中央銀行法などの法的制度的改革にも興味を持って追究していたことを指摘しておきたい。

　また、もう少し後の2000年代にかかる時期になるが、河村哲二氏のアメリカ資本主義研究に触れたことを通して、ヨーロッパの職人的製造業とアメリカの大量生産システムによる製造業との違いをハウンシェルの研究に学んだことも、晩年の岩田の研究に刺激を与えた。現代の製造業の中心となっている加工組み立て産業、その中で重要な中心産業である自動車産業を岩田が本格的に研究したのは、この時期であったからである。岩田は、フォードシステムに対して、(フォードが自動車産業における「革命家」であっただけでなく農民出身であったことでも岩田の好みであった)とりわけ組み立てラインよりもその部品生産に注目して、岩田が戦時中の勤労動員で経験した部品の精度を保つゲージシステムと部品の材質の安定性の役割を強調した。さらにこれがGMのスローンシステムによって乗り越えられる必然性を説き、中小企業を寄せ集めて形成されたGMを、岩田は分散・並列・ネットワークシステムの具体例として見直し、マーケティングの開発に対しても「流通過程からの計画経済」であるという評価を行った。

2000年代の岩田

　すでに触れたように、岩田がその晩年に「自分たちがマルクス主義を基本的教養とする最後の世代」ではないかと述懐した時、常々「文章は読者を想定し、それと対話して説得できるように書くもの」と言っていたが、「対話の相手となる読者がいなくなった」と漏らすようになった。また、組織の長にはなるものではないとしていた岩田も、「本当は自分が宇野派のまとめ役をやらなければならなかったのかもしれない」と語ったことがあった。

　岩田は、1989年には「ソ連体制と中国体制は、二つの巨大な人民革命の挫折から生まれた資本主義の国家的変種――国民経済の国家資本主義的な組織化と近代化――でしかない」と言い、商品経済を止揚できない以上、労働者資本主義になるしかないと結論付けていたが、それを作り出した運動の重さに対しては直ちに否定できなかった。1990年代末に筆者が『グローバルキャピタリズムとアジア資本主義』を書く過程で、

中国「社会主義」について岩田と議論した時にも、岩田は「そのためにどれだけの人（おそらく革命家と言ったかもしれない）が犠牲になったか」という意識を持っていた。

岩田は、「僕は本をいじめて使うからね」と言っていたが、自分の体もいじめて使う人（夜でないと集中できないと言って夜更かしするが睡眠が浅く熟睡しないタイプ）であった。定年退職の後、「今度は僕が君の助手をやるよ」と言ってくれ、筆者と連続講義の形式で一コマだけを持っていた大学院での仕事も、体力の限界から3年ほど継続した後辞めた。

その後、新聞のスクラップなどの作業もあまりしなくなり、岩田の対話のルートが「君を通して外とつながっている」というぐらいに細くなったし、率直に言って、当時ワーキングメモリーの量が減ったのではないかという印象を受けた。自分の体調に対する見方も、基礎疾患があるためそれまでの自分の「好きなようにする」時とは変わってきたようである。もっとも、筆者も当時の岩田の年齢に近付いたため、なぜそうした状況になったかは感得できるようになった。

岩田にとっての対話の意味も、「対話をすると自分自身の考えがはっきりする」というものに変化した。これは、それまでのシェーマは崩れたが、それに代わる図式を見出すのは困難であったという意味に思える。最晩年の岩田は、対話の相手はきわめて限られていたが、顔を合わせると「僕はまた考え方を変えましたよ」と言った。筆者の憶測に過ぎないが、迷っていたことの中心は、まずこれからの限られた時間でどれだけの仕事を現実にできるかであり、次いで現実の「コミュニティ重視」という発想の中でどれだけの内容を「包摂」することができるかであったのであろう。しかも、岩田の現実のコミュニティとの接点は、減少して行った。

岩田は、「僕はあまりものを知らない」と言い、遺伝子のシステムを言語システムとして理解することを通して問題提起を試みようと、生物学さらに心理学の研究に打ち込んでいた。岩田の口癖は、若い時に自然科学をやるか社会科学をやるか迷ったことを挙げて、「僕は本来理科系だ」ということであったが、岩田の関心は、資本主義を超える全体論に明らかに移っていた。

2000年代に入るころから櫻井毅さんの研究会に出るなど、ほぼ同時に教員としての現役を退いた昔の宇野ないし鈴木ゼミナールのメンバーとの交流が復活した。本書に一部を収録した「情況」誌上での座談会も何度か行われ、岩田がその編集能力を発揮することになった。このことには、野球でいうヴェテランになるとピッチャーは球速が落ちるため投げられなくなるが、バッターはピッチャーの球速を利用して打ち返すことができるという印象を受けた。この座談会での岩田の発言は、（もちろん後から

書き加えられた部分が多いが）書下ろしの論文よりも自由な形での記述となっているため、この時点の岩田の現状認識と問題意識をよく示されている。

　だが、岩田がここで問題点をあらためて見直していわば力を溜めたことなしには、『世界資本主義Ⅰ』をあれほど短期間で仕上げられなかったことは間違いない。

　これ以外には、自分から積極的にするというよりは、ネグリ＆ハートやハーヴェイに対する批判などの文章を、「情況」などからの注文を受けて発表する形になり、量的にも発表が減った。岩田は、例えばネグリ＆ハートに対して「アメリカ帝国主義の力を過大評価している」と批判し、「左翼は権力の側から恐れられる存在でなければならない」と言ったことを記憶している。レーニン『帝国主義論』を後年になるほど岩田は全くと言っていいほど評価しなくなっていた。アメリカ帝国主義を新資本主義と見て過大に評価するところは、現在まで根強く残っている傾向であると考える。

　岩田は、国家の基本がゲヴァルトによる領域の防衛にあると考えてきたが、現在ではゲヴァルトの地位が地域紛争にも対応できないぐらいに下がったと言い、その反対に社会を組織しているのは企業や産業であるという考えを強めることになった。

原理論の意味の縮小

　岩田は、最晩年になっても『資本論』体系を現代に生かすことを課題としていたが、その意味するところは、以前とは大きく変わってきた。たとえば、岩田は、リーマンショックの後で赤字ドルによるインフレーションが基軸為替ドルを何によって評価するのかという問題を意味するとして、貨幣商品になるものは活動的な世界市場商品であり、同じく世界市場商品である石油――「石油もまた等価商品であり、世界商品として自由かつ活動的に流動するだけでなく、地中に備蓄しておくこともできる」と岩田は言った――価格によって逆評価されるものと見ていた。

　岩田は、中央銀行の金準備の問題についても、金・ドル交換停止以後において意味が無くなったという常識論に反対して、世界資本主義にとっての商品市場・金市場の問題は、マルクスの時代と変わらないとしていた。世界市場における商品経済の発展史が貿易決済の手段としての金を生み出したことは、現代でもそれを超えられないと語っていた。だが同時に、金準備の意味に関して『資本論』にはこう書いてあるということを振り回しても通用する時代ではなくなっている」と言い、「金が最終的決済手段であり、これを言うことがまだタブー視されている」という発言もしていた。基軸為替ドルの背後にあるアメリカ製造業の商品輸出の役割は、19世紀のマルクスの時代のイギリスのそれと比べれば明らかに縮小した。

これに代わって、ゼロ金利政策という中央銀行の金利の機能喪失とともに、為替相場の不安定さは一層増大し、為替相場の操作だけが為替市場の相互関係を維持する唯一の手段となった。その結果として、ドル買い・人民元売りを継続した中国の外貨準備が一時4兆ドルに接近し（それは中国市場内部における株式バブル・住宅バブルなどを引き起こしただけでなく、2015年現在の世界経済の先行き不安要因となっている）、決済準備貨金の膨張が続くことになった。具体的には米中相互依存体制の問題である。こうした歴史的現実の変化が大きくなると、原理論の問題は、岩田にとって小さくなり、『世界資本主義Ⅰ』でも、『資本論』からの引用は本文ではなく「注」に入ることになったのではないか。

　もう一つは、資本の生産過程論以来の問題である。岩田は、最後には「たとえマルクスに百歩譲ったとしても、マルクスにはネットワークシステムという考え方がないことが問題である」と言い、新情報革命・新産業革命を通して展開する生物学的な分散・並列・ネットワークシステムの意味を非常に重視したことによって、マルクスにいわば喧嘩を売る形になった。

　他でも触れるが、岩田は、もともと19世紀のヨーロッパがフランス革命によって大きく変えられたことを重視していた。ここから19世紀のヨーロッパの社会運動の主流は、このフランス革命の歴史的遺産としてのコミュニティの再建運動、その中での独立した地域コミュニティ組織の役割と相互扶助を説くコミュニズム・アナーキズムであると捉えており、アナーキストと喧嘩したマルクスには産業革命に対する過大評価に基づく中央集権的組織という考え方が強いことを批判していたからであった。

　最晩年に「『世界資本主義Ⅱ』の後に原理論を書きますか」と尋ねたところ、岩田の答えは、「原理論といっても現実の一部を取り出したものに過ぎないから、現在どれだけの読者が得られるか」という否定的なものであった（余力があれば『世界資本主義Ⅲ』という含みも一部残していたようではあった）。櫻井毅さんは、最近のことであるが、「自分も同じようなこと（資本の自己組織論として原理を説くこと）を考えたことがあるが、社会学的になりシステムにならなくなるし、生産力水準を具体的に入れたら原理ができないのではないか」と評されていた。

　岩田が言っていた「現実の一部を取り出した」とは、リカードの原理を念頭に置いたものであろう。岩田はリカードの演繹的な原理が資本主義システムの現実の核心的部分を取り出して、その特徴をモディファイないしデフォルメしたものであることを、評価していた。すなわち、リカードの原理の性格は、資本主義世界市場全体の中では特異点として存在する産業資本の生産過程の内部世界を社会的全体と見做したもので

岩田弘と『世界資本主義』とを振り返って
五味久壽

あり、だからこそ世界市場を現実に存在するアメリカの奴隷制やプロイセンの隷農制を無視し商品経済的分業関係のみによって組織されるものとして三大階級からなる《純粋資本主義》の世界とするのである。だが、現実には社会の中で部分としてのみあるものをあえて商品経済によって組織される社会の全体とするために、地代論において現実には土地所有が要求する絶対地代を無視して労働価値説との矛盾を引き起こさないように、差額地代だけで説くというように無理が出てきたものと見ていた。

岩田の強調する資本主義の世界性は、商品経済の社会的生産に対する表皮性・部分性と表裏の関係に置かれている。このために、岩田も、例えば「労働価値説の虚偽性」というように、原理が虚偽性・フィクション性を含むことを説く。ただし単なるフィクションではなく、資本主義システム自体が作り出したフィクション性である。この理論が全体化するためのフィクション性を含むということは、日本においてはあまり意識されていない発想法であろう。岩田にとって現実の企業革命と企業内における組織革命の問題が一層重要性を増すことになった。

最晩年の岩田と企業「革命」への関心

ここで以上に述べたことと関連するが、最晩年の岩田（2003年ごろからの約10年間を指す）についてあらためて触れておけば、本書の共編者である田中裕之は、この時期に初めて岩田と直接接触したため、この時期の岩田を最もよく知る人物である。田中は、岩田に対して「工場占拠・生産管理」闘争をかつての全共闘時代に主張した恐るべき人という先入観を持っていたが、岩田の自宅で最初に会って話した時に「ヴェンチャー企業の経営者か、中小企業の親父さん」的だという第一印象を受けたことが、意外であったという。

ちなみに岩田は、分散・並列・ネットワークシステムという中小企業の集合体を評価していたように、中小企業に対しても弱小企業とは見ないでむしろ「気の合ったものが一緒に仕事をやる」ことができるその柔軟性を高く評価していた。

最晩年の岩田は、ソ連社会主義の経済的実体を踏まえて、「国家権力の奪取を通して革命を実現する」という発想法では、コミュニティ革命を理解できないとして、左翼の伝統的な発想からすでに離れていた。当時「流通革命」「金融革命」が「IT革命」の進行との連関で問題とされていたが、岩田はこうした資本の流通過程および生産過程で起こる変化に興味を持ち、資本の側に「革命」が起こるものと考え、さらに新情報革命を通して巨大な「中国新資本主義」が台頭する過程に対してさらに惹きつけられて行った。

岩田は、この「中国新資本主義」に対して「コミュニティ資本主義」という表現も使い、「われわれの世代は農業社会を知っている。定住農耕社会とは農業だけでなく手工業を含む総合産業である」から、そこに地域コミュニティを基盤とする企業が叢生するのは当然のことと見ていた。

さらに異論も当然あるところであろうが、当時の岩田は、中国がアメリカの新産業の生産力を引き継いで21世紀の世界景気循環の主軸になるかもしれないとも考えていた節も見られたが、今はまだそうしたことを言う段階ではないとも言っていた。

左翼の伝統的発想法からの転換

岩田は、すでに触れたように、旧版『世界資本主義』の時代から近代国家システムのような中央集権的組織を好まず、マルクス自身の持つ中央集権的組織への親近性を否定していた。アナーキズムに対しては、1970年代から「組織論としてはアナーキズムの方が魅力あるね」とか、「日本のアナ・ボル論争でも直接行動を主張するアナの方が迫力あったね」と評価していた。

岩田は、アナーキズムを19世紀ヨーロッパの社会運動の主流──フランス革命におけるコミュニズムの伝統を受け継ぎ、自立したものの相互扶助を運動理念とする──と捉えてその後身であるアナルコ・サンジカリズムに対してもゲルマン圏のイギリスやドイツの「ソーシャリズム」とは異質のものとして関心を持ち続け、1968年のフランスの社会運動（ルシアン・リウーとルネ・バックマンによる『五月のバリケード』という本しか読んだことがないと言っていた。一般に岩田は、何冊も読んで比較検討するというタイプではなく1冊深く読んで推論すれば十分というタイプであった）に対しても、アナーキストであるダニエル・ゲランの評論に注目し、評価していた。なお、ナチズムに対しては「ファシズム一般とは違う」という評価をし、たんなる不合理性ではなく、革命の演出に基づく社会運動という捉え方をしていた。

エンゲルスが応援していたドイツ社会民主主義については好まなかったようであり、「社会主義の本場はイギリス」と見ていた。イギリスの社会主義について立ち入って考察はしなかったようであったが、「党派闘争は議会政党の方から始まったのでは」といった発言もしていた。ちなみに岩田は、世界市場の基軸国であったイギリスの、かつての大国らしい落ち着きと成熟した感じを好み、議会制政党政治の本場として議会の権威があり、きちんと議論したうえで報告書が公開されることなどを高く評価していた。ただし、トニー・ブレアの「ニュー・レイバー」に対しては、「サッチャーの真似」と見て評価していなかった。

岩田弘と『世界資本主義』とを振り返って
五味久壽

　岩田は、晩年には社会運動との具体的な接点を持たなくなっていたが、「僕が運動にかかわらないからY君たちは怒っているだろうな」とも言いつつ、「僕はいつも極左だったからね」とも言っていた。最晩年のある時、それがあまりに強がりに聞こえたので、筆者はつい「そのことに現在どれだけの意味があるのですか」と、禁を破って言い返してしまった。岩田がこれに「君は時々恐ろしいことを言うね」と反応したが、その後になって突然「漸進的改良しかないのかもしれないね。僕も穏健になったものだ。岩田も『ブル転』したといわれるかもしれないな」と発言した。ただし、当時、体力の衰えた岩田の自宅で月例研究会を行っていたが、皆の前でこのことを明言することはしなかった。
　だがこれは、当時岩田が日常的なものとしての「コミュニティの包容性」を積極的に評価しようとしていたことから生じた結果の発言と見てよいであろう。

「コミュニティの包容性」●実質的革命論へ
　岩田は、「コミュニティの包容性」に対しては『世界資本主義Ⅱ』について議論している中で、シリコン・バレーコミュニティも、毛沢東の根拠地コミュニティとの共通性――相互にコピーしあう密集部隊を持っていること――が特徴であると考え、それを現実のコミュニズムであると主張した。その根拠は、毛沢東が根拠地コミュニティの中では、通常言われる農村の中の階級闘争路線ではなく、農業社会が歴史的に持っている階層構造も、商人が根拠地内部に存在していることによる商品経済関係もすべて引き受けて「包摂」したと主張した。すなわち、岩田が言うところの「現実のコミュニティの包容性」、それが持つ包摂性である。
　したがって、岩田は、コミュニズムを現実世界の基準・現実的目標に置きなおし、マルクス主義とその革命論を捨てて日常生活の基準、現実であるコミュニズムに転換したといってよい。このことはすでにみた事業家＝革命家という発想を晩年に持ったこととも対応しており、革命論と言っても実質的な革命論になったわけである。
　だが、岩田は、毛沢東による人民公社・大躍進運動を「農民コミュニズム」運動のピークと（おそらく理念的にのみ）捉えたことによって、「行き過ぎがあってもそれは部分的なことに過ぎない」として、大躍進がもたらした結果を以前から頑強に否定していた。ただし、岩田のレーニン評価も、30歳代の時の「漸進的であるが前に進もうとしている」、「教育家だから党派を形成できた」というものから後年には否定的な見解へと大きく変わったのであるが。
　それだけでなく、農業社会の発想法が中国でも都市化の進んだ現在どこまで残って

いるか、それを通して中国社会の現実をどこまでとらえることができるのかは、議論の余地があるところであろう。岩田の言う理論は「系の質的特異性」、例えば「近代社会は商品経済社会である」という理念（それを人間社会自体が生み出した産物とするとしても）から出発するという性格を持つ。だが、最晩年の岩田は、具体的に何に対してかを言ったわけではないが、すでに触れたように、「僕はずっと理論の世界の中で生きてきた。そうすると現実に対する感度は落ちるよ」と漏らしていた。また、筆者は、岩田の議論自体は理解していたつもりなので「僕の言いたいことをわかってほしい」とまで言われたときには申し訳ない気がした。

岩田の変化を推察していた人は、研究会に参加したメンバーの中にもいたが、反発する人もいた。第一次安保闘争世代のY氏は、1960年代に初めて彼らが岩田と接触したときの「革命家岩田」という認識を持ち、岩田が危機論を捨てたことに（おそらく岩田から元気が出るようなことを聞くことを求めていたのであろう）対して、「変わってしまった」という不満があったようである。このため、よく岩田とY氏との激論になったが、研究会の後で岩田は、「彼は昔の僕だよ」「議論すると顔つきまで変わってしまい議論にならない」と慨嘆していた。

1964年に旧版『世界資本主義』を書いた時点での岩田は、歴史的・具体的な第二次大戦後の世界資本主義システムの危機論——金・ドル・ポンド体制の崩壊の危機——に力点を置いていた（『世界資本主義Ⅰ』をご参照いただきたい）。ここでの危機論とは、岩田が晩年に述懐したように、「資本主義をいかに行き詰まらせるかを考えるもの」であった。しかし岩田は、「危機とは自動的に社会的危機になるわけではなく、資本主義の再編成になるだけである」として危機論を疾くに捨てており、今日の中国・アジア産業がどの部門で何ゆえに発展しているのかに研究対象を移していた。

岩田は、中国の国有企業は、インフラストラクチャー関連産業であり本来の製造業ではないこと、国家幻想にしがみつく官僚の存在を指摘し、郷鎮企業に代表されると見た中国製造業を国家が縛ることができるはずがないこと、中国国内の足元からのグローバルキャピタリズムの成長は、日本の戦後と同じであり、企業家は国家を相手にしていないと見ていた。

また中国の農民を都市へと押し出す力は、貨幣欲であるが、農村から人口を押し出すのは種切れに近くなっており、労働者の中の階層が変化してより高級な労働力へ転換するとしていた。また、昨今言われたアーサー・ルイスの転換点というのは、ヨーロッパの発想法にすぎないと言っていた。

さらに岩田は、中国巨大資本主義が単一のシステムとして成り立つかについては、

若干の疑念を持っており、その確定には基軸産業の内部と物流システムの解明が必要であるという見方をしていた。

前後の事情については、本書に収録されている櫻井毅・大内秀明と岩田の3名による座談会における岩田の発言を参照されたい。

労働過程とコミュニティ

現代のコミュニティについてであるが、岩田は、アメリカのシリコンヴァレー産業も中国の郷鎮産業と同様に地域コミュニティ集積産業であると見て、両者がいわばコミュニティ資本主義としての共通性を持つと捉えていた。『世界資本主義Ⅱ』のプランは、解題で検討したが、岩田は、その最後に「アメリカのシリコンヴァレー革命の開始とその生物学的特徴」と「世界の製造業、デジタル産業のネットワーク型集積基地としての中国世界」の二つの章を置いた上で、終章「21世紀において問われているもの」では、アメリカをも取り込んだ中国新資本主義の展開とコミュニティ再生の運動としてのコミュニズムとの関係を問うはずであった。

岩田の世代は「鉄道帝国主義」の研究を経てきたので、もともとは産業に対して重工業論・装置産業中心の見方をとっていたが、岩田は人間労働中心へと『世界資本主義Ⅰ』で大きく変化した。加工組み立て産業である自動車・電機産業を焦点に据えると人間労働の評価が問題になるからであった。岩田は大須事件のH氏から松下電器産業のことを聞いていただけでなく、自動車産業のトヨタ、ホンダも見直し、生産過程における労働者の主体性・目的意識性、さらには農業社会以来のことであるが労働者自身が生産手段のメインテナンスをすることの重要性をさらに言うようになった。それだけでなく、『世界資本主義Ⅰ』以前から現代の先端産業（たとえばICT産業、バイオテクノロジー産業）は労働集約型産業という性格を根本的に持つために、読み書き算盤ができる教育が普及すれば中国・アジアのような人口密集農業地帯に拡大するものと見ていた。

晩年の岩田は、実証は業界人の仕事であり、学者にはできないといい、生産過程における新しい関係のどこをやるかが中心問題となるが、それには経営者の発想が重要になると見ていた。つまり、岩田は商品経済の組織者としての企業の役割を以前にも増して重視するようになっていた。

また『世界資本主義Ⅰ』では、シリコンヴァレーについて推論したのみであったと言い、IBMの大型機の使用目的・構造とパソコンの仕様目的・構造＝ネットワーク性とを比較し——岩田はアナリー・サクセニアンが、この両者の企業風土の違いが何

に由来するかを追求していないことの不十分性を持つと指摘していた——、それが中国へ展開する根拠を説いた。岩田は、アナリー・サクセニアンがIBMの持つ東部のエスタブリッシュメント的性格に対して、カリフォルニアのシリコンヴァレーで少数であっても気の合った者同士がヴェンチャー組織を形成し、機能をめぐって相互に競争するが全体として見れば分散・平列・ネットワークシステムとなった地域コミュニティを形成していることを明らかにしたことを評価していた（余談であるが、岩田は権威や組織に縛られないシリコンヴァレーのライフスタイルを気に入っていたようであり、自身もネクタイというものを《TOKYO1964》というロゴ入りの1本しか持っていなかったはずである）。

岩田は、アメリカ社会の特徴をコミュニティ活動の活発さに求め、州や国家を問題にしていないことにおいて、「郷鎮キャピタリズム」と岩田が形容した中国社会との共通性を、コミュニティ社会のいいところも悪いところも含めて見ていたといえよう。

岩田は、「職人集団＝技術的要素は今日でも中心か、それはNC、ロボットによって置き換え可能か」という問題を問い直した。その際技術的要素に対して手先の熟練と技術教育（大学の理科系専門教育）の役割を区別して考えた。企業にとっての開発研究と生産との関係の併行性を説き、合理化する——日本でリストラされた技術者が中国へ行くことや、企業の核心的技術の中国への移転——と、基幹労働者の意味がかえって重要になるとした。基幹的労働者とは、具体的にはトヨタの生産過程の内部におけるラインの班長と叩き上げの労働者のことを念頭に置いて、仕事が終わった後の話し合いの役割と、労働者の内部が地域コミュニティと家族コミュニティとを通して組織された階層関係を持つコミュニティになっていることを（現在の日本の若者には理解されないのではないかとも言ったが）評価していた。

さらに岩田は、マルクスとエンゲルスに対しても、二人とも産業の外側の人間（都市のインテリ）であるため、産業ないし企業の組織を中央集権的システムと見て過大評価したことを批判した。マルクスの論理は市民的個人から出発しており、（第一インターナショナルでのアナーキストとの論争に見られるように）労働者のコミュニティもまた農村のコミュニティも知らなかったものと批判した。その結果として封建制を廃棄すると次の社会＝自由社会になるというブルジョア革命の発想法の延長線上に伝統的マルクス主義の発想法が生じたと見て、岩田はこうした伝統的マルクス主義の発想法（岩田の言う素朴唯物史観）をひっくり返そうとした。

岩田は、レーニンもコミュニティの感覚がないことを批判し、したがってロシア革命を労働者コミュニティの反乱と捉えられず、労働組合のゼネストと理解し、政治権力自体はツァー体制がすでに作っているが、それを「社会主義」の道具として使うの

で、労働組合の仕事に戻れとすることになったという見解であった。この結果、レーニン・スターリン党はツァー体制の官僚が流れ込む官僚の党となり、国有化すれば社会主義になるという公式社会主義的理解が生まれたと見ていた。だが、岩田はツァー体制の元官僚の役割に対して否定的であったわけではなく、彼らはネップに踏み切って金本位制による合理化を実行できた能力を持っていたが、ボルシェビキにはそうした能力があるはずがなかったと見ていた。またこうした官僚層がスターリンを担いでドイツの戦時経済システムを平時の建設に応用して工業化を実現したと見て、その能力を評価し、トロツキーに対しては(最晩年にドイッチャーの3部作を読み直していたが)、要するにジャーナリストであり、これに対しては方針を見失って何もできなかったという評価をしていた。

『世界資本主義Ⅱ』へ

　岩田はもともと宇宙論のようなスケールの大きな議論を好んでいたが、晩年には研究対象を人間社会全体へと拡大していった。なぜなら、岩田は第二次大戦後に大きく展開した無文字社会の研究としての文化人類学を嚆矢として、資本主義社会という範囲を超える人類史的全体論が登場してきたことを認識し、さらに考古学やそれ自体に生物の歴史が埋め込まれている遺伝子の解読による生物学の発展にも興味を持つようになったからであった。これを通して、岩田は機械システムに基づく生産力に代わる生物学的生産力という新しい質の生産力が登場したことを主張するに至った。

　くり返しになるが岩田は、宇野三段階論で言う「帝国主義段階論」を世界史的段階ではなく、過渡的段階であるとみなして、その次が社会主義への移行としての「現代資本主義」となるという見方を捨てていた。

　「危機とは自動的に社会的危機になるわけではなく、資本主義の再編成になるだけ」と認識し、階級闘争という発想法もすでに否定されたので、社会運動の旗印は、コミュニティ主義としてのコミュニズムが残ることになった。岩田は、『現代社会主義と世界資本主義』の副題を共同体・国家・資本主義としていたが、この「資本主義」は資本主義に先行する社会システムを含めれば、「商品経済」となり、人類史の展開を、共同体(ただし岩田は日本語の共同体という語が唯物史観を連想させるのを嫌い、コミュニティを使った)・国家・商品経済の3者を主役として行われるものと見ていた(岩田は、シナリオという言葉を好んだことに表れているように、論文を書くことをドラマの台本を書くことになぞらえており、登場する主役を確定することが大切であるといっていた)。

　このコミュニズムとは、国家権力や商品経済によるコミュニティの解体に対して起

こるコミュニティの再生の運動を指すのであるが、岩田は、中国農民の(のちには郷鎮の)コミュニティ・コミュニズムが中国社会の根底にあるため、中国革命が毛沢東の代表するコミュニズムとソ連型のソーシャリズムとの対抗関係になり、前者が人民公社・大躍進においてピークに達し行き詰まった後に、後者がアメリカのシリコンヴァレーが開始した新情報革命を受け継いで中国新資本主義となってさらに展開するというシナリオを考えた。

繰り返しになるが、岩田は「古代秦漢律令制帝国以来、株式会社でいえば社長に相当する皇帝がコミュニティの意思に背いた時にはコミュニティ反乱による易姓革命を通して皇帝が交代させられるので、国家コミュニズムが中国には埋め込まれている」という「演繹法」で説こうとしていた。

演繹法と帰納法とはともに論理の基本であるが、「10年以上中国に行っていない岩田が、変化の激しい中国の現実を踏まえた問題提起を果たしてできるか?」について危ぶむ声を、筆者はかつて岩田の下で留学生であった人々から聞いた。さらに、理論化すれば「そういうことも言える」という範囲にとどまるのではないか、中国の「コミュニティ」に対しても理念化しすぎれば実体から遊離するのではないか、といった疑問を感じたことは事実である。

岩田は、2007年と2008年に集中して『世界資本主義Ⅱ』に取り組み、相当な分量の部分的スケッチおよびいくつかのプランを残した。

以下では、「世界資本主義Ⅱ」のプランについて(解題)を敷衍して、岩田が提起しようとした問題、考慮中であった問題、さらに迷っていたと思われた点を、筆者(もちろん岩田の社会運動を語るには適任ではない)の推測は入っているが、できるだけ筆者の評価を交えないで「如是我聞」の形で書いて行く。ただし、問題が多岐にわたる上に岩田自身が書いた文章としては残っていないものであるため、内容的には散漫の誇りを免れがたいかもしれない。

『世界資本主義Ⅱ』が提起しようとした問題

農民コミュニティ革命、さらに郷鎮コミュニティ革命としての中国革命

中国史全体に対して律令制国家と易姓革命論からの演繹法を適用するにあたっては、岩田も完全な自信がなかったと思われた。このことは、最初のころ「どういう風に書くか? 仮定法でAならばC、BならばDという推論で書くしかないか?」と言った

岩田弘と『世界資本主義』とを振り返って
五味久壽

ことにも示されていた。

　岩田は、中国革命をかつては「農民共産主義運動」とその挫折と位置づけていたが、この『世界資本主義Ⅱ』においては、その表紙に表す主題を最初「農民コミュニティ革命としての中国革命」とし、さらに「郷鎮コミュニティ革命としての中国革命の包容性と中国新資本主義の登場　その21世紀的意味を問う」へ変えた。この両者ともコミュニティへの注目は共通しており、かつて岩田が綱領問題を論ずる著書の表題ともなっていた「共産主義」という表現が捨象された。「農民コミュニティ」という歴史的ではあるが実体が明確ではないものが、現在の中国に存在する郷鎮という地域コミュニティに置き換えられた。

　岩田は、中国の革命運動を毛沢東に代表させ、農民コミュニズムないし郷鎮コミュニズムとして積極的評価を与えていた。

　解題で触れたが、文化大革命当時の毛沢東には「自己分裂して半分狂って死んだのだろう」と否定的ではあったが、人民公社大躍進運動の毛沢東に対しては、「行き過ぎがあったとしても、毛沢東個人ないし個性を問題にするわけではない」と言って譲らなかった。岩田の毛沢東に対する根本的な批判は、毛が農民コミュニティないし郷鎮コミュニティひいてはコミュニズムの意味を理解していなかったということであった。

　だが、『世界資本主義Ⅱ』の進行状態を見ると、現実には人民公社・文化大革命の位置づけを行おうとするところで、岩田の原稿が終わっているので、こうした問題に対する岩田の評価が完全に定まっていたということも言い難い。

　すでに見たように、岩田は、中国の国家システムを律令制共同体国家＝国家コミュニズムと性格規定した上で、中国革命がコミュニズムの伝統を受け継ぐものであり、革命後の中国ではこのコミュニズムを自覚しないままでソ連型ソーシャリズムと争い、さらにコミュニズム運動の破綻を通してその歴史的遺産が変容しつつ中国新資本主義に受け継がれていくという大きなシナリオを描いていた。

　その後、毛沢東の根拠地論の考察をきっかけとして、コミュニティの階層構造を含む「包容性」という概念に到達した岩田は、商品経済を強いて排除する必要はないという考えとなった。『世界資本主義Ⅰ』に見られるように、岩田は、資本とは「機構の支配」であるというそれまでの考え方に加えて、新情報革命・新産業革命という産業の側で世界的に起こっている革命が現代の生産力の質を根本的に変えるものと判断し、これに革命家も一種の企業家であるということを付け加えたため、革命の主体は生産過程を担う企業ないし起業家の側に移ったといってよい。

岩田のヨーロッパシステムと中国システムとの対比

　岩田は、中国のような古代以来文書行政に依存してきた巨大国家システムは、巨大国家システムの必要性がなければ維持されては来なかったものと考えていた。この場合、岩田は、文書行政の役割を高く評価しており、国家の行政業務は地方の機構によって代理できるものと考えていた（杓子定規で処理できる能率性も評価し、制度の運用の意味も認めた）。岩田の言い方を借りれば、「中央のボスが威張っているのと、地方のボスのそれとでは全然違う」ということである。

　また、岩田は、中国新資本主義の下で中国農村社会の解体が進行していることを認めながら、農業社会が解体してもこれまでの農業社会が作り上げた発想法は残るという考え方をとっていた。

　中国社会は、戦乱と人間移動によりヨーロッパよりも捏ね回されている社会であるため、人間が地縁的に固まっており、地域・郷鎮全体が $G-W-G'$ という貨幣的経営体をなし、（企業はその下部組織）その間の競争関係が中国経済のこれまでの高度成長の原動力であったという見方をしていた。

　したがって、中国の産業構造は、地域コングロマリット・地域コンツェルンのネットワーク体制となる。それは、中国共産党が全国党としての実態を持たないということであり、現実には地方分派の連合体とその間の妥協体制となる以外にないということでもあった。

　岩田は古代以来の中国国家を律令制共同体国家と規定し、それを現在の中国で展開している新情報革命・新産業革命まで結びつけようとし、人間コミュニティの再生の運動としてのコミュニズムに対し、新情報革命・新産業革命の開始がその前提条件をいかにして準備するかを解こうと考えていた。

　岩田は中国史の時代区分をする場合に、共同体国家論に依拠する場合と、階級国家史観に依拠する場合では根本的に異なると見ていた。通俗的階級国家史観によれば、アジア的専制もしくは総体的奴隷制、封建制、近世の展開となるが、その場合でも階級発生に先行する原始共同体ないし原始共産社会を理念的に前提し、その階層分解によって階級発生を説かなければならないので、唯物史観・階級史観では形式的な時代区分になると批判する。したがって、岩田自身が絶版とした『資本主義と階級闘争』に代表された階級闘争と階級国家論は、ヨーロッパ近代人の歴史認識・市民社会的な階級観念が、無批判的に先行の歴史過程に投入されたものとして捨象された。

　岩田は、共同体の基礎構成単位を（哺乳動物一般にも共通する）子育て集団に求め、だからこそ人類の社会認識においてもコミュニティ関係が血縁関係に擬制されると見て

岩田弘と『世界資本主義』とを振り返って
五味久壽

いた。かつての岩田は、動物のテリトリー論とのアナロジーによって部族的な武装集住型農業共同体を歴史的端緒として国家を説くことを強調していた。国家的統一体となった国家システム論は、それとのレヴェルの相違が見直され、多数の共同体の国家的統合による広大な農地への改造、そのための灌漑・排水や耕地・草地・森林の共同的配分が国家機構を通して行われる必要性が、いっそう説かれるようになった。国家的統合が拡大すれば、国家機関の公的機構化とその業務を担当する人間集団、つまり官僚の専門職務化が進むことになる。ちなみに岩田は中国の科挙制度を、郷鎮からの声望に基づく推薦を重視するものとして評価していた。

岩田は、ここからオリエント・ヨーロッパシステムと中国・アジアシステムとの対比を、古典古代的合理性と中国的合理性とをともに見出した。すなわち、共和制（レパブリック）ローマを都市国家のネットワーク的結合体と規定して、都市国家の指導層の代表者会議・元老院が、古典古代における最高形態の公的普遍性を持つものであり、臨時的な軍事の指導者も任命するシステムと見ていた。

これに対して中国の律令制国家システムは、広範な農業共同体を国家的に統合しそれを管理統制する中央集権的な官僚的国家体制・文書行政を基本とする垂直統合型の国家体制であり、その執行責任者としての天子とその執行機関、つまり社長とその管理機関を有し、その機能が不全となった場合には易姓革命が行われるといった認識である。岩田は、中国官僚機構の基本は郷鎮コミュニティであると見てその合理性を評価していた。ただし、中国の軍隊組織自体やそれと官僚機構との関係は立ち入って検討しなかった。

岩田は、前々から中国世界が古代から合理的であり、先進国であったという見方をとっていた。中国世界の合理性の代表に挙げたのは、絵画で〈写実〉が中国では早くから出てくることであった。〈写実〉は、幼児の絵が抽象から始まるのに比較して高度なものであり、近代ヨーロッパの絵画が『聖書』の概念から解放されるのに時間がかかったのに対して、中国はそれより約千年早く出てきたという。さらに、日本は律令国家という国家システムも文字言語も中国から学んだものと言い、岩田が中国人留学生の教育に力を入れる理由となっていた。ただし、岩田は中国の文化が好きで心酔していたという風ではなく、中国の発想法が羅列的であって要素と要素との関連を問うところが少ないこと、ヨーロッパのように展開は遅くても階層的に積み重ねてシステム化する力、さらに演繹的な能力などに欠けるところがあると見ていた。

谷川道雄の中国共同体論との共通性

　ここで、岩田との接点があったわけではないが、筆者がたまたま読んで、岩田と同じく中国を考えるには共同体という問題が基礎となるということを主張している中国史学者の谷川道雄（1925年生まれで岩田とほぼ同世代に属する）の所論に触れておきたい。

　岩田が、若い時から社会運動とともに生きるという発想法を持っていたため、後になってから事実を振り返る役割を有する「歴史家になっても仕方がないよ」と筆者に言った。歴史家はそれぞれの対象とする領域に閉じこもっており、時間的な比較関係も空間的な比較関係も見ていないと言っていた。さらに歴史学者の書く現状分析に対しては、いわば《つまみ食い》的なものと見て「ああいうものは詰らない」とも言っていた（だが、筆者は、『現代社会主義と世界資本主義』を書いた時の岩田が、歴史学者の書いた学習書や教員・研究者向けの「ハンドブック」や『日本史大系』などの類を読み込んでいたのに対して、『世界資本主義Ⅱ』執筆時には、講談社『中国の歴史』などの一般向け書物を主に読み、中国史の学者のものは堀敏一『中国通史』位しか読まなかったと記憶している）。

　この小論を書くにあたって、あらためて谷川道雄の書いたもの、および奥崎裕司の『谷川道雄論』を読んで見ると、谷川は、師の宇都宮清吉の説を解説して「皇帝が民を単子的存在としてしかとらえないにもかかわらず、民の現実生活は共同体的相互連帯によって成り立っている」とした上で、共同体ないし郷里社会との内的関係を、「国家の存在理由は郷里社会の維持・再生産の機能にあると解する」見方をとっているだけでなく、「人間精神こそダイナミックであり、縦横無尽であり、……（中略）……もっとも単純化を嫌う対象を、いかにして相対的に把握するか、これが課題」とし、「中国社会の硬質さは、諸事象が人間存在の深部から構築されているところに由来するのではなかろうか」と主張する。「広範な自営小農民の存在と専制権力の恒常的な支配とは、……（中略）……私有財産制の発展を内部に取り込みつつ、しかもそれを超えた公共世界を作り出した結果である。中国社会には、そうした公共性の理念が強くはたらいていて、政治経済体制に強い影響力を与えている。革命思想、大同主義などいずれもそうであり、こうした理念によりつつ発言する社会の活動力を抜きにして、中国史のダイナミックな展開を理解することは不可能であろう。要するに、中国社会は〈人人あい食む〉闘争の世界を現出すると同時に、これを克服して人間の共存を図ろうとする力を絶えず発揮していると考えなければならない。」「ヨーロッパ社会が、かりに私有財産制の発展史として捉えうる特徴を持つとすれば、中国史はむしろ村落共同体の自己展開過程として理解さるべき体質を備えるのではないか」と、「従来のヨーロッパ主義的近代主義的歴史認識を……（中略）……超えていくような視座に立たねばならな

い」ことを、谷川は主張した。ここで谷川の言う「近代主義」とは、「現在の反体制組織の多くは、共有物をもたない諸個人の粒子的集合体であるように感じられ……（中略）……反体制運動とは、古代以来階級制度に辱められていた共同体の復讐であり、共同体の全面的改革を目指すものだからである」と言う。また、谷川は、「民衆の対極にある中国の国家は」と問いかけ、「官僚階級は単に皇帝権の手足にすぎなかったのか、それとも自らのエートスにしたがって生きる自覚的な指導階級であったのか」に対して、後者であるとし、「中国では、学問や道徳を具有する人格が、そのままの姿で人々の帰依の対象となり、支配の契機となる傾向が強いように感ぜられる」ことを挙げた上で、「人間相互の支配関係を本質として歴史社会を把握する」歴史認識ではなく、中国における〈史〉が「伝統的中国人にとっては聖なる時代である〈三代（夏・殷・周）以前〉において、……（中略）……世界をトータルに把握したものであった」ことを指摘する。

　以上、谷川のいうところの引用だけになってしまったが、「解題」でも見たように、筆者には岩田『世界資本主義Ⅱ』が、いわば中国社会をより内在的に見ることを通して具体化する展開がありえたのではないかと思える。なぜかと言えば、岩田は、すでに見たようにその人柄によって中国の学者たちと理論的な議論は熱心にしたが、中国の人々が都市化の着実な進行の中でどのようなことを考えているか、何を食べることでどのような集まり方・付き合い方をしているか、どういう教育を受けているかといった類の問題には、関心を持たなかったからである。

谷川における中国「共同体世界の発見」

　ただし、谷川は、岩田のように唯物史観と『資本論』システムを区別するということがなく、唯物史観がかつては支配的であった歴史学の分野においてそれを克服しようとしたことの名残がある。このため、唯物史観を早くに清算した岩田とは議論の組み立て方に違いはあっても、それぞれ独自に考えた結果、共同体論に到達したといえよう。

　谷川は、『戦後日本から現代中国へ』（河合ブックレット34、2006年、河合文化教育研究所）の中で、階級関係という発想法から出発しながら、中国における「共同体世界の発見」に至った過程を次のように述べている。

　谷川は、「唐代史の資料には、権力と戦う民衆の姿が実に生き生きと描かれて」いることに対して、「自分を民衆の側において事件を叙述しようとし」たが、「国家権力と民衆とを最初から敵対的な関係でとらえ、両者のぶつかり合いだけをえがいてみても」「歴史になるだろうかという疑念が生じてきた」ので、「その成立期において、国家と民衆とはどういう関係にあったのだろうか、それを唐朝の成立過程にさかのぼっ

て調べてみよう」としたという。

　谷川は、唐代史から遡って研究した魏晋南北朝時代の豪族の土地経営の在り方をめぐる論争を通して、宗族・郷党からなる地域社会を、豪族と民衆との精神的連帯関係・共存関係を重視して一種の共同体（階層関係を含む）と考え、唐朝前半期の律令政治は、この地方豪族の保護と統制を国家的規格に整備、拡大したものと解し、その上で唐末のすさまじい民衆反乱はこの規格の解体によって自立した、あるいは自立を余儀なくされた民衆の抵抗だと考えた。さらに「この共同体論の提唱は、唯物史観と激突することによって研究者をその呪縛から解き放つ効果を生んだ」と言っている。この場合、谷川は、（共同体が階層関係を伴うというのではなく）階級関係を軸にして地域社会の共存関係が成立・保持されているという見方をとっており、階級関係という発想法を完全には清算してはいない。

　また谷川は、「中国専制国家の共同体的構造」として、次のように言う。「中国における共同体の原基的なすがたは、いうまでもなく家族です。家族を拡大した男系の親族集団が宗族です。各家族の地縁的な結合が、同郷団体である郷党です。人びとはこれらの集団に帰属し、またそれらから保護を受けていました」とし、「周辺の遊牧諸種族の南進を防ぎ、河川その他の自然の猛威から身を守ることは、地方的な集団の力ではなかなか困難です。こうした必要から帝国という一大共同体が成立しました」と言う。このへんは、歴史学者らしくやや抽象的な感じはぬぐえない。

　しかし、谷川はまた、「中国史の運動の論理について自覚的に考察した研究などほとんど無い」と断言したうえで、「一面共同体であると同時に階級関係」である「専制帝国の構造のなかに歴史の運動の契機が内蔵されている」こと、「この国家共同体が官僚と民衆との二大階級で構成され、その階級関係が国政運営の不可欠のメカニズムになっている」、「もし、階級関係が共同体の維持に寄与せず、反対にこれを破壊することになれば、当然国家は崩壊します。……（中略）……旧い国家共同体が滅びて新しい国家共同体が興ってくるとき、その共同体の理念も構造も一新されなければなりません」と述べている。

　岩田の言う中国にインプットされている「国家コミュニズム」と谷川の共同体論との対応関係であるが、岩田のそれは、律令制共同体国家が易姓革命を通して再生産されるというところに重点があり、その入り口と出口としての清帝国を押えればそれが解けるというものであった。だが、岩田がかねて資本の自己組織機構を説く際に明らかにした「エンティティ」としての企業にあっても組織者としての人間集団が存在しているように、中国の易姓革命においてもそれを変える理念を掲げる集団が、（たとえ

ば谷川道雄・森正夫編『中国民衆反乱史』、平凡社)存在していたはずであり、それぞれの易姓革命がなぜその時の社会から支持されたかという問題もあり、中国の国家組織や社会がそれぞれの易姓革命を通して変化したという面もあったはずである。もちろんこれは歴史学の課題であり、岩田が問題提起しようとしていたことを超えることになるであろうし、また筆者の後知恵に過ぎないが。

　岩田は、文献主義の歴史学の世界よりもむしろ「農業社会の起源」の問題や、たとえば「縄文時代」を実証的に研究した考古学のような、岩田の言うところの《くそ実証主義》の学問の方が面白いと思っていたところもあった。晩年に心理学を研究したときでも、ヨーロッパのフロイトやユングのような内省的心理学よりも、インプットとアウトプットとの関係に関心を持つ行動主義心理学に興味を持つところがあった。もともと、岩田の労働価値説の理解も、本遺稿集に収められている「経済学原理論序説」に書かれているように、生産過程へのインプットとアウトプットとの関係がいかにして人間の社会的労働に還元されて行くかを歴史的に説くものであった。

中国国家システム・商品経済・コミュニティ

　すでに見たように、岩田の共同体国家史観によれば、共同体国家とその商品経済的解体過程との二段階となるとしていた。

　農業社会では国家権力による地域の統合なしには灌漑と排水事業はやれないため、国家統合が重要となるが、他方で商品経済の側ではG−W−G′すなわち商業民族ないし商業資本は自己展開して主軸になろうとする性質を持つ。言い換えれば国家によるコミュニティの統合と商品経済によるコミュニティの統合との関係という問題になるが、いずれにせよ再生産の基礎であるコミュニティを外から結合するものとしての統合になるので、統合自体が補足的なものとなるとした。

　岩田は、中国では古代以来国家が治水・水利と農地の造成を任務としていたことを強調し、巨大かつ異質性を持つ経済領域を統合する中国の国家システムが、秦漢帝国以来文書行政によって処理されていたことを、高く評価していた。商品経済は、本来的に異質のものを商品世界に統合する力を持つため、中国の国家システムは早くから商品経済と親和的であったと一般的な形で捉えていた。律令制共同体国家において、計画経済——農業社会でも大規模な土木工事をやるには資材備蓄や労働力の動員などの長期的計画も数学も必要である——が存在し、それと商品経済は「仲良し」であり、中国のように領域が広いためもともと経済的にも格差があり、異質な部分を結合するものとしての商品経済を必要とするいわば「混合経済」であったという見方である。

では、商品経済はどこから出て来ていかなる役割を演じるのか。岩田のもともとの考え方は、古代農業帝国において商業を担う商業民族が一般的に農業地帯の周辺部に存在していることから見て、古代農業帝国の側は商品経済を利用するが、それを自分自身の密集農業地帯の内部に入れないというものであった。また、中国に対しては、それを初めて空から見た印象から、密集した街型農業集落が点々とほぼ等間隔にその間を区切る自然障壁なしで存在するため、中国農業は商業的農業、中国農民は商業的農民となるという巨視的なものであった。その場合、商品経済と国家システムとは中国においてどのような関係にあったのかは、二つの考え方に分かれる。一つは、共同体とその国家的統合が主導的であり、商品経済が補足的である。もう一つは、共同体の商品経済的統合が主導的であり、国家が補足的という考え方である。

　ただし、岩田は、中国の財政制度と商品経済、中国の官僚制と軍隊、軍事支出と商品経済との関係といった問題を、具体的に詰めては考えなかった。

　これに関連して、岩田は、農業社会でも水田密集農業社会と畑作農耕社会とを区別して考えていたが、どちらかと言えば水田農業社会における集約的農業の側に中国を引き寄せて考えており、岩田の中国農業・農村に対する理解には日本のイメージからの類推が感じられた。岩田は、「南船北馬」の中国で水田農業の南と畑作農業の北とがどのように区別されているのか、中国で南の水田密集農業社会が主軸となったのはいつごろかといった問題を考えていた。

　もう少し後のことになるが、華南からの華僑の移住を外に向かって外延する中国の拡張と見ており、孫文の革命運動や蔣介石の北伐などに対しても、華南勢力による中国内部に向かっての拡張という捉え方をしていた。

　岩田があまり追究しなかった前項の易姓革命の時に触れた問題と関わるが、郷鎮コミュニティ革命を論じた『世界資本主義Ⅱ』における問題として、中国社会におけるコミュニティ——それ自体がコミュニティ内部における階層構造を包摂しているだけでなく、社会全体の多層的多次元的な階層構造、いわば社会の厚みを包摂している組織主体——があると、筆者は思う。というのは同じく農業社会と言っても、ヨーロッパの政治的支配層が土地貴族の階級と一体であったこと、そのためにフランス革命がコミュニズム革命になったという社会関係と、岩田も評価する科挙制度を通した中国や日本の政治的支配層と農村の豪農・名望家との交流関係には明らかに違いがあり、アジアの農業社会、とりわけ水田農業社会の方がヨーロッパの畑作農業社会よりは、多種多様な層が集まることによる厚みと深みを持っているからこそ、岩田の言う「新資本主義」としてのコミュニティ革命が現在においても起こっているのではないかと筆者には感

じられるからである。

清帝国における中国商品経済の急激な拡大とヨーロッパ世界商業

　岩田は、中国の商品経済の急激な拡大の発端が、明朝中期におけるヨーロッパ世界商業、ポルトガル世界商業との接触にあり、ポトシ銀山の産銀が中国に流入したことによると考えていた。また、16世紀のヨーロッパがなぜ急に金銀を必要とするかといえば、現代と似た事情であろうとしていた。すなわち、岩田は、当時の中国の輸出超過構造に対して、ヨーロッパが対価商品を生産しえなかったことによるものであり、それは現代中国の輸出超過構造とも共通であるとし、多様性と規模の巨大性を持つ中国世界の経済が活動状態に入った証拠としていた。

　岩田は、ヨーロッパのアジア進出が目指していたのは中国か、インドかという問題があるが、ヨーロッパがランカシャー製品をアジアに持ち込んだことによって、かえって中国・インドの綿製品、手工業製品（絹や陶磁器）に対するヨーロッパの需要が拡大されたと見ていた。現代的にも最先端産業の製品は労働集約的な製品であり、中国と日本の競争力はその伝統に拠って立つ。近代以前の中国も輸出大国であり衣料品が商品経済の主軸であったが、資本主義的近代化が進展するには衣料品のようなその社会内部で育てられた産業が工業化することが必要であり、それが出来るところと出来ないところとがあると考えていた。

　清帝国において、中国商品経済の発展が律令制共同体国家の限界を突破して、中国の産業発展を基礎に中国人口が約4倍と爆発的に拡大した。

　このように考えると、ヨーロッパ経済と中国経済の比較を行わなくては中国巨大資本主義の登場の意味解析が進まないことになる。

　岩田が晩年に強調していたのは、『資本論』の商品・貨幣・資本の展開が、ヨーロッパ資本主義の歴史的展開をよく反映しているものとなっていることであった。中国とほぼ同じ面積を持つヨーロッパは、自然障壁で区切られていて国と国が対立しているために、ヨーロッパ規模での国家的統合が中国世界のようには存在していない。したがって、商品経済が始めから国家的統合の外側でヨーロッパの外の世界市場的なもの・世界商業として展開し、外側からヨーロッパの内部（ヨーロッパ社会とヨーロッパのコミュニティ）を分解したという現実の歴史が、『資本論』の叙述の背後にある。

　これに対して、中国商品経済の展開がヨーロッパ経済のそれとの異質であるところは、商人資本の活動力の独自的展開が国家を乗り越えその外側で展開せず、商人資本と国家官僚が相互依存関係にある中国世界の内部で展開してきたことにあるが、明清

朝の段階から中国世界がヨーロッパ世界商業と接触すると、中国の商業人口も国境の外に出て独自展開し、中国の国家がいわば裸になり、そこにヨーロッパ商業が入ってくると、中国の国家機構がそれに対する対応能力を持たないためにその麻痺状態が進むと考えていた。

もともと岩田は、ヨーロッパがなぜ最初に資本主義となったか、中国・アジア（そして日本）がなぜヨーロッパ世界商業との接触を通して初めて二次的に資本主義化するのかを、古代以来の農業社会の商品経済化に対する抵抗力という問題との関連で考えていたということは、記しておきたい。

中国のナショナリズム

岩田は元と清という漢民族以外の民族が中国を支配した時期には大きな意味があり、国家システムにかかわる制度的行政を中国の外側にいた人間がやることが、中国社会を再編したという見方をしていた。

中国人にとって国家がいつから意識されたかに対しては、中国人が意識するのは天下であり、もともと国家に対する国民という関係ではないものと見ていた。岩田は、中国は自分自身では自己確認ができないと見て、周辺異民族＝元による中国の乗っ取りがあって初めて外国と自分との区別が明確になったのではないかと考えていた。なぜなら、中国とほぼ同じ面積があるヨーロッパ諸国は、相互にたえず喧嘩も含めてコミュニケーションを行い、それを通して自己確認してきたというのである。

岩田の見方は、日本もヨーロッパも、中国に対しては鉄道帝国主義の時代にナショナルに切り込んだが、これに対して中国人は本来ナショナリズムを持っていないので対抗しなかったというものであった。しかしながら、ヨーロッパ・日本の中国侵略に対する反発を通して生まれたナショナリズム（ひっくり返ったことによるウルトラナショナリズム？）が中国にはあるというものであった。

同時に岩田は、日本的・ヨーロッパ的なナショナルな国家の役割はいずれ消滅するものであり、アメリカにもナショナルな国家はないではないかと見ていた。

岩田は日清戦争以後、日本人の中国理解——中国後進国論——が中国に持ち込まれたことによって、日本人の中国理解も逆転して、岩田世代も、かつての孔孟聖人の国（筆者が思い浮かべるのは、例えば明治9年の漢学者・外交官である竹添井井の中国大陸紀行文『桟雲峡雨日記』であるが、それには中国への敬意が現れている）から逆転して中国蔑視となったと振り返っていた。

この中国ナショナリズムとの関係で、晩年の岩田がときおり触れていたのは、日本

と朝鮮との問題であり、明治初頭の征韓論の意味についても議論した。岩田は、戦後の闇市などでも接触があり、また戦後の社会運動のなかでもその一方の主力であった在日朝鮮人との関係については、具体的には多くを語らなかった。

　岩田は、現在の中国にとっての政治的・軍事的世界編成と経済的世界編成とでは、どちらがより基本的・本質的かという問題提起もしていた。かつての岩田は、第二次大戦の戦後体制を政治的・軍事的世界編成の面からまず説き起こしていたが、現在では軍事力には現状を変える力は、(地域紛争程度のものは別として) もはやないとしていた。

中国共産党の評価

　以下は、岩田が晩年に行った研究についての推論であり根拠を明確にしてはいないが、すでに触れたコミュニティについての岩田の思考を反映している。

　岩田は、毛沢東にコミンテルンマルクス主義に対する敬意はあるが、コミンテルン自体に対する敬意はないと判断したうえで、ロシア社会主義とロシア革命の影響力がアジアにどういう形で入って来たかに関心を持っていた。

　その際に、レーニンのヨーロッパに対する影響力は小さく、ソヴェト革命もレーテ革命も、レーニンの指導によって行われたわけではないと見ていた。ロシアでコミュニズムがレーニン主義にすり替わった理由は、ロシアのコミュニストが方針を失ったためであるとし、レーニンが革命の成果を簒奪し、その結果としてロシア社会主義はマルクス・レーニンということになったという見方であった。

　コミンテルンのアジアに対する影響力に対しては、孫文の革命論も、易姓革命＝コミュニティ革命から出発したものが国共合作を通して新マルクス主義へ移行したものと見ていた。岩田が最晩年に語ったことは、すでに触れたことであるが、毛沢東による中国の根拠地闘争が、資本主義ないし商品経済に対する包容性を持ち、反資本主義的性格を有していないこと、また根拠地闘争はコミュニティの形成なしにはやれないということ、言い換えれば根拠地コミュニズムは開放性を持っていたということであった。

　第二次大戦後の中国革命の過程に対して、岩田は具体的に掘り下げていたわけではないので、(そうではないだろうか) という範囲の議論にとどまるが、次のような点について指摘していた。

　中華人民共和国の樹立は次の矛盾の出発点になった。公式論は民主革命であったが、毛沢東がスターリン社会主義の方向へ行ったのは、社会主義への移行を持ち出さないと結集できないからであったと見ていた。近代化・資本主義派と社会主義への前進派

の対立となるが、どういういきさつで社会主義派にまとまったのかについては、当時の中国に社会主義化がどういうものかというイメージがあるわけではなく、ソ連モデルについても具体的に知らないので、ソ連モデルが現実派とモデル派とに分裂したのではないかと、岩田は考えていたようである。だが、何が分岐点か、毛はどちらについていたのかまで押さえていたわけではないし、また、毛沢東派が人民公社・大躍進運動をなぜ開始したのかに対しては、ソ連社会主義を人海戦術によって実現するという見方をしたこともあったので、農民コミュニズム運動の歴史的頂点といった発想法によって一面化して捉えていたわけではなかった。岩田は晩年の時間的制約もあり、いずれにせよそのプロセスを押さえなければならないというところに、とどまっていた。

　また、鄧小平に対しては、もともと根拠地革命派か、それとも近代派なのかは不明であるとした上で、毛の野心の下で働いていた鄧小平が、その毛が「へたって」しまうと、鄧小平に主導権が移り、改革開放路線と外資合弁への劇的な転換を行って資本主義の旗振り役になったが、鄧はなぜ毛と離れたのかについては、鄧は毛と一緒に走っていたのか、批判派として対抗勢力を結集していたのかなどという問題として考えていたが、結論は出せないかも知れないと見ていた。

　なお、岩田は、共産党の内部も、また中国共産党の支配を含む現在の中国政治体制が、地域利害・産業利害の妥協体制、取引体制としては機能していると評価していた。中国が一種の安定社会であるという評価である。だがその反面では、このままで行けるわけではないとして、市場の合理性によって国有企業や官僚層の既得権を一掃してしまう必要があるという見方をとっていた。したがって、中国の企業改革・金融改革・行政改革に対しては、会計制度・財政制度を含めて1980年代後半以来理論的に研究したことは、すでに述べたとおりである。ただし、理論研究から現実の動向の分析に移ると、岩田は晩年の身体的等の諸制約のため十分に対応できなかったのであろう。

中国の自動車社会化の意義

　岩田は、中国新資本主義が作り出す景気循環という問題、したがってさらに中国の基軸産業という問題にも注目していた。中国新資本主義に対して、基軸産業と基軸為替とをあらためて当てはめて新たな世界景気循環を考えようとした節もある。種々の産業が同時に発展した中国に対して、基軸産業という考え方がどこまで当てはまるかは、今後の課題であり、それを論ずるのは時期尚早であると見ていた。

　岩田は、中国の次の産業的焦点を中国自動車産業において捉えていた。中国は、国土の形状が矩形となっている内陸国であり、日本よりも自動車社会化に適した構造と

岩田弘と『世界資本主義』とを振り返って
五味久壽

なっているため、自動車産業を軸にする分散・並列・ネットワーク型システムとなるという評価である。ただし、当然のことながら、中国の自動車社会化も一本調子で進むはずがないということは指摘していた。

他方において、岩田は、一般的に自動車社会化がこれまでの地域コミュニティを解体する強力な力であることを強調していた。日本だけでなく中国でも、自動車は農業社会に対して道路がありさえすればそこに入り込んでくるからである。そして、農村部から流出した人間は、都市に流入し、いわゆる都市問題とそこにおける新たなコミュニティが形成される。このことが岩田のコミュニティ論とどうかかわるのかは、われわれに課題として残された問題である。

岩田は、労働者の賃金が上がったら自動車が買えるようになるというフォードシステム流の考えではなく、自動車販売を拡大する要因として、金融システムの拡大を重視していた。すなわち、グローバルで無国籍的な製造業集積基地としての中国製造業が発展することを通して、この中国製造業の発展が要求する貨幣市場も無国籍でグローバルなものとなるという見方である。その基盤は世界商業であるが、中央銀行を頂点とする国民的システムとしての中国貨幣市場との関係があらためて問題になると言っていた(もっとも、岩田がこれを考えていた当時は、まだ人民元についての議論は本格化していなかった)。

中国自動車産業が世界市場を主導する力を持ったかという問題に注目していた。さらに振り返れば、岩田が自動車産業やフォード生産システムについて本格的に研究したのは比較的遅くなってからであり、河村哲二論文に注目して以後であった。

あわせて、岩田は、新興国と先進国という二分論についても否定し、世界資本主義でいう固有名詞を付けた分析の必要性を説いていた。すなわち、現実の世界市場およびそこにおける世界市場的分業関係を前提しなければ、たとえば中国における資本蓄積形態の変化と言った原理的反省を要する問題に対しても、具体的に考察することができないからである。

新情報革命の中心地中国は何を提起するか？

岩田は、2007年〜2008年のリーマンショックを「ショック」に過ぎないが世界恐慌について考える実例を提供しているのではないかという問題意識を持っていた。その際「大恐慌後最悪の世界金融危機」といった金融危機と産業危機とを形式的に区分する二分法を否定し、新産業革命に注目する必要性を強調していた。

岩田は、中国の新資本主義を中国郷鎮キャピタリズムないしコミュニティキャピタリズムが全国化したものという捉え方をしていた。中国世界にも地方的セクト主義は

根強くあり、実質は地方がお互いに差別し対抗しあっているので、中国の地方政府がヨーロッパのネーションに相当するかという考えもあったようである。

それゆえ岩田は、中国が単一のシステムを形成するのか否かについては確信を持てないようでもあった。

岩田が言うように、中国の農民は商業的農民であるために、中国人の社会関係は流通的であり請負的・仲買商売的になる。このため、企業の内部も請負関係を通して組織されていることが多く、個人が迅速にヴェンチャー的に起業することを許容して起業ラッシュが起こっているヴェンチャー社会でもある。これについて、岩田は、地域が許容することなしには、ヴェンチャー的な起業は成立しないし、郷鎮企業の内部自体がヴェンチャー的な起業を促進する形態になっていると積極的に評価していた。その一方で中国の農村部ではかつての日本の農協のような地域コミュニティが形成され難い面もある。

岩田が『世界資本主義Ⅱ』の執筆にあたってその焦点を中国「新資本主義」というところに当てたとすれば、その内容は新情報革命・デジタル革命による生産力のデジタル技術への移行を踏まえた世界市場構造の再編により重点を置くことになったはずであるが、『世界資本主義Ⅰ』ですでに論じていたためそうした方向へは進まなかった。

岩田は、中国企業が、台湾から始まって中国本土とりわけ華南や華東に起業ブームを伴いつつ展開したハイテクパーツ型メーカー相互の競争、またGEのウェルチが得意な分野だけを残して他を切り捨てその連合体制を形成したこと、すなわち水平分業ネットワークに対応する企業再編を行ったことを評価していた。これには日本の総合メーカーの「だばはぜ」経営では対抗できないとして、中国が新しい水平分業型の生産システムを形成しながら乗り越えるのではないかと見ていた。

なお、この小論では特に言及しなかったが、岩田は、『世界資本主義Ⅰ』で示したように、新情報革命・新産業革命との関連において、生物学の遺伝子を言語システムとして解することと、動物の言語に深い興味を持っていた。人間言語に対しては、計画言語であり頭脳言語であるが、集団的共同作業のためのコミュニケーションの必要性から生まれたものであり、農業社会の前に手を使った手工業の発展が先行するため、言語は力学的言語になる、また言語の基礎は単語という見方であった。

現在の人工知能が判断する際においても、人間の頭脳が行っている高度な価値観が要求されるものは処理しきれないので、人間の思考活動の根本問題としての価値観の問題が問われている。

岩田が言ったように、コミュニティは、その構成員がコミュニティの役割を認める

ことなしには維持再生産されないものである。それには構成員相互の個体認識が行われて初めて相互に話し合って行動するコミュニティが成立するものであり、コミュニティとコミュニケーションが行われることは切り離せない。個人は、コミュニティに所属して生きるものというのが岩田の考えであった。その個体認識がどこから出てくるのか、それが社会の全体認識とどうか関わるのかは、われわれにとっても大きな課題である。かつて岩田は、古代ギリシャにおける哲学の成立について触れて、個がコミュニティに全面的に依存して生きているのでは生まれないものであり、真・善・美という価値観が思考言語・頭脳言語を通して生まれなければ、ポリスが自覚的に捉え直されて自己認識が可能となることもなかったと述べたことを思い出す。

中国においても胡錦濤が2003年に「和諧社会」をスローガンとして都市部と農村部の格差解消を言い、農村重視を打ち出したが、その農村には若い人はあまり残っていず、農村地域に居住していてもその中の都市部に移住している。中国でも古いコミュニティは相当に崩壊しているが、家族・郷党などのコミュニティは残っているし、岩田の言うICT産業の組織する企業コミュニティも環境問題に取り組むNPOなどの新しいコミュニティが発展している。

多層的多次元的で多様なコミュニティの問題に直面して、岩田がどこまで詰め切れていたかは分からないと言うしかないが、それをさらに詰めて行くことはわれわれの課題であろう。

中国金融改革と景気循環

岩田の晩年の発想は、商品経済が社会の内部から生まれる自然発生的なものであり、強靭性、自動性、自己完結性を持つので、そこから商品経済の組織者としての貨幣関係・資本関係が生まれるというものであった。

さらに、岩田は、おそらくかつての自らの商人資本としての活動の体験を踏まえて貨幣・信用の問題を考えていた。すなわち、それは、それぞれの資本主義システムの発展が自然発生的にそれぞれの企業活動と産業発展に適合する金融システムを作り出すので、中国新資本主義の発展も、イギリスともアメリカとも異なる独自の金融システムを作り出すであろうという見方となった。

すでに触れたように、中国の産業発展は必然的に新たな信用取引とその決済システムを生み出すはずであるが、それを通して中国の貨幣・金融システムに問われているものは人民元の金本位制となるであろうと見ていた。人民元の金本位制は元バブルの一挙的整理とそれへの中国産業の対応能力を問うという考えであり、旧ソ連のネップ

と金本位制との関係も念頭に置いていたようである。

岩田は、すでに今から数年前のことであるが、自己完結的巨大世界としての人民元世界における情報システムを頭脳とする製造業、製造業の情報化としての情報産業の発展に注目していた。その上で中国新資本主義を推進エンジンとする世界経済の再編において、元・ドル・ユーロの三つの基軸的為替の相互関係となった場合に、世界貨幣市場はどうなるかを展望しようとしていた。

その際に岩田は、イギリスの金融システムが世界貿易を金融する世界システムであったのに対して、アメリカの銀行は、田舎金融システム——米CD市場の発展は、商業銀行の力のなさを示し、株式・証券投資を大規模にできる主体は、銀行の外にある金融機関——であるという見方であった。

ただし、岩田は、人民元の自由化に向かう中国金融システム改革の過程では、アメリカ金融の動きを中国がコピーする可能性、すなわち中国が自分自身の独自性を自覚しないで金融システム改革をやる可能性があるとしていた。たとえば、リーマンショック後の4兆元の財政支出がその悪しき例である。

終わりに

岩田の言う世界資本主義分析は、世界市場が展開する多層的多次元的な現実を、ルーティンではない作業仮説を絶えず作り直しながら追って意味づけようとするものであり、そのためには多くのエネルギーを必要とする。中国の動向を追究するには、具体的な中国の現状のイメージが必要である。したがって、岩田が1990年以降訪中できなかったことは、論文を書く上での大きな制約になったと言えよう。

岩田の最晩年に師事した本書の共編者田中裕之によれば、岩田は、中国の大学の先生とは熱心に話したが、理論的問題についての議論だけであり、中国コミュニティの基本は、家族・親族ないし複合家族にあると見ていたが、一般の人が、例えば何を食べているか、食事のときどういう集まり方(つまり本来の意味でのパーティである)をして、どのような付き合い方をしているかなどは、考えなかったと言っていた。

贅言であるが、中国コミュニティは、日本のそれよりも韓国の在り方により近く、ヨーロッパではイタリアなどのラテン系社会にも共通するところもあると思える。家族・親族が重視され、それぞれが小規模な既得権・利権集団のグループを形成すれば、社会関係の潤滑油としての儀礼関係が金銭を通じた癒着関係となり、それを維持

するための無駄遣いが必然となって、汚職や腐敗さらには社会の暗黒面が無くならない。またコミュニティは余所者を敵として排除するので、必然的にコミュニティ相互の不信の社会となる。現在の中国において、かつての文人ないし士大夫の気風ないし気骨を持つ人はおそらく減っているに違いないが、自分にできることはやるという人がいる硬質の社会でもある。四川地震後「中国の国家は駄目になっている」という見方が広がり、国家が(党も)カヴァーしない・できない領域(つまり民間の)で活動するNPOなどへの参加が増加したという。またその基盤に民営企業の大群の活動がある。

そうした中国社会は、歴史的に安定社会なのか不安定社会なのか、岩田は基本的に安定社会であったものと見ていた。また、岩田は、多様で多層的な社会である中国を開放的で包容力のある社会と見ていたが、国家機構は、古代以来、社会の外側にある客観的なものであるため私物化の対象となりうるものである。こうした社会が商品経済の合理性を通して浄化できるのかは、今後の課題であろう。

中国新資本主義の下で中国社会は、少子高齢化社会にすでに入り、経済的にも政治的にも大きな転換期を迎えている。中国労働力人口の減少とともに労賃が高騰し、労賃上昇圧力は強い。これを通して、中国が国内市場に依存する経済発展過程に入ることができるのか？　中国では医療や福祉費用が急速に増大する前にこれらを維持する仕組みを作りうるかが問われている。教育も暗記中心の全国統一試験(高考)が、大学生の就職難によって問われ、より根本的には中国が本当の技術革新を成し遂げることができるかに関わっている。

一個人としての岩田は、晩年にコミュニティを唱えた(降旗節雄もそうであったが両者の対談はいわばお互いに「言いっぱなし」のまま終わった)が、そのすべての問題に気付き、すべてに解答を残したとは言えないであろう。晩年になれば現実の社会との接点はどうしても減るからである。

この小論において筆者は、岩田がその生涯において取り組んだ問題を、岩田の数少ない弟子として記憶にある限り触れてきたつもりであり、岩田の仕事の再評価と社会的な記憶にいささかでも寄与できることを願っている。

筆者も老年であるため、岩田の晩年の発言については共編者の田中裕之と話し合い確認したつもりであるが、それ以前の岩田の発言については、発言の時間的順序に関する記憶の誤りや理解の足らざるところが当然ありうるので、読者のご寛容を乞う次第である。

グローバル資本主義とマルチチュード革命
―― ネグリ＆ハートの『帝国』に寄せて

岩田　弘

※これは2003年4月26日の現代史研究会における発言を基に書き下ろしたものである。

1. ネグリ＆ハートの「マルチチュード」とマルクス革命論の二面性

　筆者のやや押し付け的な評価であるが、ネグリ＆ハートの功績の一つは、国家コンスティチューション――近代国家の設立物語り――における国家と国民のフィクション性を暴露し、それからマルチチュードを峻別した点であろう。では、そのフィクション性とは何か？

　商品経済を基盤にする近代国家は、商品経済関係の直接的な法的表現である私法――民法、市民法――から、国家設立や国家機関の分業関係を演繹するという形式をとる。私的個人の総合計が国民とされ、その総契約から国家が設立されるというフィクションがそれであって、その論理構成は、株式会社の設立と本質的に同じであろう。株式会社ではその設立総会で、会社の意思決定機関（株主総会）、その執行機関（役員会）、その監査機関（監査役会）の分業関係が会社定款として議決されるが、国家の場合には、その設立総会に当る憲法制定議会で、国家の三機関――立法機関、行政機関、司法機関――の分業関係が、憲法――国家組織法――として議決される。

　そこで問題は、こうしたフィクションに対立するマルチチュードとは何か、であるが、この点を、アメリカ独立革命と並んで、近代国家設立の典型とされるフランス大革命についてみてみよう。

　フランス大革命は、波乱に富む幾幕もの歴史ドラマとなっており、その第一幕は、財政改革のために国王によって招集された三部会から第三部会――市民部会――が脱退して国民議会を宣言したことから始まる。1789年6月17日の国民議会宣言と、それに続く同年7月19日の憲法制定議会宣言がそれである。これは、貴族・僧侶の結集する王権と、ブルジョア国民議会との二重権力状態が発生し、フランスブルジョア革

グローバル資本主義とマルチチュード革命
岩田 弘

命が始まったことを意味する。

　第二幕は、王権による武力弾圧を警戒した国民議会がサンキュロット人民大衆に対し国民議会への支持と結集を呼びかけ、これに呼応して後者が決起したことから始まる。89年7月14日のバスティーユ牢獄の襲撃、同年10月5日のヴェルサイユ進撃と国王のパリへの強制連れ戻し、さらにはこれらの事件に先行し並行するフランス全土を巻き込んだ「大恐怖」――農民サンキュロットの全国的な蜂起――などなどがそれである。そしてこれは、武装したサンキュロット人民大衆の登場によって、先の二重権力状態がさらに三重権力状態へと転化したことを意味する。

　これがネグリ＆ハートのいうマルチチュードの登場であろう。そしてこれは、国民議会の主導するブルジョア革命にマルチチュード革命が重なったことを意味する。

　かれらの限界は、このマルチチュード革命の組織基盤を追究しない点にある。それは、都市および農村の勤労人民大衆のコミュニティ、コミューン以外にはありえないのであって、その前衛部隊がパリの下町セクションのコミュニティの共闘、パリコミューンであった。

　第三幕は、こうしたサンキュロット・コミューンの登場に怯えて王権との妥協に奔走する国民議会を乗り越えて、パリコミューンが武装蜂起し、王権を打倒したことから始まる。92年8月10日の革命がそれである。そしてこれは、先の三重権力状態が国民議会とサンキュロット・コミューンとの二重権力状態に転化したことを意味する。

　第四幕は、そしてこれがフランス大革命のクライマックスであるが、パリコミューンが今度は国民議会に対して武装蜂起し、それを武力解散したことから始まる。93年6月2日の革命がそれであるが、しかしコミューンは、みずからを全フランスの革命権力として宣言し行動する代わりに、国民議会の急進民主主義派を政権の座につけ、自分自身はその応援団の地位にとどまった。ロベスピエールを長とする公安委員会独裁の成立がそれである。

　かれらはギロチンによる威嚇政治によって右と左の反対派を弾圧したが、後者はいわゆる過激派、パリコミューンの政治的代弁者であった。つまりかれらは、コミューン大衆の信頼を利用してその代弁者を処刑したのであり、これによってパリコミューンは麻痺無力化したのであった。そしてこれはブルジョア本隊にとっては、この独裁の役割が終わったことを意味していた。実はかれらにとっては、この独裁こそはコミューン革命に対する唯一の防波堤だったからである。94年7月27日のいわゆるテルミドール反動――ロベスピエール派の一斉逮捕と全員処刑はその当然の帰結であった。

ところで、サンキュロット・コミューンの目指したものは、農村では、土地の封建的領有権の近代的私有権への再編の阻止、それによる農民の共同体的土地保有権の防衛であり、都市では、資本主義の浸透に対する伝統的な都市コミュニティ——職人的、小商人的コミュニティ——の防衛であった。そして実は、コミュニストという名称は、国民議会のブルジョア自由主義者がかれらに貼り付けた嫌悪と軽蔑のレッテル——反近代主義、反資本主義のコミューン主義者、コミュニティ主義者——というレッテルであった。

　1848年のコミュニスト・マニフェストにおける、フランス革命に対するマルクスの総括は二面的である。
　この宣言は、ヨーロッパにコミュニズムの妖怪が徘徊しており、ヨーロッパのすべての支配勢力はそれに対する恐怖の神聖同盟を結んでいるという有名な書き出しから始まっているが、このコミュニズムは、今日一般に理解されている共産主義ではなく、当時の勤労人民大衆の反近代主義、反資本主義のコミューン主義であった。そしてマルクスに宣言の執筆を依頼したコミュニストブントもまた、こうしたコミューン主義者の同盟、すなわちフランス大革命におけるサンキュロット・コミューンの闘争をフランスとドイツでもう一度やり直しその勝利を目指す革命家の集団であった。
　この宣言でマルクスは、人類史の唯物史観的総括に基づいて、フランス大革命を典型的なブルジョア革命とし、それに早すぎたプロレタリア革命が重なったとしているわけであるが、ここからかれは来るべきドイツ革命への次のような展望を導きだしている。すなわち、ドイツはより発達してヨーロッパ文明の下でブルジョア革命を迎えようとしており、それはプロレタリア革命の直接の序曲となるという展望がそれであるが、これはかれが、ブルジョア革命の主導権を途中で奪取してそれをプロレタリア革命に転化するという戦略、いわゆる連続革命、永続革命の戦略を立てていたことを意味する。だがかれは、こうしたプロレタリア革命が近代工業プロレタリアートの革命とどのような関係に立つかについては、極めて曖昧であった。あるいは、両者を敢えて二重写しにし、コミューン主義のブントに対しかれの近代工業プロレタリア革命論を押付けようとしていたのかも知れない。
　1864年に結成された第一インターナショナルは、アナキスト派とマルクス派との分派闘争で知られているが、実はこれは、コミューン主義の革命家と近代プロレタリア派との主導権争いであった。前者は近代国家を勤労人民大衆のコミュニティの相互連帯と相互支援のネットワークに置き換えることを目指していたのであるが、しかし、

グローバル資本主義とマルチチュード革命

岩田 弘

50年代初頭の鉄道建設ブームと企業設立ブーム以来、大陸ヨーロッパでも資本主義的大工業はようやく起動し、それを背景に後者もまた徐々に影響力を拡大しつつあったからである。

1871年のパリコミューン革命は、国民議会権力とパリコミューン権力とのフランス史上最後の武力衝突であったが、これに対するマルクスの総括は、かなり曖昧であった。かれはこの革命を史上初のプロレタリア国家権力の出現として評価したが、そこにはコミューン派の革命家の反国家主義に対する批判が込められていた。だが71年ともなれば、かれに問われていたのは、コミューン革命と近代工業プロレタリア革命との組織基盤や組織形態の相違を明確にしたうえで、コミューン権力独自の役割を評価することであった。

同じ問題は、1881年の、ロシアの農民コミュニスト、ヴェラ・ザスーリッチのマルクスに対する質問と、それに対するかれの回答にも示されている。この場合にもかれに問われていたのは、農民コミューン革命とプロレタリア革命との組織基盤や組織形態の相違を明確にした上で両者の革命的結合の歴史的役割を明らかにすることであった。そして71年や81年ともなれば、それに対するかれの理論的準備はすでに出来上がっていたのである。『資本論』体系の基軸をなす「資本の生産過程」論がそれにほかならない。

2. ローザ・ルクセンブルクのマッセンストライキと近代工業プロレタリアートのコミューン

ポーランド出身の女性革命家、ローザ・ルクセンブルグのマッセンストライキ論——工場・職場の労働者大衆による直接行動の大衆ストライキ論——は、当時の第二インターナショナル主流派の労働組合運動やそれを基盤にする労働者議会政治運動の改良主義的性格を鋭く告発するものであった。一般にこうした直接行動の大衆ストライキは、工場・職場の大衆的占拠闘争やその武装自衛を伴うものであるが、ローザのこの主張の背後には、1905年のロシア革命における「労働者ソヴェト」の出現があった。では、この労働者ソヴェトとは何者か？

『資本論』は、資本の生産過程を労働過程一般および資本の価値増殖過程として二重に規定しているが、これは、生産過程の内部、工場・職場の内部では、労働者は労働過程一般の集団的主体として存在すると同時に、資本はそこからできるだけ多く

の剰余労働を引き出そうとする管理監督機関としてそれに対立していることを意味する。

　ロシアの労働者ソヴェトは、こうした資本の生産過程における集団労働の共同性を基盤にする労働者のコミュニティ、コミューンの共闘組織であり、そのヨーロッパにおける最初の大規模な出現であった。そしてこれがローザのいうマッセンストライキの主体であった。じっさい当時のロシアは、シベリア、東北中国へと延長する大規模な鉄道網の建設時代に入っており、これに牽引されて、重工業ではすでにフランスに匹敵する規模に達していたのである。

　1917年2月に再度勃発したロシア革命は、こうした労働者・兵士ソヴェトの蜂起によるものであったが、その直接の結果はツァーの退位と、憲法制定議会の招集を目指す臨時議会政府の出現であった。そしてこれはブルジョア議会権力と近代工業プロレタリアートのコミューン権力との二重権力状態が大規模に発生したことを意味していた。しかもこれには、ロシアの広大な農村における農民大衆の土地占拠闘争、農民コミューン革命の開始が伴っていた。

　だが、これに対するロシアのマルクス主義政党――社会民主党――の対応は、必ずしも明確ではなかった。その最左翼に属するレーニンは、かれの有名な「四月テーゼ」において二重権力の発生を確認し、全権力のソヴェトによる掌握、それによる社会主義革命への前進を提起したが、しかしその社会主義は、銀行の国有化とそれによる生産と分配の労働者人民管理という程度のものにとどまっていた。そして11月に成立したレーニンを長とするソヴェト政権の布告第一声は、これに農民コミューンによる土地占拠の事後承認を付け足したものであった。

　だが、こうした政策は、真の革命政策ではありえない。ロシアに発生した二重権力は、たんなる政治的な二重権力ではなく、全社会的な二重支配であり、その革命的止揚は労働者・兵士ソヴェトによる工場、輸送網、物資の直接的掌握と支配以外にはありえないからである。そしてこれこそ革命権力が革命的に行動する唯一の方法であり、そうした革命的行動なしには、革命権力は空洞化し自壊する以外にないのである。

　そして不幸なことには、これが実際に生じた事態であった。翌18年4月の選挙による憲法制定議会の成立、ソヴェト政府によるその武力解散とこれを契機とする内乱の勃発がそれであり、この内乱に強制されてソヴェト政府は企業の全般的国有政策に踏み切ったのであるが、時すでに遅く、この頃には労働者・兵士ソヴェトは名前だけとなり、実質的に空洞化、無力化していた。したがってこの全般的国有化政策は行政

的官僚的な国有化政策となるほかはなく、「戦時共産主義」から「新経済政策」へ、そこからスターリンの「一国社会主義」へというジグザグ、そして終にはソ連東欧社会主義の自壊へといたるジグザグは、ここから始まったのであった。

　さて、ロシア革命に至るまでのマルクス主義の革命理論が抱えていた問題点に少し深入りしすぎたようであるが、敢えて深入りした理由は、それと本質的には同じ問題をその後の大衆闘争や革命運動が繰り返し提起してきたからである。
　例えば、68年のフランス五月革命や80年のポーランド連帯労働者の反乱闘争や80年のイラン革命や97年の韓国労働者の大衆闘争などなどがそれであるが、イラン革命についてはその性質が一般に理解されていないので特記する必要があろう。
　それは、パーレビー国王の石油キャピタリズムによるイランの近代化政策に抗して大爆発したイスラムコミューンの巨大な革命闘争——全中東、全イスラム世界を根底から震撼させた反近代主義、反資本主義のコミューン革命——であった。そしてここから振り返れば、かつてのエジプトのナセル軍部社会主義やシリア、イラクのバース党軍部社会主義は、これに対する最大の防波堤であった。西ヨーロッパ、アメリカ型の議会制民主主義は、しょせん、それに対する防波堤にはなりえないからである。そして愉快なことには、ブッシュ・ネオコンの単独突撃主義は、このせっかくの防波堤をみずからぶち壊したのであった。
　しかも、こうしたイスラムコミュニズムは、かれら相互のあいだで激しく主導権を争っており、時には武力闘争も交えている。そしてこれには、イスラムの土地に武装入植するユダヤコミュニズムやヒンドゥー世界のヒンドゥーコミュニズムが付け加わっている。宗教戦争以来の歴史が繰り返し証明してきたように、実は、こうしたコミューン主義相互の闘争こそは、それをダイナミックに推進し拡大深化させる歴史のエンジンなのである。
　ネグリ＆ハートの用語法を借りれば、以上が現代における「マルチチュード革命」の現実であろう。かれらの限界は、その多種多様性を強調しながらも、資本主義的生産の内部における近代プロレタリアートのコミューン主義と、その外側にあってそれに外的に従属させられ外的に収奪されている勤労人民大衆のコミューン主義とを敢えてゴタマゼにしている点にある。

3. ネグリ＆ハートのグローバル資本主義とマルクス経済学体系の二面性

　ところでネグリ＆ハートの資本主義論は、国民資本主義のグローバル資本主義への成長転化というシナリオであり、またそれに対応して、前者の「帝国主義」が後者の「帝国」に転ずるというシナリオである。こうした観点からかれらはウォーラースティンの世界システム論に反対する。後者は資本主義を、あるいはむしろ古代オリエント、古代中国以来の人類史を、最初から世界システムとして考察するからである。
　そこで、かれらの国民資本主義が「帝国主義」を必要とする理由であるが、それは、ローザの場合と同じく、いわゆる過小消費説的帝国主義論であり、賃金所得の限界性による国内市場の狭隘性およびこれによる対外市場の排他的確保の必要性である。したがって、かれらにとっては、金本位制の廃止、管理通貨制を前提とするニューディール型、ケインズ型の国内市場創出政策——赤字財政による国内需要の創出政策——の登場は、「帝国主義」の「帝国」への移行の端緒となる。

　以上のような資本主義の性格論に関連しては、かれらもしばしば引き合いに出しているマルクスの資本主義認識およびこれによって規定される経済学体系の性格について簡単に振り返っておく必要があろう。
　マルクスの経済学体系は実際には二面的であり、資本主義の世界システム論的認識と国民システム論的認識とのあいだを絶えず揺れ動いている。そしてこれは、かれに先行する経済学の二つの潮流の資本主義認識の相違に由来する。一つは資本主義の重商主義的認識であり、もう一つはその古典経済学的認識である。
　まず重商主義的認識の特徴であるが、かれらは国民経済を世界市場における資本主義的経営体とみなす。G-W-G′、貨幣—商品—貨幣という定式は、かれらの定式であり、G-Wは世界市場から商品を購入するための世界市場へのGのインプットであり、W-G′は逆の操作によるGの世界市場からのアウトプットである。したがってこのGは世界貨幣としてのGであり、いわゆる貿易差額、貿易収支の剰余こそが、世界市場における資本主義的国民経済の維持再生産条件、拡大再生産条件であるというのが、かれらの主張であった。
　これに対し古典経済学は、国民経済を商品経済的な自立的再生産系、自立的循環系とみなす。それを始めて明確にしたのは、フランスの重農主義経済学、ケネーの経済

表であった。かれらは商品価値の比較関係を土地へのインプットと土地からのアウトプットとの比較関係へと還元し、土地の生産力こそが価値の剰余、剰余価値の源泉であるとした。次いでスミスが登場して、かれらの土地生産力を人間労働の分業の生産力へと置換し、これによって剰余価値の源泉を人間の剰余労働へと置き換え、さらにこれを一般化して商品価値の源泉を人間労働一般としたわけである。これが古典経済学の労働価値説の本質であって、リカードの仕事は、スミスの体系から雑音をカットし、それを体系的に整備した点にある。

　初期のマルクスの労作「経済学・哲学手稿」は、スミスに、しかも後にかれが批判するスミスの現象記述的、俗流的側面に依存しており、まだかれが古典経済学の体系を理解していなかったことを示している。これに対し「哲学の貧困」は、リカードに依存しており、ここでようやくかれがその体系を理解したことを示している。だがかれは、カリフォルニア、オーストラリアの金鉱開発を契機とする50年代初頭以降の資本主義の急速な発展を目撃して、経済学研究をはじめからすっかりやり直したのであって、その最初の成果が、後に『経済学批判要綱』として出版された1857—58年の経済学批判の草稿であった。

　この草稿の冒頭に置かれている「序説」でかれは経済学の方法とその体系構成プランを論じているが、それはまだ古典経済学の体系構成のマルクス的なモディフィケーションに留まっていた。ただしこのプランで注目すべき点は、その最後の項目の「世界市場と恐慌」で資本主義経済の全内容がそこに総括されるとしている点である。そしてこれがこの草稿の第一章「貨幣の章」の出発点であった。

　この「貨幣の章」は、ダリモンの金廃貨論に対する批判から始まっているが、ダリモンが廃貨を主張する金とは、世界貨幣としての金のことであり、ロンドンを中心とするその国際移動がフランスからの金の流出を引き起こし、それがフランスに恐慌という大災厄をもたらす、だから金を廃貨せよ、というのが、かれの主張であった。そしてこれに対するマルクスの批判は、資本主義にとっての金貨幣、世界貨幣の必然性を論証することであったが、「貨幣の章」は実際にはこれに失敗しているとみなければならない。古典経済学の商品の二要因規定——交換価値と使用価値の規定——およびその交換価値の労働による実体規定から出発して、そこから世界貨幣としての金を演繹しようとしたからである。価値尺度、流通手段に続く「第三の規定における貨幣」がそれである。ここでかれは突如として、重商主義経済学のGを導入し、かれらの対世界貿易定式G-W-Gにおいて、「貨幣の資本への転化」を規定し、それを媒介にして流通論から生産論へと移行し、「資本の生産過程」論を開示するという方法をとった

のであった。

　これがマルクス独自の体系としての「資本」の体系への最初の歩みであった。そしてその展開が意味するものは、世界市場と世界貨幣から出発し、再びまた世界市場と世界貨幣へと自己総括する特異な世界システムとしての資本主義、その自己組織原理の体系的な叙述およびそれによる体系的な批判としての「資本」の体系の登場であろう。

　だが、後の『資本論』第一巻とその続稿でもかれの体系構成は未完であり、古典派の国民経済学の体系構成によって絶えず混濁されていた。

　例えば、商品交換論における商品価値の労働による実体規定。労賃、利潤、地代の相互連関論——資本、土地所有、賃労働の相互連関論——によるブルジョア社会の内部編成論。その国家への総括論。そこからの外国貿易、世界市場への上向、などなどは、クラシックな体系構成のマルクス版であった。ちなみにネグリ＆ハートは、ブルジョア社会の国家への総括論が展開されていない点をマルクスの体系構成の未完部分として不満を表明しているが、これは国家に総括される資本主義的国民経済の相互連関論としての外国貿易論や世界市場論の未完についてのかれらの不満であろう。

　さて、以上のような点に関連して、ここで簡単に宇野弘蔵の功績と岩田の宇野批判について振り返っておきたい。

　宇野の功績の第一は、商品価値の労働による実体規定を最初の商品論から排除し、資本の生産過程論——生産過程への商品価値のインプット・アウトプットとそこへの社会的労働のインプット・アウトプットとが重なるところ——に移したことであり、第二は、『資本論』第三巻の総過程論の領域における現実資本と貨幣資本の対立的運動論——資本主義経済の貨幣的・金融的統括機構論——を、商業信用・銀行信用・中央銀行信用・金準備論として整理し、その内部に恐慌論、景気循環論を定位したことであろう。だが宇野の経済学原理論は、宇野自身にとっては、不純な要因をカットした純粋の資本主義的国民経済の原理論であった。

　これに対する岩田の批判は、経済学原理論は資本主義的国民経済の原理論ではなく、世界システムとしての資本主義——世界的な自己組織系としての資本主義——の組織原理論でなければならず、金準備を頂点とする資本主義の信用システムは、資本主義的国民経済の貨幣的・金融的統括機構ではなく、特定の国を中心国とする世界システムとしての資本主義の貨幣的・金融的統括機構でなければならぬ、ということであった。そしてこれに加えて岩田が強調したのは、純粋の資本主義経済系といったものは、近似的にも存在しない、資本主義経済系は本質的に部分系、表皮系であり、その自立

性、自己完結性は、他者との相互作用——他の社会関係や社会的生産との相互作用——を自分自身の価格関係に翻訳し内面化するという限りでの相対的な自立性であって、最初からフィクション性、バーチャル性をもっている、ということであった。

さてここで再びネグリ＆ハートに話を戻せば、国民資本主義のグローバル資本主義への成長転化というのがかれらのシナリオであるが、かれらのグローバル資本主義は、地球の全表面をカバーし、その上に乗っている世界の全住民をプロレタリアートに転化するような「資本による実質的包摂」論となっている。これは、アメリカ型グローバル資本主義の途方もない過大評価であり、その隠された礼賛であろう。

かれらのグローバル資本主義がそうなる一つの原因は、1990年代に始まるIT革命・新産業革命の特殊的意義が明確にされていないことによる。

4. IT革命・新産業革命とグローバル資本主義

かれらによれば、グローバル資本主義の「ポストモダン」的な特徴は情報・ネットワーク資本主義という点にある。

だが、それが何を意味するかを明確にするためには、IBM、GM、フォードなどの垂直統合型の巨大多国籍企業やジャパン型のヨロヅヤ式総合巨大企業を一挙に衰退に追い込んだ90年代のIT革命の特徴を明確にしなければならない。そしてそのためには今日的な先端製品の内部構造の特徴を明確にする必要があろう。それがこれらの製品を生産する生産システムの特徴を大きく規定するからである。

まず電子機器製品から取り上げれば、その内部構造の特徴は、独立的に機能する多数の部品やユニットのデジタル信号回路による接続体となっている。そしてデジタル信号とは、0と1の第一次集合を文字コードとし、その第二次集合を単語とし、その第三次集合を文章とするアルファベットタイプの文字言語であり、こうした文字言語による多数の独立機能ユニットのコミュニケーションや、このコミュニケーションによるそれらの機能ユニットのあいだの分業と協業の編成やコントロールが今日的な電子機器の特徴となっている。したがってこれらの部品やユニットのインターフェースが共通であれば、それらの信号回路の接続によって多種多様な製品をきわめて簡単にアセンブルしうるものとなっている。そしてこれは、多数の部品やユニットのメカ的接合を基本とする自動車のような機械機器製品にも波及しつつある。

そしてこうした製品の内部構造が今日の生産システムを大きく規定するものとなっている。文字言語による多角的なコミュニケーションシステムをネットワークとする専門部品メーカーや専門ユニットメーカーや専門アセンブルメーカーのグローバルな分業と協業の編成がそれであり、これによる分散・並列・ネットワーク型のグローバルな生産システムの登場がそれである。そしてこれが、先にも触れたように、垂直統合型の巨大多国籍企業やヨロヅヤ型総合巨大企業を一挙に衰退へと追い込んだのであった。

　以上のような二点において、現代産業の今日的特徴は、生体システムへの端緒的な接近とみてよいであろう。生体システムの特徴は、独立的に機能する多数の器官や細胞や生体高分子の文字言語によるコミュニケーションであり、またこのコミュニケーションによるそれらの分業と協業の編成やコントロールだからである。ちなみに、生体言語は二種類であるが、その一つは、塩基の第一次集合を文字コードとし、第二次集合を単語とし、第三次集合を文章とするアルファベットタイプの文字言語であって、DNAやRNAがこれを使用している。もう一つは、蛋白質分子の立体構造それ自体が文字コードおよび単語として機能し、その受け渡し機構が文書として機能する中国語タイプのより簡潔でより高速な文字言語であって、ホルモン系や免疫系や神経系などがこれを使用している。

　最近注目されているのは、「世界の生産基地」としての中国・アジア資本主義の台頭であるが、その背後にあるのは、以上のような分散・並列・ネットワーク型のグローバルな生産システムの登場であろう。これは、世界の最近のコンテナ貨物の取扱数量が中国とその周辺国の港に集中していることにも示されている。おそらく航空貨物のコンテナ取扱数量も同じ傾向を示しているのであろう。そしてこれは、中国・アジア資本主義が、ネットワーク型産業の国境を越えた集積基地となりつつあることを意味する。

　じっさい、経済的には、中国、香港、台湾の政治的境界は無意味となり、韓国経済や東南アジアの華僑経済はそこに吸引されつつある。

　これを為替面で示すものは、元・香港ドルの対ドルペッグ制、言い換えれば、元・香港ドル・アメリカドルの事実上の固定レート制が、アジア為替の基軸レートとして機能しているということである。そして実はこれがアメリカドルの対外価値の最大の支えとなっている。逆にいえば、こうした固定レート制がなければ、そして中国・香港・台湾・アジア華僑の五千億ドルとジャパンの五千億ドルのドル保有がなければ、ドルは直ちに暴落するであろう。

　ネグリ＆ハートは、アメリカ資本主義を全地球表面を「実質的に包摂する」グローバル資本主義としているが、すでにそれは、産業的に空洞化し、債務資本主義化し、

バーチャル化しつつあるのであって、それに代わって国境を超えた実質的なグローバル資本主義として登場しつつあるのは、むしろ中国・アジア資本主義としなければならぬであろう。

5. 20世紀型社会主義運動からコミュニズム革命の原点へ

　ところでネグリ＆ハートのもう一つの功績は、ソ連東欧型社会主義の実体を、国家による資本主義的国民経済の管理統制、しかもテーラー・フォードシステムによる資本主義的近代化の強行として鋭く告発し、それに対する勤労人民大衆――「マルチチュード」――の拒絶反応が、この擬制の社会主義を自壊に追い込んだとしていることである。

　だがなぜ、企業の全般的な国有化やこれを前提にする国民経済の国家的統制が資本主義的所有関係や国家それ自体の資本主義的性格を止揚しないかについては、理論的解明を欠いている。

　この点については、ここでは二、三の指摘だけにとどめたいが、その第一は、企業の国有化や公有化は資本主義的所有関係を止揚しないということである。その実体は企業に対する所有関係ではなく、企業による生産諸要素や生産過程に対する所有関係だからである。前者を国有化しても、貨幣経済関係を残すかぎり、賃労働による貨幣的再生産体としての企業の性格や、したがって損益計算書や貸借対照表の計算主体としての企業の性格を変更できないからである。

　こうした点は株式会社制度では一目瞭然であろう。ここでは資本主義的所有権は、株主所有権と法人所有権とに二重化しているが、前者は有限責任の二次的所有権にすぎず、第一次的・基礎的所有権は、会社資産に対する無限責任の法人所有権だからである。『資本論』は、資本家を資本の人格化、人格的代弁者としているが、法人企業ではそれは、株主ではなく、法人の代表機関、管理機関、役員会となる。たとえそれがサラリーマン労働者から編成されていようとも、かれらは資本の管理機関、資本の人格化として機能せざるをえないのである。

　その第二は、企業の国有化による国民経済の国家的統制や組織化は、国家の資本主義的性格それ自体を少しも変更しないということである。貨幣経済関係を残す限り、賃労働によって国家要員を調達する貨幣的収支体としての国家の性格、租税・公債国家としてその性格は変化しないからであり、またそれが、近代資本主義国家の経済的

スペック——スペシフィケーションだからである。

さてこの辺で以上の全体を総括すべきであるが、それは、20世紀型の社会主義運動や労働運動から、近代プロレタリアートやその他の勤労人民大衆のコミューン運動、コミュニティ運動の原点へ復帰するということであり、またそれが、ネグリ&ハートのいう「マルチチュード革命」へと向かう道であろう、ということである。

そこで問題は、そのための今日的な物質的条件であるが、それは、生体システムへと接近しつつあるグローバルな分散・並列・ネットワーク型の現代産業システム以外にないであろう。90年代に始まるIT革命・新産業革命の画期的な意義は、これを端緒的に準備した点にある。

そしてここから振り返れば、ソ連・東欧型の社会主義計画経済が破綻した産業的原因は、容器型の巨大装置産業——重化学工業——や、部品内製型の巨大機械工業——フォード・GM型の垂直統合型機械工業——の建設を基礎にして中央集権的な計画経済を目指したという点にあった。これは、メカ的、力学的な計画経済の本質的な限界であろう。

これに対し、分散・並列・ネットワーク型の言語的コミュニケーションシステムは、各種の経済数値を仮定的に挿入することによって最適な経済計画をシミュレートすることができる。それは、貨幣経済の価格機構をこうした言語的計算システムのシミュレーションに、しかもすべての社会のすべての成員がアクセス可能なシミュレーションに、置き換えることができる。

これが、社会主義を看板にする超越的な計画経済、官僚的・行政的な計画経済ではなく、人間の集団的な目的意識性を主体にする真の計画経済——マルチチュードの計画経済——の前提条件であろう。

こうした計画経済は、かつてのIBMのメインフレームのような中央集権的な計算システムでは不可能であるが、分散・並列・ネットワーク型の計算システム——生物の神経回路のネットワーク的集積に接近しつつある計算システム——であれば、原理的に可能であろう。

だが、分散・並列・ネットワーク型への生産システムのグローバルな再編は、そしてこの意味での新産業革命は、まだ端緒的に始まったばかりであるとしなければならない。

3.11後の世界と日本資本主義が直面する問題
―― 現代型製造業のグローバルなネットワーク化と新情報革命の世界史的意味

岩田　弘
田中裕之
（立正大学非常勤講師）

〔一〕東日本大震災が提起した日本資本主義の基本問題
―― 日本資本主義における現代型製造業の地位

A　資本主義にとって大災害の被害と救済・支援の主体は何か？

　周知の通り、本年2011年、3月11日に生じた東日本大震災は、世界史上巨大な規模を持った大地震であり、東北・北関東を中心に多くの地域住民が被災し、一般住宅や、民間企業や公共団体の施設・資産に多大な被害をもたらした。更に東京電力福島第一原子力発電所事故は、その最終的終結までに長期間を要し、未曾有の被害が予想されている。[*1]

　特に今回の震災の特徴を、日本資本主義の問題としてとらえると、東北・北関東地域の産業的被害は、アメリカや中国を含む製造業への部品供給の停滞という世界市場の重大問題を提起した。

　本稿の課題は、日本資本主義が担う大震災の人的・物的被害の意味と日本資本主義の基軸産業である現代型製造業が直面する世界市場の基本的問題を、明らかにすることである。また、その世界市場で問われていることは、21世紀の最初の10年を過ぎた現在、情報革命と中国世界の登場によって媒介される新たなグローバル市場の再編成の問題となる。

[*1]　福島原子力発電所事故は、人類を含む生物の生存条件と生物圏に関わる問題を提起している。具体的には、地球表面の水と空気の堆積、重量を前提とするならば、地球上の生物圏は、地球の半径約6370kmに対して、地上では成層圏の約50km、海底平均約1km以内、地底の約数4km以内の限られた薄い層に限られる。従って、核実験や原子力発電所がもたらす放射性物質の拡散は、人類を含む生物の生存条件の危機となる。

まず、資本主義システムにとって、大災害による被害とその負担の基本的意味を考えてみたい。一般的に、大災害の被害とその救済の主体は、国家、それに準ずる様々な公共的団体と理解される。その場合、経済的救済の主体となる国家は、原理的には、近代的租税・公債国家ととらえることができる。その納税義務は、一般大衆、企業組織にあり、その主要部分を成す資本主義的企業、とりわけ製造業は、社会的再生産と資本蓄積の主導部分、つまり経済成長の動力であり、自立的基軸産業と言ってよい。

だが、実際の国家と資本主義的産業の関係は、資本主義の世界史的展開において、二度の世界大戦を媒介として、国家の介入による資本主義的再生産とその維持、そして現代型製造業を軸とした産業再編成として示される。しかし、今日欧米先進国は、製造業の停滞とともに、国家財政の膨大な債務とその危機的状況を迎えつつある。

そして日本の国家財政も同様であり、今回の震災被害への対応は、国債発行・財出動による財政悪化をさらに促進させる。さらに、政策的復興支援は、政界・官庁内の利害対立による混迷状況であることは、周知の通りである。

それに対して、民間部門の企業組織、支援組織や一般個人の集団にとって、今回の災害の被害とその対応はどのようなものであったか、これまでの震災とは異なるその特徴は何か、その要点を、以下の二点に集約してみよう。

①製造業のサプライチェーン・ネットワークの機能不全とその対応
②新情報革命の現代的展開とネットワーク的発展

第一のサプライチェーン（供給網）の停滞は、現代型製造業である自動車・電機の基幹部品や素材生産が集積する地域の施設や機械設備の破損に基づくものであり、トヨタ・ホンダをはじめ主要メーカーの製造に支障が生じた。さらに、海外の日系企業、海外現地メーカーへの部品供給不足をもたらし、製造業のグローバルな供給への重大な障害となった。

その主たる原因は、基幹部品の高度性にあり、特にデジタル機器の電子制御系部品は、生産の代替が困難であった。そのため、震災は、東北地方に集積する中小製造業の世界的地位と共に、早急な対応の必要も明らかにした。

その救済の中心的担い手は、民間企業自らであり、国内主要メーカーあるいは、地域的中小企業のネットワークであった。

第二に、今回の救済支援の注目すべき点は、パソコンをはじめとするデジタル情報端末とインターネット、ウェブを駆使した活動である。その特徴は、企業、民間救援

組織のみならず、個人発の地域・国境を超える自発的・互恵的コミュニティ・ネットワークの形成であった。具体的には、インターネット検索システムを提供するグーグルが、震災発生直後、被災者の消息・安否情報の書込みサイト「パーソン・ファインダー」を立ち上げ、それ以降、同様のサイトが多数成立した。

しかも、その活動の担い手は、個人や小集団、あるいはそのネットワークであり、従来型のメディアや官庁・大企業の中央集権的な情報制御システムとは異質である点が強調される。

更に、ツイッターに始まるSNS（ソーシャル・ネットワーク・サービス）などのコミュニティサイトが活用されており、情報革命の意味が問われている[*2]。

以上の情報革命の現状から、今回の震災において、日本資本主義に提起されている問題は、次の様に示すことができる。

第一に、情報革命が主軸産業へもたらす影響。製造業の製品と生産の内部構造と分業・協業関係の情報システムの更なるネットワーク化。すなわち、グローバルな分散化。

第二に、情報ネットワーク革命の新たな担い手。民間企業や地域的民間組織、小集団や個人を基礎とするコミュニティ。

以上の二点を考察する前に、企業の資本主義的基本性格を検討しておきたい。

B 企業の資本主義的性格とその二重の意味

さて、東日本大震災による直接的被害は、製造業だけでなく、津波による漁業・水産加工業や、福島原子力発電所事故の被害下にある農業など、生業や半家業的産業にとっても膨大であった。このさまざまな産業、企業組織全体が一様に直面する現実問題は、今後の経営維持のための財務問題である。この経営上の問題は、企業組織の資本主義的基本性格は何か、という問いを提起している。それを以下の二点に示してみよう。

①企業組織の会計原則である、貨幣的経営体の維持・再生産原則。
②個々の企業内部の分業・協業関係とその組織化。

あらゆる企業は、貸借対照表、損益計算書に表される会計原則に従った貨幣的経営

[*2] 今回のデジタル通信端末を軸とする情報ネットワークの役割は、人間社会の日常的互恵交換行為の集団的ネットワーク化であり、ふだん意識されない行為がデジタル機器を通じて、顕在化したと言って良い。

体であり、その会計原則は、企業の維持・再生産の第一条件と言って良い。そのことは、次の事を意味する。企業組織は、製品や設備規模、地域性など多種多様であるが、その組織を総括する財務管理の一般的原則が、会計原則である。

他方で、企業組織内部の分業・協業の編成原理が問われる。それは、製造業にとって、労働生産過程内部の集団的労働の組織化の重要問題となる。

以上の企業組織における、貨幣的経営体の維持・再生産原則と労働・生産過程の編成・組織化の異なる問題点は、企業の資本主義的基本性格の二重性を意味する。

さて、この二重性の問題は、マルクスの『資本論』では、どのように把握されていたのか、簡単に振り返っておきたい。

『資本論』第一部では、「貨幣の資本への転化」における、貨幣蓄蔵の自己目的性とその展開による資本の一般規定を前提として、資本の生産過程論が、第一に労働過程一般、第二に価値増殖過程として規定されている。

また、『資本論』第二部、資本の循環過程論は、企業に投下された一定時期の資本とその具体的存在形態を示すことで、貨幣的経営体の維持原則を明らかにしている。つまり労働過程一般と資本の自己増殖・循環過程との二重性が提起されている。

ところで、『資本論』の分業・協業規定は、第一部の「相対的剰余価値の生産」に位置し、機械制大工業による単純労働化を、近代の資本主義的生産の特徴としている。

だが実際は、機械システムによる労働生産過程の組織化は、社会的に全面化したのではなく、イギリス綿工業の紡績部門に集中された。この問題に対して、宇野弘蔵の労働力商品化論は、労働力商品の供給の限界という問題を提起したが、労働生産過程内部の労働力商品化、労働力の消費過程の困難について十分検討していない。つまり資本の生産過程は、機械システムによる全面的な単純労働化（標準化）が可能なのかという疑問が残る。

次に、このような機械システムによる労働生産過程の組織化の問題を、製造業の世界史的推移をふまえて確認していく。

C 製造業の世界史的展開と労働生産過程の組織化の意味

『資本論』は、産業革命期のイギリス綿工業を軸とした資本蓄積過程と国際的景気循環を示した。まず、イギリス綿工業に始まる近代的製造業の世界史的推移を簡単にまとめてみよう。

①19世紀、イギリス綿工業の発展と古典的重工業の起動。紡績工業への機械導入に

よる労働生産過程の組織化、鉄道・船舶が主導する鉄鋼業の発展開始。
②20世紀、機械機器・電子電機機器の現代型製造業の発展。アメリカのフォードシステム、垂直統合型の大量生産システムの登場。
③21世紀、デジタル情報ネットワークの起動、中国アジア巨大市場の登場。情報革命による現代型製造業のグローバルな分散型生産システムの進展。米中体制の進展か？

　現代型製造業を代表する自動車の大量生産システムは、フォードによる内製型垂直統合システムとして登場する。つまり組立メーカーが部品をほぼ内製化する生産システムであり、労働の標準化を促進した。
　だが自動車産業をはじめとして製造業は、具体的には中小の部品メーカーを広範に有する形で発展し、あらゆる国の産業が、垂直統合型の生産システムへと到達したわけではなく、単純労働による標準化が一様化したわけではない。
　フォードの内製型垂直統合システムの根本条件は、大衆車T型フォードの単一車種生産であった。具体的には内製化と個々の製造ラインの同時進行化・連続化であり、多数の専用工作機械の採用と部品の互換性に依拠していた。
　1920年代後半にGMが、シボレーのモデルチェンジ生産でフォードに勝利すると、フォードはモデルチェンジに追い込まれた。それは、市場変化に柔軟に対応する製造ラインの再編成であり、専用工作機械の変更と汎用工作機械の必要性に直面した。そのことは同時にGMが、切削加工、プレス加工、仕上げ加工等の基本技術が必要となる中小メーカーを集中合併化して部品メーカーを組織したように、製造ラインの再編成に対応した一定の熟練労働、技術労働が必要になる。以上の点から、内製型垂直統合システムから「柔軟な大量生産システム」へと展開して行った。［D・ハウンシェル『アメリカン・システムから大量生産へ』（名古屋大学出版会）、第七章より］
　この時点で、今日のいわゆる多品種少量生産の問題、つまり市場動向に対応した現代製造業の基本的生産システムの出発点となる問題が提起されていた。特に日本の自動車メーカーは、戦後不況の労働争議と合理化を通じて、製造現場レベルでの製品管理、製造過程の管理を進めることによって、70年代以降の世界市場競争を主導する地位を高めた。
　それは、リーン生産システムと評価され、トヨタに代表されるように、組立ラインにおいても、製造現場の日常で労働者が直面する、自発的製品管理、製造過程の管理（ラインの停止を含む）によって競争力を上げてきた。これは、日本的特殊性にとどまら

ない課題である。なぜなら、このような技術的労働の課題は、前述のように中小部品メーカーの製造現場において顕著に要請されるためだ。

他方でその課題は、本来『資本論』の労働過程論において問われている問題である。つまり集団的労働の目的意識性と人間社会におけるその普遍性であり、労働対象や労働手段に対する集団的管理、維持、再生産の課題である。

しかし現在、日本製造業は、世界市場における生産システムの再編に直面している。まずその再編動力は、中国の登場による東アジアの分業関係の再編と欧米市場の停滞であり、さらにデジタル革命や情報ネットワーク革命の進展が、世界の産業構造や既存の生産システムを変える主要因となりつつある。次に、以上の点を、現代製造業の製品構造の転換から考察しよう。

〔二〕現代型製造業のグローバルな再編成とその世界史的意味
―――自動車産業が直面する制御系部品の電子化と部品供給のネットワーク化

A 部品サプライチェーン被害が提起する現代製造業の地位

もう一度、東日本大震災が示した東北地方の製造業の状況へと戻ってみよう。

製造業における東北地方(岩手・宮城・福島・青森・秋田・山形)の占める地位は、日本全体の出荷額比では、5.5％にとどまる。さらに自動車をはじめとする輸送用機械は、2.2％という低い地位である。それに対して、パソコン・携帯電話などの情報通信機械は、14.2％、電子部品・デバイスが12.4％、食料品は、8.0％である。[経済産業省、『平成二一年工業統計表』より]

ここでは、東北地方における自動車産業の比重に対する電子部品産業の比重の大きさが分かる。そしてその自動車産業への関連性、つまり自動車電装部品、電子制御系部品が占める地位は、実際、大震災による自動車部品の供給不全によって、明るみに出たと言える。その被害が大きかった企業を見てみよう。

まず、宮城県自動車電装部品メーカー、ケーヒンは、エンジン制御系部品、ECU(電子制御ユニット)の開発・製造を行っており、ホンダを中心に供給している。また、マイコン世界シェアトップのルネサスエレクトロニクスは、自動車・電機共に、複数のメーカーに供給している。

その他、ECUをはじめとした、自動車基幹部品や、デジタル機器の半導体部品、電子基板メーカーなど多数の部品メーカーが存在し、その背後には、素材加工をはじ

めとする多くの中小部品メーカー、金型メーカーや工作機械メーカーなどの分業・協業関係のネットワークが成立している。

　さらに重要な点は、その分業・協業ネットワークのグローバルな性格である。前述したように、日系主力メーカーだけでなく、アメリカのGMや、世界最大化した中国自動車産業の地場メーカー奇瑞汽車などへの電子制御系部品・半導体部品の供給不足と自動車製品の減産をもたらした。そのことは、自動車部品産業と電子部品産業とのグローバルな連関関係と今後の課題を提起している。

　以上の問題から、次の論点が示される。

①製造業の部品供給ネットワーク（サプライチェーン・システム）の今後の特徴は何か、従来型の主要大手メーカーが組織するネットワークか？　それとも部品産業のネットワークそれ自体の自立か？
②自動車製品の内部構造の転換が提起する問題。電子制御系部品の地位と比重の拡大がもたらす意味は何か？
③電子情報制御システムのネットワーク化が提起する新情報革命の世界史的意味は何か？

　以上の問題点を次にそれぞれ考察していく。

B　部品生産のネットワーク化と電子情報制御システムの展開

　今後の製造業における部品供給ネットワークの展開は、その動力が主要大手メーカーを軸とする系列型ネットワークにあるのか、それとも部品メーカー相互の独立したネットワークそれ自身にあるのかという問題は、日本資本主義が直面する世界市場的課題である。しかも日本製造業を支える中小部品メーカーにとっての死活問題である。

　後者の部品メーカーネットワークの自立は、既にデジタル機器産業において生じた。とりわけパソコンは、早くから独立部品、モジュール部品、汎用部品による独立製造を展開し、完成品メーカーはアッセンブルと販売メンテナンスサービスに特化してきた。

　それに対して、自動車はその製品規模の大きさから主要組立メーカーが組織する「系列」的ネットワークであり、その系列内部における専用の主要基幹部品生産であった。現在、自動車の制御システムにおける電子部品が拡大しており、従来型の生産システムの大きな転換を向かえつつある。今後は、ネットワーク自身の自立化の技術

的条件が問われる。

その焦点となる具体的問題は、自動車が、ECU（電子制御ユニット）を中心とした制御システムの大きな変化とその製品構造上の世界史的転換を迎えつつある点である。以下にその要点を示してみよう。

① 自動車の機械的制御システムとしての基本性格。内燃機関であるエンジンを軸とした動力系、伝達系、駆動系などの基幹部品を中心とする結合、組立による力学的機械コントロールシステムとして展開。
② エンジン制御におけるECUの登場とその基幹部品への波及。自動車の安全性と燃費効率、排ガス対策によるエンジン制御系の発展。キャブレター、自動制御インジェクションの登場と基幹部品への電子制御系部品の拡大。
③ 力学的・機械的制御から生物的・言語的電子情報制御へ。自動車の制御系は、ECUを媒介とした独立したユニット間の相互情報システム、あるいはデジタル言語処理による分散的な相互情報交換へと転換しつつある。現状は、機械的制御との並存システムである。

ECU（電子制御ユニット）の登場は、19世紀の産業革命以降の生産システムにおける製品構造を変える二つの問題を提起する。

第一に、電子情報制御によって排ガス規制に対応する内燃機関の高度化が進み、更に製品構造における制御システムの中心が、機械的制御から電子情報制御へと転換しつつある。自動車は、ガソリンエンジンによる内燃機関を動力として登場し大量生産システムの基礎的製品となって以来、機械技術の進化によって支えられていた。［デンソーカーエレクトロニクス研究会『カーエレクトロニクス』（日経BP社）上巻、第一章、13頁］つまり製品内部構造の重要問題は、機械的コントロールシステムであった。

しかし1970年代以降、エンジンの燃料噴射にマイクロプロセッサーを用いた電子制御が導入され、基幹部品にECUの設置が進み、機械部品点数が減り、電子制御部品やソフトウェアが占める割合が拡大した。

第二に、そのような電子制御の拡大は、ECU相互が通信ネットワーク化し、自動車に代表される機械加工組立の製品構造を、基幹部品相互の分散的ネットワーク化へと進んでいる。この自動車における電子制御ユニットのネットワーク化は、パソコンネットワークシステムとの比較関係を提起している。［デンソーカーエレクトロニクス研究会『カーエレクトロニクス』（日経BP社）下巻、第六章より］

上述したパソコンを始めとするデジタル機器の独立部品のネットワークシステムは、自動車の内部構造の変化をとらえるための重要な比較基準になる。図1は、このような自動車の内部構造変化の図式である。

図1　自動車制御システムの発展とネットワーク化

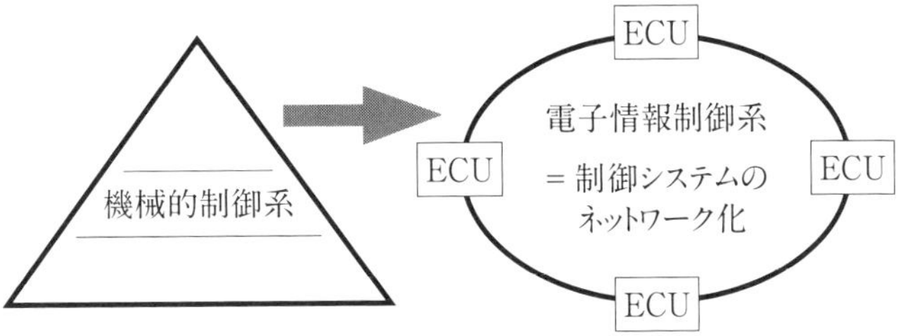

　さらに、機械製品の電子情報制御化、あるいはデジタル情報処理化は、別の問題を提起する。21世紀の情報革命基礎として、力学的システムから生物的な言語情報システムへの転換に向かいつつある。そうであるならば、新情報革命が組織する21世紀新産業革命は、人類史上の社会的生産力の質的転換を意味する。次に、コンピュータを中心とする情報処理機器と比較しながら、情報革命の意味を確認しておきたい。

C　パソコンを軸とする情報革命の二重の意味

　パソコン・ネットワークシステムは、現在の情報端末機器における、デジタル制御システムのネットワーク化の高度化した形態である。その意味を以下に要約する。

　第一は、既にみたように、現代型製造業の自動車や電機製品の制御システムに根本的転換をもたらしていること。同時に、部品生産の中小企業を主体とするネットワーク化を促進するという意味で、新産業革命であること。

　第二は、情報処理システム、とりわけコンピュータ・システムにおける革命であること。つまり汎用大型コンピュータの情報処理システムに対する異質性、独自性である。言い換えると、一極集中型情報制御システムに対する、デジタル処理による情報制御ネットワークシステムであった。

　それでは、大型コンピュータを代表する、IBMのメインフレームシステムの基本性格をまとめてみよう。

＊3　現代生物学は、生物を、遺伝子に代表される情報伝達と物質代謝の二重システムととらえる。坂本順司『理工系のための生物学』（裳華房）第四章を参照のこと。人間社会の生産力の質的転換は、生物的二重性への端緒的接近に留まると言えよう。

①専用ハードウェア・ソフトウェアによる情報処理機器。大型機内部は、非互換性のハード・ソフトによるシステムであり、ミニコン・オフコンも同様であった。
②メインフレームをホストコンピュータとする一極集中的制御システム。莫大な量の演算処理を行うホストコンピュータを頂点とし、各端末機器との一方向的な情報処理。
③集中制御システムの作業主体は、高速演算処理機能をもったホストコンピュータ、あるいは集中制御的情報システムそれ自体である。端末作業者は、システムの付属物となる。

それに対して、パソコン・ネットワークシステムの特徴を以下に簡単に述べてみよう。

①ハードウェア・ソフトウェアのオープンシステム。パソコンの主流は、ハードの各種部品やソフトの互換性に基づく情報処理機器である。
②デジタル記号処理による分散型情報システムとしての端末機器。パソコンのハードウェアは、CPU、メモリーを中心とする独立部品の集合体とデジタル記号処理、リアルタイム処理による相互情報交換システム。
③パソコンの作業主体は、作業者自身である。ソフトウェアにおける文書作成、表計算をはじめとする編集作業は、作業者独自の文字言語処理であり、パソコンはそのツールとなる。インターネットシステムの登場による、グローバルな相互的集団作業として展開する。

以上のコンピュータの情報処理システムにおける、パソコンネットワークの登場は、その担い手を人間とする新情報革命と言ってよい。最後に、パソコン・ネットワークシステムを前提とした新情報革命の今日的展開の概要を見よう。

〔三〕新情報革命の現代的展開と中国世界市場の登場
―― 21世紀的革命としての新産業革命

A 21世紀パソコンネットワーク革命の現状

最後に、新情報革命の21世紀現在の動向を簡単に示して、グローバルな生産システムにもたらす意味を考えてみたい。はじめに、パソコンに始まるデジタルネットワ

3.11後の世界と日本資本主義が直面する問題

岩田 弘 + 田中裕之

ーク革命の現状を、概略的にまとめてみよう。

まず第一に、高機能モバイル端末、スマートフォンの登場によるモバイル端末世界市場の二極化である。それは、従来型の携帯電話に対するインターネット接続と各種アプリケーションソフトを搭載した高機能携帯電話、スマートフォンの登場を示している。図2、3は、携帯電話の世界市場におけるスマートフォンの推進力拡大を示しており、新興企業の登場と従来型モバイル端末機器のトップ企業の市場シェア低下を読み取ることができる。

図2　2011年第1四半期の世界モバイルフォン端末市場トップ5

メーカー	出荷台数 (100万台)	市場シェア (%)	前年同期 市場シェア(%)	前年同期比 出荷増加率(%)
ノキア(フィンランド)	108.5	29.2	34.7	0.6
サムソン電子(韓国)	70.0	18.8	20.7	8.9
LG電子(韓国)	24.5	6.6	8.7	−9.6
アップル(アメリカ)	18.7	5.0	2.8	114.9
ZTE(中国)	15.1	4.1	3.7	45.2

図3　2011年第1四半期の世界スマートフォン市場トップ5

メーカー	出荷台数 (100万台)	市場シェア (%)	前年同期 市場シェア(%)	前年同期比 出荷増加率(%)
ノキア(フィンランド)	24.2	24.3	38.8	12.6
アップル(アメリカ)	18.7	18.7	15.7	114.4
RIM(カナダ)	13.9	14.0	19.1	31.1
サムソン電子(韓国)	10.8	10.8	4.3	350.0
HTC(台湾)	8.9	8.9	4.9	229.6

(米IDC統計より)

第二に、モバイル端末機器のパソコン化である。その推進力は、グーグル汎用型無償OSを基礎にしたアプリケーションソフトによるオープンシステムであるスマートフォンである。それはアップルのiPhoneブランドが、専用OSを基礎にした端末機器であることと対照的である。

第三に、パソコン機能の小型化と無線通信によるネットワーク接続である。クラウドシステムは、インターネットを基礎としたデータ、ソフトの外部化・分散化であるが、端末機器の多機能化・高機能化を進める小型化の促進要因である。

以上のスマートフォン、クラウドシステムの登場は、パソコンネットワークシステムを前提としたネットワークの高度化のあらたな段階を意味する。今後その展開は、情報革命の担い手となるであろう。

B　グローバルネットワーク革命と中国巨大世界市場の登場

　グーグルの無償OSアンドロイドの登場は、モバイル端末世界市場競争に多くの新興メーカーの参戦を促進している。その特徴を述べてみよう。[*4]

① 台湾・中国華南のパソコン・デジタル機器新興メーカーの登場。台湾HTC、中国広東省深圳ZTE、ファーウェイ（華為技術）等によるモバイル端末機器の世界市場の機動力。
② アメリカシリコンバレー型ベンチャー企業の登場とその台湾・中国華南への展開。シリコンバレーに始まるパソコン部品、ソフトフェアの開発と製造の水平分業関係の展開。[*5]

[*4] クラウドシステムの拡大が、新興企業グーグルが提供する無償メールや情報処理支援ツール、オープンシステムであるスマートフォンの無償OSを媒介としている点は、重要である。グーグルの展開は、新情報革命の現段階の組織力を担っていると言えよう。「スマートフォン革命」（『週刊ダイヤモンド』2010年12月4日号）を参照のこと。

[*5] アナリー・サクセニアンによれば、シリコンバレー産業の特徴は、地域的優位性とベンチャー企業のコミュニティ・ネットワークを基盤にした、IC、メモリーなど電子部品やソフトウェア産業と規定される。それは、東部の垂直統合型の総合電機メーカーによる産業とは異質な系列として登場し、パソコンを中心とする情報革命の担い手であり、IBMを含む東部型の企業を巻き込む推進力として位置づけられる。『現代の二都物語』（日経BP社）を参照のこと。またその続編である、『最新・経済地理学』（日経BP社）では、シリコンバレー型のベンチャーコミュニティのグローバルな分業とその拠点について、台湾を軸とした、中国、インドの分析が行われている。

　他方で、サクセニアンの問題点は、情報革命がもたらす製造業の製品構造や生産システムの転換とその人類史的意味の不十分性であろう。デジタル機器産業自体は、産業全体を牽引する基軸産業となるのではなく、これまで見てきたように、現代型製造業の製造過程や製品構造のデジタル情報制御への転換とその部品供給ネットワークのグローバルな分散化をもたらす新情報革命、新産業革命と言って良い。そしてそのネットワークの担い手は、具体的な個人や小集団を基礎とした集団的作業となる。

　それ故、世界における基軸産業は、依然として、その市場規模の大きさ、消費財と生産財の連関の比重の大きさからして自動車産業である。中国が世界最大の自動車市場、生産拠点となり、今後、新産業革命の舞台も中国へと移っていくであろう。これは日本資本主義が直面している現実と言える。

以上のアメリカ新興産業地域シリコンバレーから生じたパソコンネットワーク革命は、そのネットワークの高度化と共に、台湾を媒介とする水平分業関係を、中国華南へと波及させている。それは、今後の米中体制によるあらたな新産業革命の推進力であり、今後の組織力となりつつある。

【後記】

　本稿は、2011年の8月前後に執筆された、雑誌『情況』への未提出論文である。岩田先生の意図されたテーマは、東日本大震災後の日本資本主義が直面する問題であり、世界市場動向をふまえた産業的再編や地域社会的基盤の基本問題をまとめられる予定であった。
　しかしながら、2011年は梅雨開け前から猛暑が続き、先生は熱中症で体調を崩され、『世界資本主義Ⅱ』に向けた研究にも支障が出ることになった。そこで、岩田先生の基本シナリオに沿って、私との共同執筆という形でまとめられたものである。ただし、本論文の後半部分が、デジタル革命を基礎とする製造業の世界市場動向が中心テーマになっており、その推移の意味解析や評価に時間を要するため、論文提出を伸ばしていたが、翌年1月末に先生が急逝され未提出のままになった。
　当時、岩田先生の関心は、3.11後の世界が提起する二つの問題であった。震災復興の地域社会の基盤となるコミュニティの原理的問題として、第一にコミュニティの維持再生産条件としての生物の生存圏や自然的諸条件、第二に農業社会を前提とするコミュニティの人類史上の地位に絞られていた。
　前者について、先生は、福島原子力発電所事故を重く受け止められ、地球表面の生物生存圏の限定性を客観的に示すことによって、原水爆実験はもとより、原子力発電の困難を明らかにすることを目的とされ、ご自宅で行われていた研究会において提起された。その論点は、本論文の注1で簡潔に述べられている。後者については、『世界資本主義Ⅱ』のシナリオ内の主要課題であり、中国文化圏を軸とした古代以来の定住農耕社会の人類史的普遍性として考察する予定であった。

しかし具体的研究対象は、大震災を通じて明らかになった製造業の部品サプライチェーンの世界市場的再編問題へと絞られた。すなわち、現実の日本資本主義が直面している、大震災以前からの長期的な世界市場的産業再編の課題である。

　具体的には、1990年代以降、日本の半導体・電機大手メーカーの世界市場シェア低下と経営危機問題と、その背後にあるデジタル革命の展開であった。つまり、パソコン登場以降、汎用部品、共通部品の拡大を促進するデジタル化は、電子機器の独立部品生産、製品組立の受託生産のグローバルな水平分業の展開をもたらし、グループ企業向けの専用部品生産や顧客向けの専用製品・サービスに特化した日本大手半導体・電機メーカーの低落となった。

　岩田先生のシナリオの中心は、デジタル革命が主導する世界市場再編成にあり、すなわち資本主義経済の実体過程を担う現代製造業の二大部門をなす電機電子機器産業から、自動車に代表される機械加工組立産業へ波及して、従来型総合大手メーカーの危機と再編をもたらすであろう、という点にあった。それは、『世界資本主義Ⅰ』(2006年) の第1部「新情報革命・新産業革命と新資本主義の登場」、第1節「分散・並列ネットワーク革命としての新産業革命」において既に示されていたが、この段階では、新産業革命の実質的な展開、すなわち自動車関連産業における生産過程内部の情報革命、デジタル革命は、具体的に始まっていなかった。

　その後、2012年には、半導体大手のエルピーダメモリーの経営破綻が明らかになった。またソニー、シャープ、パナソニックなどの大手家電メーカーの収益低下と経営危機も明らかになり、アメリカシリコンバレー企業や台湾受託生産メーカーなどへの工場売却が始まり、現在も再建過程にある。

　2015年現在、ビッグデータ拡大を基礎とする情報革命の新段階──いわゆるモノのインターネット IoT (Internet of Things) の時代──に突入しつつある。製造業を超える、医療・バイオ、建設・インフラ等、その産業範囲は広範であるため、今後のあらたな研究課題となる。また注目すべき点は、新産業革命を前面に出した米独の機械機器メーカーによる自動車の自動運転技術に始まる、シリコンバレー企業との協業を模索するR&D投資の拡大である。また半導体・電子部品産業も、IoTへ向けた製品開発・生産へと再編成を迫られている。

　現状からみて、2011年段階の岩田先生のシナリオ、問題提起は、十分意味があると思われるので、本論文を遺稿論文として掲載した。

（田中裕之）

経済学原理論序説

岩田 弘

経済学原理論序説(一)
——世界システムとしての資本主義とその経済的組織原理

序

　本書の課題は、資本主義の経済的原理を、すなわち、リカードに代表されるイギリスの古典経済学が「経済学の原理」としてはじめて体系化し、マルクスが資本主義の特殊歴史性に即して『資本』の体系として批判的に再構成したものを、改めて、世界システムとしての資本主義の経済的組織原理として再構成し、それを、統一的全体性をなす自己完結的な理論体系として積極的に展開し叙述することであり、またこれによって、資本主義の人類史的地位をトータルに明らかにすることである。

　われわれがこうした理論体系として資本主義の経済的原理を再構成するのは、およそ次の理由による。

　第一。資本主義は、たんに、人類の歴史的発展の特定の段階に出現する特殊歴史的な形成体をなすというばかりではなく、同時にまた、すぐれて世界的な経済的システム、すなわち、各国資本主義をその特殊的構成部分とし、また国家や国家相互の世界関係をもその従属的要素とするような、統一的な世界市場的システムをなす。じっさい、資本主義は、16世紀初頭におけるヨーロッパ的な世界商業と世界市場の成立を出発点として、そうした世界市場システムとして歴史的に発生し、成長し、発展し、二つの世界戦争を経て特殊現代的に変質転化し、今日の資本主義——国家による管理統制や組織化を特徴とする現代資本主義——にいたっている。

　第二。世界市場的システムとしての資本主義は、世界経済的にも、国民経済的にも、

農業をもふくむ社会の全生産部門を一様に資本主義的産業部門として組織するような、実質的、実体的な社会的再生産システムをなすものではなく、他の社会的生産体や社会関係の存在を広範に前提し、それらとの相互作用としてのみ存在する表皮的、部分的な経済システムにすぎない。じっさい、今日のもっとも発達した資本主義的工業国をとってみても、本来の資本主義的生産は、労働人口の比較的小部分を包摂する一部の近代的大工業部門にすぎず、その周辺には膨大な労働人口を抱える半資本主義的、半家業的な中小企業部門や半商品経済的、半生業的な農業部門が広範に存在する。だが、資本主義は、こうした表皮的、部分的な経済システムとして存在しながらも、同時にまた、世界市場を出発形態および総括形態とする自己生成的、自己組織的、自己完結的な世界市場システムをなす。そしてそれは、資本主義が、こうした国際的、国内的な種々雑多な社会的生産体や社会関係との相互作用を、世界市場の価格関係へと溶解し、そこからそれらを資本主義的大工業部門の内部関係へと集約し内部化する独自の商品経済的、貨幣的機構をもっているからであり、またこれによって、あたかも自分自身の組織原理だけによって成り立つ自己完結的な世界市場システムであるかのように自己運動し、自己展開するからである。

　第三。経済学の対象をなす現実の資本主義がこうした特異な自己生成的、自己組織的、自己完結的世界市場システムをなすとすれば、それに対する経済学の理論体系の関係は、この世界システムとしての資本主義――世界資本主義としての資本主義――の自己生成原理、自己組織原理を体系的に模写し叙述するものでしかありえない。そしてこうした経済学の理論体系に対し、資本主義の具体的、歴史的分析――世界資本主義分析や各国資本主義分析――は、この同じ資本主義の組織原理を、その具体的、歴史的様相において分析し叙述するものとならざるをえない。

　われわれは、以上のような理由から、本書を次の三つの理論領域から編成する。

　　　第一篇　　　世界市場と資本主義的大工業
　　　第二篇　　　資本主義的大工業の内部編成
　　　第三篇　　　資本主義的大工業と世界市場

　このうちの第二篇の内容は、その表題から明白であろう。ここでわれわれは、資本主義的大工業の内部編成を解明する。そして資本主義的生産は、現実的には、資本主義的大工業としてのみ存在するのである。したがって、この部分は、『資本論』体系の第一巻「資本の生産過程」の第三篇からはじまって第二巻「資本の流通過程」の第三篇で「社会的総資本の再生産と流通」に総括される理論領域に対応する。

　だが、この資本主義的大工業は、さらに現実的には、世界市場価格と世界市場分業

とを根本前提としそれらを固有の生存基盤とする世界市場産業としてのみ存在する。それは、このようなものとして、世界市場と世界貿易の基軸産業——その中心的および周辺的な基軸産業——をなすのであり、またそのようなものとしてのみ、各国の資本主義的国民経済の組織者となりうるのである。

それゆえ、われわれは、この第二篇に先行する第一篇において、資本主義的大工業をその中心的および周辺的な生産基軸とする全体としての世界市場を取上げ、その経済的組織原理を解明する。そして世界市場とは、抽象的、理論的には、資本主義的生産をその内部に包摂する商品世界以外のなにものでもないのである。

周知のように、『資本論』体系は、その第一巻の冒頭に「商品と貨幣」、「貨幣の資本への転化」と題する二つの篇を置き、商品世界の分析から出発して、貨幣、資本の諸形態を展開し、資本によって組織される、商品による商品の生産過程として、第三篇以降の資本主義的生産の内部編成論を開示するという方法をとっている。そしてまさにこうした方法こそは、商品世界としての世界市場の自己生成原理、自己組織原理を明らかにし、世界市場がその価格関係を、その生産基軸をなす資本主義的大工業の内部関係へと集約し還元していく商品経済的、貨幣的機構を体系的に解明し叙述する方法にほかならない。

したがって、われわれは、この第一篇において、商品、貨幣、資本の諸形態を最初からそのようなものとして首尾一貫的に再展開する。

最後の第三篇は、『資本論』体系の第三巻「資本主義的生産の総過程」に対応する理論領域をなす。『資本論』体系は、この理論領域で、利潤、利子論を中心にして、資本主義的生産がみずからを統一的全体として組織し編成していく具体的諸形態を展開しているが、しかし、これらの諸形態は、同時にまた、世界市場の生産基軸をなす資本主義的大工業が、自分自身の内部関係によって世界市場の価格関係を統制し、自分を中心にする世界市場的分業関係を組織し、それらを統一的な世界市場的過程——世界市場的な景気循環過程——として編成していくその具体的諸形態にほかならない。

それゆえ、われわれは、この第三篇において、利潤、利子の諸形態や諸機能を最初からそのようなものとして体系的に再展開し、それを世界市場的景気循環論に総括する。

ところで、今日、世界の人々の注目を集めている世界史的な大事件は、アメリカを中心とする資本主義の戦後世界体制の崩壊と同時平行して、いま一つの戦後体制であるソ連を中心とする現代社会主義の世界体制が、大きく崩壊しつつあるという事実であろう。

だが、社会主義を排他的な国家イデオロギーとはしてきたものの、ソ連型社会主義

の経済的実体は、貨幣的な租税公債国家によって管理統制され組織された資本主義的国民経済以外のなにものでもなく、したがって、特殊現代的な国家管理資本主義——一部の論者のいう国家的独占資本主義——のいま一つの形態にすぎない。したがって、その行き詰りは、社会主義の行き詰りというよりも、むしろ、特殊現代的な国家資本主義の行き詰り、すなわち、二つの世界戦争やその戦後危機をめぐる勤労人民大衆の巨大な反資本主義闘争の挫折から産みだされた特殊現代的な国家資本主義の行き詰り、とされなければならない。

そしてこうした事実によって世界的に提起されている根本問題は、資本主義的国民経済の国家的組織化や資本主義的企業の国有化やそれらによる伝統的な階級関係の廃止だけによっては、資本主義を廃棄することはできない、という問題であり、さらに根元的には、はたして人類は、資本主義と国家を廃棄することができるか、という原理問題であろう。

だが、こうした原理問題は、世界システムとしての資本主義の組織原理とその人類史的地位とをトータルに解明することによって、原理的に答えられなければならない。

そしてまさにこれが、本書の終局的な課題をなすわけである。

第一節　自己組織体としての世界資本主義

一　世界システムとしての資本主義

「序」で簡単に述べたように、本書の課題は、資本主義の経済的原理を、世界システムとしての資本主義の経済的組織原理として体系的に展開し叙述することであるが、われわれは、それが意味するところを、いま少し立入って説明しておかなければならない。

経済学の理論体系の性格やその体系構成の方法は、その対象をなす資本主義の性格によって客観的かつ根底的に制約され規定されている。したがって、その体系的な展開のためには、資本主義それ自体の性格を、その全歴史的過程に即して、大きく確認しておくことが必要である。

資本主義は、まず第一番に、世界市場的な経済システム、すなわち、いくつかの諸国の資本主義的国民経済や、その他の諸国の種々雑多な経済関係を、世界市場的な分業関係の特殊的構成部分として編成し、それに国家や国家相互の世界関係までも従属させるような、全体としての世界市場的システムをなす。

こうした点を端的に示すものは、資本主義の現実的な経済過程をなす景気循環の世

経済学原理論序説㈠㈡

岩田 弘

界市場的な統一性であり、またこれを媒介するいわゆる国際通貨体制の世界的な統一性であろう。そして国際通貨体制とは、世界貨幣としての金を世界市場の最終的な決済手段とし、中心資本主義国の信用貨幣を世界市場の事実上の中央銀行券とする、世界的な貨幣・信用システム以外のなにものでもないのである。

周知のように、こうした世界システムとしての資本主義の歴史的出発点となったものは、16世紀にイスラム世界商業を打破って世界支配の地位についたヨーロッパ世界商業の登場であり、これを組織者とする新しいヨーロッパ的な世界市場の成立であった。そしてここから出発して、資本主義は、こうした世界市場システムとして世界史的に発生し、成長し、発展し、そこからさらに二つの世界戦争やそれらの戦後危機の克服過程をとおして特殊現代的に変質し、今日の資本主義にいたっているのである。

第二に、資本主義のこの世界経済システムは、本質的に、表皮的、部分的である。それは、世界経済的にはもちろんのこと、国民経済的にも、農業部門をもふくむ社会の全生産部門を一様に資本主義的生産部門として組織し編成しうるものではなく、したがって、社会の再生産過程の全体を資本主義的再生産過程として組織し編成しうるような、実質的、実体的な社会的再生産システムをなすものではない。

じっさい、資本主義的生産は、現実的には、資本主義的大工業としてのみ成立するが、しかしそれは、社会の全生産部門においてではなく、ごく少数の特定の生産部門において集中的に成立するものにすぎない。しかも、この資本主義的大工業部門は、なによりもまず、世界市場価格と世界市場分業を前提とし、それを固有の存立基盤とする。それは、原料やその他の生産手段を世界市場のもっとも有利で安く買えるところから購入し、また製品を世界市場のもっとも有利で高く売れるところで販売する。それは、まさにこのようなものとして、世界市場産業をなすのであり、またそうした世界市場産業としてのみ、自分を基軸とする資本主義的国民経済を組織し編成することができるのである。あるいは、資本主義的国民経済は、現実的には、その基軸となるこうした世界市場産業なしには、総じて存立しえないのである。

こうした点は、今日のもっとも発達した資本主義的工業国においてさえ、その国民経済の基軸産業をなす資本主義的大工業部門は比較的少数の一部の産業部門にすぎず、その周辺にはこれに商品経済的に従属させられている半資本主義的な中小企業部門や半商品経済的な農業部門が広範に存在していて、そこに膨大な労働人口が包摂されていることをみれば、一目瞭然であろう。資本主義的国民経済といっても、それは現実的には、少数の資本主義的大工業部門を基軸とする、こうした種々雑多な社会的生産体や経営体の商品経済的編成でしかないのである。

このことは、資本主義の経済過程が、実質的、実体的には、それだけで独立して存在する自立的な経済過程をなすものではなく、じっさいには、資本主義的経済関係とその他の種々雑多な社会関係との世界的および国民的な相互作用の過程でしかないことを意味する。

　それゆえ、経済学者が経済学の理論体系の展開にあたって、暗黙的または明示的にいつも前提してきた、資本主義的経済関係や商品経済関係だけから成立ついわゆる純粋の資本主義社会や商品経済社会といったものは、今日においても、また過去においても、あるいはたんなる発展傾向としてさえも、実際には、存在しなかったとしなければならない。

　だが、第三に、資本主義は、それにもかかわらず、あるいは、かえってそれゆえにこそ、特異な、自己生成的で自己組織的な、したがって自己完結的で自立的な、世界市場的経済過程をなす。

　というのは、それは、商品経済的、資本主義的関係と他の種々雑多な社会的生産や社会関係との相互作用を世界市場の価格関係へと溶解し、それをさらにその基軸をなす資本主義的大工業の内部関係へと集約する商品経済的、貨幣的機構をそれ自身のうちにもっているからである。

　そして資本主義は、このように自分自身と他者との関係を自分自身の価格関係へと溶解し、それを資本主義的大工業の内部関係へと集約していくその同じ商品経済的、貨幣的機構によって、この他者を絶えず商品経済的に解体再編成し、自分に従属させ、それらを世界市場的過程へと組込んでいくのである。

　このことは、より抽象的にいえば、資本主義が自分自身の組織原理によって絶えず資本主義として原始的に生成し、自己拡大し自己深化していく機構をそれ自身のうちにもっているということにほかならない。そしてまさにこれが、表皮的で部分的な世界市場的システムにすぎない資本主義が、同時に自己生成的で自己組織的な、自己完結的全体性をなす唯一の方法なのである。

　こうした点を端的に示すものは、資本主義と国家との関係であろう。

　国家とは、必然的に国家相互の世界的な対抗関係における国家であり、また国家権力の実体をなすもの、あるいは国家主権の実質的内容をなすものは、戦争ともなれば誰の目にも明らかとなるように、国境線の内側にある人間と土地の両方に対する、国家武力に基づく最終的な支配領有権であって、それらは、現実的には、資本主義の世界的および国民的な経済過程に対して巨大な影響力や作用力をもっている。

　だが、結局のところ、国家や国家相互の世界関係は、資本主義的商品経済関係に対

しては、こうした影響力や作用力を、各国の国民経済の価格体系の変化や世界市場におけるそれらの連関構造の変化をとおして、発揮しうるにすぎない。そして資本主義の経済過程は、こうした価格体系や価格構造の変化なら、天候や災害やその他のすべての要因にもとづく価格関係の変化と同じように、それらを自分自身の価格関係の変化とみなし、それを資本主義的大工業部門の内部的な価値増殖関係へと集約し内部化する商品経済的、貨幣的機構をもっているのであり、またそれによって、あたかも自分自身の組織原理だけによって存立するかのように自己運動し、自己展開するのである。

そのうえ、資本主義的国民経済を基盤とするかぎり、国家それ自体もまた、商品経済的に自分自身を編成し維持再生産する国家、すなわち、国家の人的、物的要因を貨幣によって調達し、したがってその維持再生産を貨幣の収入と支出に全面的に依存する全般的な貨幣国家、租税公債国家、債権債務国家となるほかはなく、そのようなものとして、その国家活動の全体を商品経済化せざるをえないのである。

第四に、資本主義は、まさにこうした表皮的で部分的な、だが同時に自己生成的で自己組織的な世界市場的システムとして、すぐれて特殊歴史的な形成体をなす。

しかも、それは、人類の世界史の一定の発展段階において、それまでの人類の全歴史的発展の世界史的な総括体として登場するような、特異な世界史的形成体をなすのである。

二　地域システムとしての農業社会

だが、われわれは、経済学の対象をなす資本主義の以上のような特異な世界性とその人類史的地位をさらに明確にするためには、資本主義の登場に歴史的に先行する農業社会を大きく振り返り、その組織原理とその人類史的地位とを確認しておかなければならない。というのは、資本主義のこうした特異な世界性は、人類の生物学的存在の絶対的な条件をなす農業的再生産に対する、その異質性と外部性とに、深く由来するものだからである。

最近の生物学や人類学によれば、人間種が猿種から分岐したのは、数百万年の過去に遡るが、それ以来の長い採集狩猟生活からみれば、人類が農業生活、とりわけ定住的な農業生活を開始したのは、つい最近の出来事に属する。だが、それは、地球の表面と人類をもふくむ生物の歴史に決定的な変化をもたらすものであった。

というのは、採集狩猟生活にあっては、人間種を猿種やその他の動物から区別するものは、自然から与えられたものを採集捕獲したり、採集捕獲したものを加工したりするために道具を使用するという点にあったにすぎないが、定住的な農業生活にあっ

ては、たんに、採集や捕獲の対象それ自体を人間が生産するというばかりではなく、その基礎的生産手段をなす土地——耕地、森林、草地、河川等々——をとってみても、またその主要労働対象をなす栽培植物や飼育動物をとってみても、もはやどれ一つとして本来の自然物ではなく、幾十世代、幾百世代にもわたる人間労働によって改良創出された自然物、人工的自然物だからであり、またそのようなものとして年々の労働によって維持再生産されなければならぬものだからである。

つまり、人類は、定住的な農業生活を開始することによって、長い採集狩猟生活からみればほとんど一瞬の間に、地球の広大な表面とその生態系を根底から変化させ、それらを農業的再生産のためのこうした人工的自然の地域的リサイクルシステムの連続体へと置き換えてしまったのであって、それは、人間労働自身によってつくりだされた、自然界と人間界の両方にまたがる巨大な突然変異であった。

したがって、定住的な農業社会にあっては、一般に、二つの生産組織——生産のための人間の集団組織——が厳重に区別されなければならない。その一つは、直接的な農業生産組織、すなわち、直接に植物を栽培したり動物を飼育したりするための基礎的単位集団であり、いま一つは、一定の地域にわたる土地——耕地、森林、草地、河川等々——を農業的生産手段として維持再生産するための基礎的単位集団である。そしてこの後者こそが、定住的な農業社会の基礎的な再生産組織、再生産単位をなすのであって、前者は、たんにその構成部分としてのみ存在しうるものにすぎない。

というのは、人工的自然としての土地こそは、定住的な農業社会の最大の労働生産物だからであり、またその維持再生産こそは、定住的な農業社会の絶対的な維持存続条件だからである。そしてそのためには、一定の地域にわたる土地の全体を耕地や森林や草地等々へと均等的に配分したり、河川や水路を改修したり、それらの維持再生産のために共同労働を組織したりしなければならぬというばかりではなく、それらの利用方法を、したがって植物の栽培方法や動物の飼育方法までも、地域全体として厳重に管理統制しなければならぬからであり、さらには、農産物の手工業的加工部門をもふくむ、生産と消費の厳重な地域的リサイクルシステム、自給自足的閉鎖循環システム、自己完結的な地域的クローズドシステムを確立しなければならぬからである。

それゆえ、資本主義との対比でいえば、定住的な農業社会において自己完結的全体性、しかも人間と自然の両方をふくむ実質的、実体的な自己完結的全体性をなすものは、こうした地域的な農業的再生産組織であった。そしてまさにこれが、すべての農業社会の基礎的構成単位をなす農業共同体にほかならなかったのである。そして農業社会は、こうした農業共同体から成立つものとして、資本主義とは反対に、本質的に、

地域システムをなすものであった。

　これに対し、定住的な農業社会の直接的な生産組織、植物の栽培や動物の飼育のための直接的な生産単位をなすものは、一般には、家族にほかならないが、もちろんこの家族は、ただこうした農業共同体の所属成員としてのみ農業生活を営むのであって、かれらによる土地の使用は、森林や草地や河川等々の共同利用地についてはもちろんのこと、直接の耕作地についても、かれらの所属する共同体によって厳重に管理統制されていたのである。

　こればかりではない。じつは、こうした農業共同体こそは、同時にまた、農業社会における土地所有の真の主体をなすものであった。そして土地に対する所有関係こそは、資本主義に歴史的に先行するすべての社会の主要かつ基本的な所有関係にほかならなかったのである。

　一般に、土地に対する所有関係とは、土地をめぐる人間相互の社会関係であって、人間と土地との関係それ自体ではない。そしてこの人間相互の社会関係は、本源的には、そして今日でも、国家の領土権に総括的に示されるように、実質的には、人間集団相互のあいだの集団武力にもとづく地球の表面の排他的な占有確保の関係でしかありえないのである。

　採集狩猟社会では、この関係は、一定の人間集団が一定の地域をかれらの集団武力によって採集狩猟のための排他的なテリトリーとして占有確保し、このテリトリーを下位的構成集団——いわゆるバンド——に分れて季節的に巡回するという関係にとどまっていた。だが、これに対し、土地それ自体を最大の労働生産物とし、またそれを年々の共同労働によって維持再生産しなければ存続しえない定住的な農業社会では、一定の地域にわたる土地を、たんなるテリトリーとしてではなく、農業のための生産手段として、排他的に占有確保しなければならぬのであって、その安定的、永続的な確保こそは、その絶対的な、死活の生存条件をなすものであった。

　だからこそ、すべての定住的な農業共同体は、本源的には、軍事的集住制を広範にともなう強固な武力共同体、戦士共同体として、出現するのであって、まさにこのようなものとして、それは、土地所有の主体、すなわち、一定の地域にわたる土地の武力による排他的な占有確保の主体をなすものであった。

　したがって、個々の農業家族による耕地の使用——定期的割替えをともなう使用や固定的使用——は、本質的には、こうした武力共同体によるその戦士構成員への土地の割当配分関係をなすものであって、かれらによる土地の所有関係を、したがってもちろんその私的所有関係を、なすものではなかった。つまり、それは、共同体に対す

るかれらの戦士義務、ときには生命をも要求するような軍役義務と引替えに、共同体によってかれらに割当てられ配分された神聖な土地であり、したがってかれらは、この土地で、かれら自身を共同体戦士として維持再生産し、打ち鍛える神聖な義務を負っていたわけである。

ところで、周知のように、こうした農業共同体は、かなり発展した後の時代にいたるまで、自分たちを氏族、部族、種族等々の血縁共同体であるとみなしている。だが、農業共同体は、本質的に、地縁組織、すなわち、土地の維持再生産を根本とする地域的な農業再生産組織およびそのために土地を排他的に占有確保する地域的な武力組織をなすのであって、そうした観念は、その実体ではなく、擬制的な観念形態、すなわち、共同体が自分自身を自己認識するための、あるいは共同体成員が共同体へのかれらの所属関係を自己確認するための、擬制的な観念形態、イデオロギー的フィクションにすぎぬものとされなければならない。

そしてこうした観念形態の背後にあるもの、その実体をなすものは、共同体とその成員とのあいだの全人格的な結合関係——親子、兄弟関係にも擬せられる全人格的結合関係——、すなわち、共同体成員がかれらの共同体に対し全人格的に所属しているという関係以外のなにものでもない。集団労働による土地の維持再生産と集団武力による土地の安定的確保とを死活の生存条件とする農業共同体は、その成員と共同体とのこうした全人格的な結合関係、全人格的な結束と団結を必要とするのであり、またそのために、みずからを親子、兄弟関係に擬制し、共通の祖神から生れてきた血縁共同体であると観念しなければならぬのであり、さらにはまた、こうした観念を特異な儀式や風習によって絶えず自己確認し絶えず打ち固めなければならぬのである。

そしてこのことは、農業共同体が、強固な武力共同体、戦士共同体をなすというばかりでなく、同時にまた、強固なイデオロギー共同体、共同の祖神やその代表神に全人格的に帰依し帰属する神的、宗教的共同体をなす、ということを意味するのである。

三　農業社会と国家

だが、定住的な農業社会は、以上のようにして、地球の広大な表面とその生態系をこうした農業共同体によって担われる人工的自然の地域的なリサイクルシステムの連続体へと一挙的に置き換えたというばかりではない。

これらの自給自足的な農業共同体の多数を外側から広範に結合し統合する、より広大でより媒介的な二つの社会関係を、すなわち、国家関係と商品経済関係とを、つくりだし、それらをすでに古代において、世界関係——世界帝国と世界商業——へと発

展させたのも、じつは、この定住的な農業社会であった。

　じっさい、人類史は、定住的な農業社会の登場とともに、国家関係や商品経済関係によって劇的に媒介される世界史へと大きく質的に発展転化するのであり、またこれによって人類は、二重の生活を、すなわち、自給自足的な地域生活とこれを突破する世界史的生活とを、開始するにいたるのである。

　ところで、この二つの社会関係のうち、農業社会の世界史的発展において直接的な、決定的な役割を演じたものは、明らかに、国家であり、国家相互の世界関係であった。

　というのは、国家を直接的に必然にするものは、根本的には、定住的な農業社会が土地所有関係の安定化をその死活の生存条件にしているという事情だからであり、またそのためには、土地所有関係が共同体武力による土地の相互排他的な占有関係だけにはとどまりえないという事情だからである。

　そしてこうした土地所有関係の安定化は、さしあたりまず、次のような関係をつくりだすことによって、容易に達成しうるのである。すなわち、地域的に接触する多数の農業共同体が、かれら相互の関係をかれら自身の内部関係に擬制し、これによって共同体それ自体を共同体的に結合し統合するという関係であり、立入っていえば、個々の農業共同体をより上位の共同体の下位的構成集団へと多重的、階層的に再編成するという関係である。そしてこの共同体の内部関係とは、かれらの自己認識に即していえば、さきにもみたように、擬制的な血縁関係、神的、神話的な血縁関係であった。

　つまり、それは、個々の共同体の神々を擬制的な血縁原理によって多重的、階層的に統合し、これを神的、神話的な媒介物として、個々の共同体の武力や土地所有を多重的、階層的に結合し、統合するという関係にほかならない。あるいは、共同体神と共同体武力と共同体的土地所有の三位一体的な、神的、神話的統合と、これによるそれらのネットワーク的システム化といってもよいであろう。そしてこうした共同体それ自体の共同体的統合は、一般には、武力による共同体相互間の支配服従関係を広範にともなうのであり、またそれを補足的構成要素とせざるをえないのである。

　国家とは、さしあたりまず、こうした過程の産物以外のなにものでもない。だからこそ、すべての国家は、本源的には、神的、神話的な共同体国家として、すなわち、共同体的土地所有と共同体武力と共同体神とを国家へと統合し総括する共同体国家として、より具体的には、共同の祖神の下に結集する局地的な氏族国家、部族国家、種族国家等々として、出現するわけである。

　そしてこうした国家の登場は、当然のことながら、国家それ自体による多数の国家の結合や統合の開始を意味する。というのは、国家とは、必然的に、国家相互の関係

における国家だからであり、またそれは、国家武力の及ぶ範囲内においてのみ、すなわち、国家の境界線の限界内においてのみ、共同体的土地所有を国家的土地所有へと統合することによって、土地所有の本質的な武力的性格——集団武力による地球の表面の排他的占有という性格——を克服しうるにすぎず、境界線を隔てた国家相互の関係では、これを克服しうるものではないからである。

そしてこうした国家による多数の国家の統合関係は、武力による国家相互の支配服従関係や征服関係を広範にともなわざるをえないが、しかし、国家が神的、神話的な共同体国家という形態をとるかぎり、この統合関係それ自体も、神的、神話的な、共同体国家的な統合関係とならざるをえないのである。

こうした過程の結果として出現するものは、いくつかの地方を統合する全土的、全国的な国家にほかならないが、その一般的形態は、大王国家、すなわち、諸王の王としての大王によって統合される部族連合国家であろう。そして周知のように、こうした大王国家は、国家相互の世界関係を通じて、ときには、そのまた大王的な連合国家、大王的な世界帝国をつくりだすのである。

だが、こうした部族連合国家は、地形的境界線のほとんどない巨大河川の広大な流域平野に展開する、人口の密集した巨大農業社会では、エジプトのファラオの帝国や中国の天子の帝国に代表されるような神王国家へと例外的に転化する。歴史家のいうアジア的な専制国家が、それにほかならないが、しかし、その背後にあるものは、農業共同体の全面的な国家化であり、したがって、共同体貴族の国家官僚化——いわゆる「官人」化——と、かれらによって組織される「公地、公民」制、すなわち、共同体的土地所有と共同体武力との国家化、および共同体的な土地配分と共同体義務との国家化であろう。そしてわが日本の古代律令制国家は、中国から輸入されたそのミニチュア的コピー版にほかならなかった。

また、ローマ帝国では、こうした部族連合国家は、軍事的集住制を特徴とする局地的な共同体国家の同盟——ポリス的都市国家の同盟——の段階から一挙にそれらの世界帝国的ネットワークへと転化し、共同体構成員の権利義務——土地配分をうける権利と戦士の義務——は、帝国構成員の権利義務へと一般化され、普遍化され、ついには拡散蒸発する。そしてローマ帝国それ自体は、オリエント世界の高度に発達した農業社会と、定住的な農業社会への過渡段階、したがって国家形成の前段階にあったゲルマン諸族とに対する、賦役・貢納帝国、軍役帝国へと変質転化するのであって、こうした事態を総括的に象徴するものが、共同体宗教にかわって、普遍宗教としてのキリスト教が帝国の国家宗教の地位についたという事実であった。

ところで、こうした部族連合国家やその神王的、世界帝国的な変種に対し、ゲルマン的封建国家に代表される中世的な封建国家は、もはや、農業共同体の国家的統合物としての共同体国家ではなかった。というのは、その特徴は、農業共同体から分離した独自の戦士階級がかれら相互の授封・軍役関係を通じてみずからを国家として組織するとともに、この国家武力によって農業共同体それ自体を支配領有し、そこからの剰余労働や剰余生産物の取得を目的にして、それらを武装解除し、根底的に解体再編成しているという点にあったからである。

それゆえ、ゲルマン的封建国家にあっては、土地所有の主体をなすもの、それを集団武力によって排他的に占有確保しているものは、もはや農業共同体や、それらの国家的統合物ではなく、授封(じゅほう)・軍役関係を通じてみずからを国家権力として組織したこの戦士階級それ自体であり、封建領主とかれらの国家的統合物であった。古代国家にあっては、種々な変種や奇形をともないながらも、国家は、共同体的土地所有と共同体武力の直接的な総括体としてあらわれるわけであるが、これに対し、中世的な封建国家にあっては、この国家は、共同体から分離した独自の戦士階級の共同的国家へと、したがって、かれらによる土地所有と集団武力の共同的総括体へと変質転化しているわけである。

だが、われわれは、農業社会と農業共同体に対するこうした封建国家と封建的土地所有の関係については、その世界史的地位とともに、資本主義の発生過程との関連で、取上げるべきであろう。

四 農業社会と商品経済

以上のような国家関係に対し、いま一つの世界関係である商品経済関係は、同じく定住的な農業社会から生れながらも、国家関係とは異なり、その絶対的な維持存続条件や死活的な存在条件との直接的な必然的関係をもつものではない。

というのは、まず第一に、商品経済関係の発生と発展は、定住的な農業社会が人類の歴史上はじめて恒常的に再生産しうるものとなる剰余生産物を物質的基盤とするもの、あるいはこうした剰余生産物の社会的存在形態の一つだからであり、また一般に、剰余生産物とは、社会の再生産過程の維持存続条件から解放され、自由となった、したがって、それとのかかわりなしに社会がどのようにでも処分しうる生産物部分にほかならぬからである。

したがって、第二に、商品経済関係は、人工的自然の地域的リサイクルシステムの維持再生産を根本原理とし、自給自足的な地域的閉鎖システムをなす農業共同体や、

その死活的な存在条件をなす共同体的土地所有関係——共同体武力による土地の排他的占有関係——とは直接的なかかわりなしに、したがってまた、これらの共同体的土地所有や共同体武力の直接的な総括体やその変質転化形態としてあらわれる国家関係とも直接的なかかわりなしに、それらの外側に形成される、そしてそれらとは別個の活動原理や組織原理にもとづく、さらに広範でさらに媒介的な社会関係とならざるをえないからである。

　商品経済関係とは、ひらたくいえば、貨幣を一般的な交換手段とする物と物との多角的な交換関係——商品売買関係——以外のなにものでもないが、しかし、それは、現実的には、商品売買の仲介を専一的業務とする商人の活動——商業資本へと転化した貨幣の活動——によって推進的に担われ組織されることなしには、恒常的な社会関係としては存立しえない。

　そしてこの商業資本の活動は、種々の共同体やそれらの国家的統合物の剰余生産物を、それらの内部関係にかかわりなく、できるだけ安い所と時に商品として買入れ、それをできるだけ高い所と時に商品として売りさばき、それらの価格差を利潤として獲得することを排他的な活動原理とする。

　商業資本の活動は、このようなものとして、最初から、本質的に、世界的であり、また貨幣は、こうした商業資本にとっての貨幣として、本質的に、世界貨幣をなすのである。じっさい、それは、周知のように、すでに古代において、特殊な商業民族や商業カーストによって担われ組織される世界商業であり、また中世においては、アジア商業とヨーロッパ商業を二つの辺境形態とするイスラム世界商業であった。

　したがって、こうした商業資本によって推進的に担われ組織される商品経済関係は、種々の共同体やそれらの国家的統合物のあいだに、それらの内部関係にかかわりなく形成される、非人格的な商品売買の多角的なネットワークとならざるをえないのであり、しかも現実的には、局地的、地方的ネットワークや、全土的、全国的ネットワーク等々を構成要素とする多重的、多層的な世界的ネットワーク、したがって、ネットワークのネットワークのそのまたネットワークとして存在するような、世界的ネットワークとならざるをえないのである。

　それゆえ、商品経済関係は、採集狩猟社会にも広くみられる共同体相互間の物々交換——いわゆる互恵交換——や、共同体内部の相互贈与関係とは、まったく別個のもの、それとは本質的に異なるものとして、区別されなければならない。後者では、人間相互の、あるいは人間集団相互の直接的な社会関係が、物の交易関係や相互贈与関係に反映されるのに対し、前者では、この社会関係は、商業資本と世界貨幣とによっ

経済学原理論序説㈠㈡

岩田 弘

て組織される物と物との非人格的な多角的交換のネットワークをとおして、間接的、結果的に形成されるにすぎぬからである。

商品経済関係は、定住的な農業社会の剰余生産物をその究極の存立基盤としながらも、まさにこのようなものとして、それとは異質な組織原理にもとづく独自の商品世界、貨幣を唯一の価値尺度とし、利潤や利子を唯一の活動基準とする商業資本によって担われ組織される特異な商品売買世界、価格世界をなす。

そして商品経済関係は、このようなものとして、定住的な農業社会やそれを存立基盤とする国家に対して、絶えず解体的に作用するのである。それは、定住的な農業社会の維持存続の根本条件をなす人工的自然の地域的なリサイクルシステムやそれを担う農業共同体の地域的な自給自足性を絶えず掘りくずし、それらを自分自身の貨幣的、価格的な世界原理に従属させようとするからである。

だが、もちろんそれは、農業的再生産に対するその異質性のゆえに、すなわち、後者の本質的な地域性に対するその異質な世界性のゆえに、農業共同体にとってかわって農業的再生産を自分自身の内部に組織しうるようなものではなかった。

だからこそ、農業共同体やそれらを基盤とする国家は、一面では商品経済関係を利用しながらも、同時に他面では、それを一定の限界内に、すなわち、自分の組織原理を破壊しない限界内に抑制し、制限し、管理統制しようとしてきたのであり、その周辺的、補足的関係に押込めてきたのである。

いいかえれば、社会が農業社会にとどまるかぎり、人類の世界史的発展において主役を演じてきたものは、国家相互の世界関係であって、これに対し、商品経済関係は、いつも脇役の地位にとどまらざるをえなかったわけである。

五　資本主義の発生と国家

さて、定住的な農業社会とそれに対する国家と商品経済の関係について以上のような点を確認しておけば、資本主義の特異な世界性とその人類史的意義は、おのずから明白であろう。

そのまず第一の意義は、イスラム世界商業にとってかわったヨーロッパ世界商業とそれによって担われ組織される世界市場において、はじめて商品経済関係が、国家関係にかわって、人類の世界史の、しかも地球的規模での世界史の主役の地位についたということである。

じっさい、それは、人類最初の地球的規模での世界商業であり、世界市場であって、その中心地域となったヨーロッパの伝統的な社会関係や社会的生産に対するその世界

的な分解力や破壊力は、強大であり、強烈であった。そしてこのようなものとして、それは、ヨーロッパを中心とする世界システムとしての資本主義の歴史的な出発点となったわけである。

だが、第二に、それは、商品経済関係が、自分自身の直接的な自己展開力だけによって、ヨーロッパの旧社会関係を解体再編成し、世界市場産業としての資本主義大工業の登場の歴史的前提条件をつくりだし、こうして人類の世界史的発展の新しい主役の座につき、そこから国家関係を脇役の地位へ追いやった、というようなものでは決してなかった。

そしてこれは、根本的には、農業的再生産に対する商品経済関係のさきの異質性、すなわち、それが地域的リサイクル性、地域的自給自足性を維持存続条件とする農業的再生産を自分自身の内部に取り込み組織する原理をもたないという性格に由来するものであった。

だからこそ、それは、農業生産物の手工業的加工部門の一部を農業共同体から切り離し、それらを商品経済的に自立化させ、世界商業や世界市場的分業関係に従属させることはできても、そしてこれによって農業共同体の地域的自己完結性を破壊し、不具にすることはできても、たんにそうしたことだけによっては、土地と人間との強固な共同体的結合関係や、それに直接、間接に依存する種々雑多な地域的生産や地域的社会関係の抵抗を打破って、それらを商品経済関係へと全面的に解体再編成することはできなかったのである。

そしてこうした抵抗を打破って、ヨーロッパの旧社会関係を商品経済関係へと大きく再編成するにあたって巨大な突破口を切開いたものこそ、近代的な貨幣的国家、すなわち、その維持再生産を貨幣収入と貨幣支出とに全面的に依存する近代的な租税公債国家、債権債務国家の登場であり、これと表裏一体的に進行した、封建的土地所有関係の貨幣的、商品経済的土地所有関係への再編成——近代的な私的土地所有関係への再編成——であった。

そしてまさにこの点に関連して、ヨーロッパのゲルマン的な中世封建国家の特殊な世界史的地位が浮び上がってくるのである。

さきにもふれたように、古代国家は、種々の変種や奇形をともなったとはいえ、共同体的土地所有と共同体武力の国家的総括体にほかならなかったが、これに対し、ゲルマン的封建国家は、もはやそうした共同体国家ではなかった。それは、独自の戦士階級として共同体から分離し、そこからの剰余労働や剰余生産物の搾取を目的にして、武力によって共同体を支配領有する領主階級の国家であり、立入っていえば、共同体

経済学原理論序説㈠㈡

岩田 弘

に対するかれらの支配領有とそのためのかれらの集団武力との封建的総括体としての、すなわち、かれら相互の授封・軍役関係による総括体としての、国家であった。

しかも、ゲルマン的封建制の特質は、こうした封建的国家武力によって、農業共同体を根底から解体再編成し、その共同体的中枢機構を領主の権力機構として再組織しているという点にあった。すなわち、それは、領主権力が農民への共同体的土地配分機構を独占的に掌握し、耕地を領主直領地と農民配分地とに散在耕地制的に分散配置し、森林や牧草地等々の共同地の利用方法もこれを基準にして管理統制し、これらを通じて領主直領地における農民の賦役労働を機構的に組織しているという点に、いいかえれば、領主直領地における農民の賦役労働の確保を基軸にして農業共同体それ自体を解体再組織しているという点に、あったのであって、これを集中的に表現するものが、村落行政機関をも兼ねる領主裁判所にほかならなかった。

したがって、中世的なゲルマン的共同体は、その成員にとっては、もはや古代共同体のような全人格的な共同体——全人格的な目的と価値としての共同体——ではなく、その中枢機構を領主権力に奪い取られた部分的な共同体でしかなかったのであり、また、それを支配領有する領主にとっても、もちろん目的や価値としての共同体ではなく、剰余労働の搾取のための手段としての共同体にすぎなかったのである。そしてこのことのうちには、封建領主と封建国家が、ひとたび世界商業と世界市場の強烈な貨幣的影響力に晒され、その虜となると、農業共同体をその経済的基盤として保護防衛する権力から、貨幣の獲得のために、その商品経済的な解体を暴力的に強行する貨幣的権力へと、一挙に劇的に転化する可能性が、秘められていたのである。

そして周知のように、こうした事態が現実的にも生じたのであって、それが、イギリスにおいてもっとも徹底的に遂行された、封建的領地の私的所有地としての「囲い込み運動」と、これによる領地からの農民の「清掃運動」にほかならなかった。

イギリスにおけるこうした過程の第一幕は、いわゆる「農奴制の消滅」であった。しかし、この農奴制の消滅とは、領主に対する農民の封建的義務の貨幣的地代への転化、したがって、封建的領地の貨幣的財産——年々一定の貨幣収入をもたらす貨幣的な私有財産——への転化と、これによる共同体的な土地保有農民の借地農民への転化以外のなにものでもなかった。だからこそ、それは、羊毛製品が世界市場商品となるとともに、領主と商人や牧羊業者等々との結託による封建的領地の私的所有地としての「囲い込み運動」へと一挙的に転化せざるをえなかったわけである。

そして貨幣収入をもたらす貨幣的財産としての土地のこうした私有財産化こそは、その商品経済的な私有財産化、あるいは、より鋭くいえば、土地の商品化——地球の

表面の商品化——にほかならない。そしてこうした地球の表面の商品化こそが、その上で自給自足的な地域生活を営む農業共同体を根底から破壊し、農民を大量的に土地から分離し、かれらを無産労働者化し、かれらに労働力の商品化を強制するのである。

しかも、こうした封建的土地領有権の商品経済的私有権への転化は、同時にまた必然的に、封建的領有権の国家的総括体をなす国王領有権の徴税権——貨幣徴収権——への転化を、したがって、封建的な授封・軍役国家の貨幣的な租税・公債国家への転化を、ともなうのであり、それと相互促進的に進行するのである。

そしてこれはこれでまた、社会のあらゆる関係に貨幣的関係を強制し、それらを商品経済的関係へと強行的に再編する巨大な中央集権的国家暴力の登場を意味するものであった。というのは、国家の徴税権とは、その主権下にある土地と人間とそれらの生産物に対する、国家による貨幣的債権の設定権以外のなにものでもなく、それは、公債の発行等々を通じて、国家それ自体に対する貨幣的債権の設定を必然にし、こうして国家を悪無限的に自己拡大する債権債務国家へと転化させるからであり、また一般に、こうした貨幣的な債権債務関係こそは、社会のあらゆる団体や個人に貨幣の調達を強制し、それを通じて土地や労働力やそれらの生産物の商品化を現実的にも強制するものだからである。

こうして、中世的なゲルマン的封建制の世界史的な意義は、商品経済関係にひとたび浸透されると、その一定の進展段階において、それ自身が貨幣化し、土地の貨幣財産化と国家それ自体の貨幣化とを通じて、全社会に商品経済関係を強制し、農業共同体を破壊する巨大な貨幣的暴力、貨幣的権力へと転化するという点にあったのである。

そしてこれは、ヨーロッパ的な世界商業と世界市場として登場しつつある商品経済関係の側からいえば、それが、直接的な自己展開力だけによってではなく、国家権力それ自体の貨幣化、商品経済化を最大最強の媒介物として、ヨーロッパの旧社会関係を商品経済的に解体再編成し、土地と労働力を商品化し、資本主義的大工業の登場のための歴史的前提条件をみずから原始的につくりだしていく、ということにほかならない。

そしてまさにこれが、商品経済関係が人類の世界的発展の主役になる、それに固有の独自的な方法なのであり、また、世界システムとしての資本主義が中世的なヨーロッパ世界から自己生成する、それに固有の特異な世界史的方法なのであった。

資本主義の世界史的な発生過程は、ヨーロッパの内側では、宗教戦争にはじまり、ピューリタン革命を経て、フランス大革命にいたる、300年にもおよぶ内乱と戦争の過程としてあらわれるのであるが、その根底にあるものは、発生しつつある私有財産や私有財産的国家権力と、共同体とのあいだの、あるいは共同体を死守し再建しよう

とする勤労人民大衆とのあいだのこうした死闘の過程以外のなにものでもなかったのである。

六　自己組織体としての世界資本主義

　だが、第三に、資本主義は、こうした国家関係それ自体の貨幣化、商品経済化と、それを媒介にする土地と労働力の商品化の強行にもかかわらず、そしてさらにはこれを社会的突破口とする資本主義大工業の登場にもかかわらず、社会的再生産に対する商品経済関係の表皮的部分性を根底から克服することはできなかった。

　そしてこれもまた、根本的には、農業的再生産に対する商品経済関係と資本主義的生産の異質性にもとづくものであった。

　というのは、一方において、農業的再生産は、人間が生物学的存在をなすかぎり、世界市場と資本主義大工業の登場にもかかわらず、依然として、社会の維持再生産の究極の基礎であり、その絶対的な存在条件であったが、しかしそれは、本質的に、人工的自然の維持再生産を根本とする地域システムでなければならぬものであったからであり、また、他方において、資本主義的生産は、イギリスの綿工業に端的に示されるように、産業革命によるその登場の最初からして、本質的に、世界市場を固有の生存基盤とする世界市場産業であったからである。

　この点をいま少し立入ってみてみよう。

　資本主義的生産とは、一般的にいえば、資本主義的経営体を基礎的生産単位とし、それによって担われる商品経済的生産にほかならないが、その特徴は、貨幣の特殊なリサイクル運動にとって、すなわち、貨幣を市場に投入して生産手段と労働力を購入し、生産過程でこれらを結合して新しい商品を生産し、この商品をふたたび市場で販売して最初に投入した貨幣を回収するという運動にとって、したがってより簡単には、貨幣の市場への投入と市場からの貨幣の回収という運動によって、その維持再生産を全面的に媒介されている、という点にある。

　そしてこの場合、貨幣は、国の内外を問わずこれらの生産諸要素をもっとも有利に購入しうる市場に投入され、また同じく国の内外を問わずその商品生産物をもっとも有利に販売しうる市場から回収されるのであって、こうした貨幣の投入と回収のリサイクル運動にとっては、市場は、ただ、地域的には国民的にも限定されない無差別な世界市場としてのみ存在する。そしてこの貨幣のリサイクル運動それ自体は、あるいはそれによってその維持再生産を媒介されるこの資本主義的経営体は、そこから得られる貨幣の差額を利潤として獲得することを排他的かつ没人格的な目的とするものと

して、資本——産業資本——をなすのである。

　つまり、資本主義的生産は、こうした世界市場的な貨幣——資本としての貨幣——のリサイクル運動によってその維持再生産を媒介されるものとして、その生産諸要素が実際にどこで購入されまたその商品生産物が実際にどこで販売されるかにかかわりなく、本質的に、世界市場産業をなすのであり、またそのようなものとして、世界市場と世界商業の生産基軸をなすのである。

　しかも、こうした資本主義的生産は、現実的には、資本主義的大工業としてのみ存立する。というのは、それは、人間自身の主体的な、目的意識的で普遍的な活動能力をなす労働力を商品として大量的に買い集め、それを生産過程の内部で商品として大量的に使用しなければならないが、しかし、世界市場的な、没人格的な貨幣のリサイクル運動をなす資本としては、そのためには、生産過程の内部で労働者たちの大集団に対し、没人格的な客観的機械体系、装置体系として対立し、それらの物理化学的な自動運動を通じて、かれらに労働を客観的かつ機構的に強制する以外にないからである。

　そして資本主義的生産は、こうした世界市場産業、資本主義的大工業として、はじめて、資本主義的国民経済を現実に組織することができるのであり、またその基軸産業となることができるのである。

　というのは、資本主義的国民経済は、それだけで孤立して存在する自己完結的な全体ではなく、ただ世界市場の内部においてのみそうした国民経済として存立するその構成部分にすぎないからであり、したがって、いわゆる国際収支の均衡——世界市場に対する国民経済全体としての貨幣収支の均衡——を、したがって根本的には、その国民的生産のために世界市場に投じた貨幣——その国民経済的な輸入代金——をその国民的生産物の輸出代金によって世界市場から回収しうるということを、その世界市場的な維持再生産条件とせざるをえないからであり、そしてこれは、世界市場で充分な競争力をもつ資本主義的大工業をその生産基軸として確立することなしには、恒常的な体制として達成することはできないからである。

　つまり、資本主義的経済にあっては、資本主義的経営体も、国民経済の全体も、さらには国家それ自体も、その維持再生産を、こうした世界市場的な貨幣のリサイクル運動によって直接間接に媒介されているのであり、したがって、貨幣収支の均衡を、その維持再生産の絶対的な原則としているのである。そしてまさにこうした世界市場的な貨幣の再生産の原則が、人工的自然の維持再生産を根本とする、したがって本質的に地域的なリサイクルシステムをなす農業的再生産を、その内部から原理的には排除せざるをえないのである。

いいかえれば、資本主義的生産は、農業的再生産を破壊することなしには、それを資本主義的大農業としてその内部に組織することができないのであり、したがってまた、資本主義的国民経済は、農業的再生産をその内部から排除しようとする不断の傾向をもたざるをえないのである。

　とはいえ、さきにもふれたように、人類が生物学的存在をなすかぎり、世界市場と資本主義的大工業の支配する世界にあっても、農業的再生産が社会の維持再生産の究極の基盤、その絶対的な存在条件をなすことに変わりはない。したがってじっさいには、資本主義といえども、その本来の母国をなし、また中世から発達した農業的再生産の存在するヨーロッパ諸国では、そしてそれよりもさらに古く古代から発達した農業的再生産と密集した農業人口をもつアジア諸国では、農業的再生産やそのための地域システムを、部分的に破壊したり不具にしたり奇形化したりしながらも、それらを補足する種々雑多な地域産業や地域商業とともに、その外側に大きく残してきたのであり、たんにそれらを世界市場的に、外的に従属させたにとどまったのである。

　ところで、こうした点を逆証明しているものは、新大陸農業であろう。

　今日、アマゾン流域の広大な熱帯雨林が大規模に焼払われ、荒涼とした農地や牧地に転化され、それが人類の生存条件への世界の人々の危機意識をかきたてているわけであるが、こうした事態は、なにも今日に始まったわけではない。伝統的な土地所有関係の資本主義的近代化によって土地を奪われ、故郷を追われたヨーロッパのプロレタリア農民が、大量的に輸出され、原住民がなおまだ採集狩猟生活の段階にあった広大な地域に人工的に撒き散らされた新大陸では、これと同じことがいたるところで繰返されたのであって、たとえば、世界の食料基地の一つをなす、北アメリカの五大湖を南北に挟んだ広大な地帯は、かつては森林であったが、今日では、航空機の窓から四方を見渡しても、地平線の彼方までほとんど森林のない荒涼とした農地、地球の表面に寄生した癌組織のような農地へと転化されているのである。

　これらの地方の農業こそは、もっぱら世界市場のために、そこでもっとも有利に販売しうる農産物だけを集中的に生産する世界市場的農業にほかならないが、そしてそれは、なおまだ資本主義的大農業と言えるほどのものではなく、家業的な商品経済的農業の世界市場的な辺境的、奇形的形態にすぎないが、しかしそれにしても、人工的自然のリサイクルシステムをなおまだ広範に残しているヨーロッパ農業とは、明らかに異質であって、資本主義は、少なくとも、その本拠地をなすヨーロッパ諸国では、その伝統的な農業的再生産をこうした自然破壊的な世界市場農業へと大規模に転化しなかったわけである。

さて、以上にみてきたところを結論的に要約すれば、資本主義は、社会の絶対的な維持存続条件をなし、また社会的再生産の基礎的構成部分をなす農業的再生産を、自分自身の内部に包摂し組織する原理をもたないということであり、そしてまたこれは、社会的再生産に対する資本主義の世界市場的な貨幣的再生産機構の表皮的部分性を、したがってそれが、社会的再生産の全体を資本主義的再生産過程として組織し編成しうるような、実質的、実体的な全体性をもたぬということを、最終的に証明するということであろう。

　だが、資本主義は、繰返し強調すれば、かえってそれゆえにこそ、自己生成的で自己組織的な、自立的で自己完結的な世界システムをなすのであり、またそのようなものとして、それ自身に生成し、確立し、自己発展する世界史的な形成体――世界資本主義――をなすのである。

　というのは、資本主義のこの世界市場的な貨幣的再生産機構こそは、すでにみたところから明らかなように、国家の活動それ自体をも貨幣化し、資本主義と種々雑多な社会的生産や社会関係とのあいだの相互作用を世界市場の価格関係へと溶解し、そこからそれらを資本主義的大工業部門の内部関係へと集約し還元する、まさにその貨幣的機構にほかならぬからである。

　そして資本主義の人類史的意義は、こうした特異な世界システムによって外的に媒介され強制されて、人類が、定住的な農業生活とともに開始した世界史的生活を、なおまだ表皮的部分的ではあるにせよ、はじめて地球的規模での世界史的生活へと拡大するという点にあるわけである。

経済学原理論序説(二)
―― 世界資本主義の自己組織学としての経済学原理論

第二節　世界資本主義の自己組織学としての経済学原理論

一　資本主義の発生と経済学の発生――経済学の発生形態としての重商主義の経済学

　経済学は、資本主義の発生とともに、発生する。そして発生しつつある資本主義についての、しかもこの発生しつつある資本主義の側からの、最初の経済学的認識が、

経済学原理論序説㈠㈡
岩田 弘

17、8世紀の重商主義の経済学であった。

重商主義の経済学は、このようなものとして、資本主義の発生形態に対応する経済学の発生形態をなすのであって、その資本主義認識のいくつかの特徴は、根本的には、この点に由来する。

すなわち、まず第一に、かれらの経済学にあっては、資本主義的商品経済は、なおまだ、自給自足的な現物経済の世界とならんで、それと死闘を演じつつある貨幣経済の世界であり、したがって、それだけで成り立つ自立的な全体としての商品経済世界ではなく、発生しつつある部分としての商品経済世界であった。

そしてさきにもみたように、貨幣経済と現物経済とのこうした死闘において、前者の最大最強の突撃隊の役割を演じていたものこそは、貨幣化しつつある国家権力であり、ここから発生しつつある租税公債国家、債権債務国家であり、またこのようなものとして発生しつつある資本主義的近代国家であった。

そしてこれらの貨幣的国家もまた、国家相互のあいだで、世界商業と世界市場の支配をめぐって、死闘を演じていたのである。

そしてこうした国家相互の死闘において、国家の力を最終的に決定し、その強さを終局的に尺度するものは、国家がかき集めることのできる貨幣の数量であり、しかも世界市場における普遍的な購買手段および支払手段としての貨幣の数量——世界貨幣としての金、銀の目方——であった。

というのは、ただそうした貨幣だけが、常備軍を維持したり、艦隊を建造したり、遠征軍を派遣したり、またときには賠償金等々を支払ったりすることができたからである。

そしてこうした貨幣的国家によって、その主導下に置かれ、排他的な徴税領域として囲い込まれ、国境線と関税障壁を張りめぐらされ、貨幣を得るための生産や、土地と労働力の商品化を強制されつつある経済領域こそが、発生しつつある資本主義的国民経済にほかならなかったのである。

それゆえ、重商主義の経済学とは、かれらに即していえば、こうした貨幣的国家の立場からの、すなわち、世界商業と世界市場の支配をめぐって死闘を演じており、そのためにますます増大する規模で貨幣を調達することを死活の生存条件としつつあった発生期の貨幣的国家の立場からの、世界市場や世界商業や国民経済についての経済学的観察であり、認識であった。

したがって、第二に、かれらの経済学にあっては、商品経済的富、商品世界の価値とは、なによりもまず、こうした国家にとって富として、価値として役立つもの、すなわち、貨幣それ自体であり、しかも、この貨幣とは、あらゆる時にあらゆる場所で

国家のために普遍的に貨幣として役立つもの、すなわち、世界市場における普遍的な購買手段および支払手段としての貨幣であり、世界貨幣としての金、銀であった。

そしてこうした貨幣に対し、富の実体をなす商品は、それ自体としては、たんなる物、消費され消滅することによってのみ役立つ個々の使用価値的富でしかなく、ただ貨幣によって購買されることによってのみ、そしてこれによって一定額の貨幣に実現されることによってのみ、一定額の価値となるもの、したがってその価値としての大きさを決定され尺度されるものであった。

したがってまた、これらの商品を生産する労働も、それ自体としては、価値の源泉ではなく、ただその商品生産物の販売をとおして一定額の貨幣を獲得する手段として役立つかぎりでのみ、またそれに比例してのみ、一定額の価値の源泉となりうるものであった。

こうして、たとえば、かれらの理論的代弁者の一人で、一般にはむしろ労働価値説の先駆者とされている、イギリスの17世紀の経済学者、ペティーにおいてさえも、一定量の穀物の商品としての価値とは、その穀物の生産に投入されたのと同じ量の労働が金の生産に投入された場合に得られる金の目方、重量にほかならなかったのであって、明らかにそれは、スミス、リカードに代表される後のイギリスの古典経済学の労働価値説とは異質であった。

そしてこのように、貨幣のみを価値物とし、商品は貨幣によって購買されることによってはじめて価値として定立され、価値として尺度されるものとする、かれらの重金主義的な価値認識は、なおまだ圧倒的な現物経済関係に対して、商品経済関係が、それらを原始的に貨幣経済関係へと再編成するために、国家を先頭にして死闘を演じていたという当時の事情を鋭く、正当に反映していたのである。

というのは、貨幣によって購買するという活動や、そのより高次な媒介的形態をなす、貨幣債務を支払わせるために商品の販売を強制するという活動こそは、なおまだ商品でないものや、本来商品として生産されたものではないものを、原始的に商品——価値物——へと転化する、したがって現物経済関係を原始的に貨幣経済関係へと再編成する、もっとも基礎的でもっとも普遍的な商品経済的活動にほかならぬからである。

そしてまさにこうした活動によって、貨幣は、国家権力をも貨幣化するような、資本主義的商品経済関係の原始的生成のもっとも基礎的でもっとも普遍的な組織者となるのであり、また、資本としての貨幣は、そのより高次な、より積極的でより媒介的な形態以外のなにものでもないのである。

だが、第三に、かれらの経済学にあっては、こうした貨幣の活動は、なおまだ資本

としては把握されていなかった。あるいは、資本は、なおまだ国家を先頭とする貨幣の獲得活動や蓄積活動のなかに埋没していたのであって、貨幣それ自体の独自的なリサイクル活動としては、すなわち、自己循環的、自己再生産的、自己増殖的な価値の運動体としては、把握されていなかった。

そしてこれは、貨幣が、一方では、その最高存在をなす世界貨幣の形態で、価値の独立体として把握されていながらも、同時に他方では、なおまだそれが、国家の立場から、その主権下にある国民経済とともに、国家の拡大強化のための手段、道具として観念されていたという事情に、由来するものであった。

とはいえ、すでにかれらの経済学にあっては、貨幣の蓄積と増殖は、国家を拡大強化する唯一の手段、唯一の方策となっていたのであって、明らかにこれは、資本としての貨幣の増殖運動が自己目的として、自立的な自己運動として登場しつつある、最初の、隠れた、形態であった。

したがって、じっさいには、かれらの経済学では、資本としての貨幣の活動やその固有の循環運動は、世界市場と世界商業の現実に即して、国家とその貨幣的基盤をなす国民経済の観点から、貿易差額の拡大を目指す活動として、すなわち、一国の国民経済が商品の輸入のために世界市場に投入した貨幣よりも商品の輸出によってより多くの貨幣を世界市場から引上げる活動として、把握されていたのである。つまり、貨幣はなお資本として把握されていなかったが、しかし、それにかわって、国家と国民経済それ自体が、世界市場を舞台とする資本的活動として観念されていたわけである。

それゆえ、世界貨幣としての金、銀のみが価値であり、商品や商品を生産する労働は金、銀を獲得する手段として役立つかぎりでのみ、またそれに比例してのみ、価値の源泉となる、というかれらの重金主義的命題は、現実的には、こうした世界市場を舞台とする国家と国民経済の資本的活動に役立つ産業のみが、つまり、貿易差額の獲得に役立つ輸出産業や世界市場産業のみが、価値創造的であり、価値生産的である、という命題に帰着する。

そしてこの命題それ自体は、理論的には、資本にとっての生産過程のみが、価値創造的であり、価値生産的である、という命題に帰着するのである。

だからこそ、重商主義の経済学は、さらに現実的には、貨幣的国家とそれを支える国民経済の資本的活動のために、輸出産業や世界市場産業を保護育成するための政策学、つまり、重商主義の経済政策学となったのである。

さて、以上のような諸点が、重商主義の経済学の基本的特徴にほかならないが、わ

れわれが第一節でみてきたことを念頭におくならば、それは、発生しつつある貨幣的国家の局限された地平からではあったにせよ、資本主義の本質についての、今日にも通ずる、鋭い経済学的認識を提示しているものとしなければならぬであろう。

というのは、たんに発生しつつある資本主義ばかりでなく、近代的大工業を基軸とする発達した資本主義といえども、実質的、実体的には、依然として、部分的、表皮的な世界システムにすぎぬからであり、したがって、貨幣を活動的な組織者として、その外側にある世界を絶えず商品経済的に解体、再編成し、これによってみずからも絶えず原始的に資本主義として生成し、拡大深化するという側面を、もたざるをえないからである。

すなわち、立入っていえば、まず第一に、このように資本主義が、どれだけ発達しても、本質的に部分的な世界システムにすぎぬということは、それが、その周辺には、つねに、まだ充分に商品となっていないものや、本来商品ではないものを、貨幣による購買によって、原始的に商品として定立し、価値物として評価し尺度するという関係をもっている、ということを意味する。

じっさい、資本主義は、こうした貨幣の活動をもっとも一般的に基礎的関係として、その外側にある世界に絶えず浸透拡大し、それらを絶えず商品経済的に解体再編成し、それらを絶えず原始的に資本主義的関係へと組込んでいるのであり、またこれによって絶えず原始的に資本主義として生成しているのであって、部分性をその本質的特徴の一つとするかぎり、資本主義は、このようにして絶えず原始的に生成するという関係をその周辺にもつことなしには、総じて存立しえないのである。

そしてじつは、こうした貨幣的関係こそは、資本主義が、自分とその外側にある世界との相互作用それ自体を、自分自身の組織原理によって処理し、それらを自分自身の価格関係へと転化していく、そのもっとも基礎的でもっとも一般的な関係にほかならぬのである。つまり、それは、資本主義がその実質的、実体的な部分性にもかかわらず、自己生成的で自己組織的な、したがって自立的で全体的な、世界システムとして自己運動する、そのもっとも基礎的でもっとも一般的な関係ともなっているわけである。

しかも、資本主義は、たんにその外側にある世界に対してばかりではなく、その内側の世界に対しても、したがって資本主義的大工業の内部世界においてさえも、こうした貨幣的関係をそのもっとも基礎的で一般的な関係とすることなしには、存立しえないのである。というのは、資本主義的大工業は、土地と労働力の商品化をその内的前提とするが、しかし、地球の表面にほかならぬ土地や、人間の目的意識的活動能力にほかならぬ労働力は、本来商品ではなく、またもちろん商品として生産されるもの

でもないからであり、したがって資本主義は、それらを、こうした貨幣的関係によって、絶えず繰り返し、商品として、価値物として、原始的に再設定し、再定立する以外にはないからである。

第二に、発達した資本主義的商品経済は、現実的には、いくつかの諸国の資本主義的国民経済やその他の諸国の種々雑多な経済をその構成部分とする世界市場的な統一体をなすわけであるが、しかし、この統一性は、表皮的な貨幣的統一性、すなわち、世界市場における普遍的な購買手段および支払手段としての世界貨幣をその最終的な組織者および総括者とするような貨幣的統一性にすぎず、価格体系や生産構造を異にするこれらの国民的市場を、単一の価格体系をもった単一の世界市場へと実質的、実体的に形成しうるものではない。

したがって、個々の資本主義的国民経済の側からすれば、世界市場はその外側に前提される商品売買世界でしかなく、したがって、その世界市場的な維持再生産条件は、依然として、その国民的生産のために世界市場に投入した貨幣を、その国民的生産物の販売によって世界市場から回収するということであり、世界市場に対する貨幣収支の均衡ということであって、重商主義の経済学が強調したように、世界市場における普遍的な購買手段および支払手段としての世界貨幣を、世界市場に対するその国民的な支払準備金として、中央銀行に蓄積することを、その死活の生存条件とせざるをえないのである。

あるいは、逆にいえば、中央銀行に蓄積されているこうした国民的支払準備金が枯渇するとすれば、資本主義的国民経済は、その世界市場に対する貨幣収支の均衡を回復するために、その国民的生産を強行的に縮小し、これによってその輸入規模を圧縮する以外には存立しえないのであり、したがって、その再生産過程全体として、こうした支払準備金の蓄積の増減——世界貨幣としての貨幣の国民的蓄積の増減——に従属し、それに規制されて、縮小または拡大し、景気変動せざるをえないのである。

そして世界貨幣としての金は、各国の資本主義的国民経済に対するこうした関係をとおして、各国の中央銀行のあいだを国際的に移動するわけであるが、このいわゆる金の国際移動こそは、世界市場における最終的な購買手段および支払手段としての世界貨幣が、各国の国民経済の価格体系や貿易構造や国際収支構造等々の世界市場的連関を組織し調整する、したがってそれら相互の世界市場的分業関係や価値関係を最終的に決定し、尺度する、それに固有の方法にほかならぬのである。

そしてこの過程は、現実的には、世界市場的な景気循環という姿をとるのであるが、各国の資本主義的国民経済は、世界貨幣を最終的な組織者および総括者とするこうし

た世界市場的景気循環によって、その国民経済としての世界市場的地位やその内部編成を根本的に制約され規定されざるをえないのである。

それゆえ、重商主義の経済学が強調するように、世界市場を生存基盤とするかぎり、各国の資本主義的国民経済にとっては、やはり依然として、国際収支を支える輸出産業や世界市場産業のみが、価値創造的であり、価値生産的なのであって、その資本主義的国内編成は、これらの輸出産業や世界市場産業を生産基軸とする以外には存立しえないのである。

だが、こればかりではない。

世界市場や国家や国民経済についての重商主義の経済学の以上のような貨幣的認識は、じつは、社会についての人類の自己認識の、神的、宗教的、神学的認識から解放された、最初の形態であった。

そしてこれは、そのようなものとして、近代ヨーロッパにおける、社会の合理的、理性的、理論的認識へ向けての、巨大な突破口を切り開くこととなったのである。

二　古典経済学と労働価値説

以上のような重商主義の経済学に対し、スミス、リカードに代表されるイギリスの古典経済学——18世紀末から19世紀初頭にかけてのイギリスの産業革命期の経済学——は、それとはまったく異なる新しい地平に立つものであった。

すなわち、まず第一に、それは、もはや、発生しつつある、しかも世界市場と世界商業の支配をめぐって死闘を演じつつある貨幣的国家の立場からの、発生しつつある資本主義的商品経済についての経済学的認識——世界市場や世界商業や国民経済についての経済学的観察——ではなく、産業革命をとおして確立しつつある資本主義的生産の内側からの経済学的認識であった。

だからこそ、かれらの経済学にあっては、特定の国家や、そのもとにある特定の国民経済や、それらの具体的な世界連関からなりたつ世界市場や世界商業は、総じて、消失するのであり、またそれらにかわって、商品経済関係一般が、あるいは、商品経済関係だけから成り立つ社会一般——スミスの言葉を借りれば、商業社会一般——が、登場するのである。

というのは、さきにもふれたように、商品経済関係は、他の社会関係との相互作用を世界市場の価格関係へと溶解し、それを資本主義的生産の内部的な価値増殖関係へと還元する貨幣的機構をもっているからであり、したがって、資本主義的生産の内側から観察するかぎり、世界は、商品経済関係だけから成り立つ自己完結的な一世界、

一社会としてあらわれざるをえないからであり、したがって、現実の世界市場は、せいぜいのところ、たんに価格体系を異にするだけで互いにまったく同質的な商品経済社会相互のあいだの貿易関係一般として、国際分業関係一般として、問題となる以外にはないからである。

したがって、第二に、かれらの経済学にあっては、国家と商品経済との関係は、重商主義の経済学とはちょうど正反対となっている。

重商主義の経済学では、国家は主人公として、商品経済関係は国家の貨幣集めのための手段、道具、下僕として、あらわれた。だが、これに対し、古典経済学では、商品経済関係は、自分自身の組織原理だけによってこの世で最善の予定調和的な経済秩序を実現しうる、自己完結的で自立的な、社会的主体、社会的主人公としてあらわれ、国家は、その外側にあって、前者からその役割を規定されるべき手段、道具、下僕としてあらわれるのである。

ここから、かれらの経済的自由主義と夜警国家の主張が、すなわち、国家は商品経済社会の夜警番の地位に留るべきであるという主張が、生まれてくる。あるいはむしろ、かれらの理論体系の方が、こうしたかれらの経済的自由主義の理論的合理化であった。

だが、第三に、かれらの経済学では、このように、国家が栄光を失い、それにかわって商品経済関係がいっさいの主人公になるとともに、貨幣もまた、商品世界に対するそのすべての栄光を失い、その手段、道具、下僕へと転落する。

重商主義の経済学では、さきにもみたように、貨幣のみが商品世界の唯一の普遍的な富、価値であり、商品は、それ自体としては、たんなる使用価値的富、消費され消滅することによってのみ役立つ個々の消費対象物にすぎず、ただ貨幣によって購買され、貨幣に実現されることによってのみ、はじめて価値物として定立され、その価値としての大きさを決定され尺度されるものであった。

だが、これに対し、古典経済学では、個々の使用価値的富をなす商品は、同時に、それ自体において、価値物、交換価値であり、貨幣は、この商品の交換価値の大きさを共通に表現する社会的便宜物、および、商品相互の社会的交換のために共通の交換手段として役立つべき社会的用具、でしかなかった。あるいは、商品世界のそうした社会的便宜物、社会的手段、道具、下僕の地位にとどまるべきものであった。

古典経済学のこうした価値認識は、明らかに、重商主義の経済学以来の価値概念のコペルニクス的な、革命的転換を意味するものであった。そしてこうした価値概念の革命的転換を鋭く宣言するものこそ、スミス以来の古典経済学における商品の二重の性格規定、すなわち、商品はそれ自体において二つの価値、使用上の価値と交換上の

価値、使用価値と交換価値を、もつという規定にほかならなかったのである。

　だからこそ、かれらの経済学にあっては、もはや貨幣は、商品経済関係の活動的組織者としてはあらわれないのである。

　したがって、第四に、かれらのこうした貨幣認識、価値認識、商品認識は、同時にまた、かれらの資本主義認識の一面性、重商主義の経済学とは正反対の一面性を、鋭く証明するものであった。

　というのは、繰り返し指摘すれば、資本主義が実質的、実体的な部分性をその本質的特徴の一つとするかぎり、貨幣は、依然として、世界貨幣のかたちで、資本主義的商品世界——世界市場——の最終的な組織者および総括者の役割を演ずるからであり、また資本主義的貨幣国家も、現実的には、自己完結的な商品経済社会の消極的な下僕の役割にとどまるものではないからである。

　つまり、かれらの経済学にあっては、重商主義の経済学とは反対に、貨幣を活動的組織者とする資本主義の原始的生成の側面、発達した資本主義といえどもその外側の世界に対してもっている、原始的生成の側面が、消滅するのであり、またこれとともに、世界市場的過程としての現実の資本主義も、資本主義一般へと拡散、蒸発するのである。

　さて、以上のような諸点が、古典経済学の新しい地平であって、そこからかれらは、重商主義の経済学の貨幣的迷妄を激しく批判、告発したわけであるが、こうした地平に立つかれらの理論体系の一般的な基礎をなすものこそ、その労働価値説にほかならなかった。

　そしてこの労働価値説のそのまた根本前提をなすものは、二つの社会的リサイクルシステムの絶対的一致、絶対的同一性についてのかれらの認識であり、確信であった。すなわち、その一つは、資本としての貨幣を組織主体とする価値の社会的リサイクルシステムであり、いま一つは、人間労働を組織主体とする生産と消費の社会的リサイクルシステムであり、社会的再生産過程である。

　あるいはむしろ、労働価値説とは、この二つの社会的リサイクルシステムの一致性、同一性の別の理論的表現以外のなにものでもなかったのである。

　そしてこうした両者の絶対的同一性を自明の公理として最初に経済学に持ち込んだものこそは、ケネーに代表されるフランスの重農学派——国家債務と財政破綻に喘ぐ18世紀のフランス絶対王制の経済学——であった。

　重農学派にあっては、社会的再生産過程は、なおまだ、農業的再生産過程として、立ち入っていえば、工業部門をも農産物の加工部門としてその内部に包摂する農業的

再生産過程として、概念されていたが、しかし、この農業的再生産過程は、同時にまた、リーブルという貨幣名で表現された価値物の社会的再生産過程でもあった。したがって、この再生産過程から生れてくる農業生産物の社会的剰余や、その姿をかえた存在にすぎぬ工業生産物の社会的剰余は、それ自体において、価値物の剰余であり、剰余の価値であった。

そして貨幣は、これらの価値生産物の社会的な再生産と流通において、もっぱら流通手段としての役割を演ずるものでしかなかったのである。

したがって、重農学派は、こうした価値認識、剰余価値認識の点では、すでに古典経済学の側に属していたが、しかし、かれらは、当時の貨幣的国家——財政的破綻に瀕し貨幣欠乏症に喘いでいた当時のフランス絶対王制——の立場から、その徴税基盤を明確にするものとして、農業的再生産過程をこうした価値的、貨幣的再生産過程として考察したのであって、そのかぎりでは、なおまだ重商主義の経済学と同一の地平にとどまっていた。

そして重農学派のこうした限界を突破して、その価値的再生産論と剰余価値論とをさらにもう一つ一般化するものとして登場したのが、スミスの経済学にほかならなかったのである。

周知のように、スミスは、かれの『国富論』において、分業による労働生産力の社会的増進論から、かれの経済学の叙述を開始しているが、じつは、この分業論こそは、剰余生産物と剰余価値の源泉を、重農学派における、土地の自然的生産力によって支えられた農業労働の生産力から、分業による人間労働一般の社会的生産力へと置き換えるための、かれの苦心の理論的工夫であり、仕掛であった。そしてかれの経済学の理論的核心部分のすべては、この分業論からの帰結と演繹にほかならなかったのである。

すなわち、まず第一に、かれの分業論は、剰余価値と剰余労働一般との一致の証明であった。

重農学派にあっては、価値的再生産過程がつくりだす剰余の価値物——剰余価値——は、農業的再生産過程がつくりだす剰余の農業生産物と一体化しており、また後者の大きさを決定するものは、土地の自然的生産力によって支えられた農業労働の生産力、すなわち、農業に投下される労働力は、その維持再生産に必要な農業生産物だけではなく、それを超過する剰余の農業生産物をつくりだしうるということであった。

だが、いまや、スミスにあっては、この農業労働の生産力は、分業論を媒介にして、人間労働一般の社会的生産力へと置き換えられたのであって、その社会的生産力とは、

人間の社会的労働は、労働力の維持再生産に必要な生産物——必要生産物——と、それを超える剰余の生産物——剰余生産物——とをつくりだしうるということであり、したがって一般に、生産に投下された人間労働は、労働力の維持再生産のために必要な労働部分——必要労働——とそれを超える剰余の労働部分——剰余労働——との二つから成り立つということであった。そしてこの剰余労働部分は、かれにあっては、同時に、剰余価値にほかならなかったのである。

第二に、釘製造業を例解にするかれの分業論に端的に示されているように、かれにあっては、この人間労働一般の生産力とは、じつは、資本家の工場にかき集められ、分業にもとづいて協業する賃金労働者の集団労働の生産力にほかならなかった。したがって、労働力の維持再生産に必要な必要生産物ないし必要労働とは、こうした賃金労働者を維持するために必要な生活資料であり、そのために労働者に支払われる賃金以外のなにものでもなかったのである。

つまり、剰余価値と剰余労働の同一性は、かれにあっては、そのうちに自明のものとして、労働賃金と必要労働との同一性を含んでいたのであって、したがって、かれの剰余価値とは、立入っていえば、労働者によってつくりだされた商品価値のうちの賃金を超える価値部分、すなわち、資本にとっての利潤であった。

重農学派にあっては、剰余価値は農業的再生産の剰余であり、したがってその基本形態は地代であって、産業的利潤は、地代の一部の転化形態ないし派生形態にすぎなかった。だが、この両者は、スミスの経済学において、はじめて逆転し、産業的利潤が剰余価値の自明の基本形態となるとともに、地代は、この利潤の第二次的な派生形態へと転落したわけである。

第三に、こうした剰余価値や剰余労働との同一性や、そのうちに含まれる労働力の価値と必要労働との同一性は、そこからのさらに一般的な帰結として、商品一般における、価値と労働との同一性を意味するものであった。

こうして、分業論から出発して剰余価値と剰余労働の同一性を証明するスミスの経済学において、はじめて、商品一般論が登場するのであり、またこの商品一般論において、はじめて商品は、労働生産物一般の本来的な自然的形態としてあらわれ、したがって、たんに労働生産物一般であり労働対象化物であるというそれだけの理由によって、同時に、価値物としてあらわれることとなるのである。

そしてこうしたスミスの商品一般論と労働価値説において、はじめて、貨幣は、商品価値の内在的な尺度をなす労働の外在的で便宜的な表現材料にすぎぬものへと転化し、もっぱらそのようなものとして、商品世界の価値尺度および流通手段として役立

つこととなるのである。

　それゆえ、結論的にいえば、商品はそれ自体において二つの価値、使用上の価値と交換上の価値とをもち、交換価値はその生産に要する労働量によって内的に尺度され決定されるとする、スミスの労働価値説は、じっさいには、以上のような分業論とそのうちにふくまれる剰余価値論、労賃論、利潤論の方から帰結され、演繹されたものであって、なおまだ、それらの体系的展開の出発点として定立されたものではなかった。

　そしてスミスとは反対に、労働による商品価値の規定から出発して、労賃、利潤、地代の相互関係を体系的に解明し、それによって労働者、資本家、地主のいわゆる三大階級からなるブルジョア社会の内部編成をトータルに明らかにしようとしたものこそ、リカードの体系——かれの『経済学原理』——にほかならなかったのである。

　周知のように、リカードの体系は、労働によって決定される商品価値の労賃、利潤、地代への分割論として展開されている。

　そしてこの場合、かれの体系の主題をなすものは、商品価値の労賃と利潤とへの分割関係であった。というのは、地代が利潤の第二次的な派生形態にすぎぬことは、かれにとっては、すでに自明の前提であって、かれはそれを、かれの地代論において、土地の豊度の差から生ずる超過利潤の地代への転化物として補足的に展開していたからである。

　そしてかれによれば、商品価値のこの労賃と利潤とへの分割関係それ自体を決定するものは、労賃の大きさを決定する法則であった。というのは、利潤は、商品価値から労賃を差引いた残りにすぎず、したがって、労賃の大きさを決定するその同じ法則によって、同時に自動的に決定されるものでしかなかったからである。

　こうして、かれの体系の主題のそのまた主軸をなすものは、この労賃決定法則にほかならなかったが、しかし、この場合、労賃が労働者を維持するために必要な生活資料によって、したがってこの生活資料を生産するために必要な労働量によって、決定されるということは、これもまた、かれにとっては、すでに自明の前提であった。

　したがって、結局のところ、かれの体系にあっては、労賃を終局的に決定し、これによって労賃と利潤の分割関係を決定し、こうして資本の価値増殖力を終局的に決定するものは、この生活資料の生産のために投入される労働の生産力、しかも、もはやスミスの場合のような、たんなる分業と協業にもとづく労働生産力ではなく、工場に設置された機械の客観的な性能にもとづく労働生産力にほかならなかったのである。

それゆえ、かれの経済学にあっては、個々の商品の価値の絶対的な大小や、それらの社会的総合計を反映するいわゆる国民総生産や国民総所得の絶対的な大小は、どうでもよい第二義的な問題にすぎず、いわゆる純所得のみが、すなわち、労賃水準によって決定される利潤所得の相対的な大小のみが、問題であった。したがって、個々の商品の価値変動等々も、それが労働者のための生活資料の価値に影響を及ぼし、それを通じてこの賃金水準の高低と利潤の大小とに影響を及ぼす場合にのみ、かれの経済学の考察に値する問題でしかなかったのである。

　リカードの経済学は、まさにこのようなものとして、産業革命を通じて確立しつつあった資本主義的大工業の内部における資本の価値増殖関係の内側からなされた、資本主義的商品経済関係の体系的な認識であった。

　したがってじっさいには、かれの労働価値説は、その妥当領域を、この資本主義的大工業の内部における価値増殖関係に、すなわち、そこにおける労賃と利潤との相対関係に、限定されていたのである。

　そしてかれの労働価値説のこうした性格を鋭く証明するものが、いわゆる比較生産費説として知られる、かれの国際貿易論や国際分業論にほかならなかった。

　資本主義経済の現実的世界をなす世界市場的関係は、リカードの場合にも、スミスと同じく、まったく同質的な、たんに価格体系や生産費構造を異にするだけの、資本主義的国民経済相互間の国際的な商品交換の関係、国際的な商品経済的分業関係一般として、したがって、特に経済学の理論的考察の対象にする必要のないものとして、観念されている。

　だが、各国の産業構造において比較的に生産力の高い、したがって比較的に生産費の低い産業部門が、その国の輸出産業へと発展特化し、これらの輸出産業相互間の貿易関係として、世界市場的分業関係が形成されるとするリカードの国際分業論は、明らかに、世界市場的な商品交換関係を、かれの労働価値説の妥当領域の外側におくものであった。

　しかも、リカードとかれの仲間たちは、たとえば、イギリスにとっての金や砂糖や綿花の価値は、それらの輸出国でそれらの生産のために実際に投じられた労働の量ではなく、それらの商品を獲得するためにイギリスから輸出される綿製品——当時の代表的なイギリス工業製品——の生産のために投じられたイギリス労働者の労働の量であるとしていたのであり、またこうした関係について、とりたてて理論的に考察する必要のない、自明の関係であるかのように語っていたのである。

経済学原理論序説㈠㈡

岩田　弘

　そしてかれらによれば、かりにイギリスがこれらの商品をそれらの輸出国よりも少ない労働で生産しうるとしても、それらをみずから生産しないで、そのかわりに輸出用の綿製品を生産するのは、その方が、これらの商品を獲得するために必要なイギリスの労働者の労働をはるかに大きく節約することができるからであり、またこれを通じて労働者の生活資料の価値と賃金とを引下げ、利潤を相対的に増大させることができるからであって、それは、ちょうど、賃金と利潤との相対関係が、機械の改良による労働生産力の増進によって、利潤に有利に変化するのと同じであった。

　だが、このことは、さらに一般化すれば、世界市場の価格関係がたとえどのような原因によって決定され、また変化しようとも、それが価格関係をなすかぎり、資本主義は、それらの価格関係を、世界市場の生産基軸をなす資本主義的大工業の内部関係へと集約し、その内部的な生産力によって決定される労賃と利潤の価値関係へと翻訳し転化する、ということにほかならぬであろう。

　そしてもちろん現実的にも、資本主義の世界市場は、その内部に、資本主義的国民経済相互の分業関係だけではなく、種々雑多な社会的生産や社会関係との相互関係をも広範に包摂しているのであり、したがってまた、その価格関係のうちには、生産費構造の国際的相違だけではなく、国家的、制度的、政治的要因も広範に入り込んでいるのである。

　だが、それにもかかわらず、資本主義は、ここでリカードやその仲間たちがじっさいには主張しているまさにその関係によって、それらの価格関係を、資本主義的大工業の内部的な価値増殖関係へと集約、転化するのであって、商品価値の労働による決定とは、かれらのいうように、この資本主義的大工業の内部における、必要労働と剰余労働の関係による、労賃と利潤との価値関係の決定以外のなにものでもないのである。

　それゆえ、リカードの根本限界は、あるいはかれを理論的代表者とする古典経済学の根本限界は、一方において、じっさいにはこうした関係について語っておきながら、したがってじっさいには、その労働価値説の妥当領域を資本主義的大工業の内部関係に限定しておきながら、他方において、かれらの体系と労働価値説が、あらゆる社会に妥当する一般法則であるかのように観念し、それをとりたてて理論的問題としなかった、という点にあったわけである。

　そして、いうまでもなくこれは、かれらが、資本の価値的リサイクルシステム——資本を組織主体とする社会的再生産過程——を、人間労働によって担われる社会的再生産過程一般と一体のものとみなし、前者を後者の自然的な、永遠の形態として観念していることに由来するものであった。

さて、以上のような諸点が、古典経済学とその労働価値説の基本的性格にほかならないが、最後にわれわれは、それが、社会についての人類の自己認識において演じた巨大な役割を確認しておかなければならぬであろう。

　さきにもふれたように、重商主義の貨幣的経済学は、神的、宗教的、神学的認識から解放された、人類の最初の社会認識——社会についての人類の自己認識の最初の形態——であったが、しかし、なおまだそこでは、社会は、発生しつつある近代的貨幣国家の局限された地平から、その貨幣集めのための手段、道具、下僕として観念されるにとどまっていた。

　だが、これに対し、古典経済学とその労働価値説にあっては、社会は、人間労働によって担われる、生産と分配の自己組織的で自己完結的な社会秩序、人間労働を主体とする自立的な社会的再生産過程として登場するのであって、価値的、資本的リサイクルシステムと一体化していたとはいえ、それは、このようなものとして、社会についての人類の自己認識の最初の合理的、理性的、理論的形態をなすものであった。

　そしてこうしたかれらの経済学において、はじめて国家は、社会の手段、道具、下僕へと転落し、その存在理由を、社会の側から、合理的、理性的、理論的に説明され、証明されなければならぬものとなったのである。

　あるいは逆にいえば、国家は、そのようなものとしてその存在理由を説明され、証明されないとすれば、その存在理由を失い、死刑を宣告されなければならなくなったのである。

　つまり、それは、このようなものとして、人類最初の革命理論、神的、宗教的、神学的観念や教条から解放された人類最初の革命理論、であった。そしてこれが人類史にとってどれほど大きな発展であったかは、近代ヨーロッパの市民革命でさえ、イギリスのピューリタン革命まではなおまだ宗教的旗印の下に闘われたことをみれば、そして今日でさえ、そうした宗教的旗印や、宗教的ドグマへと転化した自称革命理論が世界のいたるところで流通していることをみれば、明白であろう。

　じっさい、それ以降今日にいたるまでの人類のすべての理論的な社会認識やそれにもとづく革命理論は、もちろんマルクス主義をも含めて、このブルジョア自由主義の経済学に深く負っているのである。

三　『資本論』体系と資本主義

　さて、以上のような古典経済学とその労働価値説に対し、資本主義を超える新しい

経済学原理論序説㈠㈡

岩田 弘

歴史的な地平から、その体系的な批判を展開し、同時にそれによって、資本主義そのものの体系的な解明と叙述を提示しようとしたものが、マルクスの『資本論』体系——「経済学批判」と副題するかれの『資本』の体系——にほかならなかった。

だが、この『資本論』体系は、必ずしもマルクス自身によって首尾一貫した理論体系として仕上げられていたわけではなく、じっさいには、たがいに矛盾する二側面をもっていた。

すなわち、その一つは、かれ自身によって公言されていた、いわば公式的な側面であり、いま一つは、これを超える、だがかれ自身によっては明確にされていなかった、隠れた、非公式の側面である。

そしてこの前者の、第一の側面が、唯物史観にもとづく古典経済学と資本主義との体系的批判という側面にほかならなかったが、それが実際にどのような性格のものであるかを知るために、ブルジョア自由主義の歴史観と唯物史観との関係を簡単にみておかなければならない。

さきにもふれたように、ブルジョア自由主義の経済学は、社会を自己組織的で自己完結的な経済的組織体——自立的な社会的再生産組織——として把握し、国家をこうした経済社会によって規定されるその第二次的な派生物として把握した人類最初の理論体系であったが、しかし、かれらにあっては、この経済社会は、商品経済関係と一体化していた。あるいは、商品経済関係は、社会の本来的な、自由で必然的な、自然的関係であった。

だからこそ、かれらの歴史にあっては、自由な商品経済社会は、スミスの原始社会における、猟師と漁師との分業による、鹿とビーバーとの交換物語に端的に示されているように、人類の歴史の出発点と、かれらの主張する経済的自由主義が完全に実現される歴史の到達点とに、二度あらわれることになるのであり、また、その中間的な歴史過程のすべては、重商主義的迷妄やその他の制度的、政治的蒙昧から人工的につくりだされた人為的疎外物だということになるのである。

そしてまさにこれが、かれらの歴史観——かれらの商品経済史観、商品経済的な唯物史観——であり、かれらの歴史的弁証法——自由な商品経済社会から出発して中間的疎外物を媒介にしてふたたびより高度な、自由な商品経済社会に復帰するという歴史的弁証法——であった。

ところで、マルクスの唯物史観は、こうしたブルジョア自由主義の商品経済史観——ブルジョア自由主義のイギリス的、先進資本主義国的形態——の直接的な批判をとおしてではなく、『経済学批判』の「序論」におけるかれ自身の弁明にも示されてい

るように、ヘーゲルの『法哲学』の批判をとおして、形成されたものであった。

　そしてこのヘーゲルの哲学的な歴史的弁証法は、ブルジョア自由主義の特殊ドイツ的な、後進資本主義的、哲学的、観念的形態にほかならなかったが、しかし、その特徴は、先行の歴史社会——オリエント的、ギリシャ・ローマ的、ゲルマン的歴史社会——を、人類の迷妄や蒙昧から偶然的に発生した人為的疎外物としてではなく、ブルジョア的自由を最後の歴史的到達点とする、人間精神の必然的な歴史的発展段階、歴史的疎外形態として体系的に叙述するという点にあった。

　しかも、それは、フランス大革命の政治理論、国家理論——ブルジョア自由主義のフランス的形態——の特殊ドイツ的、哲学的な歴史的総括ともなっていたのである。

　そこでこの点に関して、フランス大革命について一言しておけば、その鋭い特徴の一つは、アメリカの独立革命を序曲とするこのフランス大革命こそは、もはや宗教的旗印によってではなく、国家理論や政治理論によって全面的に武装された最初のブルジョア革命、あるいはむしろ、人類の最初の革命であったという点にある。憲法制定議会を召集し、立法、司法、行政の三権の分業関係からなる、あるいは議決機関、司法機関、執行機関の三機関の分業関係からなる、近代国家を設立せよ、という国家理論、政治理論が、それにほかならないが、この場合、憲法制定議会とは、自由平等な私的個人の総合計から成立つブルジョア社会による、ブルジョア国家の設立総会以外のなにものでもなかったのである。

　こうした国家理論の特徴は、商品経済社会の法的原理をなす私的個人の相互同意関係、契約関係から、したがって、市民法的、民法的関係から、国家設立を、したがって、国法的、公法的関係を、理論的に演繹する、という点にある。あるいは、ひらたくいえば、株式会社の設立とまったく同一の市民法原理から国家の設立を理論的に説明し、演繹する、という点にある。

　そしてヘーゲルの法哲学も、市民社会の側から国家の存在を理論的に演繹するというかぎりでは、基本的には、こうしたブルジョア自由主義の国家理論の立場にたっていたのであり、またそうした立場から、人類の歴史的発展を世界史的に総括していたのである。

　マルクスの出発点は、こうしたヘーゲルの歴史的弁証法の特殊ドイツ的、哲学的、観念論的側面の批判であったが、この批判を通じて、かれは、さしあたりは、ブルジョア自由主義のイギリス的形態、その経済学的、経済史観的な形態へと到達し、それを積極的に継承したのであった。

すなわち、社会の物質的生活、社会の経済生活が、他のいっさいの社会関係の究極の土台、基礎構造をなし、国家等々の法的、政治的上部構造やそれらの宗教的、哲学的、イデオロギー的補足物の在り方を根底的に制約し規定する、とする、かれの唯物史観の基礎的命題が、それにほかならない。

　そしてこうした積極的な継承の上にたって、マルクスは、かれらの批判へと向ったのであって、それは、かれらが社会的生産の永遠の自然的関係、自然的形態とした資本主義的商品経済関係を、その特定の歴史的発展段階にのみ必然的な、特殊歴史的形態、特殊歴史的生産関係として再設定する、という点にあった。そしてかれの唯物史観のその他の命題は、本質的には、ここから理論的に導きだされるもの、演繹されるもの、その必然的な理論的帰結にほかならなかったのである。

　すなわち、まず第一に、商品経済関係を社会的生産の特殊歴史的な関係とすることは、社会的生産それ自体とその生産関係とを、したがって前者の歴史的発展と後者の歴史的発展とを、区別しなければならぬということを意味する。そして社会的生産それ自体の歴史的発展を特徴付けるものは、その生産力の発達段階でしかありえない。あるいは、生産力とは、その歴史的発展段階を生産力に総括された社会的生産それ自体にほかならない。

　第二に、こうした生産力と生産関係の区別は、前者の歴史的発展においてどちらが第一次的規定者か、という問題を提起する。そして当然に唯物史観は、社会的生産それ自体の発展、生産力の発展の方を、第一次的規定者とする。こうして、資本主義的商品経済関係の歴史的必然性は、社会的生産力の発展を第一次的規定者とする、生産力と生産関係の歴史的弁証法から説明されることになる。

　第三に、ここからヘーゲルにならって、あるいはヨーロッパのキリスト教的歴史認識の伝統的教養にしたがって、人類の過去の歴史的発展が振り返られ、オリエント的、ギリシャ・ローマ的、ゲルマン的社会を経てイギリス産業革命とフランス大革命へといたるヨーロッパ的な世界史的発展が、こうした生産力と生産関係との歴史的弁証法から統一的に説明されるのである。

　それゆえ、マルクスの唯物史観は、資本主義的商品経済関係とそれに対応するブルジョア的自由とを人類の過去の全歴史的発展の必然的な到達点として把握するという点において、ブルジョア自由主義の歴史観を積極的に継承していたのであり、また、そのうえにたって、それを、人類史の最後の到達点としてではなく、生産力の一定の歴史的発展段階にのみ必然的な、特殊歴史的な疎外形態として把握するという点において、かれらの歴史観を超えていたわけである。

そしてマルクスは、こうした唯物史観を導きの糸として、さらに経済学の研究へとつき進んだのであって、この研究においてかれがみずからに課した課題は、古典経済学の理論的諸規定——価値、労働、労賃、利潤、地代等々の諸規定——を、社会的生産の永遠の自然的諸規定としてではなく、その特殊歴史的な諸規定として全面的に再設定し再構成するということであり、またこれによって資本主義をその特殊歴史性に即して体系的に解明し叙述するということであった。
　そしてこうした理由から、かれは、かれ自分の経済学体系に「経済学批判」という表題を付けようとしたわけである。
　ところで、マルクスがこうしたかれ自身の経済学体系の執筆に着手したのは、かれの唯物史観の成立よりもかなり遅く、1857年から58年にかけて書き上げられた7冊あまりの草稿ノート——それは今日『経済学批判要綱』として出版されている——においてであった。
　そしてこのノートの最初の部分——「貨幣の章」の部分——がかれ自身によって仕上げられて1859年に出版されたものが、『経済学批判』にほかならなかった。
　これに続くかれの仕事は、この『経済学批判』の続稿の執筆であった。1860年頃から63年頃にかけて書き上げられた膨大な草稿ノートが、それであるが、その一部が後にカウツキーによって編集されたものが、『剰余価値学説史』にほかならない。
　そしてこの続稿の執筆の過程で、マルクスは、「資本」に関する部分を改めて「資本の生産過程」、「資本の流通過程」、「資本主義的生産の総過程」と題する三部から編成するという新しい見解に到達し、そうした観点からふたたびまたこの膨大な草稿の書き直しに着手したのであって、その第一の部分がかれ自身によって仕上げられて1867年に出版されたものが、「経済学批判」と副題する『資本論』の第一巻「資本の生産過程」にほかならない。
　そしてこの『資本論』の第二巻「資本の流通過程」と第三巻「資本主義的生産の総過程」とは、かれの死後、エンゲルスによってこの『資本論』の草稿から編集、出版されたものであった。

　さて、以上が、『資本論』体系の第一の側面、すなわち、唯物史観にもとづく古典経済学と資本主義との体系的批判という側面にほかならないが、その根本特徴は、古典経済学が提示した理論的諸規定を、したがってまた、それらの全体によって提示されているかれらの資本主義像を、そのまま継承しながら、ただそれらを、永遠の自然形態としてではなく、その特殊歴史性において、批判的に再設定し、再構成する、とい

う点にあった。

　じっさい、マルクスは、1857-58年のかれの最初の草稿の「序説」以来、『資本論』にいたるまで、労働による商品価値の規定から出発して、労賃、利潤、地代をそれぞれ別個に考察し、これら三者の相互関係によって、あるいは、それらに対応する資本、土地所有、賃労働の相互関係によって、ブルジョア社会の内部編成を提示し、それを国家に総括した後、外国貿易、世界市場を考察する、という構想にこだわっていたのであるが、まさにそれこそは、リカードの体系——ヘーゲルによって色づけされたリカードの体系——以外のなにものでもなかったのである。

　だが、以上のような『資本論』体系の成立過程と平行して、こうした唯物史観の地平を大きく突破する『資本論』体系のいま一つの側面もまた、新しく登場し、徐々に姿をととのえてくる。

　そしてこれは、マルクスが、1857-58年の最初の草稿——『経済学批判要綱』、以下『要綱』と略称——の最初の章、「貨幣の章」において、かれ自身の経済学体系の叙述を、ダリモンの金廃貨論の批判から開始したということから、はじまったのであった。

　ダリモンが、かれの著書、『銀行改革論』(パリ、1856年)において問題としていたのは、国際収支赤字と連動する中央銀行の金準備の対外流出と、これによって強制される中央銀行の信用引締め政策とから、経済恐慌が勃発するという事実であって、ここからかれは、金の廃貨——貨幣であるという金の排他的特権を剥奪すること——こそが、そしてこれによって中央銀行の信用政策を金準備の制約から解放することこそが、恐慌の疫病からフランス経済を救い出す唯一の処方箋である、と主張したのであった。

　だが、もちろん、この問題は、特殊フランス的、一国的問題ではなく、本質的には、世界市場恐慌と世界貨幣との関連をめぐる問題であった。そしてまさにこの問題こそは、1830年代以降のヨーロッパの経済界を鋭く二分した最大の現実的、実践的問題であった。

　というのは、イギリスにおける産業革命の一段落と、大陸西ヨーロッパ諸国やアメリカへのその世界的波及とともに、イギリスを中心とする世界市場恐慌と世界市場的景気循環とが、その現実の姿をあらわしてきたからであり、またこれらを最終的に媒介するものは、イングランド銀行を中心とする世界貨幣としての金の国際移動にほかならなかったからである。

　いまや、資本主義的大工業の世界的登場とともに、それらを生産基軸とし、世界貨幣としての金を世界的な組織者および総括者とする、そして世界市場的景気循環を自

己の固有の運動形態とする、世界システムとしての資本主義が、その現実の姿をあらわしてきたわけである。

　周知のように、イギリスでは、こうした世界市場恐慌と世界貨幣をめぐる論争は、通貨学派と銀行学派の総力戦として争われ、リカードの体系以来の最大の経済学的問題となり、1844年のピール条令――イングランド銀行の金準備と銀行券発行高との自動的連動を制度化する条令――へと結果したわけであるが、当然のことながら、マルクスもまた、この問題に重大な理論的関心をもたざるをえなかった。

　というのは、世界市場恐慌こそは、かれの唯物史観にとっては、近代的生産力の発達が資本主義的生産関係の限界を突破したということの事実的証拠でなければならなかったからであり、したがって、その必然性の理論的解明こそは、かれの経済学体系の最大目標の一つだったからである。だからこそ、かれは、このかれの最初の経済学的草稿の冒頭において、ダリモンの貨幣改革論を引合いに出して、この問題に真正面から理論的に取組もうとしたわけである。

　だが、この問題は、根本的には、重金主義や重商主義の経済学が最後まで固執し、それを古典経済学が笑いものにした、世界貨幣としての金が、なにゆえに、世界システムとしての資本主義の最終的な組織者および総括者とならざるをえないのか、という問題であって、古典経済学の労働価値説やそれにもとづく体系をはるかに超える地平に属する問題であった。

　しかるに、マルクスは、古典経済学の体系の唯物史観的な再設定というかれの当初の体系構想にもとづいて、この「貨幣の章」において、こうした世界貨幣としての金の必然性を、かれらの労働価値説から出発して、したがって、それにもとづくかれらの価値尺度論や流通手段論を媒介にして、理論的に演繹しようとしたのである。

　だが、これは、最初から不可能な試みであって、かれの「貨幣の章」は、当然のことながら、それに失敗しているわけであるが、しかし、それにもかかわらず、マルクスは、「貨幣の章」の最後のところで、こうした世界貨幣を、価値尺度と流通手段とを統一する「第三の規定における貨幣」として、世界商業や世界市場とともに、現実の世界から事実的に取り込んできて、それを、商品流通とそこにおける貨幣の諸機能とを最終的に集約し総括する貨幣として設定したのであった。

　そしてかれは、こうした世界貨幣――世界市場における普遍的な購買手段および支配手段としての貨幣――が、資本の出発点となり、資本へと転化してゆくものとして、「貨幣の資本への転化」を論じ、これを媒介にして、次の「資本としての貨幣の章」へと移行したのであって、『要綱』の主要部分を構成するのは、この章であった。

したがって、『要綱』の「資本としての貨幣の章」は、まず第一番に、資本主義的生産を、こうした資本としての貨幣によってその循環運動の内部に組織される、資本による商品の生産過程として設定することから、はじまっている。資本主義的生産は、まさにこのようなものとして、なによりもまず、「資本の生産過程」——資本によって組織される、資本自身の生産過程——をなすものであった。

さきにもふれたように、リカードは、資本主義的生産の内部編成論を、商品価値の労働による規定から出発して、その商品価値の労賃と利潤への分割論として開示したわけであるが、これに対し、『要綱』は、世界貨幣としての貨幣とその資本への転化論から出発して、それを、「資本の生産過程」論として開示したのである。

『要綱』は、これに続いて、この「資本の生産過程」を、まず「労働過程一般」として解明し、次いでそれを、「資本の価値増殖過程」——資本による剰余価値の生産の過程——として解明している。

そしてここからさらに『要綱』は、この剰余価値の追加的資本への転化論を媒介にして、生産過程をその一局面とする資本の循環論へと移行し、それを、固定資本と流動資本の区別を主内容とする資本の回転論として展開しているのであって、それが、『要綱』における「資本の流通過程」論であった。

なお、この章の最後の部分には、「資本としての貨幣」の全体を総括するものとして、利潤、利子論が配置されているが、しかしそれは、剰余価値をこうした資本の回転運動の産物として、したがって資本自身の産物として、再設定するものにすぎず、内容的にはほとんど未展開であった。

以上のような『要綱』の「資本としての貨幣の章」の内容は、マルクスが、すでにこの段階で、のちの『資本論』の第一巻第三篇以降の「資本の生産過程」論の主要な理論的内容を、ほぼ基本的には展開していた、ということを意味する。

そしてかれのこうした体系構成の進展は、かれのじっさいの体系が、すでにこの段階において、かれの当初の構想——古典経済学の体系の唯物史観的な再設定という構想——とは異質な方向へと、大きく展開しつつあることを意味するものであった。

すなわち、まず第一に、古典経済学の労働価値説から出発して、価値の独立体としての貨幣、世界貨幣としての金を理論的に演繹しようとするマルクスの試みは、じっさいには、中途で破綻し途切れているのであって、かれの体系の真の、だが隠れた出発点は、資本主義の現実の世界市場的過程——ロンドンを中心とする金の国際移動を

その最終的な統括機構とする世界市場的な景気循環過程——から事実的にかれの体系へと持ち込まれた世界貨幣としての金であった。

こうして、いまやかれの体系において、古典経済学の商品——それ自身で使用上の価値と交換上の価値とをもつスミス的な商品——にとってかわって、重商主義の経済学が交換価値の唯一の存在として固執した世界貨幣としての金が、ふたたびまた、その全体系の出発点をなす、したがってまたその体系全体の最終的な総括者となる、地位についたわけである。

第二に、こうした世界貨幣の資本への転化論によって開示されるかれの「資本の生産過程」論は、じっさいには、世界商業と世界市場を固有の活動領域とする資本によって、その生産基軸として組織され、編成される、資本主義的大工業の内部編成の理論的解明以外のなにものでもなかった。

あるいは、かれがその理論的展開にあたって念頭においていた当時のイギリス資本主義に即していえば、その世界市場的な輸出産業をなし、またそのようなものとしてその資本主義的国内編成の基軸産業をなす、イギリス綿工業の内部編成の理論的解明以外のなにものでもなかった。

しかも、かれは、こうした資本の生産過程を、まず第一番に労働生産過程一般として解明し、ついでこの労働生産過程一般を、資本の価値形成増殖過程として解明するという方法をとったのである。

だが、まさにこうした方法こそは、世界システムとしての現実の資本主義が、その世界市場的な価格関係や分業関係を、その生産基軸をなす資本主義的大工業の内部的な価値増殖関係へと集約し、それを労働生産過程一般の内部関係——必要労働と剰余労働との一般的関係——へと還元してゆく、そしてこれを通じて商品価値を労働一般へと還元してゆく、それに特有な商品経済的、貨幣的方法にほかならなかった。

そしてリカードの体系は、さきにもみたように、こうした関係をじっさいには前提しておきながら、それを自明の前提として理論的考察の外部におき、資本主義的大工業の内部的な価値関係だけに、したがって、労働を実体とする商品価値の労賃、利潤、地代への分割関係だけに注目するところに成り立っていたのである。

第三に、マルクスが『要綱』においてこのように「資本の生産過程」論とそれを補足する「資本の流通過程」論とを確立したということは、古典経済学の体系とは本質的に異なるかれ独自の体系の基礎の成立を意味するものであった。

というのは、リカードが労働によって規定される商品価値の労賃と利潤への分割論として提示したものを、世界貨幣とその資本への転化論を媒介にして、「資本の生産

過程」論——剰余価値の生産過程論——として提示するところに、かれの体系を古典経済学のそれから区別する根本があったからである。

　そしてこうした「資本の生産過程」論が、さらに、それを基礎とする、したがって古典経済学とは異質な、利潤、利子論の新しい展開を準備することとなったのであって、それが、『資本論』第三巻の「資本主義的生産の総過程」論にほかならなかった。

　そしてこの「資本主義的生産の総過程」論の理論的内容の大部分は、1859年の『経済学批判』の出版に続くその続稿——1860−63年の草稿ノート——において、そしてこれに続く『資本論』の草稿ノートにおいて、ほぼ出来上がっていたのである。

　『資本論』体系は、『要綱』にはじまる、以上のような、マルクスの長い、一連の執筆過程の最終的な成果であり、その集大成であった。

　それは、「資本の生産過程」、「資本の流通過程」、「資本主義的生産の総過程」の三巻からなる、しかも世界貨幣を事実上の出発点とする、「資本」自身の自己完結的な体系となっているのであって、もはやどうみても、「労賃」、「利潤」、「地代」の相互関係や、それらの変形にすぎぬ「資本」、「土地所有」、「賃労働」の相互連関によって、ブルジョア社会の内部編成を提示し、そこから「国家」、「外国貿易」、「世界市場」へと上向するというような体系ではなかった。

　それは、古典経済学の労賃、利潤、地代論の唯物史観的な再設定というかれの当初の体系構想とは本質的に異なる、それをはるかに超える体系へと、発展転化していたのである。

　それは、資本主義の世界史的な発生とともに発生する経済学の歴史に即していえば、より高度な地平から、ふたたびまた重商主義の世界市場的な貨幣的経済学へと立ち返り、その体系の内部に古典経済学の体系を新しく、特殊的に定位するような体系となっていたのである。

　そしてこれは、マルクス自身によっては明確に自覚されていなかったが、世界市場的システムとしての資本主義の特異な表皮的部分性と自立的全体性とを、鋭く理論的に反映するものであった。

　したがって、『資本論』体系のじっさいの内容構成は、「資本の生産過程」、「資本の流通過程」、「資本主義的生産の総過程」というその形式的な篇別構成とは、若干異なっている。

　すなわち、まず第一に、その第一巻には「資本の生産過程」という表題が付けられ

ているが、じっさいにその考察が開始されているのは、第三篇の「絶対的剰余価値の生産」以降の諸篇であって、冒頭に置かれている「商品と貨幣」および「貨幣の資本への転化」と題する二篇は、『要綱』の「貨幣の章」に対応する、したがって第三篇以降とは区別さるべき、『資本論』体系の第一の理論領域をなすものであった。

そしてこの第一の理論領域で、『資本論』は、ふたたびまた、『要綱』以来の試み、すなわち、資本の出発点をなす世界貨幣を、古典経済学の商品規定と労働価値説とから出発して、したがってかれらの価値尺度論、流通手段論を媒介にして、理論的に演繹しようとする試みを、繰返したのち、『要綱』の場合と同じく、その最後のところで、現実の世界市場的過程から世界貨幣を事実的にもちこんできて、この世界貨幣の資本への転化を論じ、これによって第三篇以降の資本の生産過程論を開示しているのである。

『資本論』は、こうした世界貨幣の資本への転化論によって資本の生産過程論を開示するためには、この第一の理論領域のそのまた第一篇をなす「商品と貨幣」において、貨幣を活動的組織者とする、商品世界の世界市場としての生成を理論的に解明しておかなければならなかったわけであるが、ここでもまた、古典経済学の商品規定と労働価値説とを出発点に据えることによって、そうした試みに失敗したのであった。

したがって、この第一の領域は、理論的には未完成のままに残されている。

第二に、第一巻の「資本の生産過程」に続く第二巻の「資本の流通過程」は、資本の循環論、回転論を展開する第一、二篇と、「社会的総資本の再生産と流通」と題する第三篇とから成り立っているが、この最後の第三篇は、内容的には、もはや「資本の流通過程」論に属するものではなく、第一巻第三篇以降の「資本の生産過程」論と第二巻第一、二篇の「資本の流通過程」論とを統一し総括する「資本の再生産過程」論となっている。

したがって、この、第一巻第三篇の「絶対的剰余価値の生産」にはじまって第二巻第三篇の「社会的総資本の再生産と流通」に総括される部分は、『資本論』体系の第二の、独自的な、理論領域をなすものであった。

そしてまさにこの理論領域こそは、世界貨幣の資本への転化論によって開示される資本主義的生産の内部編成を、したがって現実的には「世界商業と世界市場」の生産基軸として存在する資本主義的大工業の内部編成を、その全体によって体系的に解明し、叙述する理論領域となっているのであり、またそのようなものとして、『資本論』体系全体の基軸をなす理論領域ともなっているのである。

リカードが、労働によって規定される商品価値の労賃と利潤への平板な分割論として提示していたのは、じつは、この理論領域にほかならなかった。だが、それをいまや『資本論』は、世界商業と世界市場を固有の活動領域とする資本によって組織され、編成される資本主義的大工業の内部編成論として体系的に提示するにいたったわけである。

　第三に、「資本主義的生産の総過程」と題する第三巻は、その冒頭の一節にも示されているように、もはやマルクスにとっては、「資本の生産過程」と「資本の流通過程」との「統一についての一般的な反省を試みる」ものではありえなかった。それは、「全体として考察された資本の運動過程から生ずる具体的な諸形態を見出して叙述する」ものとして、いまや、改めて、新しく、「資本主義的生産の総過程」——より直訳的には「資本主義的生産の全体的過程」——と表題されたのであって、明らかにこの理論領域は、以上の二つの理論領域から区別さるべき、『資本論』体系の第三の、独自的な理論領域をなすものであった。

　だが、資本主義的生産の全内容を自分自身のうちへと総括し統一するような、具体的全体としての「資本の運動過程」とは、恐慌によって媒介される好況と不況との規則的な交替過程、景気循環過程、以外にはありえない。そしてこうした景気循環過程は、さらに具体的には、世界貨幣としての金の国際移動をその最終的な組織者および統括者とする、したがって世界市場恐慌によって周期的に媒介される、世界市場的な景気循環過程以外にはありえないのである。

　第三巻は、内容的には、利潤論と利子論、および利潤論を補足する「超過利潤の地代への転化」論から成り立っているが、しかし、それは、このようなものとして、利潤の決定機構に対する利子の決定機構の解明を、すなわち、中央銀行の対外金準備とこれに連動する中央銀行利子率とを中心とする、全体としての利子体系の決定機構の解明を、したがって、中央銀行による銀行券発行を中心とする資本主義的信用体系のトータルな解明を、その理論的基軸とするものでなければならなかった。

　第三巻は、たしかにまだこうした利子体系の決定機構を、したがって、利潤の決定機構と利子の決定機構とのトータルな関連を、体系的に解明し、提示するものとはなっていないが、そしてこの意味で第三巻はなおまだ未完ではあるが、しかし、少なくともそれは、その利子論の内容的主軸をなす「貨幣資本と現実資本」との対立的運動論において、こうした問題に接近しているのであり、またそれとの関連で、中央銀行の対外金準備の変動や為替相場の変動を、したがって世界貨幣としての金の国際移動

やこれによって媒介される世界市場的な景気循環を、論じているのである。

このことは、マルクスが、この第三巻において、かれの経済学体系の当初からの、実際の、現実的な出発点であった「世界市場と恐慌」や「世界貨幣」に、ふたたび立ち帰りつつある、ということを意味する。

そして世界市場と世界貨幣から出発して「資本」の全内容を展開したのち、ふたたびまた世界市場と世界貨幣に復帰するというこうした方法こそは、『資本論』体系の第一の理論領域と第二の理論領域とを、この第三の理論領域において、統一し総括する理論的方法にほかならぬのである。

第三巻は、未完成であったとはいえ、まさにこのようなものとして、すぐれて、「資本」の具体的全体論をなすものであった。

さて、以上でわれわれは、資本主義の世界史的発生とともに発生する経済学の歴史を大きく振り返りながら、その集大成としてあらわれる『資本論』体系の理論的性格を、そのじっさいの成立過程に即して、やや立入って検討してきたわけであるが、ここで改めてそれを結論的に要約すれば、次の諸点に帰着する。

第一。『資本論』体系は、古典経済学の体系の唯物史観的な再設定という当初のマルクスの意図をはるかに超えて、むしろ新しい地平から、ふたたび、重商主義の世界市場的、貨幣的な経済学へと立ち返り、その内部に古典経済学の労働価値説的体系を特殊的に定位し、統一するような体系となっている。

第二。『資本論』体系は、このようなものとして、内容的には三つの理論領域から成り立っているが、その第一領域は、貨幣を活動的組織者とする、商品経済関係の世界市場的関係としての生成と、次いで、資本としての貨幣を活動的組織者とする、この世界市場的関係の内部における資本主義的大工業の形成とを、理論的に叙述する領域となっている。

第三。その第二領域は、世界市場的関係の生産基軸をなすこの資本主義的大工業の内部編成を、資本自身の生産過程、流通過程、再生産過程としてトータルに解明し、叙述する領域となっている。

第四。その第三領域は、未完成ではあるが、資本の具体的全体論となっており、したがって、資本としての貨幣が、資本主義的大工業を基軸として、みずからを統一的な世界市場的過程——世界貨幣としての金を最終的な組織者および統括者とする世界市場的な景気循環過程——として組織し編成していく方法を、理論的に叙述すべき領域となっている。

第五。『資本論』体系は、以上のような三つの理論領域からなる統一的な体系として、

経済学原理論序説㈠㈡

岩田 弘

　世界システムとしての資本主義の自己生成と自己展開とを、理論的に叙述する体系、一言でいえば、世界資本主義それ自体のトータルな自己組織学となっており、またこのようなものとして、資本主義のトータルな歴史的地位と、したがってそのトータルな歴史的批判とを、明らかにする体系となっている。

　だが、われわれのみたところによれば、『資本論』体系は、事実上そのような体系となっているというにすぎず、マルクス自身によって自覚的にそのようなものとして展開されているわけではない。じっさい、マルクス自身は、『資本論』の段階になっても、なお強く当初の構想、すなわち、古典経済学の体系の唯物史観的な再設定という構想に、固執していたのである。

　このことは、『資本論』体系が、それを以上のような体系として最初から目的意識的かつ首尾一貫的に再展開し、統一的に叙述するという仕事を、われわれに残している、ということを意味する。

　そしてこれが、本書の冒頭の序で述べたここでのわれわれの課題、すなわち、世界システムとしての資本主義の経済的組織原理を経済学原理論として体系的に叙述するという課題、にほかならない。

第三節　経済学原理論の篇別構成

一　経済学原理論の篇別構成

　われわれは、以上のような課題を踏まえて、われわれの経済学原理論を、次の三つの理論領域から編成する。

　　　　第一篇　　　世界市場と資本主義的大工業
　　　　第二篇　　　資本主義的大工業の内部編成
　　　　第三篇　　　資本主義的大工業と世界市場

　これらの三つの理論領域の相互関係は、すでにみたところから明白であろう。

　われわれが、通常の理論の伝統に反して、これらの三つの理論領域やそれらの下位的理論領域にできるだけ具体的な表題をあたえるのは、われわれの対象が、想定されたいわゆる純粋の資本主義社会等々ではなく、現実の資本主義――世界史的に発生し確立し発展する世界市場的システムとしての資本主義――にほかならぬことを、つねに明確にするためである。

ところで、『資本論』は、右の第一の理論領域の冒頭に、したがって全体系の出発点に、「資本主義的生産様式が支配的に行なわれる諸社会の富は一つの膨大な商品集積としてあらわれ、また個々の商品はこうした富の要素形態としてあらわれる。したがってわれわれの研究は商品の分析から始る」という有名な一文を置いている。

　だが、この一文にいう「一つの膨大な商品集積」とは、諸商品の全体から成り立つ「商品世界」のことにほかならない。そして資本主義的経済関係にあっては、たんに社会的富の実体的内容をなす労働生産物ばかりではなく、土地や労働力をも含むそのすべての構成要素が、直接的には、一様に商品としてあらわれるのであり、またそこでのすべての人間関係も、同じく直接的には、一様に商品所有者相互の関係としてあらわれるのである。

　それゆえ、体系全体の出発点に定置される「一つの膨大な商品集積」、「商品世界」とは、体系の展開によってこれからその内容を開示されるべき資本主義的経済関係の全体でなければならない。そしてこの全体は、現実的には、資本主義的大工業を生産基軸とする世界市場的過程の全体として以外には存在しないのであるから、体系全体の出発点をなす商品世界とは、さらに立入っていえば、こうした世界市場的過程の全体としての資本主義それ自体でなければならぬのである。

　つまり、それは、体系の展開にあたって、その対象として設定されている資本主義以外のなにものでもなく、たんにそれが、体系の出発点ではまだその内容がなにも開示されていないために、直接的、無媒介的に存在する、抽象的な商品世界一般としてあらわれるというにすぎない。ヘーゲル的にいえば、それは、直接的に存在する、抽象的全体としての、対象それ自体にほかならない。

　しかも、資本主義は、すでにみたように、こうした世界市場的過程の全体として、同時にまた、自己生成的で自己展開的で自己総括的な世界システム、一つの有機的全体としての世界システムをなす。そしてこうした有機的全体性をなす対象にあっては、その全体の出発形態をなすものは、同時にまた、その全内容を統合する、その最終的な総括形態をもなすのである。

　したがって、こうした資本主義を対象とするわれわれの経済学体系は、商品世界から出発して、その全内容を開示し、展開したのち、ふたたびまた最初の商品世界へ復帰し、そのうちにその全内容を総括するものとしてあらわれる。つまり、われわれの体系にあっては、出発点としての商品世界が、自分自身から出発して、その全内容を開示したのち、ふたたび自分自身へと帰ってくる、体系全体の担い手、主体、としてあらわれるのであり、したがって、比喩的にいえば、体系全体の語り手、主語、とし

てあらわれるのである。

　周知のように、ヘーゲルの法哲学にあっては、体系のこうした主体は、ブルジョア的自由をその最高形態とするかれの「世界精神」であったが、世界システムとしての資本主義を対象とするわれわれの体系にあっては、それにかわって、「商品世界」が登場するわけである。

二　世界市場と資本主義的大工業

　われわれは、以上のようなわれわれの体系の第一篇、「世界市場と資本主義的大工業」を、さらに次の三つの下位領域から編成する。

　　　　第一章　　　価格系としての商品世界
　　　　第二章　　　商品世界の組織者としての貨幣
　　　　第三章　　　世界市場と資本主義的大工業

　上の第一章で、われわれは、商品世界を体系全体の出発点として設定したのち、この商品世界を価格世界へと形成してゆく商品価値の諸形態を、順次に開示し、定立する。そして商品世界のこうした価格世界――価格系としての商品世界――への生成こそが、商品世界からの貨幣の生成にほかならない。

　次いで第二章で、われわれは、こうした価格系としての商品世界を、商品流通世界――一定の価格体系のもとに流通しつつある商品世界、一定の市場――へと形成してゆく、そしてそこからさらにそれらの市場を世界市場へと形成し統合してゆく貨幣の諸形態や諸活動を、順次に開示し、定立する。価値尺度としての貨幣、流通手段としての貨幣、蓄蔵貨幣、支払手段としての貨幣、世界貨幣が、それにほかならない。

　最後の第三章で、われわれは、こうした世界市場の内部における資本主義的生産基軸の形成を媒介する、資本としての貨幣の諸形態や諸活動を、順次に開示し、定立する。商業資本、貨幣資本、産業資本の世界市場的諸活動が、それにほかならない。

　そしてこれらの三章の展開全体をとおして、われわれは、資本主義的生産の内部編成論を、世界市場と世界商業の生産基軸をなす資本主義的大工業の内部編成論として開示するのである。

　ところで、これらの三章でわれわれが開示し定立する諸関係や諸形態は、資本主義的大工業をも含めて、体系の出発点をなす商品世界のうちに最初から内包されているものであって、われわれの理論的展開は、基本的には、この商品世界から、それらのものを順次に取り出して開示し、定立するものにすぎない。

したがって、この意味では、われわれの理論的展開は、実質的には、すでに確立している、充分に発達した対象それ自体の理論的分析であり、その内部に含まれている諸関係の分析的な開示と定立である。

だが、われわれのこうした理論的分析は、同時にまた、貨幣や資本としての貨幣を活動的組織者とする、商品世界の世界市場としての原始的形成や、この世界市場の内部における資本主義生産基軸の原始的形成を、順次に展開し叙述していく過程にならざるをえない。

というのは、すでにみたように、発達した、それ自身の基盤の上に自己運動する資本主義――世界市場的景気循環として自己運動する資本主義――といえども、実質的、実体的には表皮的、部分的な経済システムにすぎず、したがって、資本主義として絶えず原始的に自己形成し自己生成するという関係なしには、そうした自立的で自己完結的な世界システムとしては存立しえないからであり、また、こうした関係を担うものは、貨幣や資本としての貨幣の諸活動でしかありえないからである。

そしてこのようにわれわれの理論的展開が二重の性格――分析論的帰納と生成論的演繹との二重の性格――をもたざるをえないということは、同時にまたそれが、さらにいま一つの性格を、すなわち、16世紀におけるヨーロッパ的な世界商業と世界市場の成立を歴史的に出発点とする、資本主義の現実の世界史的な生成過程をも、理論的に模写し叙述するという性格――歴史的生成論としての性格――を、もたざるをえない、ということを意味するのである。

というのは、資本主義のこうした現実の世界史的生成を商品経済的に媒介するものもまた、この同じ、貨幣や資本としての貨幣の世界市場的な諸活動――国家関係をも貨幣化することによってそれらを世界商業や世界市場の従属物へと転化してゆく諸活動――でしかありえないからである。

そしてじつは、資本主義とは、このように世界史的に生成し、確立し、発展する歴史的形成体として、はじめて、全体性をなすのであって、われわれが体系の展開にあたってその対象として設定する資本主義は、こうした世界史的全体としての資本主義――世界資本主義としての資本主義――でなければならぬのであり、したがってまた、その、直接的に存在する、抽象的全体としての、商品世界でなければならぬのである。

われわれは、これらの三章におけるこうした理論的展開を、まず商品世界を交換価値の世界――交換価値系――として、しかも、生成する交換価値系として、規定することから、開始する。

『資本論』は、さきにもふれたように、商品世界を体系全体の出発点として設定したのち、その構成要素をなす「個々の商品」の分析から理論的考察を開始し、まずそれを使用価値として規定したのち、次いでそれを価値として、しかも労働によってその大きさを内的に決定される価値として、規定している。したがって、『資本論』の商品は、スミス以来の古典経済学的な商品、すなわち、「個々の商品」としてのその使用価値の存在それ自体において同時に交換価値でもあるような商品、しかも労働によってその交換価値の大きさを内的に決定されているような商品、となっている。

　だが、まず第一に、商品世界を体系全体の出発点として設定するということは、『資本論』のように、その構成要素をなす「個々の商品」から理論的考察を開始するということではなく、その反対に、それらを構成要素とする「商品世界」の全体から理論的考察を開始するということでなければならない。というのは、統一的全体性をなす対象は、その個々の構成要素を組み立てることによって理論的に再構成しうるものではなく、その全体から出発することによってのみ、すなわち、その全体を特徴づけるそれに固有の質的規定性から出発することによってのみ、理論的に再構成しうるものだからである。

　そして商品世界の全体を特徴づけるこうした質的規定性——それを他の社会系や物質系から区別する、それに固有の質的規定性——こそは、交換価値の世界、価値系をなす、ということにほかならない。したがって、この商品世界の理論的規定は、『資本論』のように、商品を個々の商品として区別する使用価値の規定からではなく、その反対に、個々の商品を共通に商品世界の構成員として特徴づける交換価値の規定から、開始されなければならぬのである。

　ちなみにいえば、ニュートン物理学にあっては、物質的宇宙系のこうした質的規定性——物質系を非物質系から区別する、それに固有の質的規定性——は、目方と引力をもつということ、すなわち、すべての物質は一定の慣性質量とそれに対応する重力をもつということであって、これが、その体系の出発点であった。

　とはいえ、第二に、価値規定のこの出発点では、商品世界のこうした価値系としての存立を媒介する諸関係は、まだなにも開示され定立されていないがゆえに、この出発点では、商品価値は、これから価値として生成しなければならぬもの、価値への生成体としてのみ、存在する。

　重商主義の経済学は、価値の独立体としての貨幣に固執し、商品は、それ自体では価値物ではなく、ただ貨幣によって購買され、一定額の貨幣に実現されることによってのみ、はじめて価値物へと生成するものとしたのであるが、かれらのこうした価値

認識は、商品価値を、価値への生成体として把握するという点において、本質的に正当であった。

だが、他方において、貨幣を商品世界の価値の独立体として定立し、こうしてそれを商品世界の活動的組織者として定立するものは、したがって、貨幣をまさに貨幣として定立するものは、貨幣自身の行為ではなく、価値へと生成しようとする商品世界の共同行為でしかありえないのであって、かれらの価値認識の限界は、こうした点を明確にしていなかったこと、したがって、貨幣それ自体を生成体としては把握しえなかったことにあった。

そしてこれに対し、『資本論』は、以上のような使用価値と交換価値の規定にもかかわらず、それにつづいて、じっさいには、こうした商品世界の価値系としての原始的生成や、それによる、商品世界からの貨幣の原始的生成を、商品の価値形態論として展開しているわけであるが、しかし、このせっかくの価値形態論も、結局のところ、途中で挫折し、古典経済学的な価値尺度論や流通手段論へと結果しているのである。

そしてこれは、『資本論』が、この価値形態論を、商品価値それ自体の生成形態論としてではなく、労働によって内的に決定されている商品価値のたんなる表示形態論として、展開したことによるものであった。

われわれは、この第一篇では、商品価値の以上のような規定から出発して、たんに商品の価値形態ばかりではなく、貨幣の諸形態や、さらには資本としての貨幣の諸形態をも、商品世界のこうした価値系としての原始的生成を媒介する諸形態として、しかも、それ自身も絶えず生成しつつある諸形態として、展開する。

これらの諸形態は、まえにもみたように、じっさいには、現実の資本主義──世界市場的システムとしての資本主義──が世界的および国民的な種々雑多な社会関係を世界市場の価格関係へと溶解し、そこからそれらを、その生産基軸をなす資本主義的大工業の内部的な価値増殖関係──その内部的な労働生産力によって決定される労賃と利潤の関係──へと集約転化してゆく諸形態にほかならない。

だが、われわれは、こうした現実の資本主義それ自体を商品世界一般として設定することから出発するこの第一篇では、それらの諸形態を、商品世界の価値系としての原始的生成を媒介する諸形態として、理論的に展開せざるをえないのである。

そしてじつは、こうした生成論的方法こそは、資本主義を世界市場的な交換価値系としてトータルに解明し叙述する唯一の方法をなすのである。というのは、さきにもみたように、発達した世界システムとしての現実の資本主義といえども、その外側の

世界に対しては、絶えず原始的に生成しつつあるものとして関係するからであり、またその歴史的全体としても、世界史的な生成体をなすからである。

こうして、われわれの体系の第一篇にあっては、商品価値の労働による規定——これは現実的には資本主義的大工業の内部的な価値増殖関係としてのみ存在する——は、体系の出発点としては登場しないで、貨幣や、資本としての貨幣を活動的組織者とする、商品世界の世界市場的な価値系としての原始的生成の最後の最終的な結果としてのみ、登場するのである。

三　資本主義的大工業の内部編成

われわれは、以上のような第一篇につづく、第二篇の「資本主義的大工業の内部編成」を、次の三つの下位領域から編成する。

　　　第一章　　　生産過程としての資本
　　　第二章　　　流通過程としての資本
　　　第三章　　　再生産過程としての資本

これらの三章の相互関係は、資本主義的生産それ自体の性格によって決定される。

すでにみたように、資本主義的生産は、現実的には、世界市場の中心的および周辺的な生産基軸をなす資本主義的大工業としてのみ存在する。そしてこうした世界市場的大工業としてのみ、世界的および周辺的ないくつかの資本主義諸国の国民経済の基軸産業——その対外貨幣収支を支え、その世界市場的生存を保障する基軸産業——をなす。しかも、この基軸産業は、じっさいには、発達した資本主義的大工業国にあっても、その国民経済の支配的全体ではなく、特殊的構成部分——特定の産業部門に集中的に成立し、総人口からみれば比較的少数の労働人口を包摂する特殊的構成部分——にすぎない。

だが、それにもかかわらず、この第二篇では、資本主義的生産は、社会の全生産部門を一様に資本主義的大工業として組織する、したがって社会の全生産物をみずから商品として生産する、自己再生産的で自己完結的な社会的全体として、登場する。

したがって、この第二篇では、第一篇で華々しい主役を演じてきた世界貨幣や世界商業は、その活動舞台をなす世界市場とともに、すべて舞台から消失する。そしてこれとともに、世界的にはもちろんのこと、資本主義諸国の内部にも広範に存在する、種々雑多な、半資本主義的、半家業的な中小企業部門や、半商品経済的、半生業的な農業部門等々も、すべて舞台から消失する。

したがってまた、商品経済関係のこうした外に向っての原始的拡大にあたっては、

世界貨幣や世界商業や世界市場に強制されて、つねに突撃隊の役割を演ずる、近代的貨幣国家の活躍等々も、すべて舞台から消失する。

つまり、ここでは、それらのすべてにかわって、スミス、リカードの社会が、あるいは、経済学者がその理論的展開にあたって暗黙裡または明示的に前提してきた純粋の資本主義社会が、登場するのであって、それは、すでにみたように、根本的には、次の理由にもとづくものであった。

すなわち、資本主義的大工業は、その内部に包摂する近代的工業労働力との関係では、人間労働力の普遍性によってあらゆる生産物を自ら商品として生産しうるものとして、その内部的な商品経済的分業関係を組織する、ということであり、したがってまた、その外部にある世界との種々雑多な分業関係――世界市場的、国民経済的分業関係――についても、それらが商品売買関係を通じて組織されているかぎり、それらを自分たち自身の内部的な商品経済的分業関係として解釈し、そのようなものとして運動する、ということである。

資本主義的大工業とその組織主体をなす近代的産業資本は、まさにこのようなものとして、自己完結的な社会的全体としての資本、社会的総資本、をなす。

振返っていえば、たしかに第一篇では、貨幣や資本としての貨幣は、商品世界の活動的組織者として華々しい役割を演じたが、しかしそこでは、それらは、商品世界の全体ではなく、その特殊的部分――媒介的、活動的部分――にすぎなかった。だが、この第二篇では、資本は、社会の全生産部門を資本主義的大工業として組織し、社会の全生産物を資本自身の商品生産物として生産し売買する、自己再生産的な社会的全体として登場するのであって、これによって、第一篇とは反対に、今度は商品世界の全体が、こうした社会的総資本の特殊的構成部分、その経過的な一局面――社会的総資本の流通過程――にすぎぬものへと転化するのである。

そしてこのように第二篇で資本が、最初から、社会の総生産過程と総流通過程との自己循環的統一体として登場するとすれば、第二篇の三つの章の相互関係は、この同じ社会的統一体としての資本――社会的総資本――を、たんに視点をかえて、それぞれ三つの側面から、立入って考察するものでしかありえないのである。

それゆえ、われわれは、この第二篇では、資本主義的大工業の組織主体をなす近代的産業資本を、最初からこうした社会的総資本として考察し、第一章の「生産過程としての資本」では、それを、流通過程を一局面とする資本主義的生産過程として、考察する。

第二章の「流通過程としての資本」では、われわれは、その反対に、この同じ社会

的総資本を、生産過程を一局面とする資本の流通過程として、考察する。

第三章の「再生産過程としての資本」は、第一章と第二章との統一的総括であって、ここでわれわれは、この同じ社会的総資本を、社会的総資本の再生産過程としてトータルに考察し総括する。

ところで、このように、資本主義的大工業とその組織主体をなす近代的産業資本において、資本が社会の総生産過程と総流通過程との自己循環的統一体になるということは、この産業資本において、交換価値の世界——交換価値系——がはじめて全面的に自己循環系、自己リサイクル系となり、その全体が、社会的再生産系——人間の社会的労働系——と一致する、ということにほかならない。

そしてまさにこれが、まえにも強調したように、フランスの重農学派を媒介にして登場するイギリスの古典経済学の労働価値説、スミス、リカードの労働価値説の世界であった。

したがって、かれらの労働価値説の実質的内容をなすものは、資本によって価値的再生産過程として組織される社会的再生産過程の全体において、労賃と利潤との相対関係が、労働力の維持再生産に必要な必要生産物とそれを超える剰余生産物との関係によって、したがって、人間労働の社会的生産力によって決定される必要労働と剰余労働との関係によって、内的に決定される、ということ以外のなにものでもなかった。

しかるに、商品経済関係を社会的再生産一般の永遠の自然的形態とみなすかれらは、価値的再生産系と社会的再生産系とが全社会的に一致する場合にのみ特殊的に生ずる、この価値と労働との一致を、商品交換関係一般に拡大し、労働による商品価値の内的決定を、いわゆる等労働量交換の関係と一体的に説いたのであった。

たしかにリカードやその仲間たちは、さきにも触れたように、かれらの比較生産費説において、この等労働量交換の妥当する領域から、資本の本来の活動領域をなす外国貿易や国際分業関係を排除していた。だが、かれらは、事実上そうしていたにすぎず、それがかれらの労働価値説にとって意味するところを理論的に追及しようとはしなかったのである。

これに対し、『資本論』は、われわれのこの第二篇にあたる理論領域——『資本論』体系の第二の理論領域——の全展開をとおして、資本が社会的再生産の全体を資本自身の再生産過程として組織することを明らかにし、こうした資本——近代的産業資本——において、価値系と労働系とが全社会的に一致し、資本が社会的再生産の内的関係——必要労働と剰余労働の関係——をその価値増殖関係の社会的根拠とするにいたることを証明している。

だが、『資本論』は、この一致を真正面から証明すべき、肝心要の資本の生産過程論において、古典経済学と同じく、商品価値の労働による決定を、等労働量交換の法則としてその外部に前提しているのであり、したがって、その価値増殖過程としての解明も、一個の資本の生産過程をいわば代表単数的に取り出して、生産過程に投入された価値量とそこからでてくる価値量とを算術的に比較計算するという問題へと矮小化しているのである。

　つまり、『資本論』は、その生産過程論を開示するにあたって、次のことを、すなわち、そこでは資本が社会的総生産過程と社会的総流通過程との自己循環的統一体となっていること、したがってその全価値関係は社会的総生産過程にインプットされる商品価値総量とそこからアウトプットされる商品価値総量との比較関係に全社会的に集約され還元されることを、自覚的に証明していないのであり、したがって、一個の資本の生産過程を代表単数的に取り出し、労働による価値規定をその外側に前提して、その前後の価値量を算術的に比較計算するという方法をとる以外にはなかったわけである。

　だが、いわゆる等価交換の法則なるものは、次のことの、すなわち、こうした全社会的な自己循環的統一体としての資本にあっては、社会の総流通過程は、したがって、市場の全体は、そこにインプットされた社会的総商品のたんなる持ち手交換の過程にすぎず、したがってその価値総量に関してはなんらの増減も生じえない、ということの、通俗的な、誤った表現でしかありえないのである。

　とはいえ、われわれが繰返し強調してきたように、労働量と価値量とは、本来別個の世界に属する、したがって相互にまったく異質な、量関係である。

　立入っていえば、労働量は、人間の社会的生産活動に、したがって、その反復的過程としての社会的再生産過程に、固有の量関係である。

　労働生産物をその社会的所産とする人間労働は、一般に、二つの側面を持っている。第一の側面は、人間の身体組織の特定の具体的な物質的活動という側面である。そして人間労働が労働家畜や機械やロボットやコンピュータ等々の活動によって置き換えられうるのは、こうした側面による。というのは、たとえ人間労働がどのように高度で複雑なものであっても、こうした人間身体の特定の具体的な物質的活動なら、原理的には、他のものの特定の具体的な物質的活動によって置き換えることができるからである。

　第二の側面は、人間の目的意識的な主体的活動という側面である。人間労働は、こ

経済学原理論序説㈠㈡

岩田 弘

うした目的意識的行動としては、特定の具体的な物質的活動に限定され、それに固定的に緊縛されているわけではない。それは、つねに特定の具体的な物質的活動として発動されながらも、同時に、他のあらゆる特定の具体的な物質的活動としても発動されうるものとして、それらすべての特殊的限定性を超えた普遍的活動性をなすからである。そして人間労働のこうした普遍性こそが、人間労働を他のすべてのものの物質的活動から区別するそれに固有の特質——人間労働をしてまさに人間労働たらしめるその本質——をなすのである。

だが、人間労働は、こうした普遍的活動性としては、すなわち、具体的な物質的活動性としてのみ存在しながらも、それらのすべてから抽象された普遍的活動性としては、抽象的な労働時間量でしかありえない。そしてこれが、人間労働に固有の量的規定性をなすわけであるが、しかし、この労働時間は、人間労働の社会量としての時間であって、時計で直接的に尺度しうるような、すなわち、地球の回転角度やその他の物質的過程によって直接的に尺度しうるような、物質量としての時間——物質的過程としての時間量——ではない。それは、人間労働の一定量の社会的所産である労働生産物の物質量相互の関係によってのみ間接的に尺度しうるような、したがって現実的には労働生産物の社会的連関——その社会的再生産連関——のうちにのみ存在するような、抽象的な社会量でしかないのである。

そして社会的再生産過程は、こうした二側面をもつ人間労働によって担われ、組織され、統一的に編成されるものとして、自然過程やその他の物質的過程から区別された、人間に独自的な、社会的リサイクル系、社会的労働系をなすわけであるが、しかし、われわれのみたところによれば、人類がそうした社会的リサイクル系をはじめて創出したのは、定住的な農業生活を開始することによってであった。したがって、それは、本来的には、地域系——人間労働による土地の維持再生産を根本とする地域的リサイクル系——であった。

これに対し、商品経済関係に固有の量関係をなす価値量は、労働量と同じく、社会量ではあるが、しかし、労働量のような、社会的再生産の内部的な量関係ではない。商品経済関係は、価格原理を唯一の活動原理とし、貨幣や資本としての貨幣を活動的組織者として自己展開する、非人格的な、多角的交換系、しかもこうした交換系のそのまた交換系として存在するような、したがって現実的には、多数の交換系の重層的な複合体——多重的ネットワーク——としてのみ存在するような、交換系であって、このようなものとして、それは、本来、農業的再生産を基軸とする地域的な社会的再生産系の外側に、それらを外部から結合するものとして発達してきた世界系であった。

したがって、それに固有の量関係をなす価値量は、こうした重層的な交換世界の内側でもっぱら交換関係をとおして形成されるような量関係、より具体的にいえば、貨幣や資本としての貨幣の活動をとおして重層的な世界市場価格として形成されるような量関係――世界量としての量関係――であって、そうした価格関係のうちには、世界市場的に結合されている種々雑多な社会的生産体の相互関係や、それらを基盤にする種々雑多な国家的、政治的相互関係等々も、無差別かつ広範に溶解されているのである。

しかも、こうした商品経済系の全体は、農業的再生産を基軸とする社会的再生産系のような、実質的、実体的なリサイクル系をなすものではない。たしかに、資本としての貨幣は、交換価値の自己循環体、リサイクル体をなすが、そしてこのようなものとして、商品経済世界の活動的組織者をなすが、しかしそれは、商品経済世界の特殊的部分――媒介的、活動的部分――であって、その全体ではない。商品経済世界の全体は、こうした資本としての貨幣の活動にもかかわらず、最後まで表皮的な部分性を根本特質とする世界系にとどまらざるをえないのであって、その自己完結的全体性は、たんに自分と他者との相互関係を、自分自身の価格原理だけによって処理するという点にあるにすぎない。

それゆえ、労働量と価値量との一致――社会的労働系と世界市場的な交換価値系との一致――は、きわめて限定された特殊的条件のもとでのみ生ずる、しかも実質的にではなく、仮想的にのみ生ずる、例外的な一致であるとされなければならない。

そしてまさにそうした特殊的条件こそが、資本としての貨幣――世界商業としての貨幣――による、世界市場の生産基軸としての、資本主義的大工業の組織であり、またそうした資本主義的大工業による近代的工業労働力の創出と包摂なのである。

四　資本主義的大工業と世界市場

われわれは、以上のような第二篇につづく、最後の第三篇の「資本主義的大工業と世界市場」を、次の三つの下位領域から編成する。

　　　　第一章　　　資本主義的大工業と世界市場
　　　　第二章　　　貨幣市場と世界市場的景気循環
　　　　第三章　　　世界市場的景気循環と資本市場

われわれは、これらの三章から成り立つこの第三篇で、ふたたびまた、第一篇の世界市場へと復帰するが、しかし、この世界市場と資本主義的大工業との関係は、第一篇とは違っている。

第一篇では、世界市場は、すべてを包摂する全体としてあらわれ、資本主義的大工業は、この世界市場によって、その内部に、その生産基軸として形成され組織されてゆく特殊的部分としてあらわれた。

　第二篇では、その反対に、資本主義的大工業が、自己再生産的な社会的全体としてあらわれ、世界市場は、その内部的な一過程——社会的総資本の流通過程——へと圧縮され、内化されていた。

　これに対し、この第三篇では、ふたたびまた世界市場が、すべてを包摂する自己完結的な全体としてあらわれるが、しかし、資本主義的大工業によって、そのようなものとして組織され、編成されてゆくものとしてあらわれるのである。

　しかも、この場合、資本主義的大工業は、自分自身を具体的全体として組織し編成してゆくその同じ方法と機構によって、世界市場をそうした全体として組織し、編成してゆくのであって、資本主義的大工業は、まさにこのようなものとして、世界市場の、したがってまたそのうちに包摂されているいくつかの資本主義的国民経済やそれらの相互関係の、組織主体をなすのであり、世界システムとしての資本主義——世界資本主義——の組織主体をなすのである。

　われわれは、上の第一章「資本主義的大工業と世界市場」の冒頭で、こうした資本主義的大工業のそのまた組織主体をなす資本——近代的産業資本——を、まず、個々の資本として、すなわち、個々の資本主義的経営体、資本主義的企業として、定立する。

　第二篇では、われわれは、近代的産業資本を、その内部に包摂される人間労働力の普遍性との関係において、社会的全体として考察したが、しかし、もちろんそれは、この産業資本がみずからを現実的に具体的全体として組織し編成してゆく方法を明らかにするものではなかった。そしてまさにこれが、この第三篇の中心課題をなすのであって、その具体的全体としての編成は、こうした個々の資本主義的経営体相互の競争関係——いわゆる「諸資本の競争」——を出発点とし、基礎とする以外にはないのである。

　この点については、しかし、われわれは、『資本論』に簡単に言及しておかなければならない。

　『資本論』の第三巻は、「資本主義的生産の総過程」——より直訳的には「資本主義的生産の全体過程」——という表題にも示されているように、資本主義的生産の具体的全体としての編成論となっており、またそこでは資本が「相異なる諸資本相互の行動、競争」においてあらわれるものとされているが、しかし、その出発点において、資本

が明確に個々の資本として、個々の資本主義的経営体として、定立されているわけではない。

そしてこれは、『資本論』が、われわれの第二篇にあたる資本主義的生産論の出発点において、資本を、人間労働力の普遍性との関係において、明確に社会的全体として定立しないで、たんに一個の資本を代表単数的にとりだし、その生産過程を個別的に価値増殖過程として考察したことに、対応するものであった。つまり、『資本論』にあっては、資本の生産過程論の出発点に登場する資本の理論的性格が明確にされていないために、この資本主義的生産の具体的全体論の出発点に登場する資本の理論的性格が、前者との区別において、明確にされようがなかったわけである。

『資本論』は、第三巻の理論的規定を、正当にも、「費用価格と利潤」の規定から開始しているが、しかし、このせっかくの「費用価格と利潤」も、資本が明確に個々の資本として定立されていないために、その本質的な意味が見失われている。すなわち、ここでも、資本主義的再生産過程の全体的法則をなす価値法則が、いわゆる等価交換の法則——諸商品の等労働量交換の法則——として最初から前提されているのであり、したがって、生産過程に投じられた資本価値や、そこからでてくる剰余価値が、個々の資本において、そのまま直接的に費用価格や利潤へと転化してゆくものとなっているのである。そして周知のように、こうした利潤がのちに諸資本相互の競争関係によって均等化され、平均利潤と生産価格が成立するものとされているのである。

だが、明らかにこれは、理論的虚構であろう。というのは、商品流通世界は、資本主義的再生産過程の全体にあっては、その内部に内化されている一過程——社会的総資本の流通過程——にすぎず、したがって、その全体は、同一資本価値量の商品から貨幣への、また貨幣から商品への社会的な姿態変換過程にすぎないが、しかし、それは、個々の資本に対しては、それらの外側に展開する市場世界一般としてたちあらわれるからであり、したがって、個々の資本は、そうした市場世界とそこにおける価格体系とを自分の外側に前提して、そこから労働力や原材料その他の生産諸要素を購入したり、自分の商品生産物を販売したりする個々の資本主義的経営体として、活動する以外にはないからである。

しかも、この場合、この資本主義的経営体は、こうした市場世界一般の特殊的限定性——その地方的、国民的、国家的、政治的等々の限定性——とは一切かかわりなく、その生産諸要素をできるだけ安いところで購入しようとするのであり、また、その商品生産物をできるだけ高いところで販売しようとするのである。

市場は、個々の資本主義的経営体にとっては、まさにこのようなものとして、本質

的に、世界市場をなす。

　そして貨幣も、それを市場に投じたり市場から引上げたりするこの資本主義的経営体にとっては、そのようなものとして、本質的に、世界貨幣をなすのであり、また、この資本主義的経営体も、そのようなものとして、本質的に、世界市場的経営体をなすのである。

　それゆえ、われわれは、この第一章の冒頭で、資本を個々の資本——個々の資本主義的経営体——として定立することによって、同時にまた、商品流通世界——第二篇では資本主義的再生産過程の一局面へと圧縮され内化されていた商品流通世界——を、世界市場として定立するのであり、こうして、ふたたびまた、第一篇の世界——世界市場とその活動的組織者としての資本とから成立つ世界——へと、復帰するのである。

　したがって、われわれは、『資本論』第三巻の第一篇の理論領域をなす利潤論を、この第一章で、こうした関係に即して、全面的に再編成し、再展開する。

　すなわち、まず第一に、われわれは、この第一章で、利潤論の出発点をなす「費用価格と利潤」の関係を、こうした世界市場的経営体としての個々の資本主義的企業に即して、再規定する。

　そしていうまでもなく、生産諸要素の購入のために市場に投入した貨幣——貨幣的コスト——を、商品生産物の販売によって市場から回収するという関係こそが、したがって、商品生産物の販売収入が「費用価格」とそれを超える超過分としての「利潤」とに分かれるという関係こそが、この資本主義的経営企業の絶対的な維持再生産条件をなすのである。

　そしてこれが、資本主義的再生産過程の全体的な法則をなす価値法則が、個々の資本主義的経営体を支配し規制する、もっとも根底的で基礎的な形態をなすのであって、いわゆる損益計算書——生産諸要素の貨幣的コストと商品生産物の売上収入との比較対照表——が資本主義的企業にとって死活的な意義をもつ理由は、まさにこの点にある。

　そして利潤が、この損益計算書において、さしあたりまず、個々の資本主義的企業の維持再生産の絶対的必要性から自由となった貨幣の超過分、剰余としてあらわれるということは、周知のところであろう。

　だが、第二に、利潤は、もちろん、こうした貨幣的剰余、貨幣的超過分という形態にとどまるものではない。

　それは、一定期間における投下総資本の価値増殖分として、あるいはより具体的に

いえば、年間総利潤の総投下資本に対する比率として、したがって、利潤率へと総括される利潤として、資本にとっての利潤をなすのである。

そしてこうした利潤率にあっては、資本の全内容と全過程は、したがって、資本主義的企業のすべての具体的な生産活動や売買活動は、投下資本価値の貨幣資本としての大きさと、その投下期間とに、抽象化され、形式化されているのである。

つまり、ここでは、資本は、それがどのような商品の生産に投下され、どのような企業的活動に従事していようと、それらの一切に関わりなく、その貨幣資本としての大きさと、その投下期間とに比例して、一様に自己増殖する抽象的価値として、登場しているのであって、このことは、この利潤率にあっては、すべての資本の、資本としての同質性が、定立されている、ということにほかならない。

それゆえ、まさにこの利潤率において、すべての資本主義的企業は、はじめて相互に、資本として関係する。そしてこの資本相互の関係は、互いに利潤率の量的相違を許しえないという関係、すなわち、利潤率をめぐる諸資本相互の競争関係、したがって、この競争関係による利潤率均等化の関係、でしかありえないのである。

そして資本主義的再生産過程の全体法則をなす価値法則が全面的に貫徹し、個々の資本主義的企業を支配し、規制するのは、こうした利潤率をめぐる諸資本相互の競争関係を通してであって、それが、「平均利潤と生産価格」にほかならない。

そして資本主義的大工業は、こうした利潤率均等化の関係を通して、はじめて、種々な生産部門の均衡的編成からなる、有機的な具体的全体として、みずからを組織し、編成するのである。

だが、第三に、ここで新しい問題が登場してくる。

資本主義的大工業において、こうした利潤率の均等化とそれに対応する生産価格とが成立しうる究極の根拠は、すでにみたように、産業資本が、近代的工業労働力の普遍性との関係において、あらゆる商品をみずから生産しうるものとして、相互に同質的であり、またそのようなものとして相互に内的な分業関係にたっているという点にあるが、しかし、この内的な同質性は、現実には、その投下資本価値の圧倒的部分が、固定資本として、特定の商品の生産過程に固定的に緊縛されているという事情によって、根底的に制約されているのである。

こうして、じっさいには、資本主義的大工業に投下された資本は、巨大な機械や装置に固定された、そしてそれによって個々の特定の生産部門に固定的に緊縛された、個別分散的な特殊的資本にすぎない。それは、現実的には、利潤率に示される形態的同質性も、労働力との関係における実体的同質性も、ほとんど持たないのである。

このことは、次のことを意味する。

すなわち、資本主義的大工業は、利潤率の均等化と、これによる生産諸部門間の均衡的編成とを、みずからに強制する新しい統一的な媒介機構を展開することなしには、自分を一つの統一的な全体として組織し、編成しえない、ということ、これである。

そしてこうした媒介機構は、貨幣的機構、すなわち、銀行資本を活動的組織者とし、中央銀行によって統括される、統一的全体としての貨幣市場以外にはありえないのである。

こればかりではない。

まえにもみたように、資本主義的大工業が社会の全生産部門を包摂する自己完結的な全体をなすというのは、近代的工業労働力との関係において生ずる仮想でしかなく、現実的にはそれは、資本主義的国民経済の特殊的部分、しかも労働人口の比較的小部分を包摂する特殊的部分にすぎない。そしてこうした特殊的部分としては、資本主義的大工業は、その周辺に存在する膨大な半資本主義的、半家業的な中小企業部門や、さらにはそのまた周辺に存在する半生業的な農業部門との同質性は、形態的にも、実体的にも、持たないのである。

そしてこのこともまた、次のことを、すなわち、資本主義的大工業は、統一的な貨幣的機構なしには、すなわち、中央銀行を最終的な統括者とし、銀行資本を組織者とする統一的な貨幣市場なしには、国民経済の全体を一つの統一的な資本主義的国民経済として組織し、編成することはできない、ということを、意味するのである。

しかも、この資本主義的国民経済もまた、それだけで自立して存在するものではない。それは、資本主義的企業の場合と同じく、世界市場をその再生産の根本前提とし、そこからの商品の輸入代金を自分の生産した商品の輸出代金によって回収することを、その絶対的な維持存続条件とするような貨幣的収支体——世界市場的な貨幣的経営体——をなすのであって、資本主義的大工業は、現実的には、こうした国民的な貨幣収支の基盤産業として、資本主義的国民経済の基軸産業をなすのである。

そしてこのことは、資本主義的大工業は、この国民経済全体の世界市場に対する貨幣収支を、統一的に規制し統制する貨幣的機構を展開することなしには、それを一つの統一的な資本主義的国民経済として組織し、編成することができない、ということを意味する。

そしていうまでもなく、こうした貨幣的機構もまた、中央銀行を統括者とし銀行資本を組織者とする統一的な貨幣市場以外にはありえないのである。

つまり、資本主義的国民経済は、中央銀行を頂点とするこうした貨幣市場的統括体をなすものとして、はじめて現実的に、世界市場の内部で、一つの自立的な、自己再生産的な資本主義的国民経済として、あるいはより端的にいえば、一つの国民的な貨幣的再生産体、貨幣的経営体として、存立しうるのである。
　そしてついでに振り返っておけば、まえにもふれたように、重商主義の経済学の鋭い洞察は、発生しつつある資本主義的国民経済を、世界市場に対するこうした国民的な貨幣収支体、貨幣的再生産体として、描き出したという点にあったわけである。
　このことは、世界市場の側からいえば、次のことを意味する。
　すなわち、資本主義的世界市場は、こうした国民的な貨幣市場的統括体をなすいくつかの資本主義諸国の国民経済の世界連関と、それに直接間接に従属する、その他の半資本主義諸国や農業諸国の種々雑多な経済とから、成り立つ、ということ、これである。
　そしてじつは、こうした資本主義的世界市場それ自体の統一的な全体編成を媒介するものもまた、貨幣市場、世界的な貨幣市場以外にはありえないのである。
　すなわち、世界市場の中心資本主義国の国民的な貨幣市場が、同時に、世界市場に対する世界的な貨幣市場として機能し、したがって、前者の国民的な中央銀行が、同時に、世界市場に対する世界的な中央銀行として機能する、という関係が、それにほかならない。
　周知のように、産業革命による近代資本主義の確立以来少なくとも第一次世界大戦までは、イギリスの国民的な貨幣市場と国民的な中央銀行が、同時に、伝統的に、こうした世界的な貨幣市場と世界的な中央銀行であって、それが、古典的金本位制度として知られる19世紀以来の国際通貨体制の実体であった。
　そして第一次世界大戦後のいわゆる再建金本位制度の実体も、アメリカのドルを支えにして再建された、こうしたイギリスのポンド体制にほかならなかったのであって、ドル体制がこれにとって代わったのは、第二次世界大戦とその戦後処理過程を通してであった。
　いずれにせよ、資本主義的国民経済ばかりでなく、それらの世界連関を主軸とする世界市場の全体もまた、このように貨幣市場的統括体をなすのであって、まさにこれによって、近代的世界市場は、統一的な資本主義的世界システム、あるいは、一つの世界システムとしての資本主義——世界資本主義——をなすのである。
　そしてこうした世界システムとしての資本主義の現実の編成過程が、中心的資本主義国の中央銀行を軸点とする金の国際移動——世界貨幣としての金の国際移動——と、

経済学原理論序説㈠㈡

岩田 弘

これによって規制される貨幣市場の世界的な拡大縮小と、これによって媒介される世界市場的景気循環の過程にほかならない。

こうして、資本主義的大工業が貨幣市場を媒介にしてみずからを統一的全体として組織し編成してゆく過程は、同時にまた、貨幣市場を媒介とする資本主義的国民経済と資本主義的世界市場の全体編成の過程とならざるをえないのである。

それゆえ、われわれは、第一章の利潤論に続く第二章「貨幣市場と世界市場的景気循環」では、以上のような点を体系的に展開し、最後にそれを世界市場的景気循環論に総括する。

これに対し、最後の第三章「世界市場的景気循環と資本市場」では、われわれは、こうした世界市場的景気循環と資本市場との関係を、考察する。

資本市場は、それ自体としては、証券市場、すなわち株式証券等の配当証券や社債、公債等の利付証券の売買市場、流通市場にすぎないが、そしてまた、こうした流通市場を前提として、それらの証券の売出市場、発行市場をもなすものであるが、しかし、それだけにはとどまらない。

ひとたび、中央銀行を頂点とする統一的な貨幣市場が成立し、中央銀行利子率によって統括される統一的な利子体系が成立すると、この貨幣市場に大規模に集中され集積される社会的資金の一部は、証券市場における株式証券や公社債証券の利回りと貨幣市場の利子率との比較関係を通して、この二つの市場のあいだを自由に流出入し、証券市場で、前者の利回りが後者の利子率に均等化するような証券価格を成立させる。

そして貨幣市場の影響のもとに証券市場でこのような証券価格が成立するということは、貨幣市場が、あるいは、その組織者をなす銀行資本が、証券市場で流通する株式証券や公社債証券を、一定額の利子生み貨幣資本――その大きさを証券価格によって示される一定額の利子生み貨幣資本――とみなす、ということにほかならない。

こうして、株式証券の配当や公社債証券の利子収益が貨幣市場の利子率によって資本化ないし資本還元され、これを通じて、これらの証券それ自体が、利子生み貨幣資本へと擬制されるのであって、このことは、さらにまた、次のことを意味する。

すなわち、たんに証券市場で流通する証券ばかりではなく、全体としての証券市場それ自体もまた、こうした利子生み貨幣資本の売買市場、資本市場へと擬制される、ということである。そしてこれが、貨幣市場が証券市場を自分の従属的な市場として包摂し統合する貨幣的方法にほかならぬのである。

本来の産業企業についていえば、株式証券の利子生み貨幣資本へのこうした擬制は、

もちろん、すべての法律的な株式会社について生ずる事態ではなく、じっさいには、いわゆる一流上場会社、すなわち、その株式、社債が証券市場で恒常的かつ大量的に売買されている一部の巨大会社についてのみ生ずる事態であるが、それにしても、これは、中央銀行を頂点とする資本主義的経済過程の貨幣市場の統括機構や、その現実的過程にほかならぬ世界市場的景気循環過程に対して、巨大な反作用をおよぼさざるをえない。

　すなわち、まず第一に、それは、産業的に投下された一個同一の資本を、性格を異にする二つの存在へと擬制的に二重化するのであって、その一つは、産業に投下され、資本として実際に活動しつつある現実資本としての存在であり、いま一つは、擬制資本——発行株式の証券市場でのいわゆる時価総額によって示される擬制的な利子生み貨幣資本——としての存在である。

　そして周知のように、後者の大きさは、貸借対照表の資産項目に示される現実資本の大きさとはまったく無関係に、貨幣市場における利子率の変動や、株式証券の配当見込みの変動に応じて、絶えず拡大したり縮小したりするわけである。

　こうした資本の二重化は、資本主義的蓄積過程が、現実資本の蓄積過程と、擬制的な貨幣資本の蓄積過程とに二重化するということ、あるいは、より正確にいえば、産業における現実資本の蓄積過程と、貨幣市場における貨幣資本の蓄積過程と、株式証券や公社債証券の時価総額の累積的増大に示される擬制的貨幣資本の蓄積過程とに三重化するということを、意味する。

　そしてこの第三の擬制的貨幣資本の累積には、そのいま一つの形態にほかならぬ土地価格がつけ加わるのであって、発達した資本主義諸国においてこうした擬制的貨幣資本の集積、いわゆる金融資産の集積が、ときとして国民所得の数倍にもおよぶ巨大な規模にまで達することは、周知のところであろう。

　第二に、こうした擬制的貨幣資本の巨大な集積は、これを前提にする特殊な産業群を創り出す。

　すなわち、証券市場で株式や社債を大量的に発行し、貨幣市場と資本市場との金融的連関を利用して、貨幣市場に集積されている社会的資金を投資資金として大規模に動員するような産業群が、それであって、国家やその地方機関の公債発行に大きく依存する産業群も、本質的には、これに属する。

　今日では、種々雑多な公共事業関連産業や、兵器産業や、いわゆる消費者金融に大きく依存する住宅産業や自動車産業等々が、これらの産業群に属するが、歴史的には、それは19世紀50年代以降の鉄道建設の世界的な拡大にともなって急激な発展を開始

した国際的な鉄道建設とその関連産業であった。

　そしてこれが、周知のように、イギリスの世界的な貨幣市場と資本市場を、アメリカの鉄道建設をはじめとする世界的な鉄道建設のためにヨーロッパ資金を大量的に集中動員する世界的な金融的エンジンへと転化させたのであり、またこうした世界的な鉄道建設が、それまでの軽工業に代わって、重工業を新しく資本主義的世界市場の基軸産業として登場させることになったわけである。

　第三に、現実資本と擬制資本への資本の二重化は、擬制資本の統合を利用する現実資本の集中合併や統合を必然にする。

　株式の相互保有や、株式による株式の買収や、株式を担保とする資金調達を大規模に利用する産業企業の集中合併や統合が、それであって、こうした現実資本の集中合併や統合は、当然のことながら、貨幣市場と資本市場の金融的連関を大規模に利用し、金融機関やその代理人によって組織し推進される諸企業の金融的な統合とならざるをえないのである。

　そしてこれらの結果として生ずるものは、株式の相互保有や重役の相互派遣によって結合された巨大資本集団の成立、産業組織と金融組織の特殊な利益共同体の成立、いわゆる金融資本的独占体の成立、にほかならないが、しかし、これらの点については、われわれは、ここではこれ以上に立ち入るべきではないであろう。

　いずれにせよ、貨幣市場と資本市場の金融的連関の役割の増大は、資本主義的経済過程に対する、中央銀行を頂点とする貨幣市場の統括機構を、したがって、その現実的な世界機構をなす世界市場的な景気循環機構を、形式的には完成させるが、実質的には、それを擬制化し、虚偽化し、形骸化せざるをえないのである。

　そしてこれは、そのようなものとして、世界市場的システムとしての資本主義の経済的組織原理の自己完結性とその表皮的限界性とを、最終的に示すものとなるわけである。

第2部
「世界資本主義」の現局面をめぐる鼎談

鼎談
始まった世界恐慌、その歴史的意義を問う

岩田　弘
五味久壽
矢沢国光
(世界資本主義フォーラム)

金融危機から産業恐慌へ

岩田●表記の問題について、まず矢沢さんからご報告をお願いします。

矢沢●2008年秋の「アメリカ発世界金融危機」のその後の展開ですが、一つは金融危機から産業危機に転化しました。特にアメリカで自動車の売れ行きが大きく落ちています。その他の消費も落ちていて、失業が増えています。アメリカだけでなく、日本でも、あの「優良企業」トヨタの赤字1兆円が衝撃を与えています。2008年10～12月期の成長率が年率13％も下落して、これは先進国の中でも最大の下落率だと騒がれています。雇用も、派遣切りが社会問題化しており日比谷公園の「年越し派遣村」は日本社会全体に強いインパクトを与えました。アメリカ、ヨーロッパに続いて日本も、産業恐慌の様相を呈してきました。

オバマ経済対策と「バイ・アメリカン」

矢沢●アメリカでは、オバマの1月20日の大統領就任に世界中が期待を持っている——「オバマ新政権の経済対策頼み」——のようなところがありました。これも後で議論になると思いますが、オバマの8190億ドルの景気対策案が、下院をかろうじて通り、上院で来週早々に採決ということになっています。下院の共和党が結局一人も賛成しませんでした。上院では、共和党にかなり譲歩して、金額8190億ドルもいくらか減らして、通りそうだということになっています［2月13日総額7870億ドルで上院可決］。

その中で問題になっているのは、一つは、「バイ・アメリカン」条項です。これは、鉄鋼など、公共事業に使う資材はアメリカ製品を使わなきゃいけないという条項で、下院の案に入っていたんです。これに対して、ヨーロッパや日本から猛烈な反対があ

り、オバマ大統領も、「バイ・アメリカン」の削除を要求しました。今度の上院の法案では、多少、手直ししたけれども、完全にはなくなってはいないようです。最近のイギリスの『エコノミスト』誌には、「バイ・アメリカン」に対して、非常に強硬な反対の論説が載っていて、「バイ・アメリカンは、1930年代に保護主義で世界経済を分断した過ちをもう一度繰り返すものだ、世界経済を分断化させない責任、保護主義──経済ナショナリズム──の方向に行かせない責任はアメリカにある、だから、アメリカは絶対にこうした経済ナショナリズムを容認するようなメッセージを出すべきではない」と言ってます。世界経済が分断化するかどうかがアメリカにかかっている、というのは、アメリカに対する過大評価のように思います。また、「保護主義」は、どこの国も多かれ少なかれ──農産物だけでなく工業製品についても──やっており、市場原理優先の経済が破綻した今日、従来通りの「保護主義反対」から別の原理への転換が必要かと思います。

オバマ景気対策では、まず、かなり共和党に譲歩した結果、3分の1ぐらい減税が占めていることです。減税は、雇用対策にはあまりならないと言われています。3分の2が、公共支出ですが、それが緊急の景気回復・雇用対策になるのかという疑問があります[オバマは2月26日、2010会計年度(09年10月〜10年9月)の予算教書の大枠を議会に提出したが、その中で、クリーン・エネルギー、医療保険、教育の3本柱を強調した。いずれも、緊急の景気回復に結びつくものではなく、政府のなすべき責任を長期的な視点で提起し、将来展望を描くことによって、オバマ政権への大衆の支持を取り付けることを主眼としているようにみえる]。

景気対策のもう一つの大きな問題は、財源です。昨年からやっている金融救済関連の政府支出が2兆ドル。今回の景気対策を合わせると、3兆ドルぐらいになります。高所得者の減税廃止等で多少の増税はできても、大部分は、国債発行で賄うしかない。国債の消化は、中国や日本が頼みの綱です。果たして大量の国債が消化できるか、ドルの暴落につながるのではないかという問題があります。

景気対策の中味を見て行くと、アメリカの各州の政府に対して合計1000億ドルぐらいの財政支出をするとあります。アメリカの29州が赤字になっているといわれています。アメリカの新聞には、カリフォルニア州だったか、道路に穴があいていて交通事故が起きているが補修の予算がない、そういうところに緊急に出さなきゃいけないとか、書いてあります。日本よりずっとひどい状況のようです。州が雇用する人間もたくさん解雇されていて、そこも救済しなければならない。

収まらぬ金融危機

　金融危機から産業危機へ、と言いましたが、昨年末には収まったかに見えた金融危機が、実はまだ収まっていなかったことが明らかになってきました。アメリカのシティ銀行は実質的に、国有化され、4400億ドルのCDS（クレジット・デフォルト・スワップ）を発行していた米最大手の保険会社AIGが600億ドルの損失（2008年10〜12月）を出し、米連銀は300億ドルの追加融資を決定しました。イギリスでも、もう一度銀行に資本注入しなければならないという問題が持ち上がっています。2008年金融危機では、日本の損失が軽微だというので、国際マネーの逃避先になり、円高になりました。ところがその後日本の産業の落ち込みがひどく、「日本売り」になり、東京株式市場も外国人マネーの引き上げで底なしに下落を続け、円安に振れています。これも一種の、金融危機⇒産業危機⇒金融危機の「負の連鎖」の過程かと思います。

中国の「保八」は可能か？

　世界経済として大きな問題になっているのは、中国の2008年第4四半期の成長率が6.8％だったことです。中国の場合、8％の成長率がないと毎年の新規就業者2000万人の雇用が確保できない、8％が中国の政治的社会的な安定のための危機ラインだと言われています。温家宝首相の「フィナンシャルタイムズ」紙の記者会見（2月1日）では「保八、つまり8％の経済成長確保のために全力をあげて取り組む、4兆元の中国版景気対策もすでにやってる、中国は大丈夫だ」とかなり自信を持っています。実際、自動車を買う時の税金を安くして自動車がある都市の市場では売り切れてしまったとか、消費の一定の拡大が、みられるようです。英誌『エコノミスト』の最近の分析でも、中国の成長率が減ったのは、輸出が減ったからというよりも、むしろ国内の不動産バブルに対して政府が規制して、鉄鋼の消費などが減ったことが大きいんじゃないか、と言っています。輸出は、広州のように輸出産業が中心の地域では確かに大きく減って、深刻な企業倒産・大量失業が起きています。旧正月で帰省していた農民工が2000万人ぐらい広州に戻ってきて、そのうち260万人は職がないんだと、職を斡旋しているという記事がありましたけども、中国全体で見ると、内需が拡大する余地が非常に大きいのではないかと思うんですね。それは、例えば、これは2008年の日本の「通商白書」に載っていますが、中国の家電製品の普及率を見てみると、洗濯機は、都市部では100世帯あたり98台普及しているが、農村に行くとまだ40台ぐらいしかないと言うんです。冷蔵庫も都市部では90台、でも農村では20台、エアコンは、都市部では90台あるが、農村では8台しかない。このように、都市部だけ見ると日本

ともう変わらないという感じがしますが、農村に行くと、日本ではすでに普及が一巡した家電・耐久消費財がまだまだ普及の端緒でしかない、という状況があります。政府の4兆元景気対策には、農村で洗濯機とかカラーテレビとか冷蔵庫とか買うときに補助金を出すというのが入ってます。そういうことでかなり内需が拡大するということはありうるという気がします。

アメリカ経常赤字への対策なし

　あともう一つ問題になっているのは、中国経済の台頭とアメリカの金融危機の関係なんですが、ポールソン財務長官が、これはオバマ政権の前なんだけども、「アメリカの金融危機の一つの原因は中国が経常黒字をたくさんため込んで、そのカネがアメリカに流れ込んできたことだ」みたいなことを言ったので、中国がこれに対して怒っていますが、そういう金融危機の背景になっている中国・新興国・産油国の経常黒字と、アメリカの経常赤字のアンバランス――アメリカが、経常赤字を積み重ねながら、中国等に支えられて消費を拡大してきたという問題――が浮かび上がってきました。それに対するアメリカの姿勢――自らの赤字の責任を棚上げして、カネを貸してくれた方を非難するという――が、ポールソン発言に表れています。オバマ政権になっても、経常赤字をどうやって減らして行くかということがまったく出ていません。

　中国・新興国・産油国側の黒字がたまっているという問題については、温家宝首相の「フィナンシャルタイムズ」記者会見で、「今は世界的な金融危機があるから、それをどういうふうに乗り切るかということで協力はしていく(中国がドルを保有するということをすぐに変えることはない)けど、基本的には、中国は、持っているドルをどう使うかは、中国にとって一番いい方向に使う」というふうなことを言っており、このままアメリカのドルを持ち続けるのでもないというあたりが問題になってきています。1月以降の金融経済危機の主な動きは、以上の通りです。

　――ロシアはどうですか。

五味●ロシアはヨーロッパに引きずられて、景気が下がっている面がある。ルーブルはユーロとの関係を強化していたのですが、対ドルで下がって、前の98年の時の経験があるのでその買い支えをずっとやっていた。

矢沢●産業危機になっているのは、まずアメリカですよね。それから日本もかなりひどい。ヨーロッパは特にイギリスの金融関係がひどいみたいですね。

岩田●その場合どういう産業を問題にしますか。産業危機という場合に、その主軸産業は何かが重大問題となります。さらには、新興産業の危機なのか、旧産業の危機な

のか、が問題となってきます。自動車・住宅はどこに位置するのか、という問題ですよ。どうですかね。

矢沢●一番目立っているのは、自動車の売れ行きが急激に落ちているということですね。日本でもトヨタを始めとして自動車工場は減産体制に入っています。アメリカのGM、クライスラーは、昨年末政府からつなぎ融資を受けましたが、今年に入ってさらに200億ドルの追加融資を要請しています。3月初めまでに再建計画を提出することになっていますが、いったん破産させた上での再編となりそうです。ドイツのGM傘下オペルもドイツ政府に救済資金を要請しており、GMからの分離となりそうです。

五味●ヨーロッパの自動車は、別にアメリカとの関係ではないでしょう。確か、ヨーロッパの自動車がアメリカ市場で占めている比重は、1桁、全部で9％くらいだったと思います。だから、ヨーロッパの場合、ドイツとかフランスとかの自動車産業が、東欧に行って、さらに、それにともなって、オーストラリアや北欧の銀行が東欧に貸し付けて、そこでの自動車産業や家電産業、さらには住宅産業を金融していた。これらの産業のヨーロッパに対する輸出がヨーロッパ金融危機と産業危機で急収縮している。したがって、中心はヨーロッパの地域的問題の中におけるヨーロッパの旧産業としての自動車危機ですね。

岩田の緊急提案

岩田●突然ですが、ここで緊急提案があります。矢沢さんには申し訳ありませんが、矢沢報告の討論をここで打ち切り、予定を変更して、『資本論』第一部「資本の生産過程」のなかの「資本の蓄積過程」論の内容を再確認し、これを基準にして、1929年の世界恐慌と今回始まった08年恐慌とを比較検討するという提案です。これは次の理由によるものです。

①29年恐慌に続く不況期の異常な長期性、第二次世界大戦による兵器生産でこの不況は一応解消しますが、戦争と国家予算による兵器需要によるもの、いわば経済過程外の政府需要によるもので、経済過程自身の自律反転ではありません。
②そこで問題となるのは、自律反転のきっかけと時期ですが、これは第二次世界大戦の戦後危機の処理過程と朝鮮戦争が一段落した後の、1950年代初頭とみなければなりません。つまり、29年恐慌後の不況は、資本主義的経済過程の自律反転によ

る景気の上昇過程に達するまで、1929年から数えて20年余りの長年月を要しているわけです。なぜでしょうか。

③これは、29年恐慌が提起した、あるいはむしろ第一次大戦後の1920年代の好況期の資本主義的蓄積過程が提起した課題の巨大さと重さによるものとみなければなりません。さきの20年余りの不況の年月は、資本主義的経済過程がこの課題の解決に要した年月ということになります。

④では、この課題とは何でしょうか。それに原理的な回答を提供するものが、さきの『資本論』第一部の資本の蓄積過程論にほかなりません。

『資本論』の蓄積過程論は、宇野弘蔵の『経済原論』と、われわれが執筆した鈴木鴻一郎編の『経済学原理論』とによって、かなり仕上げ作業が付加されていますが、それを加味して説明しますと、その内容は次のようなものとなっています。

①資本主義的蓄積過程は、相異なる二つの蓄積過程、すなわち、既存の生産設備を基礎とし資本構成の高度化を伴わない蓄積と、新鋭生産設備による既存生産設備の破棄更新を基礎とする蓄積との互いに交替する二過程から成り立ち、経済恐慌がこの交替を媒介する。
②第一の蓄積はその進展に応じて労働者の雇用を増加するためにその一定の進行段階に労賃騰貴を引き起こし、利潤率の低下により行き詰まり、利潤率の低下と利子率の高騰を媒介にして産業的蓄積に急ブレーキをかけ、恐慌となる。生産力の高度化を伴わない生産の量的拡大の進行、これに対する急ブレーキとしての恐慌の作動である。
③この恐慌によって、資本主義的蓄積過程は第二の過程、すなわち、既存生産設備の破棄更新による資本構成の高度化とそれによる生産力の質的高度化を伴う資本蓄積過程へと飛躍する。これが資本主義的生産にとっての恐慌の役割である。

さて、『資本論』の蓄積論に即して以上のような恐慌の役割を確認したうえで、29年恐慌後と08年恐慌との比較の問題に帰りましょう。

29年恐慌の歴史的課題は何であったか

岩田● まず29年恐慌の歴史的役割を明確にするためには、第一次世界大戦後の20年

代の好況期の資本蓄積の性格、その主軸生産力と主軸産業が何であったかを問わなければなりません。一般には、自動車・電機の二つの産業部門からなる製造業の急速な発展が注目されています。

けれども自動車・電機は、産業全体における比重からみれば、主軸産業ではなく、新興産業にとどまっています。主軸産業は、レーニン「帝国主義論」やヒルファディングの「金融資本論」が対象とした古典的重工業、すなわち、第一次世界大戦前夜の列強の鉄道網や海運網の建設合戦を通じて発展した鉄・石炭、機関車・鉄道車両・レール・重機械を主軸とする重工業、おなじみの古典的帝国主義の重工業でした。

これに対し、1920年代における自動車・電機などの製造業の急速な拡大発展は、この時期が古典的重工業から製造業への移行期にあることを意味するものでした。

そしてまさにこれが、29年恐慌とそれに続く不況期の資本蓄積過程が歴史的に背負いこんだ課題でした。だからこそ、資本主義は、この課題を遂行し自律反転に転ずるために20年余りの長期を要したわけです。このプロセスについては、岩田のすぐ後で、五味さんが報告してくださるでしょう。

29年恐慌の歴史的課題とその遂行プロセス

五味●先ほどの資本蓄積論の理論的追究、恐慌論を現実化するということの中で、資本相互間の競争という問題を抜きにしては資本蓄積論を考えることができないという問題が提起されていました。今の不況期の資本蓄積過程という問題もまさにこの資本相互間の競争という問題に関わっています。現在我々が経験しつつある産業危機の推移の中で、「デフレスパイラル」という言葉が流行し、金融危機と産業危機とが相互に因果関係となって悪循環の連関となって進行するという意味で使われています。恐慌とそれに続く不景気というのは、それ自体で意味を持っているのではなくて、産業構造の根底的な変化を媒介する役割を持っており、産業構造の変化を媒介するのと同時に、世界市場構造の変化を媒介するものとして意味を持っているということです。そうした先進国と新興国の矛盾というマクロ経済学の形式的な二分法ではとらえることができない世界構造の変動を分析することが必要です。資本主義の課題がインフレーションへの対処から、デフレーションへの対処に転換したといってもよいかもしれませんが。

19世紀の後半以降資本主義経済は、綿工業投資よりも鉄道投資に牽引されて発展

鼎談　始まった世界恐慌、その歴史的意義を問う
岩田 弘 + 五味久壽 + 矢沢国光

し、このことがマルクス資本蓄積論の事実上の前提となっています。重商主義以来港を拠点とする商館貿易に依存してきた資本主義が、海上貿易に対する鉄道という陸上の支線、さらに製造業を結びつけるネットワークシステムを強化したからです。この鉄道産業が文字通り主導産業となったことを示したのが、1873年恐慌でした。アメリカの1907年恐慌も、世界最大の鉄道産業の整理統合の結果として起こったものです。

　これに対して、自動車の発達は住宅と電機産業の発達をふくんでいるものです。自動車・電機を軸とする新興産業が登場してきたことの意味は、機械機器の製造業が資本主義生産の主軸になったことにある。実体的には、多数の部品製造業ネットワークを形成する中小企業を軸にして、産業システムの物理科学的再編が展開したということです。1929年恐慌とそれに続く不況期の20年余りの過程は、先の岩田報告にあるように、大きく三つの時期――第二次大戦までの不況期、戦時経済の時期、戦後処理に続く発展期に分かれます。

　第一次大戦後、アメリカの自動車がT型フォードに代表される商品から、GMのスローン革命を通してスタイルや美観によって買われる商品になったのは、1925～26年ごろで、フォードがT型フォード製造工場の閉鎖を1926年春に公表し、27年12月にA型を発売したことに表現されています。乗用車保有量は、1919年の677万台が29年に2300万台余まで増加します。ラジオ放送が開始されたのが1920年末で、ラジオが普及しないと例のローズベルトの炉辺談話も、実現できなかったわけですが、1922年から急拡大するラジオの製造に代表される電機産業は、当時一番の新興産業でした。1932年に書かれたバーリ＆ミーンズの本では、1930年初頭の総資産額でみた三大株式会社として、アメリカン・テレフォン＆テレグラム、ペンシルヴァニア鉄道、U・S・スチールが挙げられ、GMは、その6割くらいの規模となっています。優良成長株として、GM、アメリカン・キャン、スタンダードオイル (NJ)、20年代半ばからGE、インターナショナルハーベスター、さらにグッドリッチ、イーストマンコダック、RCA、アメリカン・テレフォン＆テレグラム、アメリカン・ラジオなどが加わります。28年の「大強気相場」は、GM、アメリカン・ラジオ株の上昇に代表され、U・S・スチールもつれて上がった。29年の株式相場の大暴落の時は、モルガン商会を中心とするニューヨーク六大銀行の株式プールが株式を買い支え、U・S・スチールがまず買い支えられた。

　フーヴァーは、恐慌後の1930年6月に高率関税を目指すホーリー・スムート関税法に署名した。恐慌からの自律的反転を待ち、失業問題に対しても、「アメリカの人々が自発的な寄付によって慈善と相互扶助の精神を維持するか否かの問題」という態度

をとり、国家救済をやりません。1931年6月には独墺関税同盟案に対するフランスの反対に端を発したクレディット・アンシュタルトの破綻から始まる賠償及び戦債に関する国際モラトリアム（ドイツの賠償とヨーロッパ連合国がアメリカに支払う戦債を含め各国政府の負債金支払を1年間延期する）を発表しますが、恐慌はドイツからイギリスにおよび、31年9月にはイギリスが金本位制を停止します。その衝撃で債券価格が暴落して、アメリカの銀行システムが危機に陥り、9月305行、10月522行が閉鎖され、金流出が続きます。フーヴァーは、大銀行が共同出資する銀行組織を救う信用共同基金を作りますが機能せず、政府機関復興金融公社を作り、さらに住宅抵当貸付割引銀行チェーンの創設、連邦土地準備銀行の増資を要請し、政府補償を与えました。31年から33年にかけて三次の銀行危機を通して、FRB工業生産指数は、33年3月に59まで下がって底を打ちます。ローズベルトは就任後まず銀行休業を布告し、金の輸出と外国為替取引を禁止し、6〜7月に開かれたロンドン世界経済会議で為替の国際的安定協定への参加を拒絶し、これが世界経済のブロック化のきっかけとなった。FRB工業生産指数は、ローズベルトの最初の100日間に100まで上がりますが、最初の100日間の後8〜11月にかけて下落し72まで下がりました。失業者のための連邦救済が課題となり、NRA（国家復興局）、民間事業局（CWA）、35年に雇用促進局（WPA）が次々に設立されたが道路の改修や建設、公共の建物や学校の修理、公園運動場の建設などの連邦予算による救済事業が、民間企業と競合しないで雇用創出できる分野は限られ、事態は好転しません。35年にはまた、失業保険と老齢者扶助を行う基金を設定する社会保障法が制定されます。1939年に書かれたF・L・アレンの『シンス・イエスタディ』は、「1930年代に平価の切り下げとスペンディング政策の二つだけが効き目をあらわした」と表現しています。ローズベルト2期目の37年夏に、財務長官が均衡予算への復帰を目指す中で、景気後退が起こり、不安定な上昇傾向を示していたFRB工業生産指数は、37年8月の117から38年5月の76まで下がった。1930年代には、資本自身の力による自律的回復はなかったわけで、戦時経済期も軍用車両などの生産が中心でした。

　戦後期は、世界的には第二次大戦の戦後処理とマーシャル援助に代表される戦後復興と朝鮮戦争を経て、その後の世界的軍拡ブームに入る。朝鮮戦争後アメリカ自動車の巨大化重量化路線が開始され、自動車産業がアメリカ製造業の基軸に座り景気上昇します。GMは、1945年から46年にかけての100日間のストライキを経験し、48年にUAW（全米自動車労働組合）と消費者物価に連動させた賃上げを行う労働協約を結んだので、そのコストを製品価格に転嫁したわけです。1950年代末からVWを先頭に

小型輸入車が売れ始めたため、1960年代初めにビッグ3がコンパクトカー市場に進出します。また、アメリカでは1949年にテレビがラジオに代わって一般化し、1951年に全国ネットが始まります。

これに対して、企業間の設備投資競争、過当競争をエンジンとする日本の高度成長の端緒的開始が1955年、ヨーロッパが高度成長に入るのはもう少し前で、ドイツは、1950年に戦前の生産水準を突破し、エアハルトが代表する「ドイツ経済の奇跡」と言われた高度成長に入ります。ヨーロッパにとってはマーシャル援助の役割が大きいということで、アメリカの世界に対する影響力のピークかもしれません。しかし、イギリスとフランスは、朝鮮戦争後の再軍備負担によって立ち遅れ、特にフランスは植民地の遺産でずっとアップアップしている。

08年恐慌の特徴とその歴史的課題

岩田● さて、以上を踏まえますと、29年恐慌と対比されるべき08年恐慌の特徴は何か、またそれは、どのような歴史的課題を背負い込んでいるのか、という問題が浮かび上がってきます。そしてこの場合まず第一に注目すべきは、1970年代初頭から始まったインテル、マイクロソフト社の主導するシリコンバレー革命です。[*1]

シリコンバレー革命は、今回始まった08年恐慌が29年恐慌よりもさらに巨大な、したがってさらに長期にわたる歴史的課題を背負っていることを意味します。それは、次のような理由からです。

①ハードの革命ではなく、人類初めてのソフトの革命、その言語システムの革命です。
②だがそれは、ソフトの革命、言語的コントロールシステムの革命だけにとどまるものではありません。まず第一にそれは、個々の機器それ自体の設計変更や、装置の改良と高度化を要求します。
③第二にそれは、言語的コントロールシステムの対象をなす、生産システム、経済システム、社会システムそれ自体のスクラップ・アンド・ビルドによる根底的な改良・高度化を要求します。
④情報システムによるこうした生産システム・経済システム・社会システムの改造が意味するのは、それらの生体システムへの端緒的接近です。[*2]

さて、08年恐慌の歴史的課題について、以上のような点を確認するならば、その巨大性は29年恐慌をはるかに超える長期性ではないでしょうか。
　こうした長期性を踏まえますと、産業の生体システムへの接近の段階区分は、以下のようなものとなります。

A　第一段階
①第一段階は、既存の機器や部品へのデジタルコントロール機器やCPUの組込です。
②だがこれは、こうした段階にとどまるものではなく、組み込みの対象それ自体の改良・高性能化を必然にします。
③そしてこれは、後者の設計の再検討、これによる抜本的な改良・高性能化を必然にし、ハード機器の革新・高度化へと発展転化します。

B　第二段階
①同じことは、デジタルコントロールの対象となる生産システム・経済システム・社会システムについても生じます。
②これらのシステムにおけるデジタルコントロール・言語的情報コントロールの登場は、これらのシステムそれ自体の言語的システム化・情報化を要求するからです。
③こうしてそれは、これらのシステムそれ自体のハード的な改良・高性能化・革命へと発展転化します。

C　総括と結論
①以上のようなプロセスは、29年恐慌の場合よりもさらに大規模で根底的な、したがってさらに長期にわたる生産システム・経済システム・社会システムの改良・高性能化、スクラップ・アンド・ビルドによるハード面の改革を必要とします。
②プロセスの第一段階は、すでに1970年代のシリコンバレー革命から始まっていますが、それは、進行の一定段階で第二段階を起動させ、それと同時並行的となります。
③こうしたプロセスの進展は、人類の生産システム・経済システム・社会システムの生体システムへの端緒的な接近を意味します。
④生体システムの特徴は、生きた個体の相互コミュニケーションによる、多角的・多層的な分業関係の編成、これによるさらに上位の個体の多角的・多層的な編成にあるからです。
⑤だが生体システム・生物システムへのこうした接近は、人類にとっては、永遠の端

緒的接近にとどまるものとしなければなりません。生物の進化は地球的な時間単位のできごとですが、これと比べれば、新人類の出現以来の人類史はまだ一瞬でしかないからです。

矢沢●岩田先生の「言語」論と「生体システムへの接近」論は、ぼくには何回聞いても、納得できません。また、世界資本主義分析の方法論として、このような形で「生体システム論」を持ち込むこと自体疑問ですが、これについてはまた別の機会に詳しく述べたいと思います。[*3]

産業再編と世界市場再編

中国経済をどう見るか

五味●1970年代以降の産業発展の大きな位置づけが出てきました。この問題を追究するには座談会形式ではなく、論説が必要です。座談会はここで終わった方が良いかもしれませんが、今の箇条書き的総括には、中国の台頭の問題が直接には触れられていませんので、ここで取り上げておきましょう。現在の中国は、アメリカとヨーロッパの産業恐慌の影響を受けて景気が悪くなっているだけなので、世界的産業恐慌のもう一つ外側にある。したがって、われわれが世界恐慌と関連して中国を取り上げることの意味は、中国が、現在の世界的な産業恐慌・不況の過程を通して次の世界経済の発展を担う主役として登場する力を持っていることにあります。これに対して日本経済は、資本が自力で現在の産業恐慌から復活する力を持っていないという点で、アメリカやヨーロッパの経済と同じです。しかし、日本経済がアメリカやヨーロッパの経済と異なっている点は、日本経済がそれ自体でグローバルな世界を形成している中国経済圏の一部分とすでになっていることであり、それが日本経済にとっての救いとなっていることを日本の企業家たちは知っているため、日本の企業家たちは、中国経済の復活と中国市場に期待をかけています。つまり、日本経済の展望について触れることは、中国経済の展望について触れることなのです。しかし、日本では中国経済の行き詰まりや限界、さらに中国進出日本企業のヴェトナムやミャンマーへの移転が報じられていて、その延長線上にインド経済の方が中国経済よりも発展の展望があると評価されています。

岩田●先にも言ったように、日本経済の展望について触れることは、中国経済の展望

について触れることに他ならないのですが、日本のジャーナリズムは、そのことには触れないで、その代わりに、インドを持ちあげているということでしょう。インドのIT産業は、IBMの下請けで中国のIT産業とは性格が全然違っています。中国経済は、単純に大きくなったというだけではなく、すでに述べたデジタル産業による新産業革命に入っている。だから、アメリカのシリコンバレーの性格をおさえておく必要がある。一般的な理解は、シリコンバレーの意味がわかってない。なぜインテルとかマイクロソフト革命の意味がわからないのか。そこにじつは台湾の華僑の連中が絡んで、アメリカでシリコンバレー革命が起きると同時並行的に台湾パソコン産業が起動する。そして、台湾パソコン産業が起動するということは、華南がその生産基地ですから、華南が起動するということです。デジタル革命の世界史的意味をきちっとおさえないと、それ以降の産業の発展も中国の役割も理解できません。経済ジャーナリズムの最大の限界は、それをきちっとやっていないということです。日本の大蔵省だとか通産省のおばかさんたちもね、それから東大の工学部のばか連中が、大型機だとかスーパーコンピューターばかりに熱中し、パソコンをばかにしている。だから、パソコン革命の革命性と重要性を理解してない。それが理解できないと、70年代以降の世界経済の変化なんかわかりませんよ。その根本は、ネットワークです。ネットワークの接続関係を担当するやつと、そのネットワークの接続システムにメモリーの大倉庫をくっつける。それがあって、はじめて、今のパソコン、パソコン・ネットワークの発展が可能となる。今のシリコンバレー革命は何をやっているかと言えば、新しい製造業を興すわけではない。すでに製造業は主軸になっているわけです。その製造業をコントロールする機構を情報機構によって作り出す、それから産業システム自体を情報化する、そういう問題です。

矢沢●中国の場合には、先ほどちょっと僕、洗濯機なんか農村ではまだ4割ぐらいしかいっていないと言ったんですけど、極端に遅れたところと進んだところとありますよね。このあいだ、温家宝がイギリスで記者会見した時、「皆さんは上海だけ見ると、すごい高層ビルが並んでいて先進国と変わらないと思うかもしれないけど、田舎の方に行けば全然違う、中国は後進国だ」と言っています。

岩田●産業システムそれ自体の比較問題です。日本資本主義だって、ヨーロッパとは全然違う系列をたどった。中国も同じです。中国の場合、中国産業は古代から発達し、清でも産業規模は巨大です。温家宝は中国の産業システムの何が問題かを明確に摑んでいない。中国産業の規模とか実態をどう見るかは、前回もやったが、素材産業の規模から物理的に推定しなければ駄目です。国際収支だとか、ドル換算による評価だと

かは問題にならない。

矢沢●中国は金融なんかですごく遅れていて、あるレベルから下に行くと金融機構がほとんどないと言われています。日本から中国に行った企業が一番商売するのに困るのは、売っても代金を回収するのが非常に難しいということだと言われます。自ら販売店のネットワークを作ればいいんですけども、そうでないと売掛金の回収ができないと、関満博氏の調査報告にあります。

岩田●そうじゃない。日本人が見るから、日本人の先入観でそうなるだけです。G-W-G′をくり返さないと商売なんかできないわけですから、G-W-G′をくり返すということは、G-WとW-G′との連関関係があるということです。金融が発達していないということ自体が先入観ですよ。中国人の経済圏と言ったら、古代以来、長江ですよ。それから黄河ですよ。それを軸にした中原があって、さらに、明以降、華南が展開してくるわけですね。華南は、インターナショナルで、東南アジアはみんな華僑の基盤で、華南の延長です。

五味●中国産業は、これまでの沿海部から内陸部に向かって、長江沿いを中心として、地域的集積——分散ネットワークシステム——を形成しながら発展しています。これまで注目されなかった東北や西北地域の発展が報じられているのは、資源開発の進展の結果でしょう。今回の4兆元の財政支出計画も、鉄道や道路などのインフラストラクチャーに重点を置くもので、地方財政の負担や不良債権化する懸念も一方ではありますが、分散ネットワークシステムの厚みを増すことに寄与することは間違いない。

岩田●中国の経済発展を問題にする場合に、資本主義にとっての発展の根本動力はどこにあるのかという資本蓄積論の原理的原則の問題を考えた上で、それを議論する必要がある。具体的に言いますと、日本の戦後の高度成長は、いったい何だったのか、輸出に依存した成長なのか、それとも内需に依存した成長なのかという問題を考えることです。

　もう一つ歴史的に遡ると、帝国主義段階に入る時に1897年恐慌、次に1907年恐慌があった。もうイギリスは後退しています。アメリカとドイツで独占体制なりトラスト体制ができるプロセスでは、鉄鋼業と鉄道業が産業的基軸となっていた。1907年の前も、1897年の場合も、ものすごい発展・高度成長です。その原動力は、アメリカではトラスト、ドイツではカルテルと呼ぶ独占体が成立しつつある過程で、その独占大企業グループ相互間の分派闘争が、激烈な設備投資合戦を呼び起こしたことにあった。アメリカの場合は鉄道の役割が大きいですが、ドイツでは鉄道の意味はそんなに大きくなく、鉄鋼と石炭ですがね。その場合の独占体制、トラスト体制の確立をめ

ぐる相互の分派闘争が投資拡張合戦をつくり出す。その設備投資を軸にする高度成長になるというのがあの成長だった。この恐慌による再編によって、金融資本が確立した。それと日本の戦後の50年代の高度成長の性格が基本的に同じものです。

そこを踏まえた上で中国経済の発展をおさえると、発展の軸は、中国自身の中の設備競争、投資合戦にあり、それがないとあの経済発展はありえない。では、中国産業の発展の軸は具体的にはどこにあるか。最近のシリコンバレー革命以降の発展、大きく見れば、これは製造業の発展と見なきゃいかんと。鉄鋼だとかセメントだとか重工業を軸にする発展から、製造業を軸にする発展に移行しつつあると。そしてその製造業を担っているのは何かというと、完成品の加工組み立てメーカーではなく、部品を製造する中小企業です。中国にとって重要産業であるのは、家電と新しく伸びてきた自動車でしょうが、家電は中小企業が圧倒的に多いのに対して自動車はもうちょっと規模が大きいです。この二つを軸にする設備合戦が始まり、こうした中国内部の中小企業世界内部の相互の戦争が、投資戦争を引き起こして、それが中国製造業の発展を主導していると見なければならない。ただしこれは僕の推測ですがね。

―― BRICsの中心は中国、インドと今言われている。ロシアは別格で、ヨーロッパ絡みで動いている。イスラムは戦争をかかえている。その場合、パックスアメリカーナの体制がどう再編されていくのか、中国が独自的に突っ走る力があるのか。そのあとインドということになるのか。

岩田●資源価格特に石油価格が下がっているのは、マーケットの自由競争にさらされたら、価格が維持できないためです。市場競争が激化して、資源価格が下がる。そのまた根本は、産業が不況になって停滞したら、資源に対する需要が停滞することです。OPECを念頭に置いて、中近東が主要供給基地だという理解を前提にしながら言うのではなく、どこで掘り出すか、どこで採取するか、最終的な地域拠点が、どう動いているか、ヨーロッパ、アメリカが、中国がどこから持ってくるか、どこを開発するか、日本はどこを目指すか。それが問題です。そこで大きく浮かび上がっているのは、ヨーロッパ、アメリカに関係するのは、氷の下に眠っている北極海ですよね。アジアではシベリア油田を一体どこが開発して、石油資源、ガス資源をどこが使うかと。ロシアの立場から考えればいいんです。ロシアは一体あれをどこに売ったら手っ取り早く、コストが安くて一番儲かるか。そんなものは中国に決まっているわけです。あの資源はヨーロッパには行かないと見なければいけない。建設も中国にやらせればいいので、シベリアの資源は、中国と結合する。

エネルギー価格を長期的に見ると、世界不況が開始されるとエネルギー価格は下が

る。僕の言い方は下がることを前提にした言い方なのです。今までの採掘ではコストが合わなくてみんな赤字になってしまい、エネルギー価格は上昇するというのが、08年までのシナリオだった。今年になって情況が根本的に変わったというのが僕の認識です。世界恐慌が始まったから資源・エネルギー価格は暴落してくる。したがって資源・エネルギー価格の騰貴を前提にしたような計画はすべて採算割れになり消滅するだろうと。つまり29年恐慌と比較するというのは、時期的にいつまで続くかというその問題です。われわれは何を基準にして評価するかという問題です。現在の産業が変化しつつあるが、この変化がどの段階で一段落になるか、デジタル革命を軸にする新しい産業システムに移行するのに何年かかるかという問題ですよ。

矢沢●先ほどの原油価格の話になりますけど、僕はやっぱり将来的には石油価格は上がっていくと思うから、車社会ということ自体が転換していくと思うんですね、エネルギー効率がすごく悪いですから、バスとか電車を利用する都市構造に変わっていくと思うんですね。

アメリカの産業再編成はどうなる?

───アメリカ産業はどういう形で残るのですか。

岩田●アメリカ恐慌がどこを襲っているのか。自動車と住宅でしょう。アメリカの旧産業がやられているが、立ち直る展望がない。アメリカの自動車や住宅は、アメリカの新産業によって見捨てられた産業にすぎないので、そこには展望がないということでしょう。アメリカ産業の展望は、シリコンバレー、西海岸キャピタリズムがどう発展するかにある。シリコンバレーキャピタリズムは、すでに中国と連結し結合しています。アメリカの新産業は、アメリカのナショナルな利害を超えて中国産業と結合しているグローバル産業です。

矢沢●アメリカの三大自動車メーカーが救済を要求し、このままカネをつぎ込んでも全然展望がないけど、ほっとくわけにいかない。日本のトヨタとかホンダが行って、アメリカのメーカーよりも効率よく作っているわけだから、それが将来的に残ると思う。

岩田●ずるずると泥沼にはまりますよ。展望なき泥沼にはまりこんでいる。アメリカにとって展望があるのは西海岸の新産業です。トヨタとかホンダはショボクレた不況産業として残るだけです。なんで自動車販売が低迷しているか。すでにみんなが持っているからでしょう。買い替えを伸ばしても、生活に差し支えないわけです。だから

自動車販売は、既存車や中古車に制約されちゃって、気まぐれに変動するのでしょう。僕なんかはその気まぐれの典型ですが。

五味●確か、アメリカの車の平均的保有年数は、六十何カ月くらいです。日本人は平均年5000キロぐらいしか乗らないですけど、アメリカ人は何万キロか乗るでしょうけどね。NHKで、販売クレジットのGMACをやっていた。車のリースをやって、2年ぐらいで、かなり価格を下げて販売すると買い換え需要も増えるという話です。今まではリースに依存していたのが、最近はリースの期間を終わったらそこで買う、買うと同時に今まで3台持っていたら、夫婦で1台に減らすという話が、「ニューヨークタイムズ」に出ていました。

——— NHKの「アメリカ発の世界自動車危機」で、エンジンにガソリンを供給するインジェクター（精密部品で小さな筒）などGMの高級スポーツ車、SUVの精密部品を主に担当し、ビッグスリーにも供給しているGMの完全系列系部品子会社の話が出ていました。11月のGMの決算期以降も受注が激減するわけで、今後部品を作っていくことができないので、生き残るためにレイオフもし、従業員をランク分けしながらトップクラスの人間を別の産業・医療機器の方に変えていくしかないという。小さい企業だからこそ、医療機器にもいける。このアメリカの中小企業の例と対比して、日本のトヨタのレクサスの内装のダッシュボードを作っている三ツ星化成というメーカーが、中国の広州モーターショーに出てくる新興ハイブリッド車メーカーに、ダッシュボードの内装を作らせてもらえないかという契約をしていく話で、これまでの系列的システムじゃなしに、グローバルに再編していく過程を垣間見せていました。アメリカの方は、そういうかたちで、他の産業なり、グローバルなかたちでは展開していけないのではないかなという気がしましたね。

岩田●あれは特殊な部品メーカーですね。圧倒的に中小企業である部品メーカーは、全部系列化されているわけではなく、中小企業として柔軟に生き残る開発力を持っている。日本企業が中国に出ることは、グローバル市場を開拓するということであり、製品もグローバルに通るものを開発することです。アメリカの部品メーカーがそういう可能性を持ってないかというと、僕は持っていると思います。それが中小企業の部品メーカーの特徴ですからね。

——— 最後に出てきたのは、そこで生き残れる部品会社とそうでないところを、M&Aを行う投資会社が選別する話でした。そういう中小企業が主体となって、ネットワークを結びつける物理的な基盤はあるということですね。それがIT化による産業再編への基盤ともなる。

岩田●そこからマーケットを打開できる新しいもの、新しいある程度の規模を持った企業が成長してくる。

世界経済再編の政治的要因

矢沢●それともう一つは、世界再編の政治的要因です。アメリカはイスラエルを支援して、中東・パレスチナのイスラム社会に敵対し続けた。その結果9・11の攻撃を受け、国民の危機感を背景にブッシュはヨーロッパの制止を無視して、イラク戦争に突っ走り、ロシアだけでなく、冷戦体制時代には同盟関係にあったヨーロッパとも、対立を深めました。中国は表だってはアメリカを非難しませんが、距離を置く。ブッシュ時代のアメリカは、世界から――イスラエルと日本の小泉政権を例外として――孤立した。軍事超大国のアメリカの孤立――「単独行動主義」――は、世界政治の最大の不安定要因になっていたわけです。そのブッシュ政権を全面否定することによって――正確には、全面否定することを期待されて、ですが――登場したのがオバマ政権です。オバマの登場は、世界に対して、戦争ではなく対話によって解決できる、という希望を与えたと思います。キューバでさえ、アメリカとの対話を望んでいます。アメリカとの戦争の一歩前まで対立を深めていたイランも、オバマ政権との対話に向かっています。「戦争ではなく対話」という世界政治の枠組みに転換したことは、現在の世界金融危機・世界恐慌の今後の展開にとって、大きな意味があると思います。

　世界の政治的な枠組みがなぜ重要かと言うと、今「バイ・アメリカン」が問題になってますよね、「ナショナリズムはいかん」、「保護主義は世界経済を分断するから危険だ」と。12月の20カ国の集まりでは、保護主義的な政策は1年間はとらないとみんなで協定して、発表しましたよね。しかし、これまでも多かれ少なかれどの国も「保護主義」をやってるわけで、例えば農業では、アメリカもヨーロッパも日本も農産物保護をやってるわけで、だからWTOで、ちっとも協定に達しないというのがあるわけなんですよね。その時、保護主義になるかどうかというのは、ある程度政治的な話し合いが出来るかということにかかっているわけですよね。アメリカがバイ・アメリカンしたから、それじゃ自国も保護主義やるんだというふうに、お互いに報復的にやってたら、どんどん保護主義の連鎖が拡大し、世界市場が分断されてしまう、というのが実際あると思うんですよね。政治的な関係が友好的かどうかというのが、そういう意味で重要だと思うんですよね。

五味●矢沢さんの主張は、30年代にアメリカが閉じこもったから分断されたということなんですか。いつと比較しているか。

矢沢●そうです。29年恐慌後の世界の政治経済と今日の世界の政治経済の違いは何か、確認することが重要だと思います。29年恐慌の時は、アメリカの資本の引き上げが農業恐慌と絡んでヨーロッパの金融恐慌（オーストリアのクレディット・アンシュタルト銀行の破綻）を引き起こし、ヨーロッパ各国が相次いで金本位制を停止し、ついにイギリスが金本位制離脱に追い込まれます。工業・農業の生産力が大きく資源にも恵まれているアメリカは、国内に閉じこもって閉鎖的なニューディール政策に向かいますが、国内資源のないイギリスは、英帝国連邦諸国を結集してスターリング・ブロックに活路を求めます。岩田先生の『世界資本主義Ⅰ』には、ここら辺の事情が「アメリカの国民的ブロック政策」「イギリスの国際的ブロック政策」と、述べられています。フランス等は「金ブロック」を作り、ドイツは、オーストリア南欧諸国を二国間協定で囲い込んでこれまたブロック経済に進みます。こうした世界経済のブロック化、分断は、ナチス・ドイツの経済政策の結果でもあり、またその強大化の要因でもあり、30年代末の第二次世界大戦に行き着くわけですが、現在の世界金融危機・恐慌にも、保護主義が連鎖的に拡大して、世界経済の分断に向かう危険性があるのか。1929年恐慌と2008年恐慌の、それぞれの世界政治経済の背景を比較した場合、次のような違いがあると思います。

　第一に、世界金融システムですが、1920年代の世界金融システムは「再建金本位制」でした。これは脆弱な金本位制で、そのため、29年恐慌によりアメリカへのドル資本の還流によってヨーロッパの「短期借り・長期貸し」が崩れると、各国は金本位制の停止に追い込まれ、ブロック化に向かうことになりました。それに対して、今日の世界金融システムは、既に71年の金・ドル交換停止以来、金本位制ではなく、弱体化した「基軸通貨ドル」を日本や中国などが支えています。いわば「金本位制崩壊」状態に対する世界資本主義の対応訓練が相当積まれている、と言えるのではないでしょうか。

　第二に、1920～30年代の世界政治は、第一次世界大戦後のベルサイユ講和体制に対するドイツの不信を抱えたままスタートしていました。ドイツとフランスの間に抜きがたい敵対感情があり、ドイツ・オーストリア関税同盟の結成にフランスが反対して潰し（1931年）、それがワイマール共和国崩壊の引き金になるとか、フーバー・モラトリアムにフランスが反対するとか、世界政治は経済危機の促進要因にはなっても、緩和要因にはなりませんでした。今日、ブッシュからオバマへの転換が、戦争から対話への転換となれば、世界政治は、世界経済危機の緩和要因になる可能性があります。

　第三に、世界経済の産業的中心ですが、1920～30年代は、アメリカでした。アメリカ産業の中心は1920年代には既に、鉄道・鉄鋼・石炭、化学等の重化学工業から

自動車・電機・住宅等の耐久消費財製造業に転換しており、耐久消費財の一巡と共に、投資も停滞し、過剰資本が生まれました。この過剰資本が、岩田先生の『世界資本主義Ⅰ』によれば、統一的な国際的貨幣市場の崩壊故に、〈資本輸出─商品輸出〉という関連によっては処理されず、投機的な株式ブームに向かったということです。今日の世界経済にあっては、アメリカの他にEUがあり、ASEAN＋3があり、特に中国の産業的発展は、これからです。「過剰資本」が1990〜2000年代には金融バブルに流れましたがそれが破綻した今日、世界経済システムが転換し、うまく機能するようになれば、新興国にも、また図体は大きくても産業や社会資本が遅れているアメリカにも、投資先はいくらでもあります。ここでも世界政治が戦争ではなく対話の基調を維持できるかが、鍵になります。

オバマの課題

岩田●オバマの課題については、僕が定式化しましょう。これまでの話の出発点であり結論であることは、29年型恐慌を越えるような深みをもった恐慌が、08年に始まったということです。これによってオバマはどういう課題を背負わされるか、その課題をオバマはどこまで解決する解決能力を持っているかという問題です。開始された世界恐慌、あるいはアメリカ金融危機で、オバマはどういう課題を背負わされたかというと、それは簡潔に言ってしまえば、景気対策、雇用対策です。恐慌は、金融危機の段階から産業危機の問題にすでに転じている。産業危機に転じたら何が中心問題になるかというと、雇用です。企業倒産と雇用にどう対応するか。失業問題にどう対応するか──この問題をオバマは突きつけられている。オバマにどういう手がありますかね。

矢沢●オバマに求められている政治的課題がすごく大きいと思う。このままではアメリカが世界の中で孤立して沈んでいく、アメリカの世界政策をなんとか変えて欲しいということがまずある。これまでのアメリカは、産業的には二流国家になったにもかかわらず、軍事超大国であることに頼って、ドルを「基軸通貨」として世界に押しつけてきましたが、まずイラク戦争の失敗で軍事超大国路線が破綻し、次いで、2008年金融危機で、ドル基軸通貨路線も継続不可能になりました。軍事的にも経済的にも「単独行動主義」からヨーロッパ・中国・その他世界との「対話路線」へと転換することによってアメリカの国家的アイデンティティを再確立することが、（オバマを選出し

たアメリカ人から)オバマ政権に期待されていると思います。

岩田●それに対してオバマはどういうふうに応えようとしているかというシナリオで問題を展開しようと思っている。根本問題は、始まった恐慌によって、オバマが客観的に何を強制され、それにオバマは応えうるかという問題です。客観的な大問題は、失業問題ですよ。失業増大、それからそれと関係して、企業が続々倒産しつつある。これにオバマはどう対応するかという問題です。そこで浮かび上がってくるのは、オバマもやっぱりニューディール政策を強制されていることです。

事態は、新たなルーズベルトを要求し、オバマ・ニューディール以外にはないということです。今度の場合は共和党がすでに金融の緊急救済だけでなく、産業救済と失業対策を出している。オバマは、それに付け加えて新しいものを出すというよりも、決断をもって執行できるかという問題です。

五味●オバマが、既存のものとかウォール街の内部事情とかにとらわれないでドライにやれるか、オバマの独自性がいつまでもつのか。

岩田●オバマ個人の独自性じゃなくて、オバマがその任務に当たっているだけだから、そうする以外にないという理解です。

矢沢●僕は、今度出された8000億ドルの景気対策にしても、それで失業がなくなるとかいうことはただちにならない。誰がやっても難しい。だから仮に失業が減らなくても、アメリカ国民が、今まで落ち込んでいた気分を奮い立たせることができれば、成功したという評価になる。

岩田●さっきの8000億ドルは、手始めにすぎず、次から次へと出さざるをえない。

矢沢●8000億ドルじゃ少ないという声もあります。共和党の何人かの議員の支持を得て、議会を通すために、減らさざるをえなかった。

岩田●恐慌が深化したら共和党がそんな態度をいつまで維持できるかという問題ですよね。また新たに追加、追加で、それを承認せざるをえないように議会は追い込まれる。われわれが客観的にどう評価するか。恐慌によってアメリカ大統領は、何を強制されているかという問題です。ニューディールは、たんなる第一歩で、アメリカ資本主義がニューディールによっていかなる再編過程に入っていったかという客観的評価が問題なので、個人の評価などは問題ではない。オバマの場合は、アメリカ恐慌が開始されているため、それに対する対策を客観的プロセスによって強制され、課題として背負わされている。オバマがどういう人間かはどうでもいい問題です。失業問題を短期に解決する方法はない。だけど絶えず失業対策を積み重ねざるをえない。それが事実ですよ。アメリカ恐慌が始まった。始まったけどまだ始まったばかりであって、

これからどんどん深化していく。激烈性はある程度緩和するかもわかりませんけれど、不況が深化していくという過程に入りましたね。

＊1（岩田）【シリコンバレー革命】

　シリコンバレーとは、アメリカ西海岸、サンフランシスコ郊外にある町、ヴェンチャー企業とそれに従事する若者たちが集積している町です。

　では、シリコンバレー革命の特徴、その実体は何でしょうか。一般には、IBMのメーンフレームや科学技術計算用の大型センターコンピュータの周辺機器の開発と理解されています。特に日本や韓国の技術関係官庁や大学の電子計算機研究機関などではそのように理解されています。そしてこれが彼らの生存基盤、存在理由だからです。だがそれは、シリコンバレー革命のデジタル革命としての特性、言語的情報処理革命としてのその特徴から目をそらすものとしなければなりません。

　デジタル革命としての特性は、0と1の二進数の組み合わせを文字記号、したがって＋と－の組み合わせ文字記号とする、そしてこれは意味をあらわす基礎単位、表意文字とする文字言語革命、文書革命です。文書による情報処理革命、文書システムによる情報の体系的な処理革命です。さらに端的にいえば、デジタル革命とは、パソコン革命です。パソコンやワークステーション、ネットワーク装置、記録装置、さらにはネットワークの結節点に接続する大量記憶装置としてのストレージなどなどがその関連機器です。

　これらの機器は、メーンフレームや大型科学技術計算器の付属機器とは異質です。この点を列挙すれば、次のようになるでしょう。

①個々の機器の個別的コントロールシステムであり、そのようなものとしてこれらの機器に組み込まれています。
②これらの機器は、さらにまた生産システム、経済システム、社会システムそれ自体のコントロールシステムとして使用されます。無数の機器を多角的・多層的なネットワークとして使用し、その全体によってこれらの生産システム・経済システム・社会システムをコントロールすることができるからです。
③そのような全体的システムとして、それは、生命体の情報コントロールシステムへの端緒的接近とみてよいでしょう。

　この最後の点については若干の説明が必要ですが、それはすぐあとで取り上げましょう。

＊2（岩田）【生体システムへの端緒的接近】

①第一は、生体システムの特徴とそれへの接近が何を意味するかという問題です。
②生体システムの構成要素は、細胞から各種の器官にいたるまで、その分離培養や他の個体への移植可能性が示すように、生きた独立個体です。生体とは、こうした独立個体のコミュニケーションによる分業と協業のシステム、しかも多角的・多層的な分業と協業のシステムにほかな

りません。それは、数十億年を要する地球の生物学的進化の産物としての生体システムです。
③これと比べれば、新人類発生以来の人類史はほんの一瞬に過ぎません。人類にとっての生体システムへの接近の端緒性は、この点に由来します。それは人類にとっては永遠の端緒性でしょう。

*3（矢沢）【岩田先生の「IT革命・生体システムへの接近論」について】
　岩田先生は、「コンピュータ言語」「生体言語」を人間の言語と同列に扱っていますが、前二者が人間の言語と似ているのは、ごく一部の形式面・機能面だけです。人間言語は、言語を一つの手段として用いる人間――人間の体験・認知・周囲との関わりといった諸活動――が言語の背景に存在して初めて言語となりうるものです。言語は人間活動の一部です。コンピュータはあくまで人間のコミュニケーション手段の一部（しかもきわめて部分的補助的な一部）であり、従ってITの発達の意味するものは、人間社会（産業・金融・社会・政治を含む）の発達によって規制されるものであって、その逆ではないと思います。例えば、ITは、さまざまな社会的集団の民主的並列的ネットワーク形成の手段ともなれば、その反対に、垂直統合的な支配・統治の手段ともなるものだと思います。
　ITが経済に与える影響は、確かに非常に大きなものがありますが、生産過程やサプライ・チェイン・ネットワーク（部品・組み立ての国際分業）、製品開発・部品・組立・販売・サービスといった企業活動の流れの再編、企業の多国籍化＝グローバル化などさまざまな分野にわたりますから、それぞれについて具体的に分析する必要があると思います。また（例えば中国やインドの）産業分析においても、政治・社会の変化、教育の普及、インフラ整備、都市化といった要因と合わせてITの影響を見ていくべきだと思います。
　マルクスの「唯物史観」はマルクス経済学の「導きの糸」であっても、それ以上のものではなかった［むしろ歪めるものであった］ことは、岩田先生が日頃述べていることですが、「生体システムへの接近」は、未来社会への「導きの糸」になるかどうか。構想としてはとても面白いと思いますが、それは世界資本主義分析とは別のレベルのものではないでしょうか。
　アメリカ自動車産業の没落は、単に「自動車は旧産業・ITは新産業」、という問題ではなく、戦時経済下で形成された軍・産複合体的なGM等が80年代の［GEがウェルチの下でやったような］リストラをサボって「多国籍企業」に転換し損なったことが重要だと思います。
　また、29年恐慌、2008年恐慌を分析するとき、「産業構造の転換をいかに媒介するか」という視点も必要だとは思いますが、ぼくは、世界経済分析の目的としては、世界資本主義や今日の国家・社会に対する変革の展望を得るための世界経済分析、という視点が大切かと思います。世界には、未だ明確な主張・組織といった形で姿を現していないにせよ、資本主義と国家のもたらす矛盾を乗り越えようとするさまざまな運動、さまざまな変革の主体が、無数にかつ不断に発生しており、経済分析は、こうした「運動」「変革の主体」にとって、明日に向かって進むべき手がかりを提供するものであってこそ、意味があると思います。
　「資本の運動法則」は、それに対する抵抗や闘争が打ち砕かれて初めて実現するものであり、実現した結果を叙述すれば、「資本の運動法則の自己実現」という形になります。そうした「(過去の) 資本の運動法則の叙述」が重要なものであることは認めますが（そこに経済学の研究者の役割があると思います）、資本の運動法則に対して闘っている人々にとっては、「(現在の) 資本の運動」の分析は、同時に、それにどう対処すべきかを考える際の経済学的基礎でなければ意味がないと思います。

鼎談
アメリカ金融危機が意味するもの
―― 29年型世界大恐慌は始まったのか

岩田　弘
五味久壽
矢沢国光

アメリカ金融危機から「世界恐慌」へ？

岩田●まず、アメリカ金融危機は、アメリカ・西ヨーロッパ恐慌へ転ずるか、つまり、先進国恐慌に転ずるかという問題をやる必要がある。この問題は、アメリカ金融危機がアメリカ・西ヨーロッパ恐慌に転ずるかどうかとそれが世界恐慌に転ずるかどうかという二つの段階に分かれる。中国が巻き込まれないと、アメリカ・西ヨーロッパ恐慌に転じても、ローカル恐慌であり、世界恐慌とは言えません。また現段階では、まず、アメリカ・西ヨーロッパ金融危機がアメリカ・西ヨーロッパ産業恐慌に転ずるかどうかを判定しなければならない。矢沢さんはこれをどう考えますか？
矢沢●すでに、金融危機そのものは、ヨーロッパ金融危機に波及してますよね。
岩田●金融市場が同じですからね。
矢沢●アメリカとヨーロッパは一体化していますからね。でも、中国・インド等新興国への波及は、今のところ限定的だと思うのです。いわゆる、デカップリング論は、金融危機でも基本的には否定されてはおらず、生きていると思います。
岩田●この問題はあとで取り上げましょう。世界恐慌へと発展するためには、中国へと波及し中国恐慌へと発展しなければなりませんが、これは検討を要する問題だからです。
矢沢●インドも、経済的な規模としては中国と並ぶと言われていて、無視はできないですね。
岩田●中国の経済規模は巨大です。ドル為替による評価では実質的規模の3分の1ぐらいに過小評価されています。再生産の実質規模、物理的規模をその基盤をなす素材・エネルギー産業の物理的規模で評価すればアメリカ・西ヨーロッパの規模をはるかに上回ります。インド・パキスタンとは桁違いでしょう。わたくしが指摘したいも

う一つの問題は、10月末の現段階では、アメリカ金融危機がアメリカ・ヨーロッパ産業恐慌へと発展するかどうか、またそれが世界恐慌へと転化するかどうかは、推定不能だという点です。

矢沢●具体的に言えば、今回の金融危機は、サブプライム問題に端を発しています。住宅価格は、8月に16％どーんと下がり、未だに下げ止まりしていない。サブプライム・ローンや住宅金融の仕組みは、住宅価格が右肩上がりにどんどん上がっていくという前提でできていたわけですね。それが破綻するというのは、住宅金融が破綻するだけではなくて、アメリカの消費そのものが行き詰まるということです。アメリカの消費は、貯蓄から消費するのではなく、住宅を抵当にして金を借りて消費するというのがほとんどです。アメリカの消費者金融残高は、GDPの100％に相当するとも言われています。住宅だけではなくて、ローンで買う車の売れ行きが、がたんと落ちていて、ビッグ・スリーが、今、救済してくれと政府に泣きついている状態です。金融危機から、消費の落ち込みへ、そして、産業の落ち込みへと急速に波及しているというのが、アメリカの金融危機の現状です。

五味●住宅価格は、ピーク時から全国平均で18％下落しているそうです。こうした住宅価格の下落によって、全米の住宅約5200万世帯のうち1200万世帯すなわち約23％（06年4％、07年には6％にとどまっていた）が、抵当価格以下の債務超過状態（アンダーウォーターと言われ、ローンの返済自体は続けているのでまだ差し押さえには至っていない予備軍）になっています。他方では差し押さえられて競売された住宅（一戸建て中心の中古住宅販売件数は足元で年率500万戸強、1新築の5倍強の件数で9月には中古住宅販売の35〜40％が差し押さえ競売物件だったという）を、転売目的で買い歩くバスツアーも、まだあるようです。抵当流れ物件（7〜9月期に76.6万件と前年比71％増で底打ちの兆しがまだない）が市場に流入すれば、価格はさらに10％下がるという予測もあります。

岩田●下降しているが、決定的に崩壊したとは言えないでしょう。

矢沢●今のところ、消費の落ち込みを、大規模な財政支出で上昇させようということですね。今日の『朝日新聞』にクルーグマン教授の話が載っていて、そこで、彼は、「思い切った財政支出の拡大をやらなくては駄目だ」と言っています。今のところ、それしか、経済が浮揚するきっかけはないのでしょうか。

五味●住宅価格の下落が激しいのは、カリフォルニア、アリゾナ、ネヴァダとフロリダの4州に集中しており、ロス・エンジェルス、ラス・ヴェガス、サン・ディエゴ、フェニックス、マイアミなどではピーク時から3割前後下落しました。これらの地域の多くは、ヒスパニック系新移民の住宅や定年後の住宅を求める需要があって住宅価

格が上昇し、その価格上昇を当て込んで転売用の住宅建設も行われていたところでしょう。フロリダは、ハリケーン被害の影響もあるようですが。

矢沢● その4つの地域というのは、11月15日の現代史研の河村哲二さんの報告にありましたが、メキシコなどからの移民の住んでいる貧民地帯に重なっています。移民にたいして、今まで、住宅ローンができないという法的な規制があったらしいですね、僕は知らなかったんですが。それは一種の人種差別です。そんな人種差別を解消しようと本当に思ったのか看板なのかわからないですが、それで、サブプライム・ローンを始めた、ということもあるようです。

なぜ世界金融危機になったか

岩田● 自動車なみに住宅まで恐慌になったという仮定を置いた場合に、はじめて、恐慌の結果的影響を論じることができる。29年恐慌と比較しようとすると、そういう仮定を置いた方が明確になります。

矢沢● いきなり仮定の問題に入る前に、金融恐慌がなぜおきたのかという構造的な問題をおさえて、財政政策でほんとに浮揚できるかどうかという問題を見た方がいいと思うんですけど。

五味● 私は、アメリカで金融バブルが起きたところを確認すべきだと思います。今回の金融恐慌の引き金となったサブプライム・ローンが急速に拡大したのは、2004年ごろからで2005年から6年には全住宅ローンの2割程度にまで達したようです。2000年にITバブルが崩壊し株式市場が暴落したため、金利が市場最低レベルまで引き下げられました。住宅ローンの金利も下がり住宅購入ブームが始まったのですが、株式に代わる投資対象を求める人々もそれに加わった。不動産価格の上昇を当て込んで2002年から住宅ローンの基準が緩和され、「変動金利ローン」「利息のみローン」などのサブプライム・ローンが始まったということです。

岩田● 五味さんの主張は、金融危機の原因は、なぜ金融バブルが起きたかというバブルの原因を解かないと、その行き詰まりの判断はできないということですね。したがって、金融バブルの原因の追及に帰着するということですね。

五味● 住宅価格のピーク、クライマックスは、アメリカの場合2006年です。2007年はもうかなり行き詰まりが出てきていて、政府系住宅担保金融機関のファニーメイやフレディマックの行き詰まりが言われ、2008年の金融恐慌に至った。ちなみに、ヨ

ーロッパの住宅バブルとその破綻も、アメリカ以上といわれています。

岩田●じゃあ、金融バブルは、なんで起きたか、それから、その国際的背景はなんだと思いますか？

矢沢●一つは、アメリカの経済成長が消費に依存している面がすごくあるということです。しかも、生産以上に消費していて、最終的には輸入に頼るようなかたちで消費が増える。その分、経常収支が赤字になる。そういう状態が、2000年頃のITバブルで一時すごく高揚したけれども、それが破綻して、それ以降は、経常収支の赤字が増えても消費を増やすというかたちになっているわけですね。

岩田●経常赤字を誰が金融したのか、どこの国が貸し込んだのか、ですね。

矢沢●そこで、国際的な資本移動の問題が出てくるわけです。黒字がたまっているのは、日本や中国や石油輸出国ですが、そこの余剰マネーがアメリカに入って、経常赤字をファイナンスしているというかたちになっています。

岩田●アメリカへ貸し込む能力はどこにあったのか。石油価格が下がったし、景気が下降すれば、石油輸出国の石油収入は激減するのです。そうすると、実質的に黒字になって、アメリカに資金をファイナンスする力を持っているのは誰かということになります。

矢沢●中国と日本と産油国は大きいんじゃないですか。石油価格の上がり下がりはあるけれども、産油国がマネーを持っているということは事実だと思うんです。もっとさかのぼれば、80年代からのイギリスのサッチャー政権とアメリカのレーガン政権の金融自由化によって、資本が大規模に国境を超えて、移動できるようにさせ、ニューヨーク・ロンドンを大きな金融市場にしたということがあります。アメリカの場合には、金融面での収益がGDPの3割とか4割とか言われているでしょ。

五味●アメリカは、GDPの2割、イギリスが、1割をちょっと切るぐらいと言われています。アメリカの方がイギリスより大きいのです。

矢沢●アメリカは、中国とか日本とか産油国から集めたカネを国外に投資した資本投資の収益がものすごく多いわけですね。アメリカが、80年代に金融の自由化をやって、90年代以降、金融立国で儲けて行こうという方向に、ずっと来たということじゃないでしょうか。金融で儲けるために、ヘッジファンドだとかデリバティブだとか証券化商品だとかが、次々と出てきて、マネーゲーム的になってきた。それが破綻したというのが、今回の金融危機の構造的な背景としてあったと思います。

岩田●金融産業の収入を言う場合に、GDPとかGNPと比較するでしょう。GNPなどは実質です。金融産業の収入は、一次的収入ではなく、二次的収入です。一次的収

入と二次的収入を同一次元で比較しても意味がない。

アメリカ産業の二極化

五味● 僕は、アメリカの金融立国という言い方は、一面的であって、アメリカの金融がアメリカの産業を見捨ててそれと無関係に拡大したということを意味しているが、それは、ただちにアメリカの産業全体が駄目になっているとかアメリカの企業が駄目になっているということを意味しないだろうと思います。今、アメリカの企業で、例えば、ジョンソン・アンド・ジョンソンなどの製薬産業とか、国際化しているマイクロソフトとかインテルなんかは、減益していません。中国と組んで国際的に展開しているアメリカの企業は、参っていない。逆に、そういう産業は金融危機とは無関係に展開できているし、ダイナミズムを持っている、と評価しなければならないですね。

岩田● アメリカは、傾いている旧産業と世界的に発展している新興産業とに二極分解している。新興産業代表のマイクロソフトやインテルなどのハイテク産業は、中国に拠点を構築しています。中国とアメリカの両方に足を踏まえたグローバル産業とオールドな自動車や住宅を作っているような産業とに二極化してということでしょう。

矢沢● アメリカの産業にとって問題なのは、そういうインテルとかマイクロソフトとかが、全体の中では小さいことですよね。IT関係の産業でも、はじめは、半導体でもアメリカはシェアが大きかったのが、日本などに負けてきて、今残っているのは、ソフト関係とかCPU生産のインテルとか、ごく一部になってしまって、IT関係でも、多くは、中国とか台湾とかに行ってしまっているということじゃないですか。アメリカの場合、鉄鋼は、60年代からずっと競争力を失ってきて、自動車は残ってたんだけど、自動車が、今、世界的に見て、まったく駄目になってきている。

岩田● その場合、IT産業を、その産業プロパーとして見るのか、ITを軸にする産業システムとして見るのか、という問題があります。IBM型・メーンフレーム型のIT産業の場合には、情報産業プロパーであって、システムといっても、端末の取り替えをしているだけで、既存の産業システムを変更しないわけです。それにたいして、パソコン・ネットワークとか、クライアント・サーバ・システムは、要するに人間が作業主体で、その共同作業をネットワークが組織しているという構造です。だから、機械は、あくまで物的手段・ツールにすぎないわけです。主体は人間であって、人間の世界的な分業関係をネットワークのツールによって組織している。そういうふうに見

ますと、パソコン・ネットワークを軸にするIT革命は、今まだ始まったばかりで、それが産業全体を変更しつつあるわけです。IT産業と製造業も、並列・分散・ネットワークシステムとして、それに、包摂されるわけです、そういうシステムとしてのIT産業と、IBM型の中央集権的なIT産業とはちょっと違うのです。

矢沢●パソコンとインターネットを中心とするIT革命は、確かに、製造業の生産の仕方にも変化を与えており、企業のグローバル化ももたらしています。「サプライ・チェーン・マネジメント」とか「アウト・ソーシング」など、部品の供給・外注・組み立てシステムの大きな変化にものすごく大きな影響を与えていると思います。しかしこうしたIT革命の産業に対する経済効果は、アメリカだけでなくて、世界中に波及しているわけですね。

岩田●もう少し具体的に言うと、シリコンバレーのIT産業と拠点を中国に移しているIT産業とが、グローバルなシステムを組んで、それが産業構造をネットワーク型産業構造に変革しつつあるということです。

―― EUはどうなんですか？

岩田●ヨーロッパは立ち遅れています。

――フィンランドのノキアの携帯電話がヨーロッパの20％以上のシェアを独占していますけど。

岩田●矢沢さんが金融恐慌と産業との関連を言いたいという場合に、アメリカの製造業が駄目になっていることを強調したいのか、それとも、それがアメリカを見捨てて外に行っているけれども企業としては活発に活動していることを強調したいのか、どちらに力点があるんですか？

矢沢●僕は、恐慌になるかどうかという問題を、いきなり仮定の話としてするのではなくて、金融恐慌を生み出した構造的なものは何だったのかということをおさえる中で考えて行った方がいいのではないかということです。

岩田●現在の金融恐慌がさらに発展してアメリカ・西ヨーロッパの産業恐慌へと発展し、クライマックスに達しているという仮定を置いた方が29年恐慌との比較も明確となり、両者の歴史的意味の違いもはっきりしてくるということです。

ニューディール政策とオバマ「第二のニューディール」

矢沢●アメリカの場合、金融危機から消費が落ち込むことによって、自動車産業など

産業面に影響が来て、失業が増えるというようなかたちになっています。そして、経済を浮揚させるためには、大型の財政支出をせざるをえないということになっています。しかし、大型の財政支出ができるかどうかが問題になるわけです。今でも財政は赤字で、さらに赤字を拡大すれば、アメリカの経常収支の赤字拡大がどうなるかということが問題になると思うんですね。

岩田●実体経済の方にお金をつぎ込んだら、きりがなくなる。

矢沢●そもそも財政支出をそんなにたくさん増やすことができるのかどうかということを疑問に思うんですよね。

岩田●それは、具体的にはオバマが恐慌の深化によって何を突き付けられどうするかという問題ですね。

矢沢●けっきょく、国債発行を増やすしかないわけですね。今までアメリカ国債は、日本や中国がたくさん買っていますが、これからも、買ってくれるかどうかが、問題じゃないですか。国債が下落すればドルが暴落するという問題が出てきます。

岩田●ドルが下がることで輸入が減って、アメリカの企業は助かるわけですから、アメリカにとって、危機とは言えないでしょう。ドル危機というのは、ドルを持っている者の危機で、アメリカの危機ではありません。アメリカの政治的威信は低下しますが、それはすでに充分に低下しています。

五味●その意味でドル危機は、まずヨーロッパの金融機関に行ったわけですよね。

矢沢●ドルが下がっても、財政支出によって景気回復していけば、アメリカにとっては危機じゃないでしょうけれども、そんなふうにいくかどうかですね。

岩田●ローズベルトは、それをやったわけです。赤字国債で内部だけに金を注ぎ込んで、景気回復をやったわけです。アメリカの連中は、オバマがそういうことをやるんじゃないか、第二のニューディールに追い込まれるんじゃないか、と言っています。

五味●国内にたいする支出増はジョンソンとかニクソンが実質上すでにやっており、それに「偉大な社会」とか看板をかけていたわけです。

矢沢●ジョンソンは、かなり福祉政策をやりましたね。

五味●今回の産業恐慌がクライマックスに達すれば、ローズベルトがやった規模を上回るニューディールをやらざるをえなくなるでしょう。すると長引くでしょうけどね。

矢沢●29年恐慌の時に、ニューディールで、大規模な財政支出をやったけれども、それでは恐慌から回復できなかったということを、アメリカ戦時経済を研究しておられる河村哲二さんが書いていますけど。

岩田●それは最終的には戦争でやったんですよ。

矢沢●37年に、ふたたび、アメリカは恐慌になるわけですよね。

岩田●ニューディールでは、大恐慌によるアメリカ国内の問題を、外部の、イタリア・ドイツ・日本に押しつけたわけですね。

矢沢●戦時経済によって、はじめて、恐慌から回復した。

岩田●それはね、アメリカの内部矛盾を、外に押しつけたわけですよ。そして押しつけられた方が、戦争を起こしたわけですよ。世界恐慌なしには、イタリア・ファシズムやナチスは出てこないですよ。

矢沢●やっぱり、財政の拡大だけでは、恐慌からの回復はできなかったということはあるんじゃないですか。

岩田●べつに、それに反対しているわけじゃないです。

矢沢●僕が言いたいのは、財政支出を拡大すれば、ドルが下がっても、景気回復できると考えられるのかどうかということです。

岩田●アメリカは、29年型の恐慌によって追い込まれれば、第二のニューディールをやるだろうということです。

五味●それをやって、その結果がどうなるかは、これからの問題です。

岩田●恐慌のクライマックスを仮定するのは、それによってオバマがどうするかという問題を見極めるためですよ。

五味●アメリカ人にとって、現在の危機に直接比較できるものは1930年代におけるローズベルトのニューディールしかありません。オバマが、具体的に何をしようとしているかについて、アメリカやヨーロッパの新聞の論調は、危機においてオバマが新しいニューディールをやることを迫られているというものです。オバマにたいして、ローズベルトのように国民の感じている恐怖に安心を与える才能が必要だ、などと一般的に言っています。昔の映画を見ますと、ローズベルトの当時の演説は、「アクションつまり行動」という言葉（それを引用している記事もありましたが）を、ヒトラーの行動による結集という方針におそらくならって繰り返し使っています。したがって、オバマが選挙期間中に言ってきたこととは別に、今後の危機を通して彼がどういう方向に追い込まれるかが、興味あるところです。オバマ政権は、財務長官にティモシー・ガイトナー、国家経済会議委員長にローレンス・サマーズなどエコノミストをそろえた構成をとり、常識的な策をとったと見られていますが、先行きはわからないでしょう。

岩田●オバマが主体的意志として何をやるかということじゃなくて、彼が状況の深化によって何を強制されるかという問題です。アメリカが29年型の恐慌に入ったという仮定を置けば、彼はオバマ・ニューディールを強制されるので、赤字公債の大量発

行による景気のてこ入れ、失業の救済、福祉の大規模化以外の方法はあるかという問題になります。

── 今、オバマは自動車産業を立て直すことを強調してますよね。

五味●親会社が経営危機に瀕していることは、海外の米系メーカーに影響を与えています。ドイツのオペルは、ドイツ政府に債務を保証してくれと言っています。世界で最も過酷な競争市場となっている中国にある上海GMは、地方都市に販売サービス網を広げる追加投資の体力がなくシェアを落としています。ですから倒産の危機に瀕しているアメリカ国内事業としてのGMの再建には、UAW（全米自動車労働組合）との関係を、民主党のオバマがばっさりとやれるかどうかが議論されているところじゃないですかね。マケインとオバマのディベートの時に主題になったのは金融危機の問題で、マケインの方はまったく議論ができなくて、オバマの支持が上がった。そこから、社会的な不安の解決への期待が一気に来た、それが、今のオバマが置かれた状況と思います。

岩田●倒産による合理化によって、一挙に整理するというのが、経済原則なんですが、その反対がオバマ・ニューディールとなるでしょう。

── それで、失業が増える。

矢沢●そうなると、オバマを選んだアメリカの大衆の期待とまったく正反対になるわけですね。

岩田●その選択が問われるだろうということです。

矢沢●それは経済的な問題だけではなくて、政治的にもイラク戦争の失敗というのは大きいわけで、そこからなんとか抜け出したいというのが、アメリカの人々が「チェンジ」のオバマを選んだ一つの大きな理由だと思うんです。「チェンジ」が、オバマにどこまでできるかということですよね。

岩田●それは、はしっこの問題で、中心問題は、29年型恐慌になったらどうするかです。それ以外の問題はすっとんでしまうでしょう。

五味●アメリカが金融危機に場当たり的な対応を行っているうちに、アメリカに残った基軸産業である自動車産業のビッグ・スリー（中西部にあるという地域性を強調してデトロイト・スリーと言われもします）が、販売の急激な減少（GMが10月に前年同期比45％減）によって、資金不足（08年9月末の手元資金162億ドルだが、1〜9月の資金流出111億ドル）必至となる窮地に陥り、政府支援を求めています。アメリカ自動車産業は恐慌的状況にあるといってよいでしょう。けれども、最近のギャラップ調査では、救済に米国民の46％は賛成だが49％が反対しているそうです。これは、大企業の救済に対する庶民の怒りがあるのと同時に、デトロイト・スリーは北部にあり、アメリカの南部には

日本を含む海外メーカーが進出しているという地域間利害対立の問題もあるでしょう。
　アメリカは、バーナンキなどに言わせれば29年恐慌についてFRB（連邦準備制度理事会）が何もしなかったために不況が深化したと言っていたこととは逆に、日本がそうであったように金融政策では打つ手がなくなって、ゼロ金利と量的緩和に追い込まれようとしています。アメリカは、金融システム救済（スタンダード・プアーズの試算では最大でGDPの24％・3.5兆ドル）を通して膨大な国家債務負担に追い込まれ、09会計年度の財政赤字、9880億ドル、対GDP比7％、これによって09年の国債発行額が1.4兆ドルと08年の1.6倍となると予想されています。現在住宅公社も実質的に国有化し、AIGも管理下に置いていますので、アメリカの政府債務残高（地方政府を含む）は、110％強とイタリア並みになるわけです。今のところアメリカ国債市場には資金が流入し中短期債の利回りが急激に低下していますが、債券王ビル・グロスのトータル・リターン・ファンドは、昨夏から米国債下落を予測して「空売り」を仕掛けていると新聞に出ています。オバマ政権は、2年間で5000〜7000億ドルの財政支出を行い、250万人の雇用を創出すると言い、財政支出による景気刺激政策を拡大する方向に動いています。アメリカはそうすればするほど国債発行に依存せざるを得なくなるが、国内資金に国債消化を依存している日本の場合と違って、海外資金に国債消化を大きく依存しているために、中国資金の流入に待つしかなくなります。中国は、米連邦住宅抵当公社の債券も大量に保有していますが、米財務省の発表によると、08年9月末時点で中国が米国債保有高5850億ドル（前月比436億ドル増、前年同期比約25％増、2000年9月末から8年間で約10倍近くに増えた）と日本の5730億ドルを抜いて初めて首位に立ちました。
矢沢●アメリカは、今までのように、世界の中心として振る舞うことができなくなるということです。

日本はどうなるか？

——日本はどうなんですか？
岩田●日本は、古代から中国世界のメンバーですよ。日本の国家形成も中国からのコピーです。
五味●日本は、古代からもそうなのですが、現在の貿易関係から言っても、中国世界に入り込んでいる。たしか、韓国の貿易の25％が、対中国です。日本が2割で、韓国同様中国との関係が密接になっている。中国経済は、今のところ8％、来年最悪でも

5％ぐらいの成長率となるでしょうから、そこと取引していく以外に日本の生きていく道はなく、アメリカ・ヨーロッパ世界ではなく中国世界の中に入っていることによって、日本経済は守られているということです。

矢沢●経済的には、日本にとって、中国市場との関係は、どんどん大きくなっていくでしょうが、日本の政府やリーダーたちの意識としては、日米安保体制が基本だというのは全然変わっていないわけですね。

岩田●お笑いですよ。アメリカの方は、中国をアジアの主要な相手にしているんです。ニクソンの訪中以来の関係です。日本なんか付け足しでしょう。それを日本の官僚や自民党が、日米関係はアメリカにとって最大重要だと一生懸命、アクセントをつけているんです。国際的にはお笑いですね。

五味●日本の金融危機の克服の経験なんて言っているけど、ブラウンだって笑ってます。あんなのろい金融の処理では駄目だってね。

矢沢●不人気のブラウン首相は、それで支持が高まったわけですからね。

岩田●麻生のあんな発言は、日本の官僚とか国内向けにしか通用しないですよ。業界がそれに乗ってるかどうかは疑問です。

五味●のってませんよ。

岩田●僕もそう思います。

五味●たしか、日立の社長が、日立の今後は、自動車、しかも自動車のIT化、電気自動車に依存しているといっていました。しかし、アメリカやヨーロッパの自動車市場は縮小しています。先にふれたようにアメリカの自動車産業だけでなく、ヨーロッパの自動車産業も環境対策のため公的資金が欲しいと言っています。高級車が売れないからです。それにたいして、まだ世界第2位の自動車市場ですが販売量の増大が見込め、ブランド数も自動車メーカー数も世界一多くて新しい技術革新が進んでいるのは中国であり、そこが、自動車の世界的な中心だというふうに、見られている。つまり、日本は中国世界に入っているのが唯一の安全保障になっており、中国企業の発展のインパクトが日本の企業に影響を与えているということでしょう。

岩田●日本の戦後経済の高度成長を見直す必要があります。あの高度成長のエンジンは、中小企業の多い部品組み立て産業・製造業の過当競争です。通産省、大蔵省は、過当競争、無謀な設備投資合戦であるとしてしきりに警告を発していたのですが、結果は目覚ましい高度成長でした。過当競争による生産拡張自身が、雇用増大による消費需要の創出や、生産財需要の創出を通じて「それ自身の市場」を創り出したわけです。

矢沢●中国については、アメリカの金融危機が中国経済にたいして大きな打撃になる、「デカップリング論」は成り立たない、と多くの人が思っています。
岩田●『日経』も一生懸命それを書いているわけです。『日経』が最近中国の特集をやってるでしょ。あれ、みんなそうですよ。日本を学べと、日本が一番偉いんだから、中国は日本のまねしろという主張を繰り返しています。

中国産業の可能性

矢沢●その理由として「中国は輸出依存度がすごく大きくて、GDPの4割ぐらいの輸出額がある」とされます。また、最近、広州で、おもちゃや靴のメーカーがばたばたと倒産して大量の失業者が発生してデモをやったりしていることもその証拠とされます。
岩田●それは、資本主義は輸出に依存して発展するのかという原理問題でもあります。『資本論』は、商品・貨幣・資本の展開を通しながら、資本の生産過程論において資本蓄積論を展開していますが、マルクスは、そこで資本主義的生産は価値増殖を自己目的とする自分の内部努力によって発展するのであって、輸出や外部需要によって発展するわけではないとしています。
矢沢●だいたい、中国の輸出がGDPの4割といっても、それは販売価格ですから、付加価値としては、それほど大きくないんです。
岩田●日本の戦後高度成長だって、輸出に依存していたわけではなく、「過当競争」をエンジンとする自己目的的な内部蓄積でした。
───それは、アメリカがあった上で、やれたわけですよね。
岩田●いや、アメリカがまだ弱い時だって、ヨーロッパは内部蓄積によって発展していたわけですよ。マルクスの時代がそうでした。
矢沢●でも、新興国の中には、メキシコなど対米輸出に依存して経済成長している国もあり、そういう国にとっては、アメリカの輸入が減れば困るということはあるでしょう。
岩田●固有名詞をあげないとね。固有名詞をあげるとすれば、新興国の代表が中国とインドでしょう。それにブラジルがあるでしょう。あとは、たいした国はないですよ。
矢沢●中国は、輸出額が大きいけども、IT関係の製品なんかは、材料部品のほとんどを輸入品に頼っていて、それを加工して輸出するから、付加価値自体は、せいぜい10％ぐらいで、すごく小さい。
岩田●それは、一昔前の話でしょう。国内で作っていますよ。DELLのパソコン製品

や関連製品も、中国製品ですよ。アメリカ企業自体が生産拠点を中国に移しているわけです。

矢沢●今度、中国が、4兆元の財政支出・景気対策をやろうと言っていますが、その中身を見ると、電力網、鉄道のようなインフラや、教育、医療など、地方政府からの投資も含めて、4兆元ということになっています。

岩田●中国の指導部は、景気対策なんて必要ないということを知らないんですよ。それをやったところで、経済の全体に大きな影響を与えることはできません。

――― あれは、アメリカにたいする協調なんじゃないですか？

岩田●そのとおりですよ。けれどもそれは本質問題じゃない。中国を主導している基軸産業は、電機・電子機器関係と輸送機械・機械機器とから成る製造業です。それらの実体は、部品産業で、その圧倒的な担い手は中小企業です。アメリカでもそうです。じつは、アメリカの自動車産業の実体も、部品産業なんです。上から下まで大企業の一貫生産で通そうとしたのは、一昔前のフォードのT型車だけでしょう。このフォードのT型車に対して挑戦したのは、GM創設者のスローンでした。中小企業をネットワークにして、その上に組織者・統括者としてGMを乗せて、「柔軟な生産」を目指したわけです。GMが多種多様な新型モデルを並列的に生産し毎年モデルチェンジを実施したのはこうした生産システムによるものです。フォードの一貫生産はT型車一車種だけで、結局、GMが勝利したわけですよ。GMは、中小企業をネットワークにして組み立て部門をそのセンターに置いて販売だとか金融を担うというネットワーク型システムです。日本の自動車産業、製造業はそれを真似したわけです。そうした中小企業のネットワーク型生産システムが世界でもっとも適合した国、最適国は、中国ですよ。古代以来の中国農村は、手工業と一体化した高密度農業です。中国ほど、ネットワーク型製造業に適した地域は世界のどこにもないでしょう。それが、今、中小企業の過当競争で、全力疾走しているわけです。

矢沢●GMによって形成されたアメリカの大量生産方式の生産様式がどこかで行き詰まるということがあって、生産性という面から言うと、今、アメリカでは、リーン生産方式と言われていますが、トヨタ式生産方式をまねして取り入れているんじゃないですか。

岩田●リーン生産方式の元祖はGMですよ。フォードの方が一貫生産の余計なアクセサリーがあって太ってダブダブでした。だけども、GMの攻撃の前に崩壊して、A型車に行って、GM型に組織変更をやったわけです。トヨタのリーンシステムは、GMのコピーでしょう。特定ユニットを除けば、トヨタが本社でやっているのは、組み立

てだけです。組み立てをやり、お化粧して、それを販売ルートに乗せて、金融を付けて、一生懸命、セールス、アフターサービスをやっている。トヨタの実体は、愛知県の豊田・刈谷の周辺にある中小企業ですよ。

矢沢●アメリカの場合は、読み書きの満足にできない移民労働者が割合として多いということがあって、そういう労働者でも仕事ができるように、徹底的に仕事・職務を単純化・細分化してきましたね。

岩田●そんなものは、おとぎ話のシナリオですよ。マルクスも、そういうシナリオで機械制大工業論を書いていますが、現実の資本主義の産業では、人間労働は、物的対象物を目的意識的・主体的に加工しなきゃならんわけで、没主体の労働力を集めて部品のように使えるわけがありません。『資本論』の労働過程論はこのことを強調するものとなっています。

────トヨタのテキサス州のサンアントニオの工場も、ヒスパニックとかを雇っていますね。

五味●マルクスは、産業プロセスを実際に知らないインテリでしょ。

矢沢●アメリカは、大量生産方式をそういうかたちでやっていて、労働者の方からそんな仕事のやり方はいやだとなってきて、自動車産業が生産方法の変革を迫られたということがあるんじゃないですか？

岩田●アメリカの大量生産方式の実体を、ふつうは、フォード・システムみたいなものでやっているというふうにイメージされていますが、そうではないですよ。GMのスローン革命は生産システムの大変な革命です。フォードをあれでひっくり返したわけですからね。そのGMの実体をおさえないといけません。通俗的にイメージされているような大量生産方式ではないですよ。

五味●フォード・システムが産業全般に普及したのかどうかというような問題ですよね。もともとそうじゃない。

岩田●フォード・システムの特徴は、一車種生産ですよ。だけど、T型車一本槍でやるということ自身が行き詰まったわけです。

────マルクスはどういうイメージで考えていたのですか。

岩田●マルクスは工場を知らないんですよ。またコミュニストを看板にしていたにもかかわらず、コミュニティ、とりわけ農村コミュニティ、農民共同体を知らないのです。

五味●戦時中の日本の日の丸コミュニティはどうですか。岩田さんたちも勤労動員で狩り出されたのではないですか。

岩田●ところで、フランス大革命でも、パリ・コミューンだとか農村コミューンが決

起しているわけで、フランス革命のコミューン派の後継者たちは、いわゆるアナキストになります。国家なんかすっ飛ばせという主張です。
——それは、そうですよね。

岩田●ロシアの場合もそうですね。ナロードニキたちの主張は、フランス・コミュニストと同じで、国家廃棄ですよ。それにたいして、マルクスは、国家を乗っ取って、プロレタリア独裁で、国家的制度として社会主義あるいはコミュニズムを創出するという発想になっています。

——労働者階級っていう概念が出てくると、だんだんそうなってくるわけですよね。

岩田●それは、ロシア革命がとくにそうですよ。本来のソヴェトは、労働者全共闘みたいなもので、国家を乗っ取ろうとしたわけじゃなくて、国家を吹っ飛ばそうとしたわけです。それをレーニンが騙して、国家にしちゃったわけですね。だから、ナロードニキやエスエル派は、レーニンを革命の簒奪者として追放しようとしたわけです。

五味●そもそもコミュニティの組織原理は国家的政治的な制度とは異質なものなんだということを確定しなくちゃならないですね。

岩田●本来のコミュニストの主張は、自立したコミュニティの協議による社会の編成ということで、国家なんて必要ないということでした。さて、本来の主題から脱線してしまったようですね。このあたりで矢沢さんの問題に戻りましょう。

矢沢●一つは、「中国は輸出依存型の発展だから、輸出が減れば直ちに中国の経済成長が低下する」という見方があります。それにたいして、「数字の上では輸出がすごく多いように見えるけれども、付加価値はひじょうに小さくて、GDPの数パーセントしかない、中国は輸出依存ではない、国内の消費投資が中心の内需依存だ」という見方があって、そのへんの認識の問題があると思うんです。今、4兆元の話が出たんですけど、それが、どういう効果を実際に持つかは別にして、その中にあげられている項目を見ると、インフラ、医療関係、教育など、これまで立ち遅れていた面での投資が挙げられています。日本政府の公的負債は700兆円で、GDPに対する割合は1.7倍と世界一大きいですが、中国の場合はそれが非常に小さい。銀行も貯金に依存して貸し出しをしていますが、貸し出し自体預金の65％と、小さい。したがって、財政も金融も支出を拡大する余地があると言われている。それによって、アメリカ金融危機が中国には波及しない、遮断されているという現実がある。

岩田●それは、中国の金融機構と銀行との関係の問題ですね。金融の原理的な基礎は、商業信用で、企業相互の融通関係です。商品の掛け売りとか、掛け買いとか、手形売

りとか手形受け取りなどの商業信用の基礎の上に、銀行券発行信用が乗っているというのが基本構造です。中国の場合には、その連関がどうなっているかですが、中国の金融の圧倒的部分は、多数の中小企業を含む諸企業相互の貸し借り、企業間信用で、銀行はその一部をおさえているだけでしょう。ただし、中央銀行は銀行券発行権限を持っていますが。

矢沢●そこらへんはどうでしょうか。五味さんの方が中国の経済制度については詳しいと思いますが。

五味●それほど具体的に知っているわけではないですが、中国の銀行は、民間企業に対する金融にあまり関係していなくて、国有企業への融資の比重が非常に大きいと言われています。中国の国有銀行が融資を増やすことは、国有企業あるいは地方政府にたいする融資を増やすことです。今回の4兆元計画は、実質的には鉄道投資計画の前倒しと道路建設がやはり中心になるでしょう。今回の景気刺激政策の4兆元といっても、中国政府は4分の1拠出するだけであとは地方政府がやってくれるだろうという見込みの部分が非常に大きい。中央政府直轄というのはあまりないので、中央政府が予算をつけたことを背景にして地方政府が事業をやるという場合が多いです。地方政府がお金を出す一番手っ取り早い手段というのは、土地売却です。土地売却収入が地方政府収入の4割くらいといわれ、それは今度の農地所有権の確立という問題とも関係します。医療・教育・農業へのより一層の投資といっても、それぞれの地域で事情が違うので、それができるかできないかも地方政府の財政事情によります。ようするに、4兆元プランは、まだ現実の実行計画にはなっていないと思いますね。

矢沢●中国の民間企業は、内部留保で投資しているわけですか？

五味●優良企業は内部留保ですし、民間企業は一般に地域や血縁関係によるお互いの貸し借りに依存しています。売り掛け買い掛けをいかにして回収するかというのが、かれらの腕なんじゃないですかね。

岩田●商人や手工業者の相互貸借関係は古代から発展していますね。

五味●だから、悪く言うと、知らない地方の人に騙されやしないかという警戒心がすごく発達している。

矢沢●貸し借りは、商品の売買にともなうものなんですか？

岩田●商品の信用売り、信用買いです。商品経済につきものです。

五味●商品の信用売買を媒介して。

岩田●商品販売のための手段としての貸し借り関係で、単に、お金を貸し借りするというわけじゃない。

矢沢●手形というかたちをとらないわけですね。
岩田●手形っていうのは、それを証文にするかどうかというだけの問題で、掛け売り掛け買いが根本ですよ。
五味●お互い知り合っている企業の中だったら、それが可能だし、地域はネットワークになっているからそれが可能なんです。問題は、企業が全国的に直営店だけでは展開できないので、代理店を通して販売した際に、その代理店から金を回収できるかどうかが、今の現実的な問題です。
岩田●中国の場合、国有企業の実体は何かという問題を追求しなきゃいけないと思う。80年代に鄧小平が企業改革をやって、その時に、独立採算制、つまり、国家財政と企業とを切り離したんです。80年代の半ばに企業の法人化を、さらには株式化を導入した。株式化といっても、株式市場で株を売買する株式会社はごく一部で、大部分は小さなサークルの共同出資会社です。地域の有力者や資金余力のある連中が、仲間をかたらって共同出資して事業を設立するというのが基本でね、それが発展したのが、株を売買する公開株式会社です。株式会社の圧倒的な部分は共同出資会社です。日本でもそうです。株式会社なんて掃いて捨てるほどあるけど、公開株式会社はほんの一部です。中国の場合だって、基本は共同出資です。親戚・知人・仲間・地域の共同出資です。しかし、国有企業の場合はどうなってるのでしょうか。かつては国家財政で設立したんですが、鄧小平改革で、一応、財政と企業を切り離した。切り離されたら、国家の財政に依存していた企業にとってたいへんなことになりますから、80年代半ばのこの改革は、たいへんな革命だったと思いますよ。しかし、それがないと、外国企業との合弁事業がやれない。それは、独立の法人であってはじめてできることです。鄧小平は、この法人化改革で、国際的な合弁の可能性をつくりだし、それが、中国発展のエンジンとなったわけです。シリコンバレーのデジタル企業も合弁で乗り込んできました。だから、合弁企業は中国産業の国際化の突破口でした。鄧小平の改革開放の最大の成果でしょう。
五味●国有企業は合弁によって発展していると言っていい。とくに化学産業とか自動車では、自分の自主開発が少ない。車の場合ですと、地場の企業から発展した企業の方が、すきまをぬってダイナミックに発展している。
岩田●国際的に合弁している国有企業なんて、国有は、看板だけですよ。
五味●国有企業の工場の敷地の中を仕切って塀を作って、合弁している企業です。他の部門とは交流がない。
矢沢●英誌『エコノミスト』の記事は、中国経済は、合弁によって発展してきている

のであって、逆に言えば、中国独自の研究開発が立ち遅れているという問題があると指摘しています。例えば、テレコム装置のフアウェイ社は、世界第6位のメーカーで収益の10%を研究開発に投入しており、大変技術レベルの高い企業ですが、それでも、核心部分の技術は購入に依存しているとされます。2006年中国政府の科学技術15カ年計画では、土着技術を開発して、外国技術への依存度を60%から30%に引き下げるとしているそうです。

岩田●それは推測で、中国をなめた言い方なんですよ。

五味●韓国のSKテレコムが、石油化学では、中国の方が韓国より一部進んでいると言っています。それから、トヨタの人が、中国の自動車の発展力はあなどれないということを書いたものを自費出版している。おそらく、そういう実感を現場の人は持っていると思いますね。

岩田●中国は、古代以来の東アジアの先進国、センター国です。東アジアの世界帝国ですよね。日本や韓国などは被冊封国で、臣下の礼をとっていたわけです。

中国とインドのIT産業

矢沢●IT産業は中国で大きく展開していて、IBMのパソコン部門を中国が買い取ってやっているということはありますが、ソフトだとか中心部分は、中国が独自に開発したものじゃなくて、アメリカで開発したソフトを使ってやっているという面があるんじゃないですか？

岩田●IT産業といっても、IBMのメーンフレームなどの大型機関連のIT産業と、パソコン関連のIT産業とはまったく異質です。矢沢さんはどちらを問題にしているのですか。

矢沢●マイクロソフトやインテルが開発しているような基盤ソフトやパソコンの基幹部分……。

岩田●パソコン関連産業の方ですか。ハードの方から問題にすれば、要するに、チップ上の半導体とそれをつなぐ配線です。ワイヤード・ロジックというんですがね。ロジックのワイヤード化です。それ自体は、そんなに難しいものではありません。半導体を回路でつなぐだけですから、誰にでも簡単に作れます。

矢沢●それをインテルが世界的に独占するようなかたちになっている……。

岩田●単純な独占じゃないです。インテルは、もともとベンチャー企業から出発して

いるでしょう。大企業タイプで内部を中央集権的に編成しているのではなく、おそらく、独立企業体のグループのようなネットワーク型の組織にしているのでしょう。集積回路は日進月歩で、日々開発していないと存立できないわけです。マイクロソフトもそうですよ。絶えずソフトを改造し、それを使用国の必要に適合させています。大変な作業量でしょう。

矢沢●マイクロソフトに対抗するような基盤ソフトは、中国とか日本とかヨーロッパでは、対抗して作ろうという動きはあるにしても、まだできてないわけですよね。

岩田●代替ソフトは開発できても、コスト的に採算不能でしょう。マイクロソフトやインテル自身が開発部門を各国に持っているわけですよ。DELLだって、半分は中国企業なんですよ。

矢沢●アメリカではIT技術者の数が少なくなっている。それに対して、中国・インドが一番技術者の供給が多い。

岩田●インドは、違いますよ。インドはこれまで大型機、IBMのメインフレームの下請けソフトの作成で発展してきたのですよ。

矢沢●インドも、全国に6キャンパスを持つIIT（インド工科大学）を頂点に工科系の大学・コンピューター関連学校が設立されて毎年12万人のコンピューター技術者が養成されています。

岩田●その実態を調べてみる必要があります。インドのコンピューター事業は、大型機の下請けソフトの作成ですよ。僕もやったことがあるんですけど、あんなプログラム作成労働は、人間頭脳が一日も耐えられないような馬鹿労働です。IBMはそういう労働を下請けにまわしているんですね。それと、パソコンだとかコンピューター・ネットワーク、ネットワーク・サーバーなどの制作は性格が違います。インドが、それに着手しているかどうか、大型機の下請けのIT産業からどれほど抜け出ているか、が問題です。経済規模がかなり大きくなって発展スピードが早くなっているから、着手している可能性があると、わたくしは見てるんですがね。古いタイプのIT産業からは新しいものは出てきません。

資源確保競争と今日の「帝国主義」論

矢沢●中国やインドにとって大きな問題の一つは、これだけ急速に経済成長すると資源・エネルギーをものすごくたくさん使うわけですよね。中国は、鉄鉱石は基本的に

輸入に頼っていて、オーストラリア等から大量に輸入しているわけで、オーストラリアの鉱山開発に投資するとか、アフリカにも投資している。政治的には問題になるミャンマーとかスーダンとかでも、資源確保を優先させて投資しているから、欧米が経済制裁をやろうとしてもそれに乗らない。最近は少し方針転換して、それはまずいから止めろ、というようですが。インドもやっぱりアフリカにすごく力を入れて、投資を増やしている。もともとインドは昔からアフリカとの結びつきが強く、アフリカにいるインド人(印僑)は200万人と言われています。インドと中国がアフリカの資源確保競争を熾烈にやっている状況です。南米にも中国は手を広げています。

岩田●資源確保という場合に、かつての帝国主義イメージで考えるかどうか。安いところから買ってくる、買えるところだったら、どこでも買うというかたちで資源の調達に乗り出しているのか。それとも、自分の縄張りを作って、そこを固めて、そこから独占的に調達するのか。後者が帝国主義のイメージでしたね。わたくしはもうそれは古い昔のイメージにすぎないと思います。

矢沢●資源確保は、かならず相手国の政府との政治的問題が絡んできます。

岩田●アフリカで駄目ならブラジルで買えばいい。ブラジルで駄目ならカナダで買えばいい。これが商品経済的な合理性です。

矢沢●やっぱり政治的な壁にぶつかって実現しないということがあるわけですよね。例えば、中国がアメリカの石油会社を買収しようとしたら、アメリカ議会が、それを拒否してつぶれたということがありましたよね。アメリカは市場の自由化を主張して、アメリカ企業は国境を越えてどんどん外に出ていますが、アメリカだって外国の資本に一番重要なものは乗っ取られたくないということはあるのでしょう。

岩田●そういうアメリカのヘゲモニーが終わった、しかも、それだけではなく、国家が終わった、国家が空洞化したということじゃないですかね。

矢沢●例えば、インドは、アフリカに行って、資源だけ持って来ちゃって、アフリカでは就労も増えない、奪われるだけといった昔の植民地主義と同じやり方はしない、「南北関係」ではなく「南南関係」で行く、と言っている。実際には、ダイアモンドの加工を現地ではやらずに持ち帰ってやる、ということで現地と対立したりしている。しかし、アフリカ人にインドの高等教育で学ぶ機会を増やす等の努力はしているようです。かつての植民地主義から本当に脱却できるかどうか、これからの課題だと思います。

岩田●コマーシャルじゃないですか？

矢沢●市場にすでに出ている物なら金さえ出せば買えますが、土の中に眠っている資

鼎談 アメリカ金融危機が意味するもの
岩田 弘 + 五味久壽 + 矢沢国光

源は、掘り出さないと使えないわけです。掘り出すには資本投資して、鉱山の開発をしなければなりません。ですから、そういうことを配慮してやらないといけないんですね。石油だってそうじゃないですか。投資して、そこで原油開発の油田を作るというところからやらないと原油を確保できないということがあるんじゃないですか。

岩田●コンゴはどういう状況になっているんですか? ブラック・アフリカの最大の地域ですがねえ。

矢沢●中国はコンゴに鉄道、道路、鉱山の建設・開発資金を12億ドル(コンゴ政府予算の3倍)投資しています。コンゴはその見返りに、銅鉱山の開発権を中国に与えています。これは、これまでコンゴに投資してきたヨーロッパに、ある意味では対抗するものにもなっています。

―― コンゴやザイールは内戦がすごいですからねえ。

岩田●近代国家としての統一性をまだ持っていない。その中にいろんなコミュニティなり勢力が併存している、たんなる経済問題だけではないということですか。

矢沢●イラク戦争も、多分に石油資源をめぐって、という面があると思いますね。資源確保をめぐっては、中国、インド、ロシア等新興国も世界政策を展開しています。

世界政治のアメリカ体制の破綻

矢沢●古典的帝国主義と結びつける必要はないと思います。それは、現代的な世界政治の姿と見ればいいと思うんです。

五味●それは、どういう点で問題なんですか?

矢沢●これは、世界金融危機によって崩壊する「パクスアメリカーナ」後の世界の政治体制の問題だと思います。これまでは、アメリカ中心の世界体制があるわけですよね。アメリカの世界政治支配体制に依存・追随しているのは日本だけではなく、ヨーロッパのNATOだってそうです。今回の金融危機で、そういうアメリカ中心の政治体制自体が力を持たなくなっていくと……。

岩田●NATOみたいなのは蒸発してしまったんじゃないですか。

矢沢●いや、NATOは依然としてアメリカのヨーロッパ介入の足場としてあり、だからロシアが……。

岩田●それは形式だけがあるだけであって、ソ連の崩壊とともに、NATOは実質的には蒸発したのでしょう。

矢沢●アメリカはグルジアをNATOに加盟させたい。それにロシアは反対する。ヨーロッパも、グルジアの自由経済への移行は支援するが、グルジアがNATOに入るのはちょっと待ってくれというかたちで、むしろロシアといい関係を作りたいと、サルコジやメルケルが、アメリカをさしおいて、動いているわけですね。

岩田●それは世界の大勢に関わる問題じゃないと思いますよ。

矢沢●今のアメリカの軍事力は、他の国をまとめても対抗できないだけの軍事力はあるんですよね。

岩田●原水爆が使えなきゃ軍事力ではないですよね。

矢沢●軍事力には、核兵器と通常兵器と両方ありますね。核兵器は最初アメリカが持ち、すぐにソ連が持って……。

岩田●インドも持って、中国も持ってる。

矢沢●アメリカもソ連もものすごくたくさん持つようになり、お互いに、核の第一撃だけでは相手を殲滅させることはできなくなった。必ず相手の報復を覚悟しなければならないという時代になったわけですね。

岩田●使えなくなった、無意味になったということです。

矢沢●核兵器は使えなくなったけれども、通常兵器の方で、アメリカは、断然優位に立っている。湾岸戦争で新しいミサイルや兵器を試していますが、アメリカは、地上軍を派遣しなくても、衛星を使った情報とミサイルで、狙ったところを、攻撃・破壊できるという戦力を持っている。これは今後の世界政治を考える上で、無視できません。

岩田●それは、田舎の小競り合いの軍隊でしかないでしょう。ソ連・東欧の崩壊とともに、NATOは意味を失った。後に残っているのは中東などの小競り合いにすぎない。そんなもの、世界の大勢に影響はない。それは、軍事が意味を失ったと同時に、国家が意味を失ったということです。今、国家に残る権限は、中央銀行の通貨発行権限ぐらいのもんでしょう。

矢沢●軍事が意味を失ったというのは、ある意味では賛成なんですけれども、それは「失ってほしい」「失う可能性がある」という意味においてです。今日の臨戦態勢が、必ずしも、戦争の危機が迫っているという感じにはなってないわけですよね。

岩田●臨戦態勢なんて空洞化しています。

矢沢●臨戦態勢そのものはあるわけですよ。アメリカの軍事力に対抗する中国の軍事力は、むしろ増強されています。

岩田●それは、軍人、将校とか、職業軍人・軍事官僚が、困るからですよ。官僚どもの特殊利害によるものです。

矢沢●アメリカの場合は、経済的に軍産複合体が、いまでもかなり強力にあるから、軍事力を大幅に削減したら、経済的に困る人もたくさんいると思いますがね。
岩田●そんなもんは、アメリカ資本主義の本質問題じゃないですよ。
五味●今、南米なんかで、資源ナショナリズムみたいなのが出てきていますよね。かつては、従属理論のフランクなんかが出していたような、70年代はじめぐらいの南米のアメリカ依存という、矢沢さんがおっしゃられたような状況はあったでしょうけど、今は、アメリカだけを相手に商売しなくてもよく、それを買ってくれる需要が中国を中心にしてアジアにあって、アメリカの経済圏から独立できるという政治状況と思いますね。
――反米のね。
五味●反米の。それも、実質的な需要が外側にあるというのが大きな理由だと思います。ベネズエラやボリビアがそうですけども。
岩田●もはや、アメリカは世界的な支配勢力じゃないということですよ。
矢沢●パクスアメリカーナは崩壊しつつあるが、依然としてアメリカの軍事力は大きく、それに対抗する軍事力も増え続けており、勢力均衡の世界政治の論理が残っているとみるべきではないでしょうか。
岩田●それは、軍人どもの特殊利害の産物であって、かれらの言い分をそのまままともに聞くわけにはいかんですよ。矢沢さんの話を聞くと、なんで軍人どもや官僚どもの特殊利害を代弁しなきゃならんかと思うんですが。
矢沢●代弁しているわけじゃなくて、分析した場合の世界の現状が、そういうものに大きく規定されている面があって……。
岩田●そうですかね。
矢沢●例えば、第一次世界大戦がなぜ起きたのかを考えてみると、「帝国主義の矛盾が深まって経済的な矛盾から戦争に転化した」と、レーニンの『帝国主義論』にはそう読める面がありますが、そういう「帝国主義世界戦争の経済的な必然性」だけで世界大戦が起きたというわけじゃないと思うんです。19世紀末から徐々に形成強化されたドイツ・イギリス・フランス・ロシアなどの強国の臨戦態勢があり、世界の勢力バランスがあったわけですよね。それが、何かのきっかけで崩れてしまって、まさかあんな国民を総動員するような世界戦争になるというふうに誰も思っていなかったのに、世界戦争になってしまった。そういう現実があるんですね。しかも、同じことを第二次世界大戦で繰り返した。2回の世界戦争を体験してみて、こんなことを二度と繰り返してはいけないというのが、共通の認識として、ヨーロッパでは、もたれたと

思います。現在、非常に大きな軍事力があり、短期間に国力を総動員した戦争体制が準備できるようになっているということは、つまり、臨戦態勢があるということは、何かのひょうしに大きな戦争に転化する潜在的危険性を秘めているということですよね。それをなくしていこうという考えが、EUにはあるわけです。ドイツ・フランスのEUというのは、そこから始まっているわけでしょう。ヨーロッパの中では、「国家の軍事力の均衡によって形成される世界秩序は脆弱であり、それに依存していては、二度の世界大戦と同じことを繰り返す危険性がある」ということで、各国の軍事的主権を初めとする国家主権を、上のEUの方に棚上げしていくという状況になっているんじゃないですか。軍隊の運用権だけでなく、国家の通貨発行権をEUの欧州中央銀行に委譲し、警察権や裁判権の行使についても、欧州の中央機関に委譲するとか、ある意味では、国家としての自己否定の動きがあると思うんですね。

岩田●ヨーロッパの問題として、ナチの問題をどう考えるか、という根本問題がありますよ。ヒットラーの『わが闘争』における社会民主党に対する怒りと憎しみは、レーテ革命に参加した一プロレタリア兵士の怒りと憎しみ、あるいは少なくともそれを代弁するものですね。コミンテルンの理解は、反デモクラシーにたいするデモクラシーの人民戦線戦術路線というコマーシャルでしたね。もともとフランス共産党やイタリア共産党の主張でした。わたくしが代々木共産党にいた頃、東大のパルタイ連中が、平和擁護闘争はコミュニストの第一義的義務だとか言って、名古屋へオルグに来ました。全共闘の一つ前の世代です。平和擁護闘争が革命党の第一義務だったら、どうしようもないじゃないかって、僕らは、せせら笑っていたんですけども。

「世界危機論」の今日

矢沢●岩田先生は、「危機論」については、どう考えられますか。危機論は、もうないんだとか言っておられましたね。

五味●先生が1964年に『世界資本主義』論を書かれた時の、ドル基軸体制からの危機の展望と現在の危機はどう違うのか、29年恐慌以後の経済過程が、当時考えていたこととどう違うかを言われると、読者に親切かなと思います。

矢沢●昔、岩田先生が1964年に『世界資本主義』を書かれたとき、「ドル体制の崩壊から第二次世界大戦後の戦後体制の危機としての世界危機へ」という問題提起は、「第一次世界大戦によって引き起こされた危機(ロシア革命など)」、「第一次世界大戦後の戦

後体制の崩壊によって引き起こされた危機（ナチス反革命など）」「第二次大戦によって引き起こされた危機（中国革命など）」という三度の世界危機に匹敵する世界危機として捉えられていたわけです。今回の世界金融危機を29年恐慌と比較すると言ったばあい、1964年当時の問題意識とどう違うのか、お話し願えればと思います。

五味●経済の問題を経済でもって締めくくるのか、そうではなくて矢沢さんのように経済の問題を政治の問題つまり危機論として締めくくるのか、という問題でもある。

岩田●64年版の時は、中国の問題を突っ込んで考えていませんでした。64年版は、いわゆる先進国の恐慌・矛盾からプロレタリア革命へというシナリオでした。中国台頭の問題は大きいですね。特に日本にとって大きいんです。東アジア世界というのは、古代以来、中国文化圏の世界漢字文化圏の世界ですよ。日本や朝鮮で国家ができるのは、みんな中国国家のコピーです。中国は、古代以来、清まで、東アジアの先進国ですよ。清は、中国を継承して、中国人以上に中国人になってしまったわけです。

―― かたやオスマン帝国もありましたよね。

岩田●その外側にあるオスマンなどは、インド・アーリア系の人種ですよ。それにたいして、モンゴロイドは中国の世界になったわけです。世界では、基本的には、インド・アーリア系とモンゴル系が二大勢力ですね。その他に、ブラック・アフリカがあるでしょ。ラテン・アメリカはモンゴル系ですからね。基本的には、二つの世界が並行的に発展している。64年の『世界資本主義』では、その問題が脱落しているわけです。

―― 時代的に、まだ、第二次世界大戦の戦後の延長という感じはありましたね。

岩田●大戦間のイメージの延長線上で戦後を見たわけです。まだ、中国問題、中国革命の問題を本格的に考えていませんでした。

矢沢●中国は、まだあの時、文革の前で、人民公社の行き詰まりの調整期という時期ですね。

岩田●今回の修正点は、中国の古代以来の問題を入れたことです。『世界資本主義II』がそれです。

矢沢●世界危機論を現在の時点でどう考えたらいいのかということをお聞きしたいのですが……。

岩田●もはや、先進国を軸にした世界危機は、成立しないということですね。

―― 今度の金融サミットも20ヵ国になったように、先進国だけが行き詰まっちゃってますね。

岩田●ヨーロッパやアメリカには、もはや、それを統合する力はありません。

矢沢●先進国中心の危機論は成立しないとしても、新興国――中国とかインドとか

他の国——を含めての全体の世界の危機というふうにとらえる必要もあるのではないでしょうか。

岩田●今回わたくしがなぜ、中国の歴史を対象にしたかといいますと、古代以来の中国革命は、農民コミュニティを担い手にする革命の世界、易姓革命の世界です。それは、現在まだ継続中で、その過渡的産物が、中国新資本主義になっているにすぎないと思います。

——そういうふうに見た方がいいと。

中国革命と農村コミュニティ

岩田●中国革命の本番はこれからで、中国新資本主義とか中国IT産業とかは、その過渡的産物です。中国コミュニズムは、非常に包容性・包摂性をもっていて、その特殊形態が、現在の中国資本主義でしかないということです。

——もっと西に行くと、イスラム運動、イスラム・グローバリズムが、今、世界史の中に、ふたたび登場し始めていますが、それも同じようなことが言えないですか？

岩田●インド・アーリア集団でくくれば、イスラム・グローバリズムは、キリスト教も含むような似た集団ではないでしょうか。イスラムを強調するのは、その中の一セクトを強調することになります。キリスト教もイスラム教も似た者同士でしょうと。

——今、世界史の焦点が、そっちの方に波及してますよね。

矢沢●今の中国を見ると、鄧小平以来の市場社会主義、あるいは現在の中国の新資本主義というのは、毛沢東が58年の人民公社・大躍進でやった中国の農村コミューン革命をさらに押し進めるみたいな方法で推進して失敗したようなこと——それは理念的にもおかしいところがあったと思うのですけど——の否定の上に、できていると思うんですけど。

岩田●否定じゃないと思います。農村根拠地は、いろんなものを含んでいたから根拠地になったわけです。商人も手工業者も中小企業も資本家も含んでいました。そうした包容性・包摂性が本来の地域コミュニティの姿です。レーニン・スターリンのソ連型ソーシャリズムの方が排他的・独占的で、そうした包容性はありません。だからこそその自由化・市場化は、同時にその崩壊でした。また資本主義の方も、本質的に部分的・表皮的で、レーニン・スターリン社会主義のような排他性はありません。

五味●そうですね。資本主義というのは、部分経済なんですね。

——ソ連共産主義はまずかったとは言えますよね。

岩田●中国革命の原点は、毛沢東の農村根拠地建設闘争でした。民族独立のためにすべての勢力を結合する統一戦線というのがその政治的旗印で、そういう名目の下に、農村根拠地コミュニティ、地域コミュニティの中に、いろんなもの——商人や手工業者、中小企業や資本家などなど——を包摂していたわけですよ。毛沢東コミュニズムの現実主義的な抱擁性といってもよいでしょう。

矢沢●農村コミュニティと言った場合に、その核になるのは、人民公社的なものじゃないですか。でも、人民公社は解体してるわけですよね。

岩田●人民公社を毛沢東が提起した時は、ソ連型社会主義を中国独自の方法で建設しようとしたのです。

——戦時共産主義を持ち込んだわけですよ。

岩田●実際の人民公社運動は、中国の伝統的コミュニティ（家族・地域共同体）とソ連型社会主義の農業集団化との戦争・死闘になったわけですよ。こうなれば中国伝統の家族・地域共同体の方が圧倒的に強力で、ソ連型社会主義・農業集団化路線が吹っ飛んじゃったわけです。鄧小平の人民公社解体、農業集団化停止は、その事後承認にすぎません。

矢沢●その革命の核になるようなものというのは、どんなかたちで存在してるんですか？

岩田●農業と手工業の一体化した地域コミュニティは昔からありました。日本をも含む中国・東アジア農業社会の古代からの伝統です。例えば、人民公社が崩壊して郷鎮企業が出てきたという主張があります。実際には、鄧小平によって農村社会主義の看板がはずれたから、それが表に出てきただけの話ですよ。郷鎮企業はあの段階で設立されたわけじゃなくて、明、清の時代から相当に発展していたわけです。

矢沢●先生のおっしゃる「中国のコミュニティ」というのは、農村の定住農業社会の維持再生産を共同的にやっているというようなものですか？

岩田●そうです。

矢沢●農村ということですね。

岩田●農業が基礎・基盤です。農業を担う組織の一番根本は、家族共同体とその地域的結合体、一括して地域共同体です。中国社会の実体は、家族共同体が地域的に結合した地域コミュニティのネットワークです。毛沢東の根拠地建設闘争は、こうしたコミュニティを原始的に組織したわけでなく、既存の地域コミュニティを革命の武装組織へと再編したことでしょう。中国革命は、古代の「易姓革命」以来そうしたコミュ

ニティ革命の反復以外にはありません。
——あの頃、労働者階級は、ほとんど沿岸部にしかいなかったですから、それは言えますね。
岩田●労働者は、田舎では、地域コミュニティに入っているわけですよ。
——農村ですからね。
岩田●沿岸部や都市にいる労働者コミュニティの場合には、二つのパターンがあります。一つは、工場・職場を基礎にしたコミュニティで、それが決起すると、ロシア・ドイツ革命のソヴェト・レーテ型になるわけですよ。それにたいして、もう一つは、労働者が地域で決起する型です。1871年のパリ・コミューンが最後ですけど、フランスの19世紀型の革命です。
——今、中国もそうとう暴動が起きていますよね。
岩田●都市の労働者コミュニティでしょ。
矢沢●土地を取り上げられたことにたいする反発とかありますよね。
——警察が威張ってるって言いますね。

コミュニティ

岩田●社会の基礎構造は、コミュニティ以外にはないんです。コミュニティというのは、農業なり都市を基盤にする場合には、家族コミュニティの地域的結合でもあり、都市型の結合と農村型の結合があるんです。
——中国は、まだまだこれからですね。
岩田●かれらが暴動を起こしたり決起したりする場合には、コミュニティ以外には組織がないわけです。組織なしには、暴動・決起はありえない。
——日本で暴動が起きないのは、コミューンがなくなったということですか？
岩田●それは、農村が衰弱したからです。でも、都市型のコミュニティ決起はありましたよ。例えば、山谷コミュニティが決起しています。
——今、大学も駄目だしね。
岩田●かつての米騒動の組織基盤は、都市型コミュニティですよ。
矢沢●資本主義は、そういう共同体を商品経済をとおして解体していく作用がありますよね。中国でも、都市に労働力が何千万人という単位で流出していって、農村に残るのは年寄りばかりだという状況があっちこっちにあります。

岩田●部分的、表層的解体です。
矢沢●基本的には部分的、表層的と見るべきだと……。
岩田●商品経済がコミュニティを全面的に解体して、私的個人の集合体にするというのは、フィクションにすぎません。アメリカだって、広汎に残っているとみなければなりません。

アメリカの政治的変革

矢沢●アメリカの方が、政治的にすごく動くような気がします。あれだけ熱狂的にオバマを支持するというのは、それだけ現状に不満が強いということでしょう。
岩田●アメリカでも、大衆が動く時は、コミュニティが基礎ですよ。
矢沢●アメリカにも、個人だけじゃなくて、コミュニティ的なものがあるんでしょうね。
岩田●都市コミュニティです。
五味●今回の反応も、州ごとに違います。移民が多いところはごった返していて、多くの層から支持されているのも都市型なのか田舎地方なのかわからないし、最後まで票を争ったノースキャロライナは、東海岸でも微妙なところですもんねえ。あそことフロリダも票が割れているじゃないですか。
――その分析を集中的にやっているところです。
岩田●オバマは、現在の金融危機が29年型恐慌に発展すると、大規模な恐慌対策をやらざるをえない。そのモデルは、ローズベルトのニューディールしかありません。市場原理主義なんて吹っ飛んでしまうでしょう。
――もう、吹っ飛びつつあるような気がします。
矢沢●そこまで、自由主義を批判しているでしょうか。
五味●選挙の最後の方は、危機を乗り越えてアメリカ全体をまとめられる指導者を求めるというような雰囲気が出てきましたよね。
岩田●恐慌が深化したら、大変な問題になるでしょう。ローズベルトは、大量失業と大量倒産によってニューディール政策へと追い込まれていったわけですよ。追い込まれたら、オバマがやれることは、財政赤字によるニューディールしかありませんよ。
五味●岩田先生が、第一次大戦後については経済過程の分析は、それほど突っ込んでなくて、政治過程のダイナミズム論でやっていると前に言っておられたけども、危機

論というのは、政治過程のダイナミズム論であって、力学的議論ですね。今回の過程でも、経済的な分析としては29年との比較は経済学者としての重要な一つの仕事になるだろうと思いますよね。僕の感じでは、今度の場合、出てきた問題は、産業構造の変化とそれと結びついている中国巨大資本主義の登場に関わり、その変化の根拠として歴史的な中国社会、アジア社会と現代産業の問題が結びついているわけです。

―― 日本の保守主義がそうとう解体して、よれよれとなっている。日本の伝統的な保守主義を支えた社会的な基盤とか、コミュニティとか、地方もがたがたというかたちで、そうとう疲弊している。そんな情況で、保守主義自身がどう再生するのかですね。

岩田● 保守主義の基盤は農村コミュニティですよね。革命の基盤もまた、コミュニティですよ。生産過程のコミュニティと地域のコミュニティです。問題が重なっていますね。

―― それが大きいですよね。

矢沢● 日本の新自由主義は中曽根政権以来のもので、いわゆる40年体制の保守主義というのは、また別でしょ。

―― いま一番大きいのは、新自由主義の連中ですね。それにたいして、伝統的な保守主義は、非常にやせ細ってきている。

矢沢● 田中角栄の「土建国家」以来、地方農村に手厚く財政を出したんで、日本の農村は豊かなんですね。こうしたばらまき型福祉では駄目だというので、いわゆる新自由主義が出てきたわけでしょ。小泉改革が頂点ですが。今、そっちが駄目だと言われています。

―― 今、巻き返してるんだけど、本来の保守主義のようなかたちでは巻き返せない。自民党も、公明党に支えられてやっと政権維持してきたわけだし、政局で見ても、そういうことが言えるわけです。ひどいもんですよ。

鼎談
現代資本主義と世界大恐慌

侘美光彦
(東京大学名誉教授)

伊藤　誠
(東京大学名誉教授)

岩田　弘
(司会)

［鼎談の遺稿集への収録にあたって］
本鼎談は、何分長いものなので、鼎談の参加者でご健在である伊藤誠さんの本遺稿集の性格へのご配慮を得て、侘美光彦、伊藤誠両氏の発言は討論としても興味深いものであるが、大幅に省略し、岩田の発言を中心にして収録するにとどめた。略とあるのは、お二方の発言がなされた部分である。(編者)

【第一部】
現代資本主義はどのように世界大恐慌を回避したのか

現代資本主義はどのように世界大恐慌を回避したのか

岩田●今回は「現代資本主義と世界大恐慌」という大きなテーマで、侘美さんと伊藤さんに率直に議論していただきたいと思います。私の役割は司会役に限定させていただきますが、本誌の一般読者の理解のために若干の解説的発言が必要かと思います。その場合にはご容赦ください。

次の四つの大きな項目を目安にして順次に議論していただきたいと思います。

第一番目は、「現代資本主義はどのように世界大恐慌を回避したのか」です。この場合の現代資本主義は、さしあたり第二次世界大戦後のアメリカを中心にする資本主義に限定して論じましょう。

第二番目は「新自由主義の台頭と金融不安定の増大」です。伊藤さんの考えに即して言いますと、1973年インフレ恐慌以降の現代資本主義の特徴は何かという問題で

す。もう少し一般的にいいますと、ドル金決済の停止以降の資本主義の特徴は何かという問題です。

　第三番目は「世界大恐慌の条件は再び成熟しつつあるか」です。これは前の二つの議論の総括となるでしょう。

　最後の四番目は「現代資本主義分析の方法論的枠組み」ですが、これは三番目の総括のそのまた総括ということになるかと思います(笑)。

●財政支出とインフレ体制、戦時経済との関連

岩田●では最初の一番目の項目について、まず侘美さんの方から、「財政支出とインフレ体制（戦時経済との関連）」、「ドルを基軸とする固定相場制度への移行」、「インフレの加速と変動相場制度への移行」というサブ項目の順序で、問題提起をお願いします。

戦時経済と大恐慌回避体制

侘美●戦後の資本主義経済を分析するとき、どうしても29年の世界大恐慌との関連を明らかにしておかねばならないと考えます。そのさい一番重要なことは大恐慌の原因は何かということなのですが、これを話すと時間がかかりますので、私の考えている大恐慌現象の重要な特徴だけを挙げてみます。第一に、はじめてアメリカ経済にデフレスパイラルが起こった。第二に、史上最も激しい金融恐慌が起こった。もちろんこの両者は密接に関連しています。そして第三に補足的原因として株価暴落、すなわちバブルの崩壊が起こった。この三つが絡み合ってアメリカ経済が大恐慌に陥ったと考えています。

　それぞれ後の問題にかかわってくるだろうと思いますけれども、経済政策との関係で大変重要なことは、大恐慌は30年代のニューディール政策によっては実はほとんど解決されなかったということです。ニューディールではさまざまな経済政策が実行されるのですが、結局は失敗して、37年恐慌という激しい恐慌を起こしてしまいます。その結果、アメリカ経済は一挙に34年ぐらいの水準に戻る。したがって、30年代のアメリカ経済は遂に29年の水準に戻らないうちに戦時経済に入ってしまったのです。

　ところがその戦時経済では、アメリカ史上最大の高度成長が起こったのです。しかも注意すべきことは、アメリカが参戦する41年末の前と後では経済構造にかなり大きな違いがあったことです。とくにアメリカが参戦する前、つまり「準戦時経済体制」のときに、経済は超高度成長になり、超完全雇用を達成します。そこで、なぜそれが

できたのかということが、重要な問題になってきます。しかもこの期の経済は、まだ完全な統制経済（42年以後の戦時経済の特徴）ではなく、政府の積極的な政策が実施されつつも、市場経済を基礎にした事実上の混合経済的体制に留まっていました。だから、「準戦時経済体制」の原因を明らかにすることが、戦後の大恐慌回避体制とは何かを理解するときに、大変重要な問題となるのです。

戦後的蓄積とフォーディズム

略

ケインズ効果か、フォーディズム効果か

伊藤●有効需要の拡大をケインズ主義的な財政政策が上から引っ張ったというより、労資協約を含む資本と賃労働の生産関係の協調体制が、資本蓄積を通じて有効需要を下から拡大した側面のほうが、実質的にはより重要だったのではないか。そのときに面白いのは、いわゆる古典的帝国主義段階は、鉄道を引いて植民地を巻き込んで有効需要を世界的規模で拡大するということであったのにくらべて、戦後の資本主義先進諸国の高度成長は耐久消費財産業中心にシフトしていったから、比較的限られた先進諸国の内部における人びとの生活上の需要拡大が決定的に重要になっているということです。世界システムとしてみると第三世界諸国は、政治的にはあいついで植民地解放闘争を勝利して自立化しながら、経済的には世界市場でのシェアを低下させ、製品市場としてはいわば切り捨てられて、しばしば農業国や資源産国としてモノカルチュア化し、一次産品供給国にはなるとしても、交易条件を悪化させ続け、先進諸国の輸出市場の側面としてはあまり期待もされず、拡大もしてゆかない。それが第三世界派ないし従属学派の背景をなしている当時の世界市場編成の構造的特徴ではなかったかと思っているのですが、どうでしょうか。

略

岩田●第2次世界大戦とその戦後過程からでてきた政治的・軍事的な財政支出の経済的効果というわけですね。

略

戦後体制の政治的軍事的性格

岩田●景気対策や需要政策といった経済的理由からでてきたものではない。

略

岩田●僕らより少し上の世代が愛読したイタリアの革命家にグラムシという人がいるでしょう。ロシア型の革命ではなく、市民社会の内部に幾重にも重層的なプロレタリ

ア革命の陣地を構築していく長期戦を強調した人です。第一次大戦が西ヨーロッパ戦線では長期にわたる陣地戦と砲撃戦になったという強い印象のもとに主張された革命戦略論です。これに対し第二次世界大戦の特徴は、大規模な機動戦とそのための補給戦となったことです。41年夏に始まった独ソ戦は、航空機、戦車、軍用車両を総動員する史上空前の大規模な機甲戦となりましたね。こうした事情から第二次大戦は、生産力的には、機械工業、電機工業とそれにエネルギーを供給する石油工業の戦争となったわけですが、これは戦後資本主義の生産力構造、蓄積構造に決定的な影響を及ぼしたとみてよいでしょう。ここから振り返れば、20年代のアメリカの新興自動車産業は、まだその世界史的な序曲でした。

略

岩田●第二次世界大戦のもう一つの特徴は、戦勝国による敗戦国の全面的な軍事的占領によって戦争が終結したという点です。戦勝国はこれによって敗戦国の国民経済の維持責任を背負いこむことになりましたね。これが戦後世界のいま一つの出発点で、その処理過程の困難や矛盾が米ソ冷戦体制に転じたとみるべきでしょう。

略

岩田●米ソも第二次世界大戦では同盟国なんですよ。ソ連は、43年には、世界革命の看板となっていたコミンテルンを解散していますが、実際にはそれよりも遥かに早く、ナチスドイツの台頭とドイツ共産党の壊滅によって30年代半ばには世界革命路線を放棄していたわけです。

略

岩田●お互いに分割占領したことから、両方とも占領地の国民経済の維持責任をも背負いこむことになったわけです。

略

岩田●米、英、ソによる戦後世界の構想としていたヤルタ協定というのがあるでしょう。大戦末期に行われたこのヤルタ会談の主役はチャーチルとスターリンで、ルーズヴェルトは脇役でした。ここで戦後ヨーロッパの政治的な分割支配を協定したわけですが、その支配力の度合いをパーセントで大まかに協定しているだけで、排他的支配を決めていたわけじゃない。ところが実際に占領しちゃって、占領地の国民経済の維持責任を背負い込むことになるとそれぞれ自国の政治体制や経済体制を輸出する以外になく、ここではじめて、いわゆる鉄のカーテンの問題になってくる。チャーチルからみれば、ヤルタ協定違反ということでしょう。

略

岩田●はじめから冷戦になってるわけじゃない。40年代末のアメリカのヨーロッパ復興援助計画、いわゆるマーシャルプランも、最初からソ連・東欧を排除していたのではなかった。アジアでもアメリカは国共内戦の調停にかなり努力を払っており、それが失敗した後でも、中国共産党の中国支配を黙認していました。決定的な転換点は、朝鮮戦争の勃発とそれに続くアメリカ、ヨーロッパ再軍備でしょう。アメリカ側は、ソ連側が軍事力によってその政治、経済体制を輸出する方針に転換したものと見たわけです。また朝鮮戦争で登場したソ連製兵器——ジェット航空機や新型戦車など——は第二次大戦中のアメリカの花形兵器を一挙に陳腐化しましたね。朝鮮戦争を出発点とするアメリカ、ヨーロッパの再軍備の役割は大きいですよ。実際にはこれが、その後の資本主義の生産力構造、蓄積構造を決定することになったのではないでしょうか。

少し脱線しましたね。侘美さんの話に戻りましょう。

●ドルを基軸とする固定為替相場制

為替の固定レート制と自由交換制のバッティング

侘美●戦後の固定相場制の問題ですが、よく言われますように、ブレトン＝ウッズ体制というのは、30年代の関税引き上げ競争や為替ダンピング競争が世界経済に混乱を起こしたことを教訓とし、それを回避する目的で作られたのですが、それらは実は大恐慌の原因を直接に解決するものではないことに注意する必要があります。したがってそれは、大恐慌の結果起こった世界経済の混乱現象を回避するという意味しか持たず、本当の大恐慌解消体制であったかどうか問題があります。しかしそれはある程度成功した、ないし回避体制として成功したということだと思います。

ブレトン＝ウッズ体制の基本理念は二つあり、第一は貿易の自由化・多角化です。すなわちできる限り貿易関税を低めていって、最終的には世界貿易を自由化するという理念です。第二は固定相場制です。すなわち各国はドルを中心とする為替平価を設定し、それを維持するために各国政府が介入しなければならないという理念です。そして現実にそういう体制 (IMF、GATT、等) が作られました。

しかし、私の考えではこの二つの理念は完全に矛盾していたと思います。なぜかというと、次のようになります。第一の貿易の自由化や関税の引き下げをどんどん進めていくと、その自由化は資本の移動の自由化そして為替の自由化に発展せざるをえません。それに対して固定相場制を維持するということは、特に非基軸通貨国にとっては、政府による為替市場への介入が不可欠であり、とりわけ遅れている国 (たとえばド

ル不足の激しい国)では資本取引や為替取引を規制しなければならない。簡単に言うと、こちらは管理の体制です。自由化と管理は完全に対立する。だから現実にはこの二つを両立させることができなかったのです。そこで現実的解決法は、第一の理念を非基軸通貨国は将来目的とし、当分は事実上無視してよい、しかし第二の固定為替相場制の方は厳格に守りましょう、ということになったのです。このために、日本も含めて非基軸通貨国は、長い間(ほぼ70年代末まで)資本移動の管理、為替管理を続けることになりました。換言すれば、貿易自由化は名目だけ、ないしごくゆるやかなものにとどめられたので、事実上為替管理の体系こそが戦後の固定相場制を支えていた、と考えてよいのではないかと思います。

なお、固定相場制のもう一つの柱は、いうまでもなくドルの対外金兌換制です。これが、アメリカ経済の大きさ・強さとともにドルの安定性を支えた。

以下略

岩田●67年秋のポンド危機から始まって68年初頭にドル危機へと転化しましたね。

略

基軸為替の金決済と国際通貨体制

岩田●ブレトン＝ウッズ協定にはもう少し本質的な側面があると思います。固定レートによる主要国為替の自由交換制が資本主義的な世界経済の存立条件だからです。古典的な金本位制の場合でも、その中心機構は、世界経済の中心資本主義国の為替、いわゆる基軸為替の固定レートによる対外金決済でした。周辺国、非基軸為替国の主要な対外決済準備は、実質的には、基軸為替の保有高であり、中央銀行の金準備はそれを補足する決済準備でしかなかったからです。そしてこうした原則のそのまた根本前提は、対外収支の赤字国の中央銀行は、その国民経済に対して金利引上げによる引き締め政策を強行するということでした。金本位制の実際の役割は、各国為替の金平価を中心にする国際金移動を通じてこれを中央銀行に対して市場的に強制するという点にあったわけです。これが、基軸為替国を中心とする国際景気循環の基本機構、——いわゆる国際不均衡と国内不均衡の同時的調整機構でした。44年夏のブレトン＝ウッズ協定は、ケインズの危惧にもかかわらず、ホワイト案を中心にして大筋ではこうした中央銀行の行動原則の上にたっており、主要国為替の対ドル平価調整は出来るだけ回避さるべき例外的措置とされていたとみるべきでしょう。

けれども問題は、第二次大戦後の世界経済では、主要国、とりわけその主要責任国であったアメリカとイギリスがこうした金融政策を貫徹するための国内政治体制をもっていなかったという点です。これは第二次大戦を遂行したこれら諸国の国内政治体

制の制約によるものですが、こうした条件がないとすれば、侘美さんの強調するように、主要国為替の固定レート制の維持は、直接間接の為替管理による以外になく、為替の固定レート制と自由交換制はバッティングすることになります。

　基軸為替は、資本主義の世界経済の事実上の中央信用貨幣、中央銀行券として機能するものです。政治的、軍事的な対外ドル散布をも含むアメリカの対外収支は、朝鮮戦争以降、57年を除き、一貫して赤字でしたが、これは世界経済に対する中央銀行信用の拡張機構として作用し、非基軸為替国のローカルな中央銀行信用の拡張を国際金融面から支えていました。ドルインフレによって主導される世界経済の緩やかなインフレ的拡張、——おそらくこれなしには、西ドイツを先頭とする大陸西ヨーロッパ諸国の発展や日本の高度成長はなかったでしょう。

　西ヨーロッパ諸国が、こうした発展を背景にして、固定レートによる為替の自由交換制というブレトン＝ウッズ協定の当初の目標にある程度近づいたのは50年代後半からでしたね。

略

岩田●64年に日本が加わった頃には、すでにドル金決済の危機が端緒的に始まっていました。60年のロンドン自由金市場における金価格の高騰とこれをきっかけにする「国際金プール」の結成がそれでした。つまり、60年以降、固定レートによるドル金決済を支えていたのは、もはやアメリカ自身の経済力ではなく、金プールに参加した西ヨーロッパ諸国の対米協力でしたが、それにもかかわらずアメリカはベトナム戦争の泥沼にはまり込み、対外軍事支出を拡大させたわけです。過剰ドルの世界的な累積であり、それによる世界経済へのインフレ圧力の増大とドル危機の深化です。

ブレトン＝ウッズ体制と国際金本位制

侘美●問題は、国際化・自由化といっても、第一次大戦前の国際金本位制の時代と現代とでどこが違うかということです。そのさい決定的に違う点は、第一に、金本位制の場合には、(少なくとも先進諸国、とりわけイギリスにおいては)資本取引は完全に自由、為替取引も完全に自由、そして政府は全く市場に介入しないのです。したがって民間の貿易業者や金融業者が、為替で取引した方が有利なのか、金を現送した方が有利なのかを判断し、その市場合理的な選択の結果として為替相場が自動的に狭い変動幅の中に収斂するのです。その結果として一種の固定相場制になるのです。だから全く政府の介入がない、全く自由な固定相場制です。これに対して戦後の固定相場制は、政府の為替介入によってのみ達成される、したがって自由とは対立する固定相場制です。

二番目の違いは、国際金本位制のときの中央銀行（それは基本的には民間銀行であり、戦後のような事実上の政府銀行ではない）は、イギリスが一番代表的ですが、自国の、特に国内金移動、そして対外金移動を見ながら、その金準備の変動にあわせて金利を変更していた。それによって国内経済の拡大や収縮が媒介され、調整された。精確には実体経済の変動を説明しなければならないのですが、その両者の変動の結果として、好況期に実体経済が拡張し、恐慌期に実体経済が収縮する。つまり、実体経済の変動は最終的には金の変動を媒介に調整されていた。しかも、循環的に発生する恐慌によって、いわゆる過剰資本（簡単に言えば、過剰な資本や過剰な労働力）が繰り返し整理され、その結果として企業間競争が促進され、市場自身の力によって生産性の上昇が達成された。

以下略

岩田●そういうのが、60年代半ば頃までのドル体制のもとでの固定相場制の機能、——ドルが世界経済の事実上の中央信用貨幣として世界的な信用拡張を支えているもとでの固定相場制の機能——だったのでしょう。非基軸為替国のローカルな金融システムのみではそれは不可能です。またドル信用が世界的に膨張していても、高度成長期の日本なんかは、繰り返しスピードオーバーになって国際収支の天井にぶつかり、引き締めに追い込まれていましたね。

略

岩田●少なくとも65年ごろまでの日本はそうでした。

略

岩田●かつての古典的なポンドシステムでも本質的には同じでしょう。基軸為替というのは世界経済に対する一種の中央信用貨幣、中央銀行券ですから。逆にいえば、こうした中央銀行券といえども、約束手形の一種、信用貨幣として機能する債務証書の一種にすぎません。最終的には国際金決済によってチェックされるのですけれども、どこまで行けばチェックされるかは、事後的に証明される事実的なプロセスでしかありません。ピール条例は、実際には緊急停止措置をも含んでいたわけですが、その辺のところを実によく表現していましたね。

略

岩田●国際景気循環の好況局面、とりわけその過熱局面は、基軸為替の信用拡張によって主導される世界的なインフレ局面でしょう。それに急ブレーキをかけデフレ局面へと転換させるものが、基軸為替の国際金決済とそれによる信用収縮、その結果としての恐慌でした。リカードの国際金移動論は、素朴で幾つかの理論的媒介項が抜けていましたが、その最初の理論化でしたね。

そうした中央銀行券の経済的性質を端的に示すものは、中央銀行のバランスシートです。たとえばイングランド銀行の場合、銀行券発行高はバランスシートの負債項目に属し、それを担保する資産項目は、金準備と国債保有高でしたが、銀行券発行高の一部が金準備によって担保されていたにすぎません。

伊藤●まあ我々が議論すると、どうしても原論での論理に戻るんだけれども (笑)。

岩田●経済学原理理論の基本命題の普遍性ですかね。

侘美●だんだん原論の話になってしまう (笑)。リカードには、恐慌論がないのです。マルクス以後には恐慌論があり、恐慌によって実体経済が締められる点がポイントになります。

ドル金決済の停止とブレトン＝ウッズ体制

伊藤●ただ締める直前の好況末期には、古典的景気循環においても、資本の過剰蓄積をうけて、労賃が上昇するとともに、物価体系にも大幅な変動が生じ、信用を利用した投機的取引が物価を不均等に上昇させる側面が出てくる。その論理が、この高度成長末期には、一つには先進諸国の中のアメリカと日本、ドイツ等の輸出競争力が逆転していく時期と重なり合い、アメリカのドル危機を背景に、世界的に通貨・信用の膨張、過剰流動性が増大する傾向と重合する形で、経済危機を深めてゆく……。

略

岩田●司会者がおしゃべりしすぎて申し訳ないですが…… (笑)、伊藤さんの場合、一次産品にかなり力点を置くでしょう。

略

岩田●一次産品といっても、資本主義にとっての意味は、第一次世界大戦以前と、大戦間と、第二次世界大戦後とではかなり違っているんじゃないでしょうか。

略

岩田●第二次世界大戦後の場合、機械工業や電機産業などの二次的、三次的な加工部門の比重が高まり、素材産業や一次産品への依存度は低下しています。重要な意味を持ってるのは石油や、それから日本なんかが大量輸入する鉱物資源でしょう。

略

岩田●綿花の主要な輸出供給基地は、資本主義国のアメリカでしょう。

略

●インフレの加速と変動相場制への移行

略

ドルの金決済停止とポンドの金決済停止

岩田●僕の話が出ましたので一言させていただきますと、僕は、64年出版の『世界資本主義』では、ドル金決済の停止は切迫しており、それは31年のポンドの金決済停止の場合と同じ事態、——世界経済からの基軸為替の消滅、それによる貿易取引と資本取引の収縮、その結果としての世界不況——を、引き起こすだろうと予測していました。そしてこれが戦後デモクラシーの労資取り引き体制の破綻を引き起こすだろうというのが、僕の危機論——戦後資本主義の経済的、政治的危機論——でした。僕がコミンテルンの全般的危機論やそれに依存する大内力さんの国家独占資本主義論——ケインズ的な財政金融政策論やそのための管理通貨論——の抽象的形式性を批判したのは、こうした観点からでした。

だが、事態はそうはなりませんでしたね。固定レートによるドル金決済の事実上の停止は、68年3月の国際金プールの崩壊で、71年8月のニクソン宣言はそれを公式に宣言したものにすぎませんが、しかしその結果として生じた事態は、僕の予測とはかなり違っていました。30年代のポンドと違って、ドルは、金決済の停止にもかかわらず依然として世界の中央信用貨幣としての地位を保持したからです。

そこで僕は、先ほどの予測を急遽変更し、ドルが金決済の歯止めを失ってノーブレーキで膨張する時代、30年代とは逆にドルインフレによって主導される世界インフレの時代——世界的なハイパーインフレと通貨不信の時代——が始まったと判断しました。そしてこれが、ポンドの金決済停止と比較してのドルの金決済停止の大きな特徴だろうと考えました。

侘美さんのいうドルの基軸通貨特権も、この点、すなわち、金決済停止にもかかわらずドルが基軸為替の地位、世界の中央信用貨幣としての地位を保持しているという点に、関連するわけでしょう。またこの場合の主要国為替レートの変動は、近代経済学者のいう一つの為替制度としての変動相場制ではなく、変動の基準なき変動相場制、為替相場の不断の不安定性そのものだとしなければなりません。

ところで僕は、74年には、こうした判断をさらに再修正しました。

ドル金決済停止後の過剰ドルの累増による世界インフレの加速は、世界的な市況商品の急騰や、資本主義諸国内部における賃金・物価の急激なインフレスパイラルを引

き起こし、73年には石油価格の高騰へと発展したわけですが、これに対するこれら諸国の金融引締め政策は、かなり強烈でした。そしてこれを転機にして、ブレーキ・アンド・アクセルのノロノロ運転の時代、いわゆるスタグフレーションの時代がはじまったのですが、僕はむしろこれを相対的に評価したわけです。資本主義は、ブレーキ能力を全面的に失ったわけではなく、かなりガタがきているけれどもなお機能しているという理由からです。

そういうわけで、スタグフレーションについては、侘美さんや伊藤さんとは少し逆の評価のようですね。

略

ドルの金決済停止と過剰ドルの累積

岩田●では少しおしゃべりさせていただきましょうか。

第一は、ドルは、第一次大戦後のポンドとは違って、なぜ金決済の停止にもかかわらず基軸為替の地位、世界の中央信用貨幣としての地位を維持することができたのか、という根本問題です。これは第二次大戦後の世界体制の性格に深くかかわる問題ですが、機会があったらあとで取り上げさせていただきましょう。

第二は、伊藤さんの場合、宇野原理論の資本の過剰蓄積論——労働力の供給余力に対する資本の過剰蓄積とこれによる労賃騰貴、利潤率低下論——をドル金決済停止後の事態にやや直接的に適用しすぎているのではないか、という問題です。

宇野原理論でも、労賃騰貴による利潤率の低下は、資本蓄積に対して直ちにブレーキとして作用するものではなく、それに急ブレーキをかけるものは、利潤率に対する利子率の急騰、しかも最終的には過剰信用の決済危機による信用システムの収縮となっているはずです。

伊藤●その間に、たぶん信用を利用した投機的取引の発展が媒介的にかならず入ることになると、私は思っているのです。それは資本の過剰蓄積にともない労賃が上がると、原理的にも物価体系にその影響が広がり、投機取引を誘発する。自由主義段階の好況末期の場合には、一次産品、綿花や石炭などに価格上昇が顕著となり、当時は信用を利用してそれらを過剰取引し、投機的在庫形成が膨張する。投機的な過剰取引、過剰信用の発展になり、それが信用の逼迫を介して、崩壊するところに急性的恐慌現象が生じていた。こうした古典的恐慌発生の論理が、現代資本主義の経済危機の発生にさいしても、重要な参照基準とされてよい場合もある。

岩田●70年代初頭の場合には、そういうプロセスが資本の価値増殖効率を悪化させるという点に力点を置くべきじゃないでしょうか。

過剰ドルによる世界インフレは、緩やかなうちは、世界経済に対する好況的圧力として作用しますが、それが一定の限界を超えると、インフレ期待による仮需要の形成や在庫の積み増しを通じて、流通過程に滞留する資本部分――流通資本部分――の比重を急増させ、資本の価値増殖効率や蓄積力を低下させます。またそれは、所得政策等々による労資協調関係や戦後民主主義の労資秩序を破壊し、賃金・物価のインフレスパイラルを加速します。

けれども、こうした情況なら、引き締め政策の強行によって反転させることが出来ます。74年不況がそれでした。僕は、先にも言いましたように、この74年不況については、資本主義が基軸為替の金決済停止にもかかわらず、インフレの急進に対してなおまだブレーキをかける意思と能力を残していたという点で、再評価したわけです。僕は革命運動の条件論の立場からノーブレーキのジグザグ運転、ラテンアメリカ型のポピュリズムになることを期待していたのですが、ちょっと期待はずれでしたね。仮にそうなっていたら、おそらく資本主義のその後のシナリオはかなり違っていたでしょう。

伊藤●投機でどんどん行っちゃうという可能性もなくはなかったけれども、悪性インフレの進行がある程度、通貨・金融政策の面から引き締められることになった。しかし、その間、インフレの悪性化が投機的在庫の膨張がさまざまな一次産品や素原料に生じて、必要なところに必要な生産要素が配分されない、ある種の物不足で経済活動に攪乱、収縮圧力が生じ、その意味で、インフレ恐慌を介して、不況が生じた側面もあるでしょう。

岩田●さきほどの問題――労賃騰貴による利潤率の低下は直ちには資本蓄積のブレーキとして作用するかという問題――には、もう一つの問題が含まれています。それは、労賃騰貴が生産性上昇の範囲内にとどまり利潤率が上昇する場合には、資本蓄積は促進されるか、という逆の問題です。

これは侘美さんの論点、――ケインズ的財政政策の有効性についての条件論に関連します。平たく言えば、労賃騰貴が労働生産性の上昇の限界内にとどまる場合には、ケインズ的な財政需要の拡大は、投資需要の拡大を通じて再生産の拡張を誘導しうるか、という問題です。

というのは、資本主義経済の現実の投資主体は、マクロ的な総資本ではなく、したがって一般的な資本の価値増殖条件や投資条件の改善は、市場で個別資本的な競争戦を展開している個々の企業や企業集団の現実の投資行動を直接に決定するものではないからです。

とりわけ基軸産業においてビッグビジネスが成立している場合には、これらのビッ

グビジネスの市場戦略やそのための投資戦略が現実の投資動向を左右することになります。かれらは、ときには市場シェアの拡張合戦のために価格や利潤を犠牲にして設備拡張合戦を展開することもあれば、またときには価格を維持するために相互に市場シェアを尊重し、協調して供給制限、設備投資制限を実施することもあるからです。例えば、侘美さんがどこかで言っていた、ビッグビジネスとビッグユニオンの協調による賃金・物価の下方硬直性やそれによる投資抑制の問題は、かれらのこうした市場的な投資戦略の領域に属する問題ではないでしょうか。

伊藤●1930年代のような場合ですね。

岩田●要するに、マクロ的な剰余価値率の低下や利潤率の低下によって資本の蓄積エンジンが衰退するといった問題じゃないんですよね。

伊藤●いや、原理的恐慌論にもどっていえば利潤率と利子率ですよね。両方の関連が問われるところでしょう。とくに1970年代初頭の局面では、インフレが悪性化して崩れたというのは、インフレ政策のミスマネージメントという問題だけではない。

岩田●そういうことですね。

伊藤●この時期には、現実資本の蓄積の過剰化にともない、労働市場が逼迫して、労資協調体制による生産性ガイドラインの抑制も破られ、実質賃金が大幅に上昇し、一次産品価格も急騰して、利潤率が圧縮される傾向が進展し、第一次石油危機がその最後のだめ押しをする。そのさいに、19世紀なかごろの古典的恐慌とは逆に通貨・信用が膨張を続け、インフレが悪性化したので、古典的な恐慌における貨幣の不足と商品の過剰化の形とは対照的に、通貨としての貨幣の過剰が、必要とされる商品の不足現象が生じ、インフレ恐慌とでもいうべき経済危機が発生した。その対比も面白いところではないでしょうか。

岩田●この問題は、80年の第二次オイルショック以降のインフレの緩慢化と投資需要の停滞、それと表裏する金融資産バブルの起動などの問題と関連がありますので、次の項目を議論するときに改めて取り上げさせていただきましょう。

新自由主義の台頭と金融不安定性の増大

●ケインズ主義の行詰りと市場原理主義の台頭

岩田●前の一番目の項目では司会者がおしゃべりし過ぎて少し脱線しましたが、次の

二番目の項目「新自由主義の台頭と金融不安定性の増大」に進みましょう。サブ項目としては、「ケインズ主義の行詰りと市場原理主義の台頭」、「新自由主義の現実的基盤と資本主義発展の螺旋的逆流」、「貨幣・金融の不安定性の増大」の三つを予定することにして、まず伊藤さんの方から問題提起をお願いします。

スタグフレーションとケインズ主義の行詰り

伊藤●新自由主義の台頭と金融不安定性の増大ですが、その発端はやはり1970年代初頭からの経済危機にあった。侘美さんが問題にされたように、インフレの悪性化、スタグフレーションという現象が生じた背後には、先進諸国を通じての、労働力と一次産品の供給余力に対する現実資本の過剰蓄積によって、それらの生産諸要素の価格が高騰して、利潤を圧縮する。それとともに投機的取引が信用を利用して激発的に進行し、世界的基軸通貨ドルの過剰の中で、すでに述べたように、古典的な恐慌とは現象的には逆の、通貨としての貨幣の過剰と商品の不足とが悪性インフレの過程で生産の攪乱・収縮を引き起こした。

そのような状況では、侘美さんが既におっしゃったように、日本でもそうだったのですが、財政的に景気対策をやるとますますインフレが加速されて、スタグフレーションが深化する。そのうえ、景気回復での税収の回復もあまりみられないまま国家財政が赤字を累積させる。赤字財政での公共投資による景気対策で、たしかにある程度は不況が多少は下支えされる側面はあるにせよ、本格回復には容易に結びつかない。こうした状況が構造的に生じて、ケインズ主義はこれを予測も、予防も、解決もできないということになって、1970年代末にはケインズ主義が行き詰まったと思われるようになった。

そこから振り返ってみると、高度成長期もはたしてケインズ主義で経済成長が支えられていたといえるかどうか、それも怪しいという問題を、フランス・レギュラシオン学派なども提起したわけです。

戦後デモクラシーの行詰りと労働組合への攻撃

岩田●侘美さんの関心は、財政支出のケインズ的効果の有効性、非有効性の条件問題に集中しているようですね。

けれども、ドル金決済の停止による過剰ドルの累積圧力は大きいですよ。それは世界経済に対する巨大なインフレ圧力、資本主義諸国に対する賃金・物価のインフレスパイラル圧力として作用しています。第一次オイルショックから第二次オイルショッ

クに至る時期は、それに対する資本主義諸国の必死の闘争がストップ・アンド・ゴー過程、スタグフレーション過程となっていました。さきに僕はこうした観点からそれを相対的に評価したわけですが、ここでその消極面について一言させていただきましょう。

それはこのストップ・アンド・ゴー政策の中途半端性です。事態はストップ政策の貫徹を要求していたわけですが、それに徹し切れず途中でゴーとなる。ブレーキ・アンド・アクセルのノロノロ運転です。ケインズ的な財政政策の行き詰まりというよりも、こうした中途半端性が景気上昇を根本的に制約していたのではないでしょうか。そしてこうしたノロノロ運転から脱出する新しい回路として主張されたものが、反ケインズ主義のマネタリズム、新自由主義、市場原理主義などなどだったんじゃないでしょうか。

歴史を振り返ってみますと、第一次大戦の戦後危機を乗り切った西ヨーロッパ諸国の国内政治体制は、労働組合と労働者議会政党を重要パートナーとする戦後デモクラシーでしたが、31年秋のポンドの金決済停止とともに世界大不況となり、それを支えてきた経済的基盤が崩壊し、そこからこの戦後デモクラシーに対する攻撃が始まりました。第二次大戦後の資本主義諸国の国内政治体制もまた、同じ性格の戦後デモクラシーとなったわけですが、そしてこれを20年余の長期にわたって経済的に支えてきたものが、ドル体制でしたが、ドル金決済の停止とともに、その経済的基盤が崩壊し、再びまた、戦後デモクラシーに対する攻撃が始まったということでしょう。

ただし、今回の場合の特徴は、伊藤さんの強調するように、反ケインズ主義の新自由主義、市場原理主義が旗印となっている点にあるようですね。これは、ドル金決済の停止の結果が、30年代のような世界大不況とはならないで、過剰ドルの累積による世界インフレとその圧力のもとでのスタグフレーション過程となったことによるものでしょう。

反ケインズ主義の新自由主義やレーガノミクスは、このスタグフレーション過程を克服したのではなく、その発現の様相を転換させただけではないでしょうか。第二次オイルショックに続く80年代のアメリカの主力産業、自動車や電機や半導体などの状況は好景気とはほど遠い酷いものでした。そのひとつの表現がジャパン・バッシングや日米自動車、半導体摩擦でしょう。

略

組合攻撃とマイクロエレクトロニクス革命

略

岩田●財政赤字によるクラウディング・アウトというよりも、中央銀行の高金利政策ではないでしょうか。74年の引き締め政策以降も、黒字累積国の日本やドイツを除いて、欧米諸国の中央銀行は、インフレ抑制のために、基調的には高金利政策を続けていました。第二次オイルショックのときのアメリカ、イギリスの高金利は異常でしたね。近代経済学の人たちは、長期利子率と短期利子率を市場的に区別し、資本市場における各種証券の利回りやそのスプレッドが長期利子率を決定するとしているわけですが、利子率の全体を主導するものは貨幣市場の短期利子率であり、それを最終的にコントロールするものは中央銀行利子率だからです。アメリカの高金利政策の背後にあったのはドル暴落に対する恐怖でしょう。イタリアなみの高金利となりましたからね。為替危機に対する恐怖なしにはこんな高金利は説明がつきませんよ。「強いアメリカ」というのは強いドルということで、そこにはアメリカの政治的威信がかかっていましたし、またそれが過剰ドルのアメリカへの還流の保証となっていましたから。

略

岩田●ところで、ドル金決済の停止とそれに続く二度のオイルショックを媒介にしてアメリカ、ヨーロッパ、日本の生産力構造や資本蓄積構造がアンバランスに変化した点も重要ですね。伊藤さんのいう「重厚長大型の投資から軽薄短小型へ」という変化をもっとも鋭く経験したのは、日本じゃないでしょうか。

「重厚長大」産業の典型は、エネルギー大量消費型の重工業素材産業ですが、欧米諸国の場合には主軸産業は早くから自動車、航空機等々の加工産業に移っていました。これに対し日本の場合には、こうした重厚長大産業が急速に拡大したのはむしろ戦後高度成長期で、臨海コンビナートの建設ラッシュにも示されるように、それが設備投資誘導型の高度成長の主軸産業でした。70年代初頭には自動車、電機などの加工産業もかなり発展していましたが、まだ主軸産業ではなく、したがって、第一次オイルショックで一番打撃を受けたのは、こうした日本産業でした。そしてこれが、伊藤さんの言う「軽薄短小」革命の先頭に日本産業を立たせる動因となり、機械産業や電機産業を主軸とする無敵の日本製造業を登場させ、これが70年代後半以降の欧米産業に対する圧迫要因となったのではないでしょうか。

伊藤●日本資本主義では、すでに高度成長期をつうじて、その末期までには素材産業とあわせて、自動車、電機、一般機械などの加工産業も主軸として成長し、アメリカなどに挑戦してゆける国際競争力をつけていたのではないでしょうか？

岩田●高度成長末期にある程度まで準備され、オイルショックで一挙に顕在化したのではないかと思います。

岩田●ドイツに続いて日本が構造的な黒字国になりましたね。

略

岩田●日本の黒字化の出発点は65年不況による輸出ドライブでしたが、その後徐々に構造化し、二度のオイルショックを経て80年代になると欧米産業との自動車、半導体摩擦へと発展しました。

略

岩田●もちろんそうですが、伊藤さんのいう「軽薄短小」革命については、各国間の相違や、製品の内部構造の変化や産業システムの変化などを確認しておくことが必要です。この革命の世界的なトップバッターとなったのは、80年代の日本製造業でしたが、これには日本の特殊事情がありました。そしてこれが、アメリカ製造業に困難な問題を引き起こしたわけですが、しかし、90年代の新しいIT革命では、反って日本が立ち遅れる原因となりました。これは、80年代の情報技術と90年代の情報技術との質的相違によるものですが、この点についてはまた後で取り上げさせていただきましょう。

●新自由主義の現実的基盤と資本主義発展の螺旋的逆流

新自由主義の台頭と逆流する資本主義

略

レーガノミクスのケインズ的効果

略

●貨幣・金融の不安定性の増大

80年代の低経済成長と金融資産バブルの起動

略

ケインズ政策論的好況シナリオと長期不況論的金融資産バブルシナリオ

岩田●どうも性質の違った二つのシナリオが平行的に走っているようですね。

一つのシナリオは、レーガン減税政策による財政赤字のケインズ的効果に関するシナリオです。賃金騰貴を労働生産性の上昇以下に抑え込むことによって資本の価値増殖条件が改善され、これを条件として、赤字財政のケインズ的効果が投資需要の拡大を保証し、83年以降のアメリカ経済の好況的拡大をもたらしたというシナリオが、

それです。

　もう一つのシナリオは、物価上昇率がスローダウンし、それと結びついて、株式や土地などの擬制資本の価格上昇、金融資産バブルが発生しつつあるというシナリオです。

　この二つのシナリオは両立するのでしょうか。あるいは、どちらがメインで、どちらがサブなのでしょうか。

　この点をはっきりさせるために、二番目のシナリオに含まれている問題を少し抽象的な理論レベルで考えてみましょう。

　第一は、物価上昇率の停滞やデフレ傾向の原因ですが、その基礎的原因は、産業的投資の停滞にあるとしなければなりません。資本主義経済では、消費需要は雇用拡大やそれによる賃金所得総額の増大の従属変数でしかなく、また後者は投資拡大による再生産拡張の従属変数でしかないからです。

　第二は、投資停滞の原因ですが、賃金上昇率の抑え込みによる資本の価値増殖条件の改善や投資条件の改善にもかかわらず、なぜ現実の産業的投資が停滞し、物価上昇率の低迷やデフレ的傾向を生み出しているのか、という問題です。

　第三は、こうした産業的投資の停滞は、物価や賃金の上昇を抑制するだけでなく、なぜそれと平行して、株式や不動産などの擬制資本価格の上昇を促進し、金融資産バブルを引き起こすのか、という問題です。

　この最後の問題に対する伊藤さんや侘美さんの回答は、産業的投資先を失った過剰資金が貨幣市場に累積しており、それが資本市場に流れ込んで株式バブルを引き起こしたり、またその一部が不動産市場に流れ込んで不動産バブルを引き起こしているということでしょう。

　だが、こうした回答は、さきの二つのシナリオのうち、二番目の方をメインとしなければならぬことを意味します。

　伊藤さんは、73年の「インフレ恐慌」以降、資本主義は長期不況の過程に入ったとしているのですが、欧米諸国や日本の産業的蓄積の基調としては、この認識は正当でしょう。これは二番目のシナリオをメインとしていること意味します。侘美さんの強調するレーガン減税政策のケインズ的効果も、こうした産業的蓄積の停滞傾向をある程度までカバーするものとして、一定の役割を演じたものとすべきではないでしょうか。じっさいこのケインズ効果も、90年代に入ると、金融資産バブルのいわゆる資産効果——金融資産の値上がりを当てにした貯蓄を超える過剰消費——に席を譲ることになります。

　さて、ここで改めて問い直される問題は、さきの第二の問題、すなわち、資本の価

値増殖条件や投資条件の改善にもかかわらず、なぜそれが現実の産業的投資のエンジンにならないのかという問題です。僕は前の項目のところで、投資条件の改善と現実の投資とはイコールでないことを強調したのですが、それがこの問題です。現実の産業的投資の主体は、マクロ的な総資本ではなく、市場の各領域で個別資本的な競争戦を展開する個々の企業や企業集団であり、したがって現実の投資は、これらの企業の市場戦略やそのための投資戦略に依存するからです。

世界市場的および国民経済的な産業構造の変化や技術革新も、したがって伊藤さんの指摘する「軽薄短小」革命や情報革命も、こうした投資戦略との関係において、現実の投資動向を左右するものとなるのではないでしょうか。

略

岩田●例えば、80年代の日本については、産業的投資の停滞を引き起こした原因は、比較的はっきりしています。日本の世界市場的生存を支える基軸産業、世界市場産業は、二つのオイルショックを転機として、それまでの臨海コンビナート型の重厚長大産業から自動車、電機、半導体などの加工産業に移り、軽薄短小革命はここで世界の先頭を切って進行しました。これが無敵の世界市場的競争力を誇る日本製造業の登場でしたが、しかしこれは、欧米諸国の主軸産業とのバッティングを引き起こし、輸出自己規制へと追い込まれました。こうした世界市場的発展の行詰りが日本産業の投資停滞の基礎的原因となっているのではないでしょうか。

ところで、この自主規制の実態は、通産省主導の業界協調体制ですが、日本産業の停滞のもう一つの原因は、こうした業界協調体制でした。というのは、もともと日本産業の発展動力は、市場シェアをめぐる業界の設備拡張合戦にあったからです。この産業界、銀行業界コンビの設備拡張合戦は、かつて大内力さんが日本資本主義のワンセット主義と名づけ、また大蔵、通産省や経済ジャーナリズムが価格秩序を乱す日本企業の過当競争体質として絶えず非難してきたものですが、実はそれこそが日本産業発展のダイナミックな推進エンジンでした。そしてこのエンジンが燃料切れとなったのは、臨海コンビナート産業ではかなり早く、新日鉄成立による鉄鋼業界の協調体制の成立や、第一次オイルショック時の造船不況カルテルの結成などによってであり、また自動車、電機、半導体などの加工産業では、80年代の輸出自己規制によってでした。

日本の金融資産バブルは、こうした日本産業の投資停滞の別の表現にすぎませんが、愉快なことには、ここでも日本独自の過当競争体質が発揮されています。株式や不動産の価格は、マルクス経済学のいう擬制資本であり、利子率による収益の資本還元価格、いわゆる収益還元価格でなければなりませんが、日本の金融資産バブルはそれを

遥かに超えるレベルまで膨れ上がりました。産業では過当競争エンジンは燃料切れとなりましたが、金融資産という名の擬制資本市場をめぐる陣取り合戦では、それが全開となってしまったわけです。80年代末頃には株式の時価総額や日々の売買価格総額では、アメリカの一倍半ぐらいの規模となりましたね。

実体経済の停滞と金融不安定性の増大

伊藤●われわれは、周期的景気循環の原理においても、不況期になると現実資本の蓄積の困難が、信用制度においては貸付可能な貨幣資本の過剰、したがってまた低金利をもたらし、後者が容易に前者の解決に役立てられえない局面が続くと考えていました。貨幣・金融の過剰流動性が、とくにこの時期には、世界的な変動相場制を背景に、現実資本の産業的、技術的な再編の質的変化や金融政策の作用をふくめて、膨張し、大規模な資産投機に大動員される。こうした貨幣・金融の投機的バブルを生じやすい投機的不安定性は、資本主義に内在する、歴史的には古くから繰り返されていた事象とも言えるのだけれども。

岩田●まさにその通りですね。そうした産業的投資の停滞が金融資産インフレの根本原因でしょう。

略

岩田●伊藤さんの言う「大不況」は、80年の第二次オイルショックによる高金利と82年のラテンアメリカ金融危機を転換点にして、物インフレ局面から資産インフレ局面へと大きく変質転化したのではないでしょうか。

そしてこの資産インフレは、そうした「大不況」の別の表現になっているという点で、第一次大戦後の20年代のアメリカの金融資産バブルとの共通性をもっているのではないでしょうか。

20年代のアメリカの自動車産業は、まだ主力産業ではなく、新興産業でした。アメリカの主力産業は、19世紀90年代から20世紀初頭にかけて鉄道・鉄鋼業の集中合併戦を担い、第一次大戦中の戦時ブームの産業的主役となった産業ですが、それは、21年の戦後恐慌以後ずっと停滞基調を続けていました。これを物価面で反映するのが、侘美さんの指摘する20年代の物価の低迷傾向でしょう。そしてこうした主力産業の停滞基調をカバーする新興産業の役割を演じていたのが、20年代のアメリカ自動車産業の発展でしたが、それも20年代後半には燃料切れとなったのでしょう。28年夏から膨張したアメリカの金融資産バブルやその資産効果による好況は、こうした20年代のアメリカ産業の不況的停滞の別の表現でした。

侘美さんの強調するデフレスパイラルの危険性は、産業的蓄積の停滞と抱き合わせになったこうした金融資産バブルの崩壊の危険性ではないでしょうか。

略

岩田●実体が停滞的で、その独自的表現が貨幣的側面、貨幣システムの空回りになっている。

略

岩田●伊藤さんのいう「大不況」の第二局面、80年代以降の金融資産バブルに関連させた方が面白いでしょう。

略

岩田●その前にもう少し侘美さんの話を聞きましょう。
侘美●一つ、今の議論と関連する論点として、変動相場制そのものの特殊性がある。変動相場制においては、先ほど言ったように、資本の自由化と金融自由化とは不可分の関係にあった。しかも、はじめのうちは一部の先進国だけの資本の自由化だったものが、しだいに他の先進国や後進国も含めた自由化に拡大していった。この結果、どの国の為替相場もものすごく変動する。並行して、その為替変動リスクをヘッジする手段が猛烈に発展した。先物、オプション、等を含むデリバティブ取引が急速に発展した。そうすると、いわゆる実体経済の変動を超える膨大な、100倍以上と言われる国際的資金が、絶えず動いている状態になった。
岩田●為替市場がバーチャルに膨れ上がっているという問題ですね。

略

岩田●伊藤さんがさきほどマルクスを引き合いに出して持ち出した問題とも関係しますね。その今日的な形態というわけですか。

略

金融資産バブルの加速と金融システムのバーチャル化
岩田●こうしたバーチャル世界の登場の意味解析は、理論的にもかなり厄介な問題ですよ。

本来のバーチャル市場は擬制資本市場としての資本市場ですが、為替市場もバーチャル化し、バーチャルに膨れ上がっている。しかも、単に日日の取引額が実需取引額を何倍も上回るだけでなく、侘美さんの指摘するように、先物、オプションなどのデリバティブ取引が急増し、その想定元本がそれをさらに指数関数的に上回ってバーチャルに膨れ上がっているわけです。

宇野原理論では、商業信用、銀行信用、中央銀行信用の階層システムから編成され

る貨幣市場は、社会的資金の共同プールとして、そこにおける資金の需給関係を仲介調節し、これによって利子率を決定する実体的な市場として位置づけられています。また資本市場は、この貨幣市場の社会的資金の一部が流入し、株式や債権の価格を貨幣市場の利子率による収益還元によって決定する擬制資本の売買市場として位置付けられています。一般には資本市場は、いわゆる直接金融のための資金調達市場、長期資金や投資資金の調達のための新規証券発行市場として理解されているのですが、それは、擬制資本の売買市場、したがって既発行証券の流通市場としての資本市場の活動を基盤にして成立する従属的な市場——株式の時価総額や平均売買高からみればはるかに小さい資本市場の構成部分——にすぎません。

そこで問題は、為替市場がこうした貨幣市場と資本市場に対してどこに位置し、どういう役割を担っているのかということになりますが、本来それは、国際取引に伴って発生する為替手形の売買市場——より一般的にいえば、国際的な商業信用に関連する商業手形の売買市場——であり、そのようなものとして、貨幣市場に所属し、その国際的な部分を構成するものです。この点を踏まえて、さきの為替市場のバーチャル化の問題にもどりますと、それは貨幣市場の国際的な重要構成部分がバーチャル化し、幾重にもバーチャルに膨れ上がっているという問題に帰着します。

だが、貨幣市場のバーチャル化は、別の方面からも発生します。貨幣市場の社会的資金が資本市場に流入し、これによって金融資産バブルが発生するという先ほどから議論してきた問題が、それです。この流入経路は、①預金の引出しによる証券購入、②銀行その他の貨幣市場の金融機関による証券購入、③これらの金融機関による証券担保金融などですが、主導的な役割を演じるものは、種々な業者に対する証券担保金融でしょう。そしてこれに順ずるものが不動産担保金融です。

日本の金融資産バブルの特徴は、貨幣市場の利子率による収益還元価格をはるかに越えて株式や不動産の価格が膨れ上がったことですが、これは、日本資本主義の原動力であった過当競争が、産業領域で一段落するとともに、金融資産のシェアをめぐる過当競争に転じたことによるものとみてよいでしょう。しかも、これには銀行などの貨幣市場の金融機関が深く巻き込まれていました。

さて、以上のようなものが、為替市場のバーチャル化と資本市場のバーチャル化を両翼とする貨幣市場のバーチャル化ですが、これを集中的に表現するものが、貨幣市場の中心機関である銀行システム——中央銀行を頂点とする銀行システム全体——のバランスシートのバーチャル化です。一般には民間商業銀行の資産項目の不良化、バーチャル化に注目されていますが、資産項目のバーチャル化は、それによって担保さ

れる負債項目、預金残高のバーチャル化を意味します。そしてこうした商業銀行のバランスシートのバーチャル化は、その頂点に立つ中央銀行のバランスシートのバーチャル化を意味します。中央銀行の主要な負債項目は銀行券発行高ですが、それを担保する資産項目は、国債などの債権や外国為替などであり、そのほんの一部が金準備によって担保されているにすぎぬからです。

　貨幣市場のバーチャル化に総括される以上のような金融市場のバーチャル化が、伊藤さんの言う「金融不安定性の増大」の実際の内容ではないでしょうか。そしてこれは、ドル金決済の停止、それによる過剰ドルの世界的な累積、そのもとでの固定レート制の崩壊に端を発するものではないでしょうか。

　歴史的に振り返れば、ポンドの金決済停止は、貨幣市場の世界的な収縮を通じて、30年代の世界大不況を引き起こしました。これに対しドルの金決済停止は、過剰ドルの累積を通じて、世界的な貨幣市場のバーチャルな膨張を引き起こしています。しかも、この貨幣市場のバーチャルな膨張は、73年のインフレ危機以来の実体経済の長期停滞、伊藤さんのいう長期大不況と対応関係にあります。

　そこで問題は、この膨張するバーチャル世界は、30年代のように、最終的にはクラッシュし突然の収縮に転ずるか、という点になります。この対談で僕らが次に予定している三番目の大項目は「世界大恐慌の条件は再び成熟しつつあるのか」ですが、それがこの問題ではないでしょうか。侘美さんの『大恐慌型不況』の世界版ですね。

【第二部】
世界大恐慌の条件は熟しているか

世界大恐慌の条件は再び成熟しつつあるか

●バブルの崩壊と日本の平成不況

岩田●前回の議論で二つの大項目「現代資本主義はどのように世界大恐慌を回避した

のか」「新自由主義の台頭と金融不安定性の増大」を済ませましたので、今回は次の三番目の大項目「世界大恐慌の条件は再び成熟しつつあるか」を議論しましょう。サブ項目は、「バブルの崩壊と平成大不況」、「金融自由化とアジア経済危機」、「ITバブルの崩壊とアメリカの景気後退」の三つです。まず侘美さんの方から問題提起をお願いします。

侘美●日本の平成不況と、大恐慌の発生条件とはどういう関係にあるのかという点について少し話してみます。先ほどもちょっと議論に出ましたが、日本では85、6年ごろから実質上デフレが定着しました。特に卸売り物価が円高不況により下がり続けた。その中で、先ほど言及したようなバブルの発生があり、それが崩壊したのが91年です。そこから事実上現在まで続く長期の不況が始まった。その全体を──旧経済企画庁みたいに初めの2、3年だけをそう呼ぶのではなく──平成不況と呼んでおきます。したがって平成不況というのは、最初からデフレ構造の中で発生した不況です。投資が収縮したり生産が下落したりするという通常的不況現象だけでなく、物価、特に卸売り物価の下落を伴う不況、したがってデフレ不況である、というのが第一の特徴です。

　第二の特徴は、バブルの崩壊に伴って不況が深刻化した。つまり金融機関の不良債権が増大し金融機関の経営が悪化すると、それがまた実体経済に反作用し、企業倒産や失業が増大するという形で不況が段々と深刻化した。そして、このことがまたとりわけ97年末の金融危機の発生と関連することになります。

　この二点はともに大恐慌と共通の現象です。そこで、私はこの平成不況を「大恐慌型不況」と名付けたわけです。

以下略

岩田●そうなる根本原因は何でしょうか。

略

岩田●80年代後半からのデフレ構造が前提されていますが、それ自体の基礎的原因は何でしょうか。産業的投資の停滞、いわゆる投資需要の停滞ですか。

略

岩田●今の説明だと投資先がないということですかね。

略

岩田●いわゆる有効需要は、消費需要と投資需要の合計ですが、資本主義経済では消費需要は、独立変数ではなく、投資拡大による再生産拡張の従属変数にすぎません。第一次的な基礎的原因は投資の停滞以外になく、それが物価低落との相乗的なスパイラル作用を引き起こしているというのが侘美シナリオの根本でしょう。

鼎談　現代資本主義と世界大恐慌
侘美光彦 + 伊藤　誠 + 岩田　弘

略

岩田●僕による解釈です。けれども投資停滞といっても、問題は、一般産業、中小企業や国内市場産業における投資停滞ではなく、それまで日本資本主義の世界市場的な生存を支えその発展を主導してきた基軸産業、世界市場産業における投資停滞にあるとしなければなりません。そうした主導産業、基軸産業は、二つのオイルショックを契機にして、自動車、電機、半導体などの加工組立産業となっています。なぜこれらの産業部門で日本資本主義の投資停滞が構造的に発生しているのか、それが根本問題ではないでしょうか。

しかも電機電子機器、情報機器産業部門は、技術革新と生産力革命、これを反映する価格革命が急速に進行している部門です。ここでの価格低落は、円高効果やこれによる一般卸物価や消費者物価の低落を遥かに上回るスピードで進行しています。これらの戦略的部門で日本資本主義の世界市場的な蓄積構造が時代遅れになり、行き詰まっているのではないでしょうか。それは円高効果によって説明出来るものではありません。

それと、伊藤さんが前の項目のところで強調していた「貨幣・金融の不安定性の増大」ですが、この両者は切っても切れない対応関係にあるんでしょう。

略

岩田●基軸為替国アメリカの長期的インフレ傾向なしには、またこれによるドル準備の世界的な累増なしには、非基軸為替国の長期的なインフレ傾向は不可能でしょう。直ちに国際収支の壁にぶつかるからです。70年代はそうしたインフレのクライマックスでしたが、80年の第二次オイルショックとこれによって強制された欧米諸国、日本の金融引締め政策を転機にして、それが、物インフレ局面──物価・賃金のインフレスパイラル──から、資産インフレ局面──株式・不動産のインフレ──へと、大きく転じていったのではないでしょうか。日本では80年代後半からの株価や地価などの擬制資本価格の急騰、これによる金融市場のバーチャルな膨張は、アメリカをも遥かに上回る凄まじいものでした。80年代末の日本の株式時価総額や日々の平均売買価格総額はアメリカの1倍半の規模に達していますが、それがアメリカよりも一足先に崩壊し、不良債権の急増を通して金融システムの危機と産業的蓄積の停滞との相乗作用、いわゆるデフレ・スパイラル情況を引き起こしているのでしょう。

伊藤●もう一つは、そのことと内容的に関連しているのかもしれませんが、私は投資がなかなか回復しにくい状況であることを含めて、やっぱり労働者を叩きすぎたのではないかと思うのですね（笑）。「合理化」、民営化による労働組合の弱体化、労働雇用

に関する規制の緩和や撤廃、消費税の引き上げ、教育費や医療費の負担増なども含めてね。それにともない、実質賃金、実質可処分所得が下がるとか、ボーナスがカットされるとか、リストラで簡単に解雇されるとか、やたらに厳しい状況が労働市場で続き、失業も大幅に増えている。日本だけではなくて、さっき話題になりましたようにアメリカでも実質賃金が本当に下がって、労働者にきびしい情況が続き、それが90年代におけるアメリカの景気回復、ニューエコノミーのひとつの基盤であるとも言われてきた。けれども、今の産業構造は何といっても大衆むけの耐久消費財やサービス産業が中心で、IT技術を追加してそこにある新たな活力と新展開を示そうとしているけれども、資本主義の現代的産業構造としては、特に先進諸国の働いている人々に買ってもらわないと動きがとれない性質が強いのではないでしょうか。アメリカでは、それを後でもふれるでしょうが、株価の上昇と連動する将来の年金基金の増大を当てにした、消費者金融などでふくらまして、景気回復につなげているところがあったのですが、日本では、バブル崩壊後、消費需要が冷え込んだまま推移し、そのことが投資の停滞をもたらし、侘美さんの言うデフレ・スパイラル的困難を招いているのではないでしょうか。

岩田●伊藤さんのフォーディズム的解釈ですね。賃金引上げによる消費需要の拡大、とりわけ住宅、自動車などの耐久消費財の需要拡張によって、投資需要の回復を図るということですか。

伊藤●特定の産業構造との関係において生ずる問題があるのではないか、ということですね。総需要の6割を占める消費需要の回復をはからなければ駄目じゃないか、というのは一種の常識論かもしれないけれども、その文脈ではある側面はついているのではないでしょうか。世界市場産業といっても、現代的には先進国市場がなぜ決定的に重要なのか、ということにも関連する問題です。特に日本においては内需の役割は大きいでしょう。

岩田●日本の国内的な金融資産のバランスシートでは、伊藤さんの言うように、一般勤労者の家計の方が直接、間接の貸し手、債権者で、銀行や国家、公共団体、企業の方が借り手、最大の債務者になっています。ゼロ金利政策は、これらの債務者に対する最大の救済政策となっており、また一般勤労者の家計に対する収奪政策となっています。けれども、日本資本主義のこうしたバランスシートの悪化は、その資本蓄積構造の行詰りや、それによって駆動された金融資産バブルの結果的現象にすぎません。それに対する対症療法では、その行詰りは打開できないでしょう。

　日本資本主義は、小渕内閣的な対症療法を繰り返すか、それとも思い切ってシステ

ム全体にリセットを掛けるか、その二者択一を鋭く突きつけられているとみなければなりません。体制の側がみずからのイニシァティヴでこうしたリセットを遂行する政治手法は、かつてドゴール将軍やサッチャー女史が愛好した政治手法、――国民投票的総選挙によって二者択一やオルタナティブを国民に迫るという政治手法でしかありませんが、そういう政治戦略を目的意識的に計画し決断できるジャパンの政治家がいるでしょうか。コイズミじゃ玉不足ですね。

伊藤●いや、僕にはそのリセットが現代日本でなにを意味し、なにをもたらすか、まだよくのみこめませんし、そのような二者択一が問題なのかどうかも。

岩田●体制の側からいえば、赤字財政による景気梃入れか、構造改革かという二者択一かもしれませんが、本当の意味の構造改革の第一歩は、銀行倒産の大嵐と金融恐慌によって日本資本主義にリセットを掛けることでしょうね。すべての行詰りは、銀行システムのバランスシートに集約されています。資産の方が空洞化しているのに、それに対応する負債の方、預金残高がそのままになっているからです。金利を下げるだけではどうにもならんでしょう。マイナス金利を主張する論者もいますが、預金を封鎖し国境を閉鎖しなければ不可能です。ハイパーインフレという手もありますが。いずれにせよ、抜本策の第一前提は、国民投票的総選挙でそれを強行しうる政治体制を造ることですが、そんな荒っぽいことを日本の政治体制は自分ではやれないでしょう。

略

岩田●公共投資は、一種の失業対策事業でしょう。それから間接的ですが、農業や各種の国内市場産業に対する保護規制も、同じです。それによって日本資本主義はある程度まで雇用を維持し、消費需要も維持し、税収入も維持してきました。それが限界に達しているというのが今日の状況じゃないでしょうか。伊藤さんの主張は、その限界が国家財政の赤字累積問題に集約されているというご指摘ですね。

略

岩田●30年代の世界恐慌は、世界史的には第一次大戦後の戦後経済体制の破綻ですが、それがヨーロッパ諸国の戦後政治体制――戦後デモクラシー――を行詰らせたという問題があります。これを媒介にして「民族社会主義労働者革命」を看板にするナチス党が台頭し、第二次大戦へと繋がって行きました。伊藤さんはそれを連想しますか。

伊藤●ファシズムとか、30年代との比較で岩田さんがいまおっしゃったこととの関係で言うと、幸いなことにというのか悲しいことにというのか、当時と異なり、社会主義勢力が世界的に弱体化されているので、社会主義的な要素との対抗関係を含んだファシズムとか軍国主義になりにくく、それだけ強力なファシズム的動員もあるいは

難しいところがあるのではないかとも思われるのですが、どうでしょうか。

岩田●第一次大戦後のヨーロッパデモクラシーを鋭く代表するのは、ドイツのワイマール体制でした。そしてその対極には、「ソヴェト権力、プロレタリア独裁、世界革命」を一枚看板にするコミンテルンが控えていました。こうしたコミンテルンの空文句に対するドイツ勤労者大衆の失望と30年代の大量失業、市民生活崩壊が、「民族社会主義労働者革命」を看板にするナチスのお芝居にかれらを参加させたのでしょう。それがナチス党の擬似革命的な大衆運動が提起した30年代のオルタナティブでした。

第二次大戦後の場合、戦後デモクラシーの労資協調体制に対して、まず体制の側からオルタナティブを突きつけたのはイギリスのサッチャーさんでしたね。

伊藤●労働運動への反動的攻勢をふくんでですね。

岩田●サッチャー主義によるイギリスの市場経済の再生か、それとも労働党的国家による衰退かというオルタナティブでした。イギリスをポーランド並みの社会主義国家にするのかといって、労働党に鋭く嚙みついていましたよ。

第一次大戦後のドイツのワイマールデモクラシーの場合も、その行詰りに対してまず体制の側からオルタナティブを突きつけたのは、中央党のブリューニング内閣の財政緊縮政策、社会保障打切り政策でした。それが行詰ってナチス党のオルタナティブが出てきたわけです。コミンテルン・ドイツ共産党のオルタナティブは無力な空文句でしたね。

少し脱線しました。本題に戻りましょう。

●金融自由化とアジア経済危機

伊藤●予定していた小項目の「金融自由化とアジア経済危機」の話がいままでのところ、とんじゃっているのですけど、この問題には触れなくていいですか。

侘美●とばしてやってもいいですよ。アジア問題に必ず行かねばならないというわけでもないのですから。

岩田●アジアは重要です。とばさないでやりましょう。

伊藤●1997年にアジア経済危機が生じた背景にはいろいろな要素があるけれども、やっぱり危機を生じた一連の諸国における基軸通貨のドルとの固定的為替相場のリンケージの作用が大きかったですよね。

略

岩田●もう少し大きく、アジアドル体制の崩壊とみるべきではないでしょうか。アジア為替の対ドル固定レート制、いわゆるドルペッグ制は、ドルを基軸為替とするアジ

ア通貨システムでしたから。これが97年の為替危機によって崩壊し、残っているのは中国だけとなりました。他方、ヨーロッパでもドルの役割はユーロの登場によって大きく変化ししつつあります。いわばヨーロッパベースでのローカルな基軸通貨が出てきたからです。ドルは、金決済の停止にもかかわらず、30年間もの長期にわたって世界の基軸為替としての役割を果たしてきたわけですが、いまやアジアでもヨーロッパでもその存続を問われる新しい段階を迎えているということでしょう。アジアにとっては、これは日本をも含むアジア経済のトータルな再編を要求することになります。これが、97年危機が提起した根本問題じゃないでしょうか。

またIMFの融資ですが、それに対してはまったく正反対の二つの批判があります。一つは、その過酷な融資条件に対する批判です。過酷な融資条件によってデフレ政策をタイや韓国に強制し為替危機を経済危機へと発展転化させたという侘美説はこれに属します。もう一つは、IMFの大規模な融資そのものに対する批判です。債務国のモラトリアムやデフォルトを防ぎ、欧米諸国、日本の債権者を救済するための融資――貸し手保護の融資――だという批判です。この後の批判の方が本質を衝いていますよ。

ブレトンウッズ体制では、IMFの役割は、対外決済資金の短期的な相互融通とそのための基金の積立に限定されており、発展途上国や資本不足国に対する長期資金の供給は、世界銀行の役割とされていました。だが、ドル金決済停止以後の過剰ドルの世界的な累積にともなって、アメリカやヨーロッパのマネーセンターは高収益、高金利を求める短期資金の集積拠点となり、ここからこれらの資金がラテンアメリカの資源諸国や工業的発展を開始したアジア諸国やさらには東欧諸国の再編に大規模に流入することになりました。そしてこれとともにIMFは、こうした短期資金の決済危機を防ぐための国際的な尻拭い機関――貸し手保護機関――へと変質転化しました。80年代初頭のラテンアメリカ金融危機への大規模融資は、こうしたIMFの変質転化を告げる最初の烽火でしたね。

略

岩田●司会者が出しゃばって申し訳ないですが、もう少しおしゃべりさせていただきましょう。97年危機がアジアドル体制の破綻だとすれば、その経済的効果が問題となってきます。急速な工業化の時代を迎えつつあるアジア諸国の産業構造は国際的にも国内的にもかなり違っており、それに応じてその経済的効果もかなり違ってくるからです。

タイやマレーシアの場合、その工業化の中心部門は、外国企業の子会社や系列会社や合弁会社による輸出産業型の製造業であり、その金融は親会社の責任となってい

す。したがって高収益を求める国際短期資金が流入したのはこれらの中心部門ではなく、その周辺部門、——不動産や金融業や流通業などの部門であり、これらの部門での金融資産バブル、擬制資本バブルの起動でした。

　これに対し韓国の場合には、主力産業は、財閥型の自国資本集団を担い手とする鉄鋼、造船などの臨海型重工業や、自動車、電機、半導体などの技術集約的な加工産業でした。それは、タイやマレーシアのような外国資本による輸出専業型の製造業ではなく、かなりの国内市場を併せもつ世界市場産業としての製造業、ジャパン型の製造業であり、日本を急追し、部分的には追い越していました。したがって、国際的な銀行融資や短期資金の取り入れによる韓国の対外債務の増大も、こうした産業的蓄積のための追加資金の調達やその対外進出——欧米諸国における販売拠点や生産拠点の建設——のための資金調達であり、やがてはその役割を終える過渡的なものでした。このことは、韓国が日本型の黒字累積国に転じ、さらには純資産国に転ずる前段階にあったことを意味します。したがって、97年危機は、韓国産業再編の金融的圧力として作用し、その世界市場的競争力を大きく強化しつつあるとみなければなりません。

　台湾の場合にはさらに事情が違っています。この時期にはすでに台湾は構造的な黒字累積国であり、GDPや貿易規模との相対比では日本を上回るドル準備の保有国でした。しかもそれを主導していたのは、自国資本による新しいタイプのIT産業、ハイテク情報機器産業でした。マザーボードを初めとするパソコンの各種機能ユニットやその周辺機器の製造業がそれですが、その背後にはアメリカ西海岸のパソコン産業とのグローバルな水平分業関係の発展がありました。

伊藤●台湾のパソコン部品産業の担い手は、中小企業です。アメリカのパソコンメーカの下請部品産業ではなかったでしょうか。

岩田●そうでしたね。急速に発展しましたが、少なくとも80年代まではIBM・PCの互換機の低価格部品メーカでした。しかし、90年代に入るとその役割が質的に変化します。そしてその背後には、90年代にアメリカで新しい段階を迎えたIT革命の発展がありました。

　パソコン産業とパソコン市場は、81年のIBM・PCとその互換機の登場をきっかけに飛躍的に発展しましたが、しかし80年代にはパソコンはまだ企業の情報システムの主役ではなく、現場レベルのツールにとどまっていました。主役は、70年代に続いて80年代も、メーンフレームとして知られる大型汎用機とそれに専用回線で接続された多数の端末とから成る中央集権的な情報処理システムでした。

　だが、80年代後半から始まったパソコンCPUの高速化、高機能化、低廉化や、さ

らには各種機能ユニットや記憶装置などの高速化・大容量化、低廉化は、多数のパソコン、ワークステーションの多角的・重層的なネットワーク的結合による企業情報の分散・並列・リアルタイム処理を可能にしました。企業内ネットワークによるクライアント・サーバーシステムの登場がそれです。これによって企業の情報システムは、メーンフレームによる中央集権的なシステムから、こうした分散・並列・ネットワーク型のシステムへと大きく転換してゆくことになりましたが、これはまた、情報機器の生産システムの変化をも伴っていました。垂直統合型の巨大生産システムから専門企業の並列・分散・ネットワーク型の生産システムへの移行、さらにはそれらの専門企業のグローバルな水平分業型生産システムへの移行です。

　90年代初頭におけるIBMの大幅赤字への転落と大規模な人員整理や、これと対照的なインテル、マイクロソフトの台頭は、これを象徴する事件でした。そしてさらに90年代後半になると、これにインターネット革命——企業内ネットワークシステムをオープン回線によった多角的・多重的に結合する新しいより高度な情報革命——が加わってきました。おおよそ以上のようなプロセスが90年代のIT革命、情報革命の性格ですが、この第二段階の情報革命から振り返れば、それ以前の情報革命はその前史にすぎなかったとみてよいでしょう。

　90年代に入ってからの台湾のパソコン部品産業、IT機器産業の質的変化とその急速な発展の背後には、こうした第二段階のIT革命の発展と、これを基盤にするアメリカのIT専門企業とのグローバルな水平分業関係の進展があったわけです。

略

岩田●そうでしたね。日本の半導体産業、情報機器産業は、自動車と並んで無敵の日本製造業の代表産業のひとつでした。だが、90年代初頭から始まるこの第二段階の情報革命から脱落し衰退の道を歩んだのではないでしょうか。

伊藤●IC製造装置や検査機器、シリコン単結晶の製造などでは世界のトップメーカがいくつもありますよ。

岩田●少し言い過ぎましたかね。日本については日の丸規格の高くてのろいパソコンを何度も買わされて腹が立っていましたから。伊藤さんのご指摘の通りです。それらの企業は、東芝、日立、日本電機、富士通などのデパート型メーカではなく、グローバルな水平分業関係の一角を担う世界的な専門メーカです。正確にいえば、発展する専門メーカと脱落する大企業総合メーカとへの二層化です。

　さきほど台湾の情報機器産業について立ち入りましたのは、それが、新しい情報革命の世界的な生産基地、ハイテク生産基地としてのアジアの登場の先駆だからです。そ

れは、台湾を中継基地として、中国へと大きく展開しはじめました。97年危機は、台湾でも、不動産や金融業などの周辺バブルの崩壊を伴いましたが、反ってそれは、台湾ハイテク産業のこうした国際的地位を明確にすることに役立ったとみてよいでしょう。

最後に中国ですが、中国の場合には韓国、台湾とはさらに事情が違っています。

第一に、中国の鉄鋼、石炭、電力などの素材産業やエネルギー産業は、97年段階ですでに日本を上回る規模——鉄鋼、石炭の生産高は世界最大——に達しており、また高速道路の建設も急ピッチで進み、総延長キロ数では日本を追い越していました。——ちなみに、今日では日本の2倍以上の規模となっており、自民党の道路族はそれを引き合いに出して日本の道路建設の削減に反対しています——。

第二に、潜在的に巨大な規模を持つ中国の国内市場では、各地方に多数の企業が乱立して激しい市場競争が展開されており、とりわけ新興の機械機器、電機・電子機器などの製造業では、かつての日本の高度成長期を上回るような激しい過当競争となっています。前にも少し触れましたように、50年代後半から60年代前半にかけての日本の設備投資誘導型の高度成長の推進エンジンは、国内市場のシェア拡張合戦とそのための価格引下げ合戦や新鋭設備の拡張合戦にあったわけですが、そしてこれが、65年不況による輸出ドライブを転機にして輸出シェア拡張合戦へと転化し、輸出誘導型の高度成長へと発展していったわけですが、中国は、それと同じパターンをさらに大規模に展開しつつあるのではないかと思います。国内市場の潜在的規模が日本よりも桁違いに大きいからです。90年代後半から激しくなった家電戦争、バイク戦争、パソコン戦争、等々がそれですが、こうした国内市場のシェア合戦が、外に向うかたちで、輸出シェアの拡張合戦へと転化し、中国企業による輸出が急増しています。これらの分野で外資系企業は当初はかなりのシェアと影響力をもっていましたが、その生産技術やマーケティング技術を中国企業に学習され、中国企業との激しい価格引下げ競争に巻き込まれて、家電産業などではすでに主導力を失っています。

この点に関連してついでまでに一言しますと、賃金コストの低廉性や労働力調達の機動性などを理由に中国に生産拠点や輸出基地を建設することが欧米企業や日本企業の大流行となっていますが、それが成功するかどうかは疑問です。これらの外資系企業の前途には生産技術やマーケティング技術の高い学習能力をもつ中国企業との激しい競争戦が待ち構えているからです。逆にいえば、そうした競争戦に耐えてみずからを中国企業として確立しうる外資企業だけが生き残るということではないでしょうか。

第三に、以上のような発展を背景にして、中国は、すでに97年には構造的な輸出超過国、貿易黒字国へと転化し、対外ドル準備も1400億ドルのレベルに達してい

した。日本に次ぐ世界第二のドル準備の保有国となったわけですが、当時中国に投じられている外国資産は、実行ベースで1300億ドルと評価されており、したがって差引100億ドルの対外純資産国となっていました。そしてこうした対外金融資産の増大と並行して、中国の国内金融資産も急速に増大しており、97年には預金残高で9.5兆元——うち企業預金は約3兆元——、GDPのほぼ125パーセントのレベルとなっていました。GDPとの相対比では、バブル前夜の日本のレベルに達していたわけです。

こうした状況は、もはや中国は対外的にも対内的にも後進国型の資本不足国ではないことを意味します。むしろ中国の金融市場には、投資先を求めるかなりの社会的資金が集積しているとみなければなりません。90年代末からの中国経済のデフレ傾向はそうした貯蓄過剰のひとつの証左ではないでしょうか。

しかもこれには、自由な国際金融市場としての香港金融市場がその国際的な窓口として付け加わっています。香港の銀行券発行システムは、カレンシーボード制として知られていますが、これはかつてのイギリスのピール条例に似た制度だとみてよいでしょう。対外決済準備としてのドル準備と香港銀行券——香港ドル——の発行高とを自動的に連動させる仕組みですが、これが自由な国際金融市場としての香港金融市場の中核となっています。そして97年夏の香港統合後の中国金融市場は、こうした自由金融市場をその内部にビルトインするものとなっています。ちなみに当時の中国の対外決済準備は、香港の決済準備800億ドルを合わせると、ほぼ日本と同じ規模に達していました。

だいたい以上のようなところが97年以降の中国経済の情況ですが、これは、97年のアジア金融危機を一大転機にして中国産業を軸とするアジア経済の再編過程が大きく始まっていることを意味します。

伊藤●香港統合による一国二制度の成立は、通貨面では、一国二通貨制となりますが、香港ドルの対外決済準備と元の対外決済準備を単純に足し算するのは問題じゃないですか。

岩田●おっしゃる通りです。元と香港ドルの分業関係がどうなるかが問題ですね。この問題は、ドルペッグ制崩壊後のアジア通貨体制がどうなるかという問題の一環じゃないでしょうか。ユーロの登場は、ヨーロッパベースのローカルな基軸為替が登場し、ドルとユーロの二重システムとなったことを意味します。最近ではアジア産業相互の分業関係もかなり進んできましたね。ドルの役割が表層化し、アジアベースの基軸為替が登場するとすれば、それは、円と元しかないんですが、そして元は香港ドルを代理人とする可能性が大きいんですが、どうでしょうか。論ずるのは、まだ早すぎるか

もしれません。

さて、この辺でもう一度日本に目を転じてみましょう。日本バブルの崩壊とアジア金融危機との関係です。

　　　　　　　　　　　　略

岩田●アジアの為替金融危機が日本のインターバンク市場──金融システムのセンター市場──の決済危機へと飛火しましたね。それから98年にはロシアの金融危機がアメリカのヘッジファンドLTCMの危機へと飛火し、これにアメリカ連銀は、インターバンク市場の決済危機への発展を防ぐために急遽救済介入し、利下げに踏み切りましたね。そしてこれがナスダック主導のITバブルをさらに大規模に起動させることになりました。

　　　　　　　　　　　　略

●ITバブルの崩壊とアメリカの景気後退
　　　　　　　　　　　　略

岩田●98年から急膨張するアメリカのITバブルは、ネットバブル、より端的にはドット・コム・バブル、B to Cバブルとして特徴づけることが出来ますが、その急膨張と崩壊は、同時にまた、90年代のアメリカ好況の最終局面の特徴を明白にするものとなっています。それが歴史的に何を意味するかは、大きな問題ですが、それに立ち入る前に、80年代以降のアメリカ景気の推移と特徴について、まず侘美さんの考えをお聞きしましょうか。

侘美●83年ごろいわゆるレーガン不況から回復し、90年に小さな不況があるものの、その好況は最近まで続きました。90年不況を入れても入れなくても、大変に長期の好況が続いたわけです。その原因はどこにあるのかということを理解しないと、この崩壊の原因も理解できないのではないかと思います。

その第一の原因は、レーガノミクスによって、ケインズ政策の効く経済構造が再構築された。要するに賃金上昇率が大幅に切り下げられて、その上昇率が生産性上昇率より低い水準に抑えられた。第二がIT革命。ITを中心とする技術革新が新産業の発展と全般的投資の拡張に貢献したこと。第三は、言葉が適切でないかもしれませんが、一種の株式市場革命ないし金融革命。

第三については少し説明が必要でしょう。アメリカでは、いわゆる間接金融に対して、直接金融の比重が大変に大きいことは有名ですが、現在、その直接金融を事実上握っているのが巨大機関投資家、すなわち年金基金、生命保険、投資信託などの金融機関です。

かつて30年代のアメリカの株式市場においては、バーリ・ミーンズによる研究で有名ですが、株主が広く分散して、事実上大株主がいなくなってしまった。この結果、経営と所有が分離された。この状態は基本的には戦後も継続していた。ところが、80年代後半ごろから、機関投資家の役割が急速に大きくなってきた。アメリカ人個人の可処分所得に占める直接金融の比重が、もともと日本等に比べると大変大きかったのですが、そのうちの支配的な部分がこのような金融機関を介して行われるようになったのです。実際に、87年のブラック・マンデーに関する調査で、そのさい、機関投資家の資金移動が決定的であったと指摘されましたが、その頃から目立って大きくなってきたのです。その結果、機関投資家が事実上の大株主になった。だから経営と所有が再び結合された。すると、機関投資家が自らの配当を増やすために、企業経営に直接介入し、各種のリストラを強要するようになった。特に好況期においてさえリストラを強制し、たとえば中間職の首を切ることによって生産性を上げていくという体制を作った。好況期に拡大する生産の合理化、これはまさに革命と呼んでもよいのかもしれません。

　以上のような三つの要因が重なって、まれに見る長期の好況が出現した。しかもこの株式市場革命は、株価の変動に対しても非常に大きな役割を果たした。というのは、29年のバブル崩壊のときには、機関投資家の比重はまだ必ずしも大きくなかった。確かにに直接金融を仲介する投資信託等はあったのですが、まだその比重は小さかった。むしろ株式市場に入る資金を事実上動かしていたのは、間接金融、すなわちブローカーズローン（株式仲買人に対する、銀行とか大企業とかの融資、しかもコールの形態による極めて短期の資金）であった。しかし、それが証拠金取引（後の返済を前提にしたわずかな現金による株式取引）によって何倍もの取引ができるという仕組みだった。ところが、株価がある点を超えたら、一気にそのブローカーズローンが引き揚げられたので、株式市場が劇的に崩壊した。株価が大暴落した。

　現在は、それがほとんど重要な役割を果たしていないのです。むしろ機関投資家が実質的に株式市場を動かしている。だから株価がピークを超えて少し下がってきても、機関投資家が買い支えれば、また大衆がついてくる。株価はまた上昇し始める。しかし、再び下がり始めると、また機関投資家が買うということをやっていますから、株価がピークを超えても、なかなか一挙には下落しない。株価変動のジグザグが繰り替えされて、大崩壊はすぐには起こらない。そういう状態がかなり長く続いてきたと思います。アメリカの株式バブルはもう限界だとすでに多くの人が何度も指摘しながらも、それが現実にはなかなか起こらない（笑）。

岩田●いま侘美さんの方から、83年以降のアメリカ経済の好況的発展の要因として三点の指摘がありましたが、僕の方からもそれに関連する三点ほどの問題を指摘させていただきましょう。

　第一の点は、この時期の「長期の好況」とアメリカ経済のサービス経済化との関係をどうみるかという問題です。

　スミス、リカードの古典経済学やそれを継承する『資本論』は、サービス部門を、物質的生産部門の成果の二次的配分に依存する部門——原理論的にいえば、価値および剰余価値の二次的な配分に依存する消費部門、スミスのいわゆる不生産的部門——とみなしてきました。もちろんサービス部門にも生産過程の延長としての倉庫業、運輸業や、その補完としての流通、金融部門などが含まれていますが、しかし、政府部門や公共サービス部門をも含むその大部分は、生産された価値および剰余価値の二次的な配分に依存する社会的な消費部門であり、そこに雇用されている膨大な労働者人口は、スミスの言う「不生産的労働」に従事する人口群です。そしてこの時期のアメリカ経済の特徴は、製造業の比重低下とサービス部門の比重増大、いわゆるサービス経済化にあります。

　近代経済学流のマクロ分析、GDP分析の特徴は、物質的生産部門とサービス部門とを同一視し、両者の合計からGDPが成り立つとする点にあります。したがって、GDP分析や雇用分析からみれば、確かにこの時期は「稀にみる長期の好況」として現れるのですが、製造業からみれば様相は一変します。伊藤さんは、「73年のインフレ恐慌」から資本主義は「長期大不況」に入ったとしているのですが、アメリカの主力製造業に着目すれば、そういう認識となるでしょう。製造業は、資本主義経済の生産基軸であり、また資本主義的国民経済の貿易収支のバランスを保障しその世界市場的生存を支える基礎産業ですが、貿易収支の構造的な赤字増大にも示されるように、この時期のアメリカ製造業の世界市場的競争力の衰退は目を覆うばかりでした。逆にいえば、この時期のGDPは、貿易収支の赤字増大や対外債務の増大に依存するサービス部門——消費部門——の拡大によって支えられてきたといってもよいでしょう。例外はIT部門ですが、この部門それ自体は、量的比重としては、今日でもまだ主力産業部門ではなく、その低迷をある程度までカバーする新興産業部門にとどまっています。

　日本でも、政府応援団のエコノミストたちは、平成不況の打開策として、アメリカ型のサービス経済化を主張しています。公共サービスの民営化を促進し、民間企業によるサービス産業の拡大を図れば、財政の健全化と雇用の拡大と景気回復とを同時的に達成しうるという主張がそれですが、しかし、仮にこうしたサービス経済化によっ

て不況を克服できるとしても、それは、かつて無敵の世界市場的競争力を誇り貿易黒字の累増のエンジンとなっていた日本製造業の衰退と空洞化をいっそう促進するだけでしょう。

　第二の点は、IT革命の発展段階をどう評価するかという問題です。

　さきに台湾のIT産業を取り上げた際、80年代と90年代のIT革命を比較し、90年代から振り返れば、80年代のIT革命はその前史に属するとしたわけですが、問題は、この90年代のIT革命それ自体が、どのような発展段階にあるか、という点です。結論から先にいえば、これ自体も、まだ本格的に起動する前の初期段階にあるとしなければなりません。そしてこうした初期性を端的に示したものが、98年から急膨張し2000年末には突如収縮に転じたアメリカのIT株バブルでした。

略

岩田●98年からのIT株ブームの特徴は、いわゆるドット・コム企業、B to C企業への過大な期待と幻想によって主導されている点でした。ドット・コム企業、B to C企業というのは、ヤフーやアマゾンのような、インターネットを利用して一般消費者相手の電子商取引を組織し仲介する企業のことですが、こうした企業の株式ブームが、さらに、各種のネットワーク機器の製造企業の株式ブームを引き起こしました。そしてこれに携帯電話ブームが重なりました。問題は、こうしたB to C産業がIT革命の本命、インターネット革命の主戦場かという点です。実際にはそれは期待通りの需要を創出することができず、それが明らかになると一挙にしぼんでしまいました。本命は、こうした消費者相手の電子商取引ではなく、企業相互間のグローバルな電子商取引、いわゆるB to Bであり、これによって推進される多数の専門企業群のグローバルな水平分業関係の形成──分散・並列・ネットワーク型の産業システムのグローバルな形成──です。しかし、こうした可能性をもつB to Bは、既にボリューム的には前者をはるかに上回るものとなっていますが、SCMやEMSなどとして、まだ一部の産業分野や事業領域で始まったばかりです。

　第三の問題は、侘美さんの指摘するいわゆる「金融革命」の問題、──個人金融資産に占める証券保有残高の増大や、これを組織する投資信託や投資ファンドなどの企業経営に対する圧力をどう評価するかという問題です。確かにアメリカでは、投資信託残高の比重は、ITブームと重なって、90年代に入ってからも急増し、92年の34％から、99年には57％へと高まっています。

　個人の金融資産は、残高構成からみれば、預金資産と証券資産に分かれますが、しかし第一次的には、個人の貨幣収入も──そしてもちろん企業の貨幣収入も──、銀

行の各種預金口座に流入し、そこから引き出されて資本市場での直接間接の証券購入に投下されたり、銀行によって企業貸付に利用されたりします。したがって、「金融革命」がどのような役割を果たすかという問題は、銀行を軸にする貨幣市場と、証券の売買・発行市場である資本市場との金融的連関——この連関のなかには利子率の決定機構や株価の決定機構も含まれています——において、投資信託や投資ファンドや各種基金などのいわゆる機関投資家がどのような役割を演ずるのか、またそれが企業経営に対してどのような市場的圧力を及ぼすのかという問題となります。

先ほどの90年代に入ってからの金融資産に占める投資信託残高の急増も、この点に関連します。90年代のアメリカ景気を主導したのは、株式市場ブームであり、またこのブームを主導したのは、ITブームであり、それが90年代末にはバーチャルなドットコム・バブルへと転じたわけですが、投信残高の増大は、ちょうどこのプロセスと重なっています。このことは、個人預金をも含む貨幣市場の社会的資金を資本市場へと動員する上で、こうした機関投資家の活動が主導的な役割を演じたこと意味します。

けれども、80年代以降のアメリカ資本市場の拡張は、アメリカ資金だけによって金融されていたわけではありません。アメリカ貿易収支の赤字累積によって形成される過剰ドルのアメリカ金融市場への還流問題があるからです。アメリカ資本市場の拡大は、この還流によってグローバルに金融されてきたとみなければなりません。このことは、投資信託や各種の投資ファンドの活動が、同時にまた、世界の貨幣市場の社会的資金のアメリカ資本市場へのグローバルな動員機構にもなっていたことを意味します。

こうした国内的・国際的な資金動員体制が、果たしてどこまで続くのでしょうか。

ところで、侘美さんは、20年代末の株式市場ブームの特徴として、貨幣市場の資金を資本市場へと誘導するうえでブローカーズ・ローンの役割が大きかったことを強調していますが、そうした証券ブローカーの大活躍に対してモルガンなどの投資銀行業者はそれにどう関係していたのでしょうか。かれらは、19世紀90年代から20世紀初頭にかけてのアメリカの独占体形成期や、アメリカが参戦するまでの第一次大戦中の対英戦時金融では大活躍したわけですが。

侘美●モルガンはもっと後ろにいますからね。

岩田●証券ブローカーはいわば第一戦の兵隊さんで、かれらの大活躍にもかかわらず、将軍たちは後ろに控えていたというわけですか。

略

岩田●いわゆる営業性預金、企業預金を別とすれば、貨幣市場に流入する社会的資金の大部分は、自営業者も含む勤労者家計の生活準備金でしょう。子弟の教育や病気や

鼎談　現代資本主義と世界大恐慌
侘美光彦＋伊藤　誠＋岩田　弘

事故災害などの準備金をも含む大きな意味での生活準備金じゃないでしょうか。勤労者の収入も、第一次的には銀行の預金口座に入り、そこから引き出されたり振り替えられたりして、株式、社債や投信証券の購入などに向かうわけですが、こうした勤労者の預金資産の証券資産への転換は、それを積極的に宣伝し組織する活動的なオルガナイザーなしには大規模に生じません。アメリカの投資信託や投資基金などの役割もその点にあったのでしょう。公的、半公的基金は別ですが、投信業者やファンド業者は、種々な株式、債券をパッケージにして金融商品を組成し、それを大量に宣伝販売する業者、金融商品の販売を専門とする商業資本とみた方が、実情に合っているかもしれません。そうした商業資本の活動なしには、貨幣市場の預金資産を資本市場の証券資産に大規模に転換することはできないでしょう。最近では日本の銀行も、全国支店網やインターネットを使ってこうした金融商品のデパートのような商売を始めていますが、うまくゆくでしょうか。セールス・パンフレットだけはなかなか豪華で魅力的ですよ。

略

岩田●宇野さんが、原理論的な意味の銀行で念頭に置いていたのは、イギリスの綿工業を世界的に金融していたいわゆる商業銀行だろうと思うんですが、その周辺や地方の金融機関では、自営業者も含む勤労者の生活準備金の預金も多かったのではないでしょうか。第一次大戦以前のドイツの庶民貯蓄機関シュパルカッセンの資金量もドイツ信用銀行を上回るほどでしたね。また、第一次大戦前夜のヨーロッパ諸国の海外投資の規模も、国民所得との相対比では今日よりも遥かに巨大で、イギリスで10パーセント、フランスで8パーセント、ドイツで5パーセントのレベルに達していました。とりわけ大陸諸国では、勤労大衆の零細な生活準備金が動員されていたんじゃないでしょうか。それを仲介したのが大陸型の兼営銀行でしょう。今日の中国でも、個人預金残高は大きいですよ。総預金残高はGDPの120パーセントを超えていますが、そのうちの60パーセントは個人預金残高です。

伊藤●宇野先生が考察の基礎としていた自由主義段階では、典型的な労働者たちにはそれほど貯蓄性の預金をする余裕はなかったでしょう。当時の資金の出し手としては、中心はやはり現実資本の遊休貨幣資本とか、せいぜい地主的な資金とかで、いわゆる中間的諸階層の貯蓄が補足的に銀行などに集められていた。金利生活者的な純粋の「貨幣資本家」は現実的にはあまり多くなかったし、その資金の比重も当時はさほどでなかったように思いますが、どうでしょう。

岩田●実際には必ずしもそうじゃないと思います。けれども、資本主義の基軸産業は、その外部で形成される資金でも、信用システムを通じてあたかも自分自身の循環過程

の内部で形成される資金であるかのようにそれを利用するということではないでしょうか。

伊藤● ところが、現代資本主義の展開をつうじ、そのような信用システムや金融システムの機能が拡大されて、労働者大衆の大量な貯蓄性の預金、保険金、年金基金の集積と運用の場とされるようになり、その成果が消費者金融などで先取りされては住宅や耐久消費財の購入にむけられたりして、消費需要にも大きな影響を与える傾向を増してきている。とくにアメリカではその傾向が顕著です。そのため、生活資金や消費需要が株式市場のバブルの崩壊で打撃を受ける程度も大きく、いま始まっているITバブルの崩壊過程は、その問題を含めて、侘美さん的に言うとデフレ・スパイラルに転じてゆくおそれはないでしょうか。

侘美● いや、デフレ・スパイラルはアメリカでは起こらないと思う。アメリカの場合は、政府が意図的に緩やかでも絶えず物価を上昇させている。そこが日本とは違う。

伊藤● これまではそうですね。

侘美● アメリカの物価は今でもわずかながら上昇している。日本の場合はデフレを放任し、アメリカの場合はそれを許さないというのは、やはりアメリカには30年代の教訓が残っているのだと思います。そのような政策が理論的に整理された後に実施されているかどうかは別にして、デフレになると大変だということが直感的に理解されているのではないでしょうか。

岩田● 国境がオープンになってるでしょう。だからアメリカ市場だけで物価が上昇したら、中国・アジア製品の格好の投げ売り市場になっちゃいますよ。グローバルキャピタリズムの市場原理がアメリカ自身に跳ね返ってきます。しかし、僕の実感では、アメリカの消費者物価は国際的に割安ですね。70年代以降、ドル為替は傾向的に低落しているわけですが、それがまだ国内物価に充分には反映されていないのでしょう。だが徐々に反映されてゆくはずで、物価上昇の圧力となるでしょう。その逆の場合が日本で、円の為替レートからみれば、日本の国内物価はかなり割高ですね。国内産業の保護規制の緩和だけでも、相当なデフレ圧力になるでしょう。こうした各国物価体系の相互連関の問題は、ヨーロッパでは大変ですね。共通通貨ユーロの発足は、その問題を新しい段階に引き上げたとみてよいでしょう。

略

岩田● 確かに日本でも、例のインフレターゲット論が流行ってきましたね。侘美大恐慌論の効果じゃないんですか……。しかし、物価水準の変更は、需給関係のトータルな変更なしには不可能でしょう。通貨量の変化はその結果的現象にすぎません。いわ

ゆる貨幣数量説は、不換紙幣制のもとでも妥当しませんよ。

略

岩田●貿易関係が自由になっているオープン系では、一国だけでは不可能でしょう。ダンピング市場になるだけです。アジア商品に対して市場を解放するというだけの話になっちゃってね。対外準備の累積国である日本の場合には、国境障壁をうんと高めるか、人工的に極端な円安にする以外にはインフレ政策は不可能でしょう。だがそれは、世界市場産業である日本製造業の自殺行為となります。

侘美●しかし、アメリカはそういう時でも、相手の輸出攻勢には、すぐにダンピングだとか言って、アンティ・ダンピング政策や保護貿易政策を平気で実施します。相手の国に対してはそれを拒否するのにね。

岩田●自分の都合を世界に押し付けるというのがアメリカの独自性でしょうか。アメリカの主力産業はもはや世界市場産業ではありませんからね。

略

岩田●しかし、GDPや人口からみれば、相対的規模は日本よりもはるかに小さい。日本の方が2倍ぐらいの規模がありますよ。

略

岩田●日本の個人金融資産は大きいですよ。住宅ローン残高をはるかに上回っています。銀行の不良資産の真の処理は、銀行のバランスシートから預金残高と貸付残高を大幅にカットすることですが、それを強行する方法は、銀行倒産の大嵐、金融恐慌しかないでしょう。金融恐慌によってリセットを掛ければ、ゴミやバグやウイルスが一掃されて、システムの再起動が可能となるのですが、自分でリセットを掛ける意志も能力もジャパンキャピタリズムには生れ付きありませんね。

略

岩田●それが銀行にとっての安全システム、セーフティネットとなっているんじゃないでしょうか (笑)。

略

岩田●日本の場合、住宅問題が特別の意味をもつのは、それが大きな金融資産だからでしょう。株式、不動産は、いわゆる擬制資本で、80年代の日本バブルは擬制資本バブルでした。これがはじけてかなり収縮していますが、国際的にはまだ異常に割高で、不動産はもちろんですが、株価でも、株価収益倍数PERからみればアメリカよりも割高です。擬制資本バブルはまだ中間的破綻にとどまっているとみなければなりません。日本デフレの根本問題は、資産インフレの片がまだついていないことです。

これを一挙に整理する方法は、金融恐慌以外にないんですが。

　アメリカはどうでしょう。日本と比較したらアメリカの住宅金融はそれほど大きくありませんが。不動産をも含むアメリカの擬制資本バブルは、日本と比べれば、まだ穏やかなレベルにとどまっていたからこそ、ドット・コムバブルが目立った、というのが、僕の実感なんですがね。

略

岩田●アメリカ経済のサービス経済化も一種の過剰消費です。しかも対外債務の累積的拡張に依存する国民経済全体としての過剰消費ですね。アメリカを中心とする世界大恐慌の条件の成熟というよりも、むしろその実体喪失、バーチャル化と、その背後で世界資本主義の新たな再編が既に始まっているということでしょうか。アメリカがダウンすれば日本や中国の対米金融資産は一挙に不良資産化しますが、もはやアメリカ経済の景気動向に30年代ほどの世界的な重要性はないとみたほうがよいかもしれません。

　ところで、本誌の編集長から、ヨーロッパサイドから同じ問題を論じてほしいという追加注文が入りました。そこで、ユーロの問題を中心にして、ヨーロッパサイドからアメリカのドル体制を眺めてみましょう。

　統一通貨ユーロが発足してすでに1年以上経過しましたが、ユーロ諸国自身にとってのその重大性がようやく明らかになりつつあるといえます。というのは、通貨の統一は、統一的な価値尺度の登場を意味しますが、それは、参加各国に残されている物価体系、賃金体系、金利体系の格差を明白にし、その解消を要求するからです。そしてこれは、各国の国内産業に残されている制度的、慣行的な保護バリアと鋭くバッティングし、産業システムや金融システムの再編への動因となります。しかも、イギリスをはじめとする非参加国の参加問題を抱えています。

　ユーロ諸国の主力産業は、機械機器産業、電機産業、化学薬品産業などの旧いタイプの産業であり、IT産業、ハイテク電子産業などの新興産業では、中国・アジアを生産基地とするアメリカ・アジアのグローバルな水平分業関係に大きく立ち遅れています。これらの産業の世界経済に対するインパクトはそれほど大きくないとみてよいでしょう。

　しかも、ユーロ諸国は、その周辺に旧ソ連圏諸国や、中近東、北アフリカのイスラム諸国を抱え込んでいます。とりわけ、中近東、北アフリカの状況は、80年のイラン革命以来、イスラム原理主義運動の台頭によって根底的に変化しており、これらの地域の秩序維持をアメリカの軍事力に依存しています。

これらの点については、第三回目の対談で取り上げますが、いずれにせよ、以上のような諸事情は、ユーロ諸国の中心問題が、自分たち自身の内部とその周辺諸国の再編問題に集中されることを物語っています。そしてこのことは、ユーロの登場が、基軸為替ドルの活動領域を狭めることにはなっても、それにとって代わるものではないことを意味します。つまり、基軸為替ドルの実態喪失とそのバーチャル化は進行する一方ですが、それに代わるような基軸為替を世界経済は産みだすことができないであろうということです。それがいわゆる変動相場制の最終的な意味かもしれません。

貨幣市場と資本市場、株式会社における所有と経営
（岩田コメント）

岩田●投資信託などの機関投資家の役割について侘美さんが提起した問題は重要です。そのなかには理論的解析を要する幾つかの問題が含まれていますが、対談では話が複雑になるために発言を差し控えました。そこで理論問題に関心のある本誌の読者のために、簡単なコメントを追加補足させていただきたいと思います。

　第一のコメントは、いわゆる直接金融と間接金融に関する常識的理解についてです。これによれば、資金供給の起点は、資金提供者の金庫や財布であり、ここから出た資金が銀行の仲介を経て企業に貸し付けられるのが間接金融で、株式や社債の購入によって企業に供給されるのが直接金融だということになります。侘美さんも、おそらく説明の便宜のために、こうした用語法を利用しているのでしょうが、実際には、社会のあらゆる貨幣収入は——企業の収入も個人の収入も——、第一次的には銀行口座に流入し、そこが企業への資金供給回路の起点となります。したがって、資金供給回路としては、銀行貸付の方が直接的となり、資本市場における株式、社債の購入の方が迂回的となります。後者では、銀行口座から引き出された資金が、資本市場を介して企業に供給されるからです。しかもこの場合、企業への現実の資金供給となるのは、新規発行証券の購入に向う資金だけです。それ以外の資金は、既発行証券の売り手の銀行口座に振り込まれ、銀行に回流するからです。金融資産の残高構成からみれば、それは預金残高と証券保有残高とに大きく分かれますが、この残高構成は、資金供給回路のルート構成に対応するものではありません。

　貨幣市場に集まってくる社会的資金が資本市場に流入するルートは、大きく分けて三つあります。第一は、預金者が銀行口座から預金を引き出してそれを証券購入に投

下するルートです。これが、貨幣市場の資金が資本市場に流入する基本ルートですが、常識的には、それが直接金融と解されているわけです。第二は、貨幣市場の金融機関が証券を担保として証券購入者にその購入代金を直接間接に融資するルート、いわゆる証券担保金融のルートですが、これは、資本市場における株式・債券の投機的売買に貨幣市場の資金を大量に動員する主要ルートとなります。侘美さんの指摘する20年代のアメリカの株式市場バブルを金融したブローカーズ・ローンもこれに属するとみてよいでしょう。第三のルートは、貨幣市場の金融機関がその資金を直接に証券購入に投下するルートですが、これは、銀行のバランスシートでは、貸付資産の一部を証券資産——いわゆるリスク資産——に転換することを意味します。ボリュームとしてはそれほど大きくならぬでしょう。日本の銀行危機の一因は、バブル崩壊によって、含み益資産であった証券資産が含み損資産に転じたことにあります。

　資本市場を介する迂回的な資金供給ルートは企業にとって重要な意味をもっています。貨幣市場を貯水池とする社会的貨幣資本は、本来は一時的運用のみが可能な短期資金ですが、資本市場を迂回することによって短期資金から長期資金へと形態転化するからです。株式や債券の購入に投下される資金は、その購入者にとっては何時でも現金化しうる貨幣資本ですが、その発行企業にとっては設備の新設、拡張にも使用可能な自己資本や長期借入金の調達となります。侘美さんの主張の一つは、僕の解釈によれば、貨幣市場の社会的資金を資本市場に動員するに当って、証券担保金融やブローカーズ・ローンなどの役割が低下し、投資信託や投資ファンド、各種基金などの機関投資家が主役を演ずる時代になったということでしょう。そこで問題は、それが企業経営に対してどのように作用するか、という点になりますが、これについての侘美さんの主張を評価するためには、次の予備的コメントが必要です。

　第二のコメントは、貨幣市場の社会的資金を資本市場に動員するに当って、その動向をコントロールする市場機構は何かという問題です。差し当たりそれは、貨幣市場における預金資産の収益性と資本市場における証券資産の収益性との比較関係だといってよいでしょう。この比較関係を通して両市場のあいだを社会的資金が流出入し、資本市場でこれに対応する証券価格が成立するからです。そしてこの場合、預金資産の収益性を代表するものは、貨幣市場の利子率ですが、これが証券資産の収益性の評価の基準となります。その理由は、貨幣市場が社会的資金の第一次的なプールであり、資金回路の起点だからです。証券の収益性は、証券の保有から得られる収益が証券の購入に投下された資金に対してどれだけの利回りとなるかです。そしてこの利回りが貨幣市場の利子率と均衡する点が資本市場における株価形成の基準となります。資本

市場が発達した株式、債券の売買市場、流通市場として確立されている場合には、証券は何時でも換金可能な、したがって貨幣市場にある社会的資金と同質的な、貨幣資本とみなすことができるからです。これが利子率による証券収益の資本還元であり、これによる株価形成機構です。

　だが、ここで二つの問題が出てきます。一つは、資本市場における株価形成は、配当の資本還元によるのか、それとも利潤の資本還元によるのか、という問題です。この点については、株式の擬制資本化や創業者利得をはじめて理論的に考察したヒルファディングやこれに従った宇野さんは、利潤ではなく、配当の資本還元としています。だが、これは、株券と債券の質的相違を無視することになります。債券は、一般には一定期日後の元本償還が約束された確定利付証券であり、この約定利子率の市場利子率による資本還元によって時価が決まりますが、これに対し株券は、後にみるように、法人としての株式会社とその利潤に対する株主の持分証券です。したがって配当の如何にかかわらず、一株あたりの利潤の市場利子率による資本還元がその基準となります。こうした点を端的に示すのは、ROEとPERの関係ですが、これを理論的に翻訳すれば、利子率による利潤率の資本還元であり、これによる現実資本の社会的貨幣資本への擬制です。例えば、マイクロソフトは株式時価総額ではアメリカでもトップクラスの企業ですが、無配当による利潤の内部留保政策を一貫して続けてきました。ITブームを主導したハイテク企業には、これに類する配当政策をとる企業がたくさんあります。

　いま一つは、貨幣市場の利子率と資本市場の証券利回りとの比較関係において、その基準となる利子率は何か、という問題です。実は、貨幣市場の利子率といっても、単一ではなく、中央銀行利子率を軸点とする各種利子率の階層的な複合体——金利体系——となっており、したがってそのうちのどの利子率が貨幣市場と資本市場のあいだの資金移動関係の基準になるかという問題があるからです。

　結論から先にいえば、それは、センター貨幣市場の利子率——貨幣市場に対する貨幣市場としての中央貨幣市場の利子率——となります。いわゆるインターバンク市場の短期利子率がそれですが、これが貨幣市場全体の基準となる市場利子率、いわゆるマーケット・レートです。インターバンク市場は、諸銀行や諸金融機関や証券会社や機関投資家などの決済資金の相互融通市場となっており、したがって貨幣市場全体の資金の需給関係を最終的に反映し調整する市場となっているからです。中央銀行の金融市場操作も、直接的にはこのインターバンク市場をターゲットにして行われます。また諸銀行の各種貸付利子率や各種預金利子率は、このインターバンク・レートへのプラス・マイナスの上乗せとなります。それはまた、さきほどの証券業者や投資信託

や投資基金などの機関投資家の活動基準となる利子率です。したがって、貨幣市場と資本市場とのあいだの資金の流出入関係を最終的にコントロールするのも、結局はこのインターバンク・レートになるとみてよいでしょう。但し、これは貨幣市場が自由競争市場となっている場合です。

この点については、しかし、一般のエコノミストの理解は違っています。彼らは、貨幣市場の利子率を中央銀行の政策によって操作しうる政策的利子率、いわゆる規制利子率とみなし、資本市場における証券の需給関係によって形成される利回りを自由市場的な市場利子率としています。だが、こうした理解は、ひとたび為替決済危機や、センター貨幣市場の決済危機が勃発すれば、中央銀行利子率やインターバンク利子率が、数十パーセントの禁止的高金利へと跳ね上がるというお馴染みの事実によって、繰り返し打ち砕かれてきました。それが、国家の規制や統制に対する、市場原理の威力というものでしょう。

さて、以上のコメントを踏まえて、侘美さんの問題に帰りましょう。

第三のコメントは、投資信託や投資ファンド、各種基金などの機関投資家の台頭が企業経営に対して、どのような影響を及ぼすか、という問題です。侘美さんは、株主の分散性から所有と経営の分離を主張したバーリー＆ミーンズを引き合いに出しながら、投資信託などの機関投資家が、こうした分離を逆転させ、多数の株主の所有権を代表するものとして企業経営に介入し、好況期にも合理化やリストラを強制するとしているわけですが、この問題はもう少し複雑です。

株式会社における所有と経営の問題は二つの側面をもっています。資本主義にとっての本質的な側面と、投資信託等々の機関投資家にも関連する現実的な側面です。

まず本質的な側面から取り上げますと、それは、株式会社における所有権の主体、それに伴う権利・義務関係の主体は誰か、株主かそれとも法人としての会社か、という問題です。これは会計学でも生じます。会計主体――損益計算書や貸借対照表の主体――は誰か、株主かそれとも法人としての会社か、という問題です。法律学的研究との共同作業を看板にしているバーリー＆ミーンズの『現代株式会社と私的所有』も、この問題には触れています。個々の株主や株主の集合体から独立した自立的存在としてのコーポレート・エンティティ――自分の名前で売買活動を営み訴訟の主体となり個々の株主の生物学的寿命を超えて存続する自己再生産的実体としての株式会社――の問題がそれです。そしてここから彼らは、株主責任の有限性――株主所有権の有限性とそれに伴う権利義務関係の有限性――を演繹しています。だが彼らは、せっかくこれらの点を問題としながら、その本質的、原理的な意味解析を途中で放棄し、常識

的な所有と経営の分理論へとズレ込んでいます。

　この問題は、『資本論』では、資本と資本家との関係として論じられています。資本とは、価値の自立的な運動体——商品と貨幣とを経過的存在形態とする価値の自己循環体——であり、資本家とは、そうした資本の人格化——資本に目や耳や口が付いたもの——、その人格的な代弁者にすぎぬという規定が、それです。また近代的な市民法的所有権については、交換当事者たちが相互に相手方を商品所有者として承認しあう関係が、その経済的実体だとしています。そしていうまでもなく、資本主義経済では、商品売買の担い手、その主体は、資本であり、資本主義的経営体であって、いわゆる資本家はその人格的な代弁者にすぎません。

　このことは、当面の問題に即していえば、株式会社における所有権の主体、したがってその権利義務関係、債権債務関係、会計関係の主体は、法人としての会社であり、それを人格的に代表するものが、法人の管理機関としての役員会だということになります。『資本論』的にいえば、これらの役員が仮に安サラリーマンや社会主義者や労働組合の代表者や国家の役人などから成り立っていようとも、役員会の構成員として機能する限りでは資本家として機能するということです。また伝統的な一族経営の企業やいわゆるオーナー経営の企業でも、所有権の主体は経営組織体としての企業であり、その経営に携わる一族や家族等々はそれを人格的に代弁する経営管理機関の構成員——時には家訓等々によってその全人格的存在までも制約される管理機関の構成員——でしかないということです。

　そこで問題は、こうした会社所有権に対する株主所有権の地位ですが、それは、会社の資産——バランスシートの両サイドにあるプラス・マイナスの資産——に対する直接的な所有権ではなく、法人としての会社それ自体に対する、いわば上層的な所有権だということになります。けれどもそれは、会社に対する株主たちの共同所有権、いわゆる共有権ではありません。それは、私的所有権としての完全性、無限性をもたない所有権、有限責任の所有権にすぎず、通常の共有権とは違い、それらの全部を合わせても、その有限性に変わりはありません。それは、会社設立の際の定款によって規定され限定された二次的な所有権ですが、これに対し、会社資産に対する会社の所有権の方は、無限責任性をもつ所有権、経営責任と一体化した本来の意味での私的所有権——市民法的な所有権——となっています。つまり、株式会社では、市民法的な私的所有権それ自体が、こうした有限な株主所有権と、私的所有権としての無限性、完全性をもつ会社所有権とに分離し、二重化しているわけです。そしてこれは、『資本論』的にいえば、資本が、したがって資本主義的な経営組織体としての企業が、経済社

会の自立的な主体、主人公となり、いわゆる「自然人」はこれによって逆規定された憐れな二次的存在になるという関係の合理的・制度的な表現だとしなければなりません。

次に第二の現実的な側面ですが、ここでまず問題となるのは、株主にとっての株主所有権の現実的な意味です。結論から先にいえば、それは、大多数の株主にとっては、株式会社の設立定款によって保障された限定的な所有権——法人としての株式会社に対する有限責任の所有権——としての意味さえもっていないということです。彼らにとっては、それは、資本市場で何時でも現金化しうる擬制的な貨幣資本としての株式証券、収益証券としての株式証券に対する所有権だからです。しかも一般には、彼らのポートフォリオのなかにはこうした収益証券がいく種類も挟み込まれており、個々の株式証券はその一つにすぎぬからです。

こうした事情は、投資信託や投資基金などの機関投資家にとっても同じです。あるいはむしろ、もっと鋭い、より発達した形態をとるといった方がよいでしょう。多種多様な株式証券や債券をパッケージにして金融商品としそれを顧客にセールスするのが彼らの商売だからです。彼らは、投資家というよりも、こうした金融商品を組成しそれらを売買する商業資本とみた方がよいかもしれません。しかし株式会社の経営に対しては、確かに彼らは、多数の株主の集合体を代表するものとしてそれに大きな発言権をもつことになります。だがその目的は、こうした金融商品の価値を高めることであり、そのなかに組み込まれている株式証券の価値——擬制資本としての価値——を高めることです。そしてそのための基本的方法が、会社経営に対して、資本金利益率ROEの改善への圧力をかけることでしょう。株価の動向を決定するものは、貨幣市場の利子率による利潤率の資本還元ですが、個々の企業経営にとっては貨幣市場の利子率は所与の条件となっているからです。機関投資家によるこうしたROE改善への圧力、——これが、好況期でさえも企業に合理化やリストラを強制するとして、侘美さんが強調する関係です。

だが、こうした合理化やリストラは、金融商品の価値を高める基本的な手段ではあっても、そのための手段の一つにすぎません。そのほかにも、M&Aや、特別目的会社の設置などを含む種々の会計操作、等々の方法があるからです。これらは、かつて「証券資本主義」と名づけられた古典的なアングロサクソン的方法でしたが、今日では形を変えてグローバル・スタンダードとなりつつあるようです。日本でもこれに迎合する経営サイドの発言が相次いでいます。株主価値の最大化を目指す経営だとか、時価総額経営だとか、そのためのM&Aだとかいうコマーシャルがそれです。

ところで、以上のような機関投資家の活動は、今日までのところ、貨幣市場の社会

的資金を資本市場へと誘導し、それによって株価上昇を支え、アメリカ経済の拡張を金融面から誘導してきたとみてよいでしょう。問題は、多少の曲折を伴いながらも、今後もそれを継続しうるかという点にあります。果たしてどうでしょうか。

【第三部】
20世紀の世界史的総括と人類史的課題

現代資本主義分析の方法論的枠組み

●世界資本主義論と恐慌論的接近をどう活かすか

岩田● このへんで対談の四番目の大項目「現代資本主義分析の方法論的枠組み」を取り上げましょう。サブ項目は、「世界資本主義論と恐慌論的接近をどう活かすか」、「ソ連崩壊の世界史的意味および中国社会主義市場経済の意義」、「人類史の危機と分析の焦点」の三つです。いずれも大問題ですね。これは、20世紀をどう世界史的に総括し21世紀を展望するか、という根本問題の手がかりとなるかもしれません。まず最初の項目について伊藤さんから問題提起をお願いします。

伊藤● これも大きな問題なので、少しずつ、しかし率直に論点を提起してみましょう。『資本論』を現代の資本主義の分析にどのように用いるべきか。この問題について重要な方法論的整理を与えたものに宇野先生の三段階論の方法がある。しかし、今まで話しあってきたような資本主義の現代的な展開状況を考察するときに、それをどういうふうに活かすことになるのか。いまや、宇野理論に拠る人々の中でも見解が相当分かれるところではないかと思います。そのなかで、われわれは岩田さんが提唱された世界資本主義論の方法とか、恐慌論的接近とか言われていたことを、それぞれに重要視してきている。そのさい、広く宇野学派に共有されていた現代資本主義分析の方法論的枠組みとして、古典的帝国主義段階以降を現代資本主義とみて、宇野先生がその時期について第一次大戦後は社会主義への世界史的移行期に入ったために、社会主義

との対抗関係で、資本主義の動態も強く規定される側面を重視し、現状分析をすすめなければならないものと考えていた。それに関連して、『資本論』に示されているような原理的な資本主義の運動に対し、むしろ古典的帝国主義段階以降、資本主義は不純化し、原理的な資本主義の運動のシステムから離れる傾向が支配的になってきたと考える傾向も強かった。岩田さんの世界資本主義論や恐慌論的接近にも、そのような観点はある形で投影されていたのではないでしょうか。侘美さんの大恐慌の分析でも、第一次大戦後の世界資本主義における特別な歴史的諸要因による独自の現象であることが強調されていたように思います。

ところが1990年代問題、さらにそれにさきだつ1970、80年代以降の資本主義の現代的展開は、われわれが今日議論してきた諸側面、情報技術が投資単位を軽薄短小化し、競争的な市場原理を資本主義的に再活性化し、労働組合を弱体化し、国家の経済的役割を縮小するといったこと、加えてソ連型社会主義が崩壊して冷戦的な社会主義との対抗関係がごく希薄になったことをつうじ、資本主義の発展が大きくみて、むしろマルクスが考えていたような資本主義の原理的な諸問題、根本的な作用をめぐって分析し、批判的に検討しなければならない諸問題をむしろ現代的に再浮上させているのではないか。われわれが今日議論するなかでも、図らずもしばしば原理論の問題に立ち戻って、恐慌論における現実資本の蓄積と貨幣資本の蓄積との関連、そこに含まれる労資関係の動態、金融の投機的不安定性やその破壊的な作用などに参照基準を求めることとなっているわけですが、それはわれわれの趣味や癖によるだけではなく、現代資本主義の現実的展開自体がそのような方法論的参照基準の重視を要請する性質を強めているとはいえないでしょうか。それを私は、資本主義の歴史的発展が螺旋的に逆流していると表現しているのですが、その逆流が結局はどこに向かうのかということに自分でもまだ見通しがついていないところもあるし、宇野先生の三段階論との関係で、あるいはその発展としての世界資本主義論や恐慌論的接近とわれわれが考えてきた方法論との関係でどう整理しなおしたらいいのかということも十分整理がついているわけではないですが、さしあたりそのような問題をひとまず提起しておきたいと思います。

侘美●私はその考え方にはあまり賛成ではないですね。原論的な問題というのは、80年代、90年代に特に取り上げられるというわけではなく、いつの時代でも原論的な問題に還元して、現実を分析できる。たとえば資本過剰問題にしても、労資問題にしても、原論を基礎にして、ただし直接にではなく、両者の関係を追究することができる。特に現代にその方法が強くなるとは考えられない。むしろ、恐慌論的接近からい

うと、先ほど伊藤さんも言われたように、宇野さんは大恐慌をきちんと経済体系の中に位置づけていなかったという点が問題だと思います。宇野さんの場合、大恐慌期は、要するに社会主義への移行期に入れられてしまっているので、大恐慌分析は事実上行われていない。それは体系の外にある。

　ところが、私自身が大恐慌を分析して分かってきたことは、それが世界資本主義の構造変化そのものと深く関係している、つまり市場編成なり市場機構なりの変質、特に独占による競争機構の変質と関係し、宇野さんが強調した社会主義の影響という点はほとんど関係がない、ということです。大恐慌の原因が資本主義経済そのものの変化にあるということが明確になった場合には、大恐慌自身も段階論の対象として組み込まれなければならない、と考えている。そうすると時期区分も、第一次大戦を境に分ける（段階論の対象時期をここまでに限定する）のではなく、大恐慌ないし第二次大戦（両者は既述のように密接に関連している）のところまで入れて、そこまでを世界資本主義の段階分析として、つまり世界資本主義としての中心国の蓄積機構とその市場編成の変化という形で体系化する。この期までは、その経済的編成機構に相対的自律性を確認できるので、段階論として（その確立、展開、崩壊として）体系化できる。したがって当然に、段階論自体の時期区分も大きく変化することになる。

　そうすると、いわゆる現状分析では、第二次大戦を通してそれ以後の世界資本主義が質的にどのように変化したかということ、それゆえ世界編成の相対的自律性を喪失した世界資本主義、したがって段階論と質的に異なる世界資本主義が分析の対象となる。今日の対談における最初のテーマで指摘したように、とりわけ大恐慌の原因とは何だったのか、そしてそれによる崩壊から戦後体制はどのように政治的過程をも含めて再建されたのか、ということが最初の問題となる。大恐慌はそれ以前の循環性恐慌と質的に違うわけですから、戦後の世界資本主義がその崩壊の可能性に対してどのように対処しているのか、それをどこまで回避し、また回避できないのか、さらに一国について見ても、その世界資本主義体制の中にどのように組み込まれ、また組み込まれていないのか、という形で現代資本主義論が構築されねばならないということになる。

略

侘美●私は、とくに帝国主義論をどのように段階論に位置づけるのかという点について、再考する必要があると思っています。第一次大戦以前の帝国主義段階、すなわち古典的帝国主義段階にも、実はイギリスという中心国が存在し、それが産業的・金融的に自由主義段階とは違いながらも一つの編成機構を持っていた。そういう意味では、従来の帝国主義段階も、自由主義段階と形は違いながらも共通性を持っていた段階と

して括ることができる。景気循環としても、形は違っても依然として世界的には循環性恐慌の支配する時代である。循環性恐慌が本当に変質するのは、第一次大戦以前ではなく、第一次大戦以後、すなわち大恐慌のころです。

略

岩田●資本主義の世界史は循環性恐慌の支配する時代と崩壊型恐慌の可能性を含んだ時代との二段階になるというわけですか。

略

岩田●侘美さんの時期区分は、伊藤さんのネーミングを借りれば、恐慌論的時期区分——恐慌が資本主義経済に対して果たす経済的機能ないし役割に焦点を当てた時期区分——で、僕はちょっと極端だと思いますが、それに対応するもう少し常識的な、一般に流布している時期区分は、金本位制および再建金本位制の時代と、その崩壊の時代と、さらにドルを基軸とするいわゆる管理通貨制の時代という時期区分でしょう。これを理論的に翻訳すれば、資本主義の世界的な貨幣・金融システムに焦点を当てた時期区分となります。そしてこれは、そうした貨幣・金融システムを担う中心資本主義国の歴史的推移に対応する時期区分となります。資本主義の世界システム論的な時期区分、世界資本主義論的な時期区分といってよいでしょう。資本主義の世界システムを最終的に総括しコントロールするものは、その貨幣・金融システムだからです。振り返れば、第一次大戦前夜の帝国主義対立は、金本位制の限界内における対立——イギリスの金・ポンドシステムの内部における対立——でした。また侘美さんが崩壊型恐慌としているのは、世界システム論的にいえば、資本主義の世界的な貨幣・金融システムが経済実体に対するコントロール力を喪失しみずからも崩壊してしまったということでしょう。

略

岩田●宇野さんの場合には、幾つかの時期区分規定が絡み合っています。第一は、段階論と現状分析という区分ですが、これは時期区分というよりも、資本主義分析の抽象度による区分です。こうした区分は、世界システム論的、世界資本主義論的方法をとる場合にはカットしてよいでしょう。第二は、帝国主義段階の最終的な総括規定をどのように設定するか、という問題です。そしてこれに対応するのが、次の世界史的過程の出発点規定をどのように設定するか、という第三の問題です。難しいのは、この第二規定と第三規定との関係、つまり、一つの世界史的過程の最終的な総括規定と次の世界史的過程の出発点規定との関係です。

前者については、宇野さんは、資本主義が自分の矛盾の現実的な解決機構を喪失し、

鼎談　現代資本主義と世界大恐慌
侘美光彦＋伊藤　誠＋岩田　弘

「基本的には労働力の商品化としての矛盾」、「現実的には農業と工業の対立」、「機構的には資本の現物形態と貨幣形態との対立矛盾」、「総じて生産力と生産関係との極度に発展した矛盾」を、「解決のない展開によって解決しようとする」というように規定しています。これは、矛盾の経済的な解決能力を資本主義が喪失したという規定であり、帝国主義的対立の深化と帝国主義戦争の必然性のいわば消極的な規定とみてよいでしょう。

　これに対し宇野さんの次の主張、すなわち、ロシア革命以降は「世界史的にはむしろ社会主義の初期として扱われるのではないか」という主張は、次の世界史的過程の出発点規定とみてよいでしょう。だが、ここで世界史の根本問題が出てきます。それは、次の世界史的過程の出発点を、帝国主義戦争としての第一次大戦それ自体とするか、ロシア革命とするか、という問題です。宇野さんはこの点を突き詰めていませんが、帝国主義戦争の必然性への展望をもって帝国主義論の最終的な総括規定とする宇野さん自身の論理構造からいえば、第一次大戦それ自体を次の世界史的過程の出発点としなければならぬはずです。そして1917年のロシア革命――兵士・労働者ソヴェト革命――も、翌18年晩秋のドイツ革命――兵士・労働者レーテ革命――も、直接的には、第一次世界大戦とそれによって創り出された政治的経済的危機の産物でした。帝国主義の世界戦争としての第一次大戦、これによって創り出された敗戦国を中心とする世界危機、――これが、資本主義がその世界史的発展を通じてプロレタリア革命を提起した方法、その第一回目の方法だったんじゃないでしょうか。

　その後の世界史の展開は、この大事件によって深く規定されています。それは、資本主義のその後の運命を決する世界史的な大事件、宇野さん的にいえば、社会主義の世界史的な初期となるか、それとも資本主義の再建、復興の時代となるかを決する世界史的な転換点だったからです。そして結果からいえば、それは資本主義の再建、復興の時代となり、その行詰りから再びまた第二回目の世界戦争へと突入することになりました。この点をもう少し立ち入って振り返ってみましょう。

　まずロシアですが、兵士・労働者ソヴェト革命――評議会革命――として始まったロシア革命は、レーニンを首班とする社会主義者の政権の樹立とともに、実際には、その大衆的担い手をなす兵士・労働者ソヴェトは解体し始め、革命政権は、ツァー時代の将校や官僚を幹部とする徴兵制の軍隊や官僚機構に依存する行政執行権力独裁へと傾斜していったとみなければなりません。18年4月から始まった内戦と戦時共産主義の時代、21年3月から始まった新経済政策――商品経済的復興政策――の時代を経て、29年からのスターリンの工業化・農業集団化政策へと繋がっていった過程が、それですが、世界を震撼させたロシア革命も、こうした過程を経て、周辺ヨーロッパの

ローカルな地方史的過程へと縮退してゆきました。

これに対してドイツの場合には少し違っていました。ドイツ革命もまた、兵士・労働者レーテ革命——評議会革命——として始まったわけですが、社会民主党主流派とドイツ軍部との共同作戦によって、議会制民主主義の共和国の樹立へとすり替えられました。ワイマール憲法体制がそれですが、しかしそれは、第一次大戦後のヨーロッパの国内政治体制の特徴を鋭く代表するものとなりました。大戦前のヨーロッパの議会政治体制、いわゆる市民的議会政治体制は、実際には、19世紀70年代以降の帝国主義の時代になって、ようやく安定的に確立したわけですが、その政党配置は、ブルジョア保守派とブルジョア自由主義派との対抗関係を基軸にしており、労働者政党は、後者を尻押しする第三の政治勢力にとどまっていました。こうした政党配置が大きく変化し、労働者政党とブルジョア諸政党との対抗関係がその基軸となったのは、第一次大戦後のヨーロッパの議会政治体制において初めてでしたが、それは、戦争とその戦後危機をめぐる政治過程の歴史的な産物でした。そしてこれが、現代デモクラシーの政治体制の最初の世界史的な登場でした。あるいは、大衆社会論の人たちのいう大衆デモクラシー型の政治体制といってもよいでしょう。こうした政治体制は、ヨーロッパの周辺諸国や戦後危機を経験しなかったアメリカでは、一周回遅れて30年代となりましたが——そして日本はさらに一周回遅れて第二次大戦後となりましたが——、その後の世界資本主義の政治過程を深く規定し、またこれを通じて経済過程にも大きく影響を及ぼすものとなっています。

以上が、第一次大戦の結果として生じた第一回目の世界危機とその処理過程、これによる戦後資本主義の登場過程ですが、これに対し第二回目の危機は、30年代初頭にやってきました。ワイマール体制の危機を焦点とするヨーロッパデモクラシーの行詰りがそれですが、これを引き起こしたのは、31年秋のポンドの金決済停止と、これによる第一次大戦後の戦後経済体制の崩壊でした。

第一次大戦後の資本主義の経済体制は、再建金本位制——再建金・ポンド体制——を国際的な貨幣・金融システムとする世界経済体制ですが、その世界史的な意義は、ヨーロッパデモクラシーを経済的に支えそれに一応の安定をもたらしたことにありました。したがって29年秋に始まったアメリカ恐慌の世界史的意義も、恐慌それ自体の経済的性格というよりも、それがポンドの金決済停止による戦後経済体制の崩壊を通じてこのヨーロッパデモクラシーの経済的基礎を崩壊させ、ヨーロッパを中心に再びまたプロレタリア革命の問題を世界史的に提起したという点にあったとしなければなりません。そしてこの問題に真正面から答えなければならなかったのは、「ソヴェ

鼎談　現代資本主義と世界大恐慌
侘美光彦＋伊藤　誠＋岩田　弘

ト権力、プロレタリア独裁、世界革命」を一枚看板にする第三インターナショナルの諸党──ソ連共産党とドイツ共産党を主力とする世界共産党──でした。だが、このときには、すでにソ連共産党は革命党としての実質を失っており、この世界共産党は看板だけの空文句の党でしかありませんでした。

そしてこれに代わって登場し、ドイツの勤労者大衆を結集したのが、ナチス党の大衆運動でした。ナチスというのは、「国民社会主義ドイツ労働者党」の略語ですが、民族こそが至高の目的で国家はその道具にすぎぬというヒットラーの主張からいえば、民族社会主義と解した方がより内容的です。ドイツ民族が世界の抑圧と搾取に呻吟しているプロレタリア民族に擬制され、ユダヤ人がブルジョア階級の身代わりにされ、反ユダヤの国内階級戦争が組織され、それが世界階級戦争へと転化されていったわけです。つまりそれは、ナチスによって演出されたお芝居としての国内革命戦争と世界革命戦争でした。

こうして始まったのが、ヨーロッパを主戦場とする第二次世界大戦ですが、これについて宇野さんは、もはや帝国主義諸国間の戦争とはいえないとしています。その理由は、ロシア革命以降は社会主義の初期とすべきではないかという宇野さんの世界史認識、および社会主義国ソ連が参加していたという認識に基づくものとみてよいでしょう。だが、それは、以上のようなヨーロッパデモクラシーの危機と、それが提起するプロレタリア革命の問題が、ナチスの擬似プロレタリア革命にすり替えられた点にあるとしなければなりません。そしてこうした第二次世界大戦も、それが創り出す世界危機を通して、三たび、プロレタリア革命の問題を世界史的に提起したとみてよいでしょう。

第一次大戦以降の時代は、以上のような意味では、すなわち、繰り返す世界危機を通して繰り返しプロレタリア革命、社会主義革命の問題を提起するという時代に入ったという意味では、社会主義への世界史的な移行期に入ったといえるかもしれません。だが、これは極めて消極的な意味においてです。危機が資本主義的に克服されれば、それは資本主義の再編と新たな展開の媒介物となるほかないからです。

略

岩田●それは難しい問題ですね。第二次大戦が終わってからすでに半世紀以上も経っており、19世紀の自由主義段階にも匹敵する歴史的時間量となっています。第二次大戦とその戦後危機の政治的・経済的な処理過程を通じて形成された世界史的な枠組みがその後も継続しているとみるか、それとも別のものに変質転化しているとみるか、という問題じゃないでしょうか。

その点について僕自身は、前回のところで言及したのですが、64年刊行の旧版『世界資本主義』では、ドルの金決済停止が切迫しており、それは、戦後経済体制の崩壊を通じて、30年代型の政治危機——戦後デモクラシーの危機——を引き起こし、世界史的には四回目のプロレタリア革命の問題を提起するだろうと考えていました。だが、そうはなりませんでしたね。68年3月のドルの金決済停止の結果は、この停止にもかかわらずドルが依然として世界の基軸為替の地位を保持し、過剰ドルの累積によって主導される世界インフレの時代の開幕となりましたが、世界史的な枠組みの変更とはなりませんでした。

先ほどの伊藤さんのご主張は、73年のインフレ恐慌を境にして二つの時期に区分し、後者については市場原理主義台頭の経済的背景を解明すべきだということでしたね。

こうした世界史的枠組みに関連するもう一つの問題としては、ソ連東欧社会主義の崩壊と中国社会主義の市場主義への転換を世界史的にどう評価するか、という問題があります。これもまた、これら諸国の「社会主義」の実体についての歴史的・理論的解明を必要とします。これらの問題は、大きくいえば、20世紀を世界史的にどう総括するかという問題になるのではないでしょうか。

伊藤● しかしまたそのようななかで方法論的にやはり気になるのは、戦争論的接近による整理でみても、恐慌論的接近による整理でみても、現在の世界情況は、つぎの四の二、三のテーマとも関係するのだけれども、資本主義の世界史的展開が非常に根本的な問題をいろんなところで現代的に提起しなおしているのではないか、と考えたくなるのですね。

岩田● まさにその通りですね。四の二、三というのは、「ソ連崩壊の世界史的意味(および中国市場社会主義経済の意義)」と、「人類史の危機と分析の焦点」の二つの項目です。それでは四の二に進みましょうか。

●ソ連崩壊の世界史的意味(および中国社会主義市場経済の意義)

伊藤● ソ連体制が崩壊したということのショックは直接間接にやはり大きかったですね。社会主義はすでに終わったという風潮が強い。しかし、侘美さんも書いておられるのですが、中国社会主義市場経済はどこへ行くかという問題も含めて、われわれは働く人びとや社会的弱者にあまりにきびしい資本主義に対するオルタナティブを大きく社会主義とし、その理論、思想、歴史を再点検し、あらためて21世紀的に社会主義の可能性を掘り下げて考え直すことを根本的に迫られている時代に入ったのではな

いでしょうか。

岩田●宇野さんが生きていたら大ショックだったでしょう。ソ連に対しては点が甘かったですからね。ソ連崩壊については、社会主義が崩壊したのか、それとも社会主義を看板とする別の体制が崩壊したのか、という根本問題があります。トロッキー派やアナキスト派を含めて、国際的にもかなり意見が分かれていますね。

　ところで、伊藤さんがオルタナティブというのは……。

伊藤●資本主義は超えられるか超えられないのか。超えるとすればそれは社会主義においてでしょうが、その実現をはかる主体はどのようにして準備されるのか。

岩田●オルタナティブといっても、二つあります。現状の行詰りから生ずる危機をめぐって革命と反革命の対決が問われるという意味でのオルタナティブと、議会政治体制の枠内での投票箱によるオルタナティブです。後者は、体制の側からは、サッチャー内閣やドゴール政権や、30年代危機のときのブリューニング内閣が好んで使った方法ですが。

略

岩田●少なくとも今日までは危機をめぐる対決が世界史的なオルタナティブでした。こうした対決の場合には、それを革命へと誘導してゆく目的意識的な組織主体が問題となりますが、ソ連が崩壊した後では、マルクス主義にとっては、これは大変な問題ですね。今日では、ソ連社会主義や中国社会主義に対する根底的な批判的総括なしには不可能でしょう。僕なんかが旧ソ連や中国に対して点が辛いのは、そういう理由からです。

伊藤●その問題が本当は、マルクスの経済学によってそれぞれの時代に真剣に検討されなければならない重要課題のひとつではないかと思うのです。戦争による危機とか、恐慌による危機とか、それぞれの時代の問題にそくしてね。

岩田●そうですね。マルクス主義にとっての革命論的なオルタナティブは、現状か社会主義かというオルタナティブではなく、客観的なプロセスとしての現状が行き詰まって危機となり、その危機をめぐる大衆的な対決をマルクス主義者が如何に革命に向けて誘導し組織してゆくかといういわゆる革命党の戦略戦術の問題となりますが、マルクスの場合はどうだったのでしょう。

略

岩田●確かにマルクスは恐慌に期待していましたね。それが、資本主義自身がプロレタリア革命の問題を提起する客観的・歴史的な方法だとしていたわけです。彼の執筆した『共産党宣言』でも、革命の戦略プログラムに係わる部分は、フランス大革命の

総括と、1847年恐慌を踏まえてのドイツ革命への展望となっていました。だからこそ、1850年代初頭にカリフォルニアやオーストラリアの金鉱発見をきっかけに資本主義が新たなブーム過程に入ったとき、ロンドンで経済学の研究を最初からやり直したのでしょう。その成果が『資本論』でした。

伊藤●それに対して、レーニン的な段階では、帝国主義世界戦争の危機を資本主義の変革への好機に転ずる戦略とその学問的基礎が大切になった。

岩田●レーニンがようやくその問題に気がついたのは、第一次大戦がはじまってからでした。それまでの彼の主要な関心は、ロシアにおける近代化革命、いわゆるブルジョア民主主義革命の戦略戦術問題に集中されていたからです。亡命先のスイスのバーゼルで急遽140冊も本を読んで、にわか勉強で『帝国主義論』を書き上げたわけです。140冊のなかには、日本人の留学生が書いたペーパーも入っていますよ。

略

岩田●それに対して、さきの30年代危機の場合には、戦争から生まれる危機ではなく、その資本主義的克服の結果として成立した戦後体制の行き詰まりから生まれてきた危機でした。この新しいタイプの危機にマルクス主義者は理論的にも実践的にも対応することが出来ませんでした。そのためには現代デモクラシーについての政治学的分析や、再建金本位制についての経済学的分析が必要でした。

伊藤●それとともに、現代のわれわれが直面しているさまざまな問題状況の中で提起されているのは、依然としてアメリカを中心とする国際軍事秩序とか、国際テロに対する軍事動員体制がかかることに反対する反戦・平和への闘いは重要ではあるけれども、レーニンの時代と異なり、帝国主義に反対し、反戦運動をもり上げてゆけば、資本主義の変革、社会主義の実現に直結するという戦略では十分ではないし、間に合わないのではないか。資本主義がもたらしている人間と自然の荒廃現象全体を、根本問題として提起し問い直さないと、科学技術がもたらしている現代的危険、核エネルギー問題や遺伝子組み替えなどをふくめ、近代以降の人類史の行き詰まりによる深い歴史の危機をとらえ、批判する作業にきちんとむきあえないことになりかねない。それではマルクス学派としても革新派としても駄目なんじゃないか、と焦ったりするわけです。

岩田●人類史の行詰りということになりますと大変な問題ですね。伊藤さんのご指摘のように、20世紀の総括は、資本主義の全歴史的過程の総括を、そしてこれを通して人類史の総括を要求するでしょうね。人類がチンパンジーから分家してから500万年経っているといわれていますが、500万年は少し長すぎるにしても、少なくとも定

住的な農業生活を開始してからの数千年の人類史の総括は必要かもしれません。

　ところで、ここの鼎談項目は「ソ連崩壊の世界史的意味」となっているんですが、どうしますか。もう少し突っ込みますか。

略

岩田●この問題は、別の表現をしますと、ソ連体制を宇野さん的に「発生期の社会主義」──ちょうど発生期の、重商主義と原始的蓄積の時代の資本主義に対応する粗野で暴力的な社会主義──とみるのか、あるいは第一次大戦の特殊現代的な産物とみるのか、という問題です。僕なんかは後者で、ヨーロッパデモクラシーと対になっていた特殊現代的な体制とみた方が現実に近いと思うんですが。

伊藤●たぶん岩田さんと僕はこの点では意見が違うと思うけれども、その問題も宇野理論の中でちゃんと検討しないと、現代資本主義の分析も実は正確に位置づけられないところがある。

侘美●それと関連して、私は漠然と次のように考えています。マルクスは、資本主義の前の社会は封建社会で、その封建社会から資本主義に移行したのだと。それが基本的な考え方です。宇野さんの場合には、マルクスとも共通の一面でもあるわけですが、まず共同体的社会があって、その共同体と共同体の間に市場経済が成立し、発展した。そして市場経済があるところまで発展したところで、はじめて資本主義経済が誕生した。宇野さんは、マルクスにも存在したこの一面を体系的に発展させた。だから、基本的には市場経済から資本主義への移行という形で体系を考えている。要するに、原論における形態論と実体論との分離・体系化です。

岩田●共同体と共同体のあいだに市場経済が成立し発展したといっても、その共同体は、狩猟採集共同体ではなく、農業共同体、しかも定住的な農業共同体のはずです。そしてこうした農業共同体の維持再生産の基礎は、一定地域の土地地力の共同的な維持再生産です。それなしには定住的な農業共同体の存立は不可能だからです。資本主義の発生は、ヨーロッパ的な世界資本主義の発生ですが、それに直接に先行するのは、ヨーロッパの封建社会であり、その基礎は、農業共同体、しかもゲルマン的な農業共同体で、それに対する封建領主の支配領有関係がいわゆる封建制でしょう。マルクスの場合は、「先行形態」論における農業共同体論と、『資本論』の原始的蓄積過程論におけるこの農業共同体の解体論が要となっています。封建社会では、土地に対する関係が、農業共同体による土地の共同体的な保有関係と、その同じ土地に対する封建領主の領有関係との二層構造になっているのですが、土地に対する封建的領有権の私有権化──私有財産化──による共同体的保有関係の解体と農民の土地からの追放が資本

主義的生産関係の原始的形成過程だというわけです。中世のイスラム世界商業に代わって16世紀初頭に登場するヨーロッパ世界商業と世界市場の発展が、ヨーロッパの封建社会の内部関係に浸透し、土地の商品化と労働力の商品化を強行的に推進するというシナリオでしょう。宇野さんの原理論は、確かに侘美さんの指摘する一面、——商品・貨幣・資本の形態的展開論と資本主義的生産論との形式的分離という一面をもっていますが、しかしそれは、世界史的な資本主義経済の原理論でなければなりません。

略

岩田●それは、市場経済を利用する社会主義、市場社会主義の存立根拠やそのあるべき内部構造を理論的に、したがって体系的に呈示せよ、というご主張ですね。難しい問題ですね。少なくとも宇野さんの形態論と実体論の形式的分離論では回答不能でしょう。

　先ほどの農業共同体の場合には、多数の共同体の間に商品経済を発達させそれを広範に利用することが可能です。その意味で商品経済的な流通形態と実体的な生産とをある程度まで分離することができます。じっさい古代世界商業を産み出し発展させたのは、古代農業共同体であり、アジア、ヨーロッパ、アフリカにまたがる広大なイスラム世界商業を創り出したのもこれら地域の農業共同体です。その理由は、農業共同体の内部構造が、土地地力の維持再生産を基軸とする現物経済的な再生産、いわゆる自給自足的なリサイクルシステムとなっているからです。一般には、こうした現物経済的な自給自足システムは、経済の未発達性、自然経済性から説明されていますが、厳重な共同体規制によって人工的に維持されてきたものとみなければなりません。土地から取れたものは土地に返すという共同体規制なしには、土地地力の維持再生産が不可能だからです。こうしたリサイクル原則は、資本主義的農業の典型とされる19世紀のイギリスの借地農経営においてさえも、地主との土地の賃貸契約書の条項の中にこまごまと盛り込まれています。要するに、農業共同体が商品経済を広範に利用するのは、再生産と再生産とのあいだの外部的な結合関係にそれを押しとどめているからです。内部に入り込んできて土地地力の維持再生産システムとバッティングすると、共同体規制という免疫機構が待ち構えていてそれを異質物として排除するわけです。

　市場社会主義にとっての本質問題は、発達した工業を基軸とする社会的再生産過程の内部において、商品経済的組織原理と社会主義的組織原理とが、拒絶反応を起こさないで、平和共存し、相互に補完し合えるか、という問題になります。侘美さんのいう、人間による生産物の生産、交換、分配というのは、ここでは社会的再生産過程の内部要因となっています。より経済学的にいえば、各生産部門間の相互関係であり、

また各生産経営体間の相互関係です。それを市場経済にして社会主義を組織するというわけですか。社会主義の縄張りはどの範囲になりますかね。難問でしょう。

侘美●私は、市場経済というものは、ひとたびそれが発展すると、人間による生産物の生産、交換、そして分配にとって不可欠のものになると考えています。マルクスや宇野さんによる社会主義社会は、そうではなく、基本的には市場がなくなる社会と規定されている。ところが、市場の仕組みは、どんな社会になっても、少なくとも部分的には必ず存在し続ける。多数の人間が各自の労働（通俗的には生産やサービス）を介して相互に関連し合うとき、市場機構よりもっとよい別の仕組みというものは存在しないのではないか。とすると、社会主義も、市場経済を利用した社会主義体制としてしか存在しないのではないか。ソ連の社会主義経済は、いろいろなことがあったのですが、基本的には市場経済をなくそうとした。だから失敗した。あるいは岩田さんの言われるように、それは戦後体制の一時的なものにすぎなかったのかもしれない。その結果、現在はむしろ資本主義経済になろうとしている。それもまた限界に来ているのですが。

　しかし、それに代わる体制は何かということを、理論的にきちんと追究する必要がある。市場経済を利用した社会主義とは、体制として必然的なのか人為的なのか分かりませんが、何であるかということをわれわれが理論的に追究する必要がある。いまだにそのビジョンは中国社会主義にもほとんどないように見えます。

岩田●侘美さんのご指摘のように、市場経済は資本主義経済そのものではありません。資本主義的生産の歴史的登場に遥かに先行して、人類は発達した世界商業やそれによって担われる世界市場を創出しているからです。古代オリエントから古典古代にいたる時代の古代世界商業や、その遺産を引き継いだ中世のイスラム世界商業がそれでした。『資本論』は、第一巻冒頭の二つの篇「商品と貨幣」および「貨幣の資本への転化」において、商品形態論や、価値尺度、流通手段、蓄蔵貨幣、支払手段、世界貨幣などの貨幣形態論や、商業資本、貨幣資本、利潤、利子などの資本形態論を展開しているのですが、そして宇野さんの経済原論もその流通論においてこれを継承しているのですが、これらの諸形態は、古代、中世以来の世界商業や世界市場の編成を媒介する諸形態、諸関係でした。ヨーロッパ世界商業は、これらの諸形態をイスラム世界商業から継承したにすぎませんが、しかし、それによってヨーロッパの旧社会関係を解体再編成し、世界市場の内部にその生産基軸として資本主義的生産を組織しました。このことは、近代的な資本主義経済にあっては、商品、貨幣、資本の諸形態は、世界市場の全体編成を媒介する諸形態・諸関係になっていると同時に、その生産基軸をなす資

本主義的生産の内部編成を媒介する諸形態・諸関係にもなっていることを意味します。宇野さん的にいえば、対世界市場関係を処理するその同じ商品形態をもって国内経済関係を処理しているということですが、このことは、こうした商品経済的形態を廃棄しない限り、資本主義経済を廃棄しえないことを意味します。

この問題を旧ソ連体制の側から取り上げてみましょう。

確か、第二次大戦後の40年代末か、50年代初頭頃の話ですが、社会主義と商品経済に関する有名な論争としては、社会主義社会における価値法則論争があります。ソ連の経済学者は社会主義社会では価値法則が廃棄されるとしたわけですが、スターリンは、それを批判して、価値法則の廃棄ではなく、その計画的な利用だとしました。そして宇野さんは、さらにこれを批判して、スターリンは価値法則と経済原則とを混同している、価値法則は廃棄されるが、経済原則は計画経済の基準となる、と主張しました。

だが、実は問題はそこにあったわけではなく、提起されている真の問題は、第二次大戦で大きな打撃を受けているソ連国民経済の復興発展のために商品経済をどのように利用するかという問題でした。そしてスターリンは、その利用を主張したわけですが、しかしそれを、社会主義社会における価値法則の利用として、あたかもマルクス主義理論の一般的命題であるかのようなお化粧を施して、主張したのでした。これは、スターリンのシニカルな現実主義、——マルクス主義の理論を現実政策の権威主義的なお化粧の道具として利用し、反対派を恫喝するというかれの何時もの現実主義でした。じっさい、戦後のソ連国民経済の再建復興計画は、貨幣経済を前提にする再建復興計画であり、したがってそのために最初に着手しなければならなかったのは、戦時財政のインフレルーブルの新ルーブルへの切り替えでした。

スターリンの同じ現実主義は、ロシアにおける一国社会主義の建設の可能性をめぐる20年代中期のスターリン・トロツキー論争にもみられます。この論争はレーニン死後のロシア共産党の指導権を巡るスターリン派とトロツキー派の死闘でした。そしてこの場合にも、現実の問題は、一国社会主義建設の可能性をめぐる問題ではなく、21年春以来の新経済政策を通じてある程度まで回復したロシア国民経済の次の課題をめぐる論争でした。ロシア経済は、18年からの内乱と戦時共産主義政策——その柱は工業の全般的国有化政策と穀物の強制徴発政策——によって、21年初頭には壊滅状態となり、財政崩壊と通貨乱発によるハイパーインフレの状態にあったのですが、同年春からの新経済政策の実施を通じて20年代半ば頃にはかなり回復していました。そしてこの場合の新経済政策とは、国有工業の商品経済的合理化、リストラ政策の強行とこれによる工業と農業との商品経済的連関の回復政策であり、金本位制の採用に

鼎談　現代資本主義と世界大恐慌
侘美光彦＋伊藤　誠＋岩田　弘

よる通貨と財政の再建政策でした。今日の言葉でいえば、デフレ政策の強行によるロシア国民経済の商品経済的秩序の回復政策といってもよいでしょう。こうした新経済政策による経済回復を基礎にして、ロシア国民経済の工業化・近代化のためにその全経済力と全資源を集中投入するというのが、そしてそのためにロシア国民経済を国家的に組織化するというのが、スターリン派の主張でした。これに対しトロッキー派の主張は、ロシアの展望をロシア革命の西ヨーロッパへの拡大に求め、社会主義の建設は発達した工業国である西ヨーロッパとの共同事業としてのみ可能だとしたわけです。マルクス主義者としては、トロッキーの方が正直だったといってよいでしょう。

　こうしたスターリン派の計画経済、いわゆる５カ年計画の性格を知るためには、──そしてこれがその後80年代まで続くソ連計画経済の基本モデルとなったわけですが──、それと第一次大戦中のドイツの戦時統制経済とを比較してみる必要があります。ドイツの戦時統制経済は、組織的には最も進んでいた当時のドイツ金融資本の独占組織──カルテル、シンジケート──の国家機関化による国民経済の組織化であり、ロシアのマルクス主義者はこれをよく知っていて早くから注目していたからです。例えばレーニンは、17年夏のパンフレットで、戦争を通じて独占資本主義は国家独占資本主義へと成長転化し、生産の社会化は極度に進行したとしているのですが、それはドイツのこうした戦時統制経済を念頭に置いていたわけです。

　まず、両者の共通点ですが、いずれも流通機関の国家機関化による生産と分配の計画化とそのための価格統制だという点です。ドイツの場合にはカルテル、シンジケートの国家機関化がそれであり、ソ連の場合には各産業別の国家流通機関の設置──これは当初は国家委員会でしたが、後に省となりました──がそれでした。また両者はいずれも、個々の生産経営体・企業が、貨幣経済的な経営体、貨幣的再生産体──製品の売上価格からの生産諸要素のコスト価格の回収をその維持再生産条件とする生産経営体──であることを根本前提にしていました。そして矛盾は、ともに、この点にありました。

　それは、商品経済の市場的な価格機能を、国家による価格の公定制に置き換え、それを前提にして生産と分配を国家的に計画するわけですが、そしてこうした計画は、一定期間にわたる価格の固定制を必要条件とするのですが、それは国家財政による個々の生産経営体、企業の赤字補塡制なしには不可能です。国家的な価格の公定制、固定制のもとでは、個々の産業部門や個々の企業のあいだにプラス・マイナスの赤字──あるいはプラス・マイナスの特別利潤──が発生しますが、それを調整補塡し、その再生産を維持することが国家責任となるからです。日本でもお馴染みの価格差補給

297

金がそれですが、それは国家の価格統制に付きまとう必然的なお荷物、財政負担です。

このことは、商品経済的な生産経営体を前提にするすべての国家統制の矛盾は、最終的には国家財政に集中するということです。しかも、国家財政は、そのほかに、ドイツの場合には膨大な再生産外消費である軍事支出を、ソ連の場合には、工場の新設拡張や資源の開発などの膨大な財政負担を抱えていました。この点に関してソ連財政について一言しますと、その税収入は、取引税と利潤税の二つから成り立っていましたが、利潤税は企業の赤字補填の財源となっており、工場の新設拡張や資源開発やその他の国家経費をまかなう主要な財源は、取引税でした。そしてこの取引税は、特別の徴税機構を必要としませんでした。国家が流通機構を掌握しており、販売価格に取引税を上乗せすればよかったからです。このことは、ソ連の計画経済機構が破綻すれば、同時に徴税機構も崩壊して財政危機となり、ハイパーインフレに陥ることを意味しますが、それが80年代末に実際に起きたソ連経済の崩壊でした。

次に両者の違いですが、ソ連の場合には、工業経営体は、国有企業であり、ドイツの場合には、株式会社でした。またソ連の賃金制度は、新経済政策の時代には、独立採算制を梃子にする商品経済的合理化やリストラ政策の強行ともあいまって、職種別、作業別の出来高制賃金や時間制賃金となっていましたが、5カ年計画の時代には、これが国家的に整備されて、いわゆるノルマ制賃金となっていました。問題は、こうした企業形態の相違が、国家的な統制経済、計画経済で、本質的な相違を意味するか、という点です。結論から先にいえば、本質的な相違を意味しないということですが、それは次の理由によります。

前回の最後のところでバーリー&ミーンズの『現代株式会社と私的所有』を取り上げた際に触れましたように、資本主義的所有の実体は、いわゆる自然人による所有ではなく、企業による企業資産の所有、コーポレート・エンティティによる企業資産の商品経済的所有です。したがって、自然人による生産手段の所有を全面的に廃止しても、商品経済関係を残す限りは、したがって生産経営体が商品経済的再生産体をなす限りは、資本主義的所有関係を廃棄することはできないからです。その意味で、ソ連の工業国有化は、株式会社の株主に当るものを国家に置き換えたにすぎず、企業の国有・非国有の相違だけでは、本質的な相違にはならぬということです。

さて、司会者がまたおしゃべりしすぎたようですが、もとの問題に戻りましょう。侘美さんや伊藤さんの主張は、市場経済の価格機能と社会主義とのドッキングは可能であり、その理論的な根拠は、宇野原理論における商品形態論と生産論の分離によって与えられているということでしたね。

伊藤●流通形態論ですね。

岩田●市場と社会主義のドッキングについては、ユーゴの自主管理市場社会主義を検討してみる必要があります。それは、ソ連の強権的・官僚的・行政的社会主義に対する批判的反対物としてはもっとも進んだ市場社会主義の実験でした。その特徴は、社会主義の根本を労働者自主管理原則に求め、それを保障する手段として、ソ連型の国家的統制を市場機能に置き換えようとした点にあります。もっとも誠実な市場社会主義の実験だとみてよいでしょう。中国の場合には、市場社会主義を看板にした市場主義——市場キャピタリズム——への変身で、マルクス主義のお化粧をしたスターリンのシニカルな現実主義の二番煎じじゃないでしょうか。最近のジャパンの経済ジャーナリズムもようやくその点に気がつき始めたようですね。

というわけで、ユーゴの市場社会主義の根本問題は、自主管理の主体をどのように組織し確立するかという問題でした。そしてそれが工場委員会と地域コミューンの組織でした。この場合、工場委員会というのは、かつてロシア革命やドイツ革命で登場したソヴェト・レーテ型の労働者組織——生産過程における集団労働の共同性に依拠する労働者大衆の工場・職場コミュニティ——であり、また地域コミューンというのは、地域住民の仕事や生活のコミュニティであり、フランス大革命のサンキュロット・コミューン以来のヨーロッパの地域住民の伝統的な自治組織でした。そしてこうした組織を主体とする社会主義を建設するために、スターリン的な国家統制を拒否し、市場機能を利用しようとしたわけです。これは、スターリン社会主義に対する鋭い批判であり、それに対する真正面からの挑戦でした。

だが、市場機能の導入は、こうした工場委員会社会主義、地域コミュニティ社会主義とバッティングします。市場経済は、生産経営体の商品経済的な再生産体としての確立を、つまり資本主義的経営体としての確立を要求するからです。平たく言えば、損益計算書やバランスシートの支配を要求するからです。また市場機能は、こうした生産経営体の倒産や失業のインパクトなしには充分に機能しないからです。このことは、工場委員会が、生産過程の社会主義的組織者としての役割と、株式会社の経営管理機関としての役割とを、二重に演じなければならぬことを意味します。それは、相互に矛盾する役割をコントロールする高度な能力を要求しますが、ユーゴの自主管理社会主義は、こうした能力をもつ工場委員会を確立することができず、国家財政による赤字補填で問題の解決を回避してきました。一種のポピュリズムとその結果としてのハイパーインフレーションです。新しくユーゴ共産主義者同盟の指導者となったミロシェヴィッチは、この泥沼から抜け出す道をスラブ民族主義的な結集政策に求めた

わけですが、それはユーゴの内戦と解体を意味するものとなりました。
　以上のようなものとして、ユーゴの自主管理市場社会主義は、貴重な実験です。そこには市場社会主義が抱えるほとんどすべての問題が含まれています。

　　　　　　　　　　　　　略

岩田●先ほどのユーゴの自主管理市場社会主義は、一種の協同組合社会主義ですが、今度は協同組合の問題を取り上げてみましょうか。

伊藤●侘美さんの論文でも、協同組合的な企業組織を重視され、中国の国有企業改革についても株式会社化しつつ、優先株を出させて、内部は協同組合的に組織するという発想を提起されていましたね。

岩田●それは協同組合の法人化の問題ですね。この問題には二つの側面があります。第一は、協同組合相互の関係が市場経済的な売買関係となっている場合には、各組合は、商品経済的な所有権の主体、所有権者として相互に関係しなければなりません。それが法人として相互に関係し、売買関係や貸借関係の主体となるということです。第二は、こうした対外関係は対内関係にも反映し、協同組合は、組合員に対しても、法人として、より鋭く言えば、商品経済的所有権者として、関係しなければならなくなるという問題です。これは、協同組合理念と鋭くバッティングします。

　　　　　　　　　　　　　略

岩田●収益というよりも、現実問題は、赤字を出し続けたら倒産するほかないということじゃないでしょうか。ユーゴの場合もそうでしたが、協同組合はどうしても経営が甘くなります。商品経済的再生産体としての組合の存立が危なくなるわけです。
　『資本論』でいえば、販売価格から費用価格を回収するという関係が、商品経済的、貨幣的再生産体の維持存続原則です。それが、価値法則貫徹の基礎形態、──より詳しく言えば、経済原則が価値法則として個々の市場経済的経営体を制約し支配する基礎形態です。

　　　　　　　　　　　　　略

岩田●伊藤さんは、どうも収益の方に関心が向いているようですね。けれども、協同組合経営の現実問題は、欠損を出し続けたら再生産が不可能になり、倒産するということじゃないでしょうか。

伊藤●市場で刺激を与えて、創意工夫を引き出そうとする。それでやっていくと、少なくとも資本主義経済のなかで協同組合が努力し、経営努力を重ねてゆくなかでは、つねに収益を上げたいと思って動く傾向が生じ、結果的に資本主義企業が利益を追求しているのと、経営形態も運動の様式も似てきてしまうという問題がありますね。中

国の協同組合的郷鎮企業や国有企業の法人企業化の過程でも、資本主義企業との競合関係が意識されて、そのような力学が働きやすいともいえる。

岩田●伊藤さんの心配はノンキですね。国際的、国内的に資本主義的企業と並存していて、それとの市場競争に曝されている場合には、つねに倒産の瀬戸際に立たされているということじゃないでしょうか。また、伊藤さんは、旧ソ連の計画経済についても、点が甘いですね。それについて僕はさきほど、第一次大戦中のドイツの戦時統制経済——シンジケートの国家機関化による統制経済——のコピー版だといったわけですが、どうでしょう。

略

岩田●石炭省だとか、機械工業省だとか……。ドイツ流に言えば、産業別のシンジケートですね。ついでに第二次大戦中の日本の戦時統制経済について一言させていただきますと、日本もドイツ型で、トラストモデルのアングロサクソン型とはかなり違っていました。

略

岩田●社会主義を看板にする以上、それは国家責任で実施せざるをえなかったのでしょう。戦時経済の総動員体制を二度経験し、戦後危機を二度経験している西ヨーロッパ諸国でも、それは現代デモクラシー体制の不可欠の構成要素となっています。
　ところで、ソ連計画経済の基軸産業は、一つは装置型の重工業で、もう一つは機械工業でしたね。前者はドイツ型の生産システムで、後者はフォード型の生産システムでした。それが伊藤さんのいう集権型社会主義の物質的基盤となっていました。

略

岩田●生産の社会化と所有の私的限界とのバッティングというマルクス主義の伝統的公式から言えば、それが生産の社会性であり、社会主義の物質的基礎だということになりますが、果たしてそうでしょうか。これもまた最近の技術的発展——伊藤さんのいう軽薄短小革命やIT革命——によって問題になってきましたね。

略

岩田●歴史を大きく振り返りますと、マルクスの時代の第一インターナショナルでは、マルクス派とアナキスト派のコミュニストが喧嘩していました。集権的社会主義か、あるいはコミュニティの相互扶助のネットワークかという問題が、それでした。今日から振り返ってみてどうでしょうか。

略

岩田●集権的社会主義か、分散型コミュニティ主義かという問題は、今日の技術革新、

IT革命の問題とも係わります。IT技術というのは分散型を可能にする技術ですから。

略

岩田● コストというのはしかし、実体的な基礎があるんですよね。生産物の再生産に必要な労働と、労働力の再生産に必要な労働の関係です。市場経済を前提にしますと、生産経営体の維持再生産条件は、売上価格から生産手段の維持に必要な価格と労働力の再生産に必要な価格とを回収しなければならぬということです。そこから解放された剰余の価格分が一応利潤という形態を取る。そういうことではないでしょうか。

略

岩田● 市場経済という前提条件のもとで、人間の維持再生産と生産経営体の維持再生産を保証するという問題です。宇野さん的にいえば、市場経済的な価格関係に対する経済原則の根底的な制約です。労働力の維持再生産に必要な貨幣額は売上金から回収し、それを、――組合所得の分配分として組合員に渡すか、あるいは組合員の提供する労働に対する対価として渡すかは別として――、組合員に引き渡さなければならぬということです。

侘美● そういうふうに賃金を規定すると、賃金はあらゆる社会に共通の概念になる。

岩田● 市場経済という枠組みを外せば、そういうことにはなりませんよ。逆にいえば、市場経済を前提にすれば、そうならざるをえないということです。

その点を、市場経済を前提にした生産協同組合の場合について、考えてみましょう。この場合に直ちに出てくる問題は、組合を組合員の集合体とみるか、組合員を超えた独自のエンティティとみるかという問題です。これは、株式会社の場合には、会社を株主の集合体とみるか、株主を超えた独自のエンティティとみるかという問題でした。市場経済を前提にするかぎり、協同組合といえども、自分自身の名前で商品を売買し、契約を締結し、債権債務の無限責任を負い、倒産したり差押さえしたりすることができなければなりません。そしてこれが、商品経済的な権利義務の独自の主体としての、したがって商品経済的所有権の独自の主体としての組合エンティティであり、組合が組合員のたんなる集合体ではなく、それを超えた独自のエンティティ、商品経済的な独自の生産経営体であるということです。そしてこれは、組合員の労働も、たんなる共同労働としてではなく、独自のエンティティとしての組合に提供される労働として、したがってその対価を貨幣で支払わねばならぬ労働として、処理しなければならぬ、ということを意味します。組合員の側からいえば、対価を支払われていない労働、未払い労働は、組合に対する債権だということになります。これが商品経済の論理ですが、それは、生産者の協同組合であるという組合理念とバッティングします。だが、

それが現実ではないでしょうか。

略

岩田●それは、現代デモクラシーのインパクトに強制されて今日の資本主義でも相当に進んでいます。サッチャー主義に悪乗りするわけではありませんが、むしろ病的ですね。租税・公債国家の肥大化、——国家の社会への寄生と社会の国家への依存の相互促進的なスパイラル、悪無限となっています。

略

岩田●ここで伊藤さんが定式化している第二のモデル——「社会的な純所得」を第一次的にはすべて労働者に配分するという伊藤モデル——は、なかなか面白いですね。それは、労働時間証券を社会的な分業、交換、分配の手段とする、非貨幣経済的、非市場経済的な再生産系モデルとみてよいでしょう。貨幣や市場が社会的な分業や交換の組織者として活動することになると、「労働時間をすべて同質的なものとして平等にあつかう」ことにはならぬからです。けれども、ここには検討を要する二つの問題が含まれています。第一は、市場経済の社会的機能をどのようなものとして理解するかという問題です。というのは、市場経済の社会的機能には、市場経済に固有の機能と、あらゆる経済系に共通する機能との二つが含まれているからです。そして後者は伊藤モデルにも内包されるからです。第二は、伊藤モデルは労働時間を尺度基準とし、それを社会的再生産の編成基準としているわけですが、その場合その労働時間は、時計によって尺度する時間、すなわち、地球の回転量や原子の振動数などの特定の物質的運動を尺度単位とする自然科学的・物質的時間なのか、それとも特定の人間活動を尺度単位とする人間社会的時間なのか、という問題です。

第一の問題は、市場経済の必要性についての侘美さんの問題提起とも関連しますが、市場経済は二側面をもっています。これは理論レベルでは商品の二要因の規定——交換価値と使用価値の規定——に対応するものですが、第一の側面は、市場経済系を他の経済系から質的に区別するその独自的な性質、すなわち、それに固有の質的規定性です。交換価値系であり、価格系であるという特性がそれですが、先に取り上げました商品、貨幣、資本の諸形態は、価格系としての市場経済系の全体編成を媒介する諸形態、諸関係にほかなりません。より通俗的にいえば、価格機能を媒介する諸形態、諸関係だといってもよいでしょう。第二の側面は、あらゆる経済系に共通する側面です。分業、交換、生産物の共同備蓄、その社会的分配、等々を媒介し組織するという機能がそれですが、侘美さんが市場経済の必要性としている機能の大部分はこれに属するとみてよいでしょう。人類は、狩猟採集活動における分業、獲得物の交換、共同

備蓄、分配等々というだけなら、ゴリラやチンパンジーの時代からやっていました。農業社会、とりわけ土地地力の共同的な維持再生産を根本とする定住的な農業社会では、こうした分業、交換、共同備蓄、分配は、いわゆる共同体内分業として、高度に発達し組織化されています。エンゲルスは、こうした人間の共同行為のなかに家族、私有財産、国家の起源を発見しているのですが、それは、ちょうど、アダム・スミスがハンターとフィッシャーの分業、ディアとビーバーの交換のなかに市場経済の自然的起源を発見し、その必然的な産物として資本主義経済を演繹したのと同じだといわなければなりません。

さて、第二の問題ですが、伊藤モデルは、「労働時間をすべて同質的なものとして平等に扱う」いう主張にも示されていますように、自然科学的時間、物質系の時間を、分業や交換や分配を含む社会的再生産系の全体編成の基準としています。だが、社会的再生産系を物質系やその他の系から区別するその独自性は、人間の社会的労働系だという点にあります。社会的労働の編成基準をなす労働の尺度基準として物質系の時間を外部的に持ち込むわけにはゆかんでしょう。人間労働量の尺度基準となりうるものは、特定の人間労働の単位量だけであり、それが人間労働を尺度する社会的時間です。地球の単位回転量や特定原子の単位振動数ではありません。現物経済を基本とする農業共同体では、特定の農業作業の1日分を労働量の基準単位と定め、他の種々な作業に必要な労働量をその倍数として比例的に算定し、これによって共同体内分業を組織していました。これが、人間労働系に固有の社会的時間によって労働量を尺度し、社会的な分業や交換や分配を組織する伝統的な方法でした。そしてこれが可能な究極の根拠は、人間労働がたんなる身体の物質的運動ではなく、人間頭脳によってコントロールされた目的意識活動、集団的な自己プログラム活動だという点にあります。

とはいえ、伊藤モデルでも、それが合理的で最適であるかどうかは別として、社会の成員が合意するならば、再生産を組織することができます。伊藤モデルの労働時間量は、じつは、特定の技術体系やそれにもとづく生産過程の内部編成を所与とした場合の生産的労働の物質的な時間量ですが、それらが変化する場合でも、近代的生産力は、膨大な再生産外消費がなければ、かなりの無駄や非効率や遊びを許容する余地をもっているからです。伊藤モデルに、無駄や遊びを結果的に評価し、それを労働量評価にフィードバックし、尺度基準を機動的に修正し分業や協業を再編する機構をビルトインすれば、より合理的なモデルとなるでしょう。再生産の無駄や非効率や遊びは、結果的には、各種生産物の備蓄量の過不足に反映されます。つまり、各種生産物の社会的備蓄量を必要最小限に圧縮すること、言い換えれば、社会的備蓄量の最適化を目

安にして、社会的労働の尺度基準を機動的に修正すればよいということです。そしてじつは、こうした試行錯誤による社会的備蓄量の最適化が、物質的時間を尺度単位とする伊藤モデルを、社会的時間を尺度単位とする社会的再生産系へと変換する現実的な方法の一つではないでしょうか。しかも、こうした試行錯誤は、実際に反復する必要はなく、今日の情報システムの処理能力を生かせば、たとえ生産物の種類や労働の種類が数百万あっても、コンピューター・シミュレーションだけで充分なはずです。

話が少し脱線しましたが、要するに、一国的な閉鎖系、自己完結的な国民経済だけなら市場経済を廃棄することは比較的簡単だということです。だが、国民経済が世界市場的環境の中に浮かんでいる場合には、そうは簡単に行かぬでしょう。世界市場的なオープン系の場合には伊藤モデルはどうなるでしょうか。

略

岩田●ところで、生産物の社会的備蓄ですが、資本主義の登場以前の伝統的なコミュニティ、農村共同体でも、共同備蓄としてかなり組織的に行われていましたね。

略

岩田●日本の古代律令国家の現物税、とりわけ稲束税は、基本的には収穫物の共同備蓄、共同プールですよ。

略

岩田●市場社会主義が可能かという問題は、もっと端的に言えば、貨幣経済を前提にした社会主義は可能かという問題です。この場合には国家もまた、貨幣的な租税・公債国家という形態をとり、国家要員を賃金労働によって組織せざるをえないということです。僕なんかの考え方は、貨幣経済を残したら、名前は何であろうと、資本主義の戦時統制経済と似たものにならざるを得ないということですが……。こうした点については、スターリンはシニカルな現実主義者でしたね。しかしスターリンのようにそれに社会主義という名前を付けたら、社会主義がカリカチュアになりますよ。

伊藤●ソ連のルーブルは何だったのでしょうか。

岩田●貨幣でしょう。資本主義諸国の戦時統制経済、戦時計画経済における貨幣と同じでしょう。

略

岩田●貨幣でしょうね。しかし貨幣にもいろいろあります。金を頂点にする諸貨幣の階層システムが現実の貨幣でしょう。その大部分は銀行券や手形などの信用貨幣です。ソ連も、23年からの新経済政策の時代にルーブルの金本位制を採用しましたが、第二次大戦後の主要な対外決済準備はドルでしょう。しかし金準備もかなり持っていた

はずです。また60年代初頭には、IMFやECに対抗して、金・ルーブル制をソ連東欧コメコン・システムの看板にしていました。

略

岩田●伊藤さんの場合には、社会主義計画経済というスターリン派の看板から、あるいはそういう看板に適合した理論モデルから、ソ連のルーブルの経済的性質を逆規定的に演繹しているのではないでしょうか。

略

岩田●貨幣の価値尺度機能とは、平たくいえば、市場的な価格体系の形成機能でしょう。それは、国家による価格統制や生産と分配の統制とは鋭くバッティングしますが、しかし、後者は前者を全面的に排除しうるものではなく、実際には二重システム——公定価格、配給制の世界とヤミ価格、アングラ市場の世界との二重システム——になるんじゃないでしょうか。こうした点は、ソ連東欧型の計画経済でも、資本主義諸国の戦時統制経済でも、同じだと思います。僕は70年代半ば頃に東欧諸国を回ってみたのですが、通貨の交換レートも含めて、ほとんど公然たる二重システムでした。こうした矛盾は、結局は、国家財政に集中されてくるとみてよいでしょう。国家もまた、貨幣の収支バランスを維持存続条件とする租税・公債国家となっているからです。中途半端な社会主義、形容詞だけの社会主義ではどうにもならんのじゃないでしょうか。

略

岩田●いよいよ変革主体の問題が出てきましたね。それに関する今日的な問題の一つは、資本主義の階級関係についての伝統的なイメージが崩壊していることじゃないでしょうか。富者と貧者の対立、持てる者と持たざる者の対立、搾取する資本家階級と搾取される労働者階級の対立といったイメージがそれですが、今日の資本主義でこれが曖昧となり運動にとっての神通力を失ったということでしょう。

しかし、本来のマルクスの論理、『資本論』の論理はこれとは違っていました。人間関係の外化論、疎外論、物神化論であり、そこからの人間の自己解放論、主体回復論としての「自由の王国」論です。この点は、『資本論』冒頭の商品論ではいわゆる物神論、すなわち、商品経済では人間相互の社会関係が商品の価値形態として人間から独立した存在となり、人間を支配するという立論となっており、また貨幣論では、貨幣が商品世界の価値の独立体となり、そのようなものとして商品世界を専制的に支配するという立論となっており、それに続く「貨幣の資本への転化」論では、その貨幣が資本へと転化し、商品と貨幣とを自分の二形態とする価値の独立的な運動体になるという立論です。さきほどのエンティティ論を使えば、これは、資本が価値の独立的な

運動体として独自の人格をもつエンティティになるということであり、こうした資本を人格的に代弁する者、資本に目や耳や口がついた者が資本家にすぎぬということです。そしてこれに続いて『資本論』は、「資本の生産過程」論に入り、こうした資本が社会の経済的基礎である生産過程を資本自身の生産過程として組織することを明らかにし、その内部矛盾の考察に入っているわけですが、こうした論理は、資本主義が単なる階級による支配や搾取ではなく、エンティティとしての資本による人間の支配であり、搾取であることを体系的に主張するものとみてよいでしょう。

マルクスの社会主義は、こうした論理からいえば、商品経済的・資本主義的疎外からの人間コミュニティの自己回復の主張となっており、したがって社会主義というよりも、コミュニズムの主張となっています。

市場社会主義の主張の根本限界もこの点にあります。それは、行政的・権力的組織化に対する批判的反対物となることはできても、商品経済的疎外、商品経済的エンティティからの人間コミュニティの自己解放を提起することができません。商品経済関係が現物経済的な農業的再生産の周辺部分にとどまっている場合は別として、それが社会的再生産過程の内部に入り込んでいる場合には、商品経済的エンティティは、直ちに資本主義的エンティティへと転化します。

さきほど僕がユーゴの自主管理市場社会主義を相対的に評価した理由も、この点にあります。それは、スターリン型の官僚的・行政的社会主義に対して、ソヴェト・レーテ型の労働者組織である工場委員会による自主管理を鋭く対置し、そのための手段として市場経済の利用を構想していました。侘美さんの市場社会主義も、その内容は生産協同組合社会主義となっており、ユーゴと同じタイプに属しています。このタイプの社会主義、協同組合社会主義は、市場経済が要求する組合経営体のエンティティの確立と協同組合理念とが、鋭くバッティングし、この矛盾を克服しようとする悪無限の運動体となるほかはありませんが、そしてこの悪無限は、組合員大衆自身において定立されるわけですが、それは、組合員大衆にとっては、商品経済関係の廃棄の必要性を確認し、それに向かうための最大の学校――どこかのヨットスクールのような過酷なしごきの学校――となります。ユーゴのコミュニストの限界は、こうした課題に真正面から取り組まないで、国家財政による赤字補塡と通貨増発に逃げ込んだことにあります。むしろ強烈な引き締め政策によって、しごきを強化し、幾つかの自主管理企業を倒産の土壇場に追い込んだ方がよかったでしょう。その方が、突破しなければならぬ本質問題が明確になるからです。

さて、もとの問題に戻りますと、貧しい者と富める者との対立、搾取する資本家階

級と搾取される労働者階級というお馴染みの宣伝文句が真迫力を失って、労働者階級自身の相矛盾する二側面、すなわち、商品経済関係に適合しようとする側面と適合しきれない側面との内部的な矛盾というより本質的な問題が浮かび上がってきたことが、今日の特徴だということです。資本の支配が、エンティティとしての資本の支配だということは、その管理機関の支配だということです。そしてこの管理機関の構成員は、生産過程の管理をとってみても、経営の管理をとってみても、賃金労働者の大部隊──兵卒、下士官から将校、将軍にいたるまでの賃金労働者の大部隊──によって組織され編成されています。真の意味での社会主義を目指す闘争──人間コミュニティの回復を目指す闘争──は、労働者階級の自分自身に対する闘争とならざるをえないでしょう。

略

岩田●今日的な資本主義になるともっと徹底してきます。自民党とは一体なにものでしょう。労働者や勤労者の大衆が投票しているわけですからね。

略

岩田●政治学をやっている人たちが階級分析をやるでしょう。先日放送大学の政治学の講義を聴いていたら、所得統計を使ってその大きさの順によって総人口を確か5等分し、それによって階級分析をやっていたんですが、あんなことをすれば、実際には労働者階級、勤労者階級自身の所得による階層分類となってしまいますよ。

略

岩田●一部のオーナーみたいな奴だとか、特別な金持ちなんていうのは、統計学的な人口比重としてはネグリジブル・スモールでしょう。

略

岩田●そうですかね。階級闘争と言ったって、中小企業の親父を除けば、資本家階級なんているわけじゃない。労働者階級自身が、賃金労働者としての自分の性格を克服できるかどうかという問題になる。現代の社会主義、あるいはむしろコミュニズム──人間コミュニティの回復主義としてのコミュニズム──は、そういう問題になってるんじゃないでしょうか。

略

岩田●企業の役員といってもサラリーマンでしょう。特に日本の大企業の場合にはサラリーマンのボスでしょう。伊藤さんも、企業に就職していたら、今ごろはどっかの一流会社の社長じゃないですか。道を誤ったですね(笑)。

鼎談 現代資本主義と世界大恐慌
侘美光彦＋伊藤 誠＋岩田 弘

●人類史の危機と分析の焦点

岩田●また脱線しました、司会役のデフォルトですね。この辺で本誌の編集者も交えた総括的な雑談といたしましょうか。僕もヘタクソでトンチンカンな司会役は放棄させていただきますよ。
——現代思想とか、運動だとか、反サミットの運動などが、労働組合の組織率が低下しているのに、拡大しているでしょう。

略

岩田●市場原理主義の世界へのグローバルな押し付けと、それに反対して反市場原理主義の旗を掲げる反グローバリズムの運動でしょうか。
　現代世界を震撼させているもう一つの原理主義運動がありますね。80年のイラン革命以来、爆発的に拡大しているイスラム原理主義の闘争です。これが引き金になって、さまざまな原理主義の闘争や運動が出てきましたね。ユダヤ教原理主義や、アイルランドのカソリック原理主義や、ヒンズー原理主義や、ジャパンのオウム原理主義、仏教原理主義、等々です。ハンチントンが心配している文明の衝突ですが、その根底にあるのは、宗教コミュニティと一体化していたコミュニティの回復への願望、そういう意味でのコミュニティ原理主義、あるいは原理主義的コミュニズムじゃないかと思います。オウム真理教などは、富士山のふもとの仏教コミュニティから出撃して霞ヶ関の国家権力とそれに繋がる市民社会に毒ガス攻撃で宣戦布告をしたのじゃないでしょうか。ビックリ仰天ですね。
　こうした原理主義コミュニズムの闘争を見ますと、『共産党宣言』の冒頭の文句を思い出します。コミュニズムの怪物が全ヨーロッパを震撼させており、オーストリーのメッテルニヒからフランスのギゾーにいたるまでの全ヨーロッパの支配階級は恐怖の神聖同盟を結んでいるという有名な文句です。ここにいうコミュニズムとは、もちろん、近代労働者階級を基盤にするコミュニズムではありません。それは、近代市民社会・ブルジョア社会の拡大発展に伴って解体されてゆく農村コミュニティや都市の下町コミュニティの共同体回復への願望であり、反近代、反ブルジョア社会の原理主義的コミュニズムでしょう。かつてマルクスが突きつけられたのと同じ問題を、現代世界はグローバルにわれわれに突きつけているとみなければなりません。その意味は重いでしょう。暗くなっているひまなどないはずです。

略

岩田●戦後危機のアメリカ占領軍による救済以来のアメリカ信仰に浸っているんでしょう。ドル信仰もそうでしょう。アメリカの対外債務の累積とユーロが出てきて、ドルの威信と活動領域がだんだん狭くなっているにもかかわらずです。

略

岩田●日本を家来にして中国に支持を求めるのでしょう。僕はアメリカと中国との取引体制、相互利用体制が成立しつつあると見ているんですよ(笑)。しかも、日本の頭越しにやるから、日本の政府・財界の面目丸つぶれでしょう。それに対する彼らの自己主張がコイズミのヤスクニ参拝や有事立法や憲法改正等々なんじゃないですか。

略

岩田●アメリカにとっては、日本は対中国政策、対アジア政策の便利なツールじゃないですか。中国の社会主義は看板だけで実際にはキャピタリズムですから、イデオロギーは関係ないですよ。商売人同士の関係に入っているとみるべきです。

略

岩田●中国元とドルのリンクがドル体制の最大の支持基盤になるでしょう。また中国にとってはそれが対アジア政策、対世界政策の経済的ツールとなるでしょう。

略

岩田●日本のドル準備は、最近のドル高誘導、円高防止対策で4000億ドルへと積み上がり、中国は対米黒字の累積などで2000億ドル、香港、台湾の中国関連諸国を含めれば、4000億ドルで、日本に匹敵します。台湾は、すでに経済的には中国と合体しており、韓国はこれと連携しつつあるとみなければなりません。97年のアジア金融危機を起点にしてアジア経済は再編過程に入っており、その主軸として中国が登場しつつあるとみてよいでしょう。

略

岩田●遅ればせながら、アメリカ、中国連関の右に倣えへと行くでしょう。それが日本資本主義の伝統的な習性じゃないでしょうか。最近の日本の経済ジャーナリズムは、中国の宣伝係のようになっています。世界の生産基地だとか何とか言って。前にマッキンゼーにいた大前研一さんのコンサルタント商売も、日本企業を相手にする対中国コンサルタント業務ですね。

伊藤●あんまりアメリカ一辺倒で加担し続けているとテロにやられちゃうかもしれない(笑)。

───今回のアメリカの事件のように、資本主義はアメリカ中心ですよね。それになかなか包摂されないイスラム圏というのがある。アメリカが一番怖いのはずっとイス

ラムだったんじゃないでしょうか。

　　　　　　　　　略

岩田●たんなる民族主義ではなく、宗教と一体化したコミューン願望、原理主義的コミュニズムの運動でしょう。アラブやイスラエル、パキスタン、インドの公認の指導部では、そして欧米諸国の公認の指導勢力も、もはやそのダイナミズムをコントロールできなくなっています。その意味で、これら諸国のすべての指導者を神聖同盟の結成へと追い込んでいる現代世界の妖怪じゃないんですか。

　　　　　　　　　略

岩田●第二インターナショナル以来のマルクス主義の公認社会主義が無力性を繰り返し暴露して結集力を失い、それに代わって原理主義コミュニズムが台頭してるわけです。マルクス主義に対する鋭い問題提起——コミュニズムの原点に返れという問題提起——として受け止めるべきではないでしょうか。

伊藤●日本で新興宗教、オウムなどが若い世代を引き付けるのも、個人主義への不安にたいして、そこから脱する方向での行き場がないためではないでしょうか。もとは学生運動とか、左派の諸運動がそういう若い世代を引き寄せていたのだろうと思うのですが。

——学生運動を潰しすぎた。

伊藤●そうですね。潰しすぎておかしくなっちゃった。資本主義的市場原理でどんどん個人主義に解体して、シングルスを増やし、家庭すら形成しにくい社会にし、少子化をすすめ、社会を構成する人間の再生産のメカニズムも解体して、そのあげく大学は潰れそうとかね。困ったもんですよね(笑)。社会主義もそのなかで困難な再生を求められているのだけれども、資本主義としても、ほんとうはゆきづまり、困った事態になっているのではないでしょうか。

宇野経済学50年をめぐる座談会

大内秀明
(東北大学名誉教授)

櫻井　毅
(武蔵大学名誉教授)

岩田　弘

(記録・田中裕之)
2011年2月27日

[はじめに]

　この座談会は、もともと仙台で企画され、大内、櫻井が相談の上、岩田さんの快諾を得て始まった。2011年2月27日であった。もう1回、ないし2回ぐらい続け、それを整理してまとめる予定だった。

　ところが、忘れもしない3月11日14時46分、東日本大震災が起こり、仙台も被災した。岩田さんが、「大内君は大丈夫かな？」と心配の電話を櫻井に掛けてくれた。岩田さんらしい気配りに感謝の言葉を返す機会もないまま、被災地の混乱のために、座談会の再開が遅延してしまった。岩田さんは、もっともっと話したかったに相違ない。昔の宇野ゼミの時のように、人の言うことを十分聞かない「岩田節」を、もう一度我々も強く期待していた。

　しかし、人の命は儚いもの、思いもかけず突然に岩田さんは逝ってしまった。

　岩田さんは、もう少し喋りたかったにちがいない。座談会の再会を期待していたに違いないと思う。それだけに、震災による遅れを残念に思うし、再会できなかった責任も痛感する。岩田さんにとっては、これが生涯最後の座談会であり、われわれに岩田理論を説伏する最後のチャンスだったからである。慙愧の極みである。

　以上のような経過を配慮し、座談会はそのまま生かすようにし、その上で後続の座談会で予定していた論点については、残された2人で話し合うことにした。櫻井は、その後2014年7月「岩田弘の世界資本主義論とその内的叙述としての経済理論」(武蔵大学論集第62巻第1号)を書いた。岩田さんに確認してもらうつもりで論じ合い、さらに最近の宇野理論の再評価と再提起されている論点などにコメントしたい。

大内　秀明
櫻井　毅

宇野経済学50年をめぐる座談会

〈導入〉
座談会の意図、宇野理論50年のテーマと問題提起
　①東北大学時代のまとめは東北グループで一応可能。東大時期を岩田弘氏に聞く。
　②東大宇野ゼミの議論（宇野・岩田論争）
　③宇野経済学と現状分析、日本資本主義分析、実践活動との関係
岩田弘氏に聞く
- 学徒動員、陸軍工廠について
- 旧制名古屋高商、経専、宇野特殊講義
- 宇野ゼミにおける論争点
- 現状分析と実践活動

〈本論〉
Ⅰ　宇野原論の課題と問題点（宇野・岩田論争、何を議論していたか？）
- クラシックの体系、古典経済学をどう学んだか？　剰余価値学説史について
- 資本主義は、トータルな完結性はあるか？　自己組織性があるか？

Ⅱ　商品経済のロジックと国際関係、外部関係（純粋資本主義と世界資本主義）
- 宇野貨幣論への問題提起、価値形態論の論理と貨幣としての貨幣の論理は異質か？
- 「貨幣の資本への転化」と論争の出発点、世界市場論の原点
- 景気循環は、一国循環か、国際循環か？　国際循環を説く場合、その軸は何か？

Ⅲ　利子論、景気循環論をどう説くか？
- 宇野ゼミでは議論少ない。（商品流通論が中心）、宇野・岩田論争は？
- 利子論の基本問題、銀行信用をどう説くか？　貸付資本の問題
- 利子論の総括、貸付による利子か資本の商品化（株式資本化）か？

Ⅳ　宇野理論と実践活動との関係性
- 日本資本主義論争をめぐって
- 宇野弘蔵における実践の意味

Ⅴ　ソ連社会主義の崩壊の意味
- 何が崩壊したか？　社会主義の規定をめぐって、宇野の社会主義評価
- ヨーロッパ「社会主義」の源流について

Ⅵ　共同体の根本問題（社会主義をめぐるマルクスとレーニンの問題、モリスの提起）
- マルクスの共同体論について（ザスーリッチの提起、パリコミューンの揺れる評価）
- モリスの職人コミュニティの提起とその意義
- コミュニティとは何か？（社会の基礎単位、サンデル、コミュニタリアンによる現代的問題点）

Ⅶ　08年アメリカ金融危機以降のグローバル資本主義と中国の登場、IT革命の現状
- 中国の生産力の質について（旧来型の技術水準か、ITネットワーク型か）
- 自動車世界市場の現状、スマートグリッドの意義（どの国が優位か？）

Ⅷ　宇野理論の展開と現状（鈴木原理論以降）

〈導入〉

大内●宇野先生の理論形成を、戦前と戦後に分けて研究を行うことを考えております。戦前については、東北グループでまとめることができます。しかし、戦後の宇野理論の形成、展開については、東北のグループから、岩田弘さんの意見を聞くように言われておりまして、私も岩田さんにしばらくお会いしてなかったので、是非この機会に議論ができればと思いまして、今回の企画を立てました。

　そういうことで、宇野先生の経済学の三段階論が形成される戦前、そして戦後の宇野理論の展開について議論をしていきたいと思います。ただ、宇野先生の著作集はすでにあるし、研究史、あるいは「宇野弘蔵伝」を単にまとめるだけでは、あまり面白味もありません。宇野さんは生前、すでに座談会で『資本論50年』をやっていますので、現在「宇野理論50年」ということで、宇野先生の人間的な側面や政治的、思想的側面もとりあげながら、宇野理論の現代的な意味を考えておきたいと思います。そこで今日は、はじめに岩田さんに、戦後、宇野先生にお会いして、それ以降の経緯について伺いたいのですが、よろしいでしょうか。

岩田●それは良い企画だと思います。せっかく東北から大内君に来ていただいたので、三人で宇野理論を論ずる、という形で座談会を行いたいと考えていました。

大内●そうですか、それはよかった。では始めましょうか。

櫻井●はじめに岩田さんご自身の戦前、戦争中の経験について少しお聞きしておきたいのですが……。

大内●僕が聞いた岩田さん自身の話は、系統的ではなく、断片的なのです。名古屋経済専門学校に行かれて、その前後に大須事件があり、まだその裁判中に、東大の大学院で僕らがお会いしてお付き合いを始めたということになりますが、その程度しか知らないのです。

岩田●そんなものですよ。あとエピソードをちょっと付け足す程度のものでしょう。

櫻井●そのエピソードということになりますが、岩田さんの戦時中の勤労動員の事を少しお聞きしてもいいですか。たしか陸軍工廠に勤労動員されていて、フライス盤か旋盤を使った仕事をされていたということでしたね。たぶんその時の経験が、岩田さんの生産工程や生産組織に関する最近の興味の出発点にもなっている気がしますが、いかがでしょう。

岩田●戦時中の勤労動員によって、今の四日市の近くにあった陸軍工廠で修理工に配属されました。そこで砲弾の切削の作業をしておりました。三重県の中学校の5年の

時終戦を迎えました。北支にいた父が帰ってきて家で開墾農業を始めていましたので、その手伝い仕事に深くかかわりました。その後に、名古屋経済専門学校に通うことになります。

　私の父は国鉄の職員でしたが、戦前中国に渡って華北交通に勤めておりました。サラリーが日本にいる時の3倍だったようです。単身赴任だったので、私たちは三重鈴鹿の母親の実家に預けられていました。

大内●当時、鉄道職員はほとんどが農村出身でしたから、家が農業をやりながら国鉄に勤めるという方は多かったのでしょう。それから戦後、名古屋経済専門学校に入学されたということですが、そのあと宇野先生が名古屋大学に集中講義で来られて、はじめてお会いしたということですが、それは大学に入られた後ですか。

岩田●当時、名古屋大学の校舎は、名古屋経済専門学校と同じ敷地にありました。名古屋大学の集中講義で宇野さんは来られたのです。私は名古屋経専の3年生でしたが、仲間の共産党の活動家グループを連れて、宇野さんの集中講義に入り込んで、盗み聞きしていた訳です。

櫻井●宇野さんの集中講義の期間はどれくらいだったのですか？　講義の課目は何でしたか？　確か、宇野先生は、当時の『経済評論』の座談会で名古屋にも優秀な学生がいたと、岩田さんらしい人を高く評価されていましたが、何か議論をされたのでしょうか？

岩田●私が宇野さんの集中講義を聞いた時は、講義の期間は一週間でした。科目は経済原論です。講義の後に、宇野さんが「どこか、おいしいコーヒーを飲める店はないか」と言われたので一緒に喫茶店に行きました。それで仲良くなったのですが、私ははじめから、喧嘩というか議論をふっかけていました（笑）。たぶん宇野さんは、元気な学生がいると喜んでいたのではないでしょうか。

櫻井●宇野さんの集中講義に出られたのが、名古屋経済専門学校の時で、名古屋大学に入学される前なのですね。その後、集中講義の行われていた何年間か、名古屋では宇野さんに何回もお会いしたのですか？

岩田●私が入学した時は、まだ戦後の新体制の前段階の旧制名古屋大学で、そこに入って、卒業ということになります。そこに入学する前に、私の記憶では、集中講義がもう1回あったかもしれません。まあ1、2回会ってかなり議論をしたわけです。

大内●名古屋大学の経済学部に入学されて、そこを卒業してから東大の大学院に進学して、宇野さんのゼミに入ったということですが、宇野さんに名古屋でお会いになった時は、大須事件（1952年）で捕まる前だったのですか？

岩田●宇野さんに会ったのは、大須事件の前ですね。その前から『資本論』は読んでいましたが、まあ本格的にマルクスを読み込んでいく時期と重なっていました。
大内●岩田さんが、名古屋で当時関わっていた運動の同時期に、私などは東大に入ったばかりで、駒場歴研、『されどわれらが日々』の世代です。
櫻井●名古屋大学を卒業して、東大の大学院に進学し、宇野さんのゼミに入られるわけですが、それは、宇野さんから招かれたのですか？
岩田●招かれたという訳ではなかったのですが、とにかく東京に出てみようと考えておりました。そこで、たまたま宇野ゼミに入った、といった方が正しいかもしれません。
櫻井●いずれにせよ、私たちが1955年に東大の大学院に進学する一年前に、岩田さんは大学院の試験を受けて入学し、宇野ゼミに入った、ということですね。宇野さんに再会されて、宇野さんやゼミの印象はいかがでしたか。
岩田●僕は、大内君たちとは同級ではなかったかな？
大内●いや、われわれは一年下で、坂口君、櫻井君、私、公文さんが同級です。岩田さんは、降旗さん、武井さんと同じ学年ですよ。
櫻井●岩田さんの一学年上に、塚本さん、渡辺さん、岡本さんがいました。それと、金子ハルオさんもいましたか？
岩田●金子君は、僕と同学年で、後に山田盛太郎ゼミに移りましたが、彼を通して一年目は、山田ゼミにも顔を出しました。
大内●それは初めて聞く話ですが、本当ですか？　ところで、大学院のゼミの印象というか、久々に宇野さんにお会いになってどうでしたか？　宇野さんは、岩田さんを憶えていましたか？
岩田●憶えていました。ただ、宇野さんが来いと言ったわけではありません。指導教官を選ぶあてもなかったので宇野ゼミを選んだ訳です。それほどポジティブではありませんが、まあ名古屋でコーヒー屋を紹介して、コーヒー飲みながら議論した縁でしょうね。
櫻井●そうですか。宇野さんの話からすると、てっきり岩田さんを東大の大学院に来ないかと誘ったのかと思っていました。
大内●ただ私たち一年後、宇野ゼミに入った者からすると、宇野さんと岩田さんは、意見の違いはあっても、お互いを知りつくして議論をしているように思えましたが、いかがですか？
岩田●お互い喧嘩みたいでした。宇野さんは、僕が喋ると身構えていましたから。それに比べると、降旗氏が発言すると、宇野さんはニコニコしていました。

大内●そうですか？ 喧嘩という感じには見えなかったですよ。また、宇野さんも身構えたようには見えなかったなあ。

櫻井●宇野さんが、岩田さんに身構えるようになったのは、かなり後からですよ。でも降旗さんの場合は、二年目ぐらいから岩田理論に同調していましたよね。ただ最初の一年目は違ったようでしたがどうですか。

岩田●彼が岩田理論なんかになったことないですよ。

大内●ただ、大学院の西千葉寮で、岩田さんは降旗さんと一緒でしたよね。そこで、僕らの印象からすると、ゼミの前日に、岩田さんが中心になって、二人で謀議を凝らして、ゼミに登場して議論を展開している、という感じがありありでしたが……。

岩田●それは、間違った推測ですよ(笑)。降旗氏は、僕に理論的に同調していた訳じゃないでしょう？

櫻井●でも、だんだん降旗さんは、岩田理論の解説をするようになって来ていましたよ。

岩田●いや、そんなに降旗氏と僕は密接ではなかったですよ。ただ武井氏がいたでしょう。彼の立場がまったく違うので、降旗氏は、高校時代からの友人であった彼に対する反発、あるいは疎外感で、僕と一緒にやっていたのかもしれません。降旗氏と武井氏とは同郷でしたけど、宇野さんが降旗氏の頭を撫でるので、武井氏がよく思っていなかったので、二人の仲が悪くなったのが原因ですよ。それで降旗氏が僕を巻き込んだのでしょう。

大内●どっちがどっちを、巻き込んだのかわかりませんが……(笑)。

櫻井●ただその西千葉寮時代、降旗さんは岩田さんとの付き合いがかなり決定的で、岩田理論に傾斜したということではないでしょうか。ゼミに入った当初は、岩田さんの話がよくわからなかったけれども、降旗氏の解説もあって、段々と分かってきたところがありました。

大内●降旗さんの解説が入りながら、岩田さんと宇野さんの論争が進みました。僕はとても勉強になった。

〈本論〉

I 宇野原論の課題と問題点

大内●そのような背景があって、ゼミの中で少しずつ岩田さんの立場が分かるように

なりました。いわゆる世界資本主義の立場ですね。それに対して、宇野さんは、世界資本主義の側面を持ちつつも、純粋資本主義の原論の確立に向かいましたが、その基本的な対立点とはどういうことだったのでしょうか？

岩田●宇野さんの原論の基礎は、〈国民資本主義〉になります。経済学でいえば、クラシック（古典派）のシナリオですね。大内君の理論もそうではありませんか？　宇野さんはかなりクラシックを研究しているでしょう。僕も名古屋にいるときは、クラシックの勉強をしていました。

大内●宇野さんのクラシック、スミスの読み方はすごいですし、『剰余価値学説史』の研究をかなりしっかり研究されていますね。ただ、〈国民資本主義〉というのは解りませんが、僕は純粋資本主義ですよ。

櫻井●岩田さんが、宇野さんの原理体系がクラシックというのは、一国資本主義という意味で言われているのですよね。宇野さんの言葉で言えば、純粋資本主義になります。でも資本主義的な商品経済が一つのシステムを完成させるんだという認識がクラシックにはあったんではないですか。

大内●プリンシプルズがスチュアート以来、スミス、リカードと進められてきた。宇野さんの原論がクラシック的であるとしても、まずは純粋資本主義という形で、原理体系にトータルな完結性、商品経済の自己組織性を持たせようとしています。岩田さんの場合は、世界資本主義の流れの中で経済学をとらえていますね。宇野さんとの関係でクラシックも体系が問題になる場合、そのポイントは何でしょうか？

岩田●大内君は、クラシックの研究は、何から始めましたか？　やはり『剰余価値学説史』でしょう。

大内●私の場合、学生時代は、経済学説史がブームで、当時は内田義彦さんの影響を受けました。『経済学の生誕』という著作が出て東大経済学部で、集中講義があり、同時に鈴木鴻一郎さんの集中講義もあり、影響を受けました。鈴木さんは、その頃はまだ、純粋資本主義論に従って研究されていました。また大内力さんのゼミに参加していましたので、スミス、リカードの地代論を勉強しました。そこからクラシックの影響があると言われればそうかと思いますが。

岩田●僕も同じですよ。『資本論』の次に何を読むか、ということになると、『剰余価値学説史』ですよね。『剰余価値学説史』を読みながら、スミス、リカードを読んでいくという段取りになります。そして『剰余価値学説史』の後半には、地代論がありますよね。

櫻井●三巻はちょっと違いますけど。二巻は地代論ですね。ただ、クラシックそして

マルクスで出来上がっている純粋資本主義論を批判するのは、なかなか難しいことですよ。

「貨幣の資本への転化」をめぐる問題、論争の出発点

大内●その頃、宇野ゼミは、テキストがその頃まだ翻訳が出ていなかったけれど、途中で高木さんの訳が出た『経済学批判要綱』(略称グルントリッセ)でしたね。私の印象では、論点のポイントは、当時、商品論、価値形態論までは良いのですが、貨幣論、貨幣の資本への転化において、宇野さんは、半分は岩田さんの議論に乗りながらも、半分はそれではまずいということで純粋資本主義論に引っ張っていったと思います。それが一つの大きな論争点でしたよね?

岩田●貨幣論では、〈貨幣としての貨幣〉において大きな展開があります。まず、蓄蔵貨幣はわかりやすい。その次に支払い手段が出てきます。蓄蔵貨幣は、〈自己目的〉としての貨幣で、〈手段〉としての支払手段へと展開する。何故、自己目的から、手段となるのか? この問題を宇野さんにぶつけたわけです。

大内●たしかにそうでした。

櫻井●その問題が、あとにつながる最初の論争の出発点だったと思います。

岩田●その出発点は、同時に私の信用論の出発点になります。つまり売り手が貸し込むことになります。支払わせられる側からすると、支払い手段であっても、貸し込んだ側からすると代金回収になる。蓄蔵貨幣から貸し込みは簡単に解くことができます。名古屋の時代から、この問題でしょっちゅう宇野さんと喧嘩をやっていたわけです(笑)。宇野さんは、確かに価値形態論はちゃんと説いていますが、蓄蔵貨幣、支払手段、世界貨幣の展開の中で、支払手段の展開の仕方がおかしいという問題点です。

櫻井●岩田さんは、世界資本主義論につながっていく、そういう考え方をどこから出してきたのですか?

岩田●理論的には、貨幣としての貨幣ですね。そして学説史は、むしろ出発点としては、重商主義ですね。しかも商品経済的な重商主義の方です。あれは世界市場論ですね。そして貨幣としての貨幣は、その世界市場の貨幣になります。その一貫性をもとめることで、世界資本主義になっていったわけです。

大内●世界資本主義論で本をお書きになった、ということで、当時原稿の一部を岩田さんから見せてもらいました。書かれたばかりで、これを読めと言われたので読ませてもらいました。『世界資本主義』の誕生のところで我々も多少は協力をしたと言えないこともないのですが、執筆を始めたのは、大学院の最後の頃ですか?

櫻井●非常勤講師をやっておられた法政短大の雑誌に、宇野段階論などを方法論的に批判した『宇野理論の根本問題』という原稿を書きましたよね。あれが『世界資本主義』の中に入っていましたね。

岩田●まず世界資本主義論の出発点としては、世界貨幣の問題をマスター論文の時に始めました。そのマスター論文が混乱してしまって、宇野さんにいろいろ言われたわけです。

大内●岩田さんがドクターの時まで宇野先生が東大に勤めた後、定年で辞められるのですが、私たちはドクター一年目で最後でしたよね。その頃、ちょうどマスター論文を書かれた後ぐらいの話でしょうか。

櫻井●岩田さんのマスター論文が最後まで完成せず、未完のまま出されたという話は少し聞いています。

岩田●その時、ゼミでもグルントリッセを読んでいたのです。グルントリッセはおもしろいでしょ。疑問が次から次へと出てきて、論文提出前日まで読んでいました。これはいかんということで、翌日までに急いでまとめようとしましたので、かなり混乱したわけです。

大内●それで出すことは出したのでしょう？

櫻井●宇野さんは、通してくれたのでしょう？

岩田●はい。ただ、宇野さんに怒られましてね。君、関係の係の字に、「にんべん」がないぞ、というのが一発目で、次に〈貨幣としての貨幣〉は、貨幣の〈機能〉を羅列するのだ、ということで、蓄蔵貨幣から如何にして、必然的に支払い手段が出てくるか、という論理の問題は、価値形態論の場合とは異なる、という話でした。価値形態論は必然性のロジックだけれども、貨幣論は羅列の論理だと、そんなにむきになるな、と言って怒られました。まあからかわれましたよ。私としては、価値形態論までのあの大変なロジックから、いきなり違うものに変わってしまうことはおかしいと主張したわけです。

櫻井●宇野さんは、貨幣の機能とその羅列を強調されますよね。岩田さんは、それに対して必然性の論理は貨幣論だけでなく、さらに、生産論内部の展開においても強調されますね。ともあれ、宇野さんが論文を通したということは、良い関係だったのではありませんか？

大内●宇野先生は、岩田さんに対して、議論はいろいろお互いするわけだけど、僕らから見ていて、岩田さんを一番可愛がっていたように思えますよ。だから、当時私たちは、岩田さんのところへ行けば、当時の宇野ゼミの議論の全体がわかるのではない

か、ということでよく下宿にお伺いしてお世話になりました。私は本郷に住んでいて、岩田さんも近かったということもありますね。

櫻井●私も岩田さんの下宿に何度も行きましたね。初めの本郷の下宿にも、庚申塚のあたりにも電話で呼ばれてね。これはもう少し後の話だったかな。ともかく宇野先生も、岩田さんが反抗するけども何とかなるのではないかと見守っていたのでしょうね。

岩田●そうかもしれませんね。

大内●そうですよ。やっぱり宇野さんの考えがなかったら、岩田さんもむきに反論することもなかったし、世界資本主義論も生まれることもなかったと思います。純粋資本主義と世界資本主義は、対極のようですが、『資本論』に対して、あるいは正統派の経済学の理解に対する、われわれの経済学の立脚点として同じだと言うべきではないでしょうか。

II 商品経済のロジックと国際関係、外部関係
（純粋資本主義と世界資本主義）

大内●世界資本主義論の基本的発想は、理解しやすいと思います。共同体と共同体の間から、商品経済、市場経済が生まれてくる。それが世界的規模になりながら拡大し、労働力の商品化を行い、金融資本にまで発展していく。実際の商品経済のロジックとしては純粋資本主義論と共通だと思います。ただし、宇野さんの場合は、その世界的規模の商品経済を、純粋資本主義として抽象化する。岩田さんの場合は、世界資本主義を内面化するという形で抽象化する。結果的には、両者は、実際それほど変わらないのではないかと思うのです。宇野原論と世界資本主義論も、実際はそれほど中身は変わらないのではないでしょうか。どうですか？

岩田●僕も基本的にはそう思いますよ。

櫻井●それは簡単に同意しない方が良いですよ（笑）。なぜなら、景気循環論の問題が大きいと思います。やはり景気循環論は、一国資本主義、純粋資本主義だけでは解けない。国際的循環として説かなければならない、というのが岩田さんの一貫した立場でしたから、その点は明確にしておく必要があります。その場合、景気循環論をどのように説くかという問題が出てきて、原論が非常に難しくなってきます。価値尺度論も実際に世界市場を見ながら行うということになり、国際関係を抜きにした原論が成り立つかという疑問が残りますね。他方、宇野さんの原論は、基本的には正しいと思いますが、非常に極端な、極限論の原理であって、もっと緩やかにしてもいいのでは

ないかと考えます。例えば労働力は特殊な商品であることは確かですが、それは原論では他のすべての商品に生産の制約がないからそれだけが残っているわけで、基本的には商品経済の制約なんだから、労働力以外にも天然資源等、社会的生産にとってかなり自然的な制約要因となっているものもあると思います。実際に商品経済自身が自然条件や資源の枯渇などによって混乱することもあるわけですから。商品経済のロジックとして、原論としては基本的には同じですが、原論にそのような余裕を入れてもいいのではないか、と私は考えているのですが、これは岩田さんの問題ではない。

大内●宇野さんの場合、競争・信用のレベルで投機が弱い。そのため純粋資本主義では利子率の上昇が十分説けないようですが、投機を入れれば良いのではないか？　ただ、岩田さんの世界資本主義論においては、そのような国際関係の要因は、内面化し得るものとして、抽象化するのではないでしょう。

櫻井●そうだとしても、国際関係はとても難しくて、国と国との関係は、一国の中に内面化しようとしてもできないことがあるのではないでしょうか。

大内●それは、資本主義において国家をどう説くかという問題ですね。純粋資本主義では国家は説けないし、説くべきではない。段階論ですね。私自身は、最近は国家によって総括する立場よりも、アナーキズムの視点に着目していますが。

櫻井●やはり、どこかで区切りをつけないと、形にならないということがあって、宇宙と同じであって、認識の範囲が必要になると思います。最近の社会学では、社会の組織的自立性なり、自己組織化が可能か、どうかということを、数理的に証明しようとしていますが、一定の枠がないと、それは無理ではないでしょうか。今のマクロ経済学でも、経済自体が動いているというよりも、制度が経済を動かす関係を見ています。商品経済が自らを展開させる、自己展開するということは、現実には難しいのでしょうね。だから一国という外囲を設ける必要が出てくる。

大内●それは、商品経済のロジックでは難しいというか、原論の成立が困難だということですか？

櫻井●そうです。それにしても国際関係を原論に入れていくことはとても難しいと思います。内面化しないで、あるいはできないから外部関係を切り離すならば、原論の成立は簡単です。それを原論と言ってもいいが、外部関係なしでは不十分であるとも言えます。実際、綿工業でも鉄鋼業でも国際関係抜きでは成り立ちませんからね。純粋化傾向といってもね。それが私を悩ます大きな問題ですね。

岩田●内面化という言い方は、言葉がきつかったので、価格関係に還元する、と言った方が適切です。何でも価格関係に置き換えてしまうということです。

櫻井●それでは、価格関係が地球規模になってしまうのではないですか。
大内●それが、まさに世界資本主義ということでしょう。グローバルキャピタリズムですね。
櫻井●ただそれでは、原理というものが成立するのかという問題が残ります。
大内●岩田さんは、純粋資本主義論が一国資本主義論だと批判されています。確かに労働力商品化が普通の市場とは異なって、国境があって人種の違い、宗教の違いなどがあったりして動きにくいということがあるのですが、実際の労働力市場は、昔からヨーロッパ規模で考えれば出稼ぎ、移民が多く、自由に動いている部分があるわけで、そういう自由な市場の性格があるわけです。ただし、大内力さんの主張では、労働力商品化のところで、やっぱり一国資本主義的な純粋資本主義を考える面が強いです。(特に、柴垣君がそうですね。)本来の宇野さんの純粋資本主義論は、一国資本主義論ではなく、一国か、世界かというレベルの話ではないと私は考えています。その点について、岩田さんどうでしょうか？
岩田●クラシック以前はどうでしょうか？『剰余価値学説史』の始めの方です。途中でクラシックが出てきて、クラシックになると循環になり、循環になると一国資本主義的扱いになっていきます。
櫻井●なるほど、ただ厳密には、一国資本主義はリカードの理論でしょう。彼は比較生産説で一国に生産を内面化するロジックを示した。スミスは一国資本主義とは言えないと思います。
大内●ただ、それにもかかわらず、景気循環は、一国的なものではなく、ヨーロッパ全体から、アメリカ、そして、日本まで広がるまさに世界的景気循環になっていくわけですね。この世界的な景気循環を純粋資本主義への抽象というふうに引きつけて考えれば、一国資本主義とは考えない方がいいと思います。わたしも多少岩田さんの影響を受けていますよ。
岩田●世界的景気循環は、軸があれば良いわけですよ。特定の国が中心になり、特定の産業が軸になれば良い訳です。
大内●確かにそうですね。産業革命期は、イギリスと綿工業で軸をとらえることができます。

Ⅲ 利子論、景気循環論をどう説くか？

大内●それとは別に、もうひとつ問題点を提起したいと思います。景気循環に関連す

ることですが、宇野さんの『資本論』第三部のポイントは、利潤率と利子率との関係ですが、そこで純粋資本主義論の矛盾が出てくると、岩田さんは批判されていましたが、その点を再度確認したいと思います。

岩田●宇野さんには、〈貸付資本〉という考えがあります。銀行＝貸付資本という規定です。それは、一方から借りてきて、他方に貸すという、貸付関係の仲介を考えています。他方で、宇野さんは商業信用を基礎として信用論を説いています。つまり、商品の売り手が買い手に貸し付けるという、売り手の信用になります。商品販売の拡張を考えれば、すぐ理解できることです。常識的にもそうでしょう。お金の貸し借りの仲介という形で銀行を出すのか、商品の信用売りから銀行信用を出すのか、という問題は、両者はちょっと性格が異なります。宇野さんは一体どっちなのか。商業信用を強調しながら、いつのまにか貸付資本になってしまうという問題点を、ちょっと批判したことがあります。

大内●それがポイントですね。そのあとは、どういう問題になりますか？

岩田●そうすると利子論を何で総括するか、という問題になります。

大内●その利子論の総括について、僕もそうだと思うのですが、宇野さんも一応利子論で総括しようとしていませんか。つまり資本の商品化まで形態的には説いていますがね。

岩田●その場合、資本の商品化に力点をおいているのか、資本の利子化、利子に力点をおいているのか。宇野さんの原論の利子生み資本の展開が問題ですね。

大内●そうですね。そこがよくわからない。

岩田●貸し借りする関係を利子生み資本としておさえているのか、それとも資本の商品化、つまり株式資本でしたら、利子生み資本に擬制するという問題になります。すなわち、擬制資本としての利子生み資本に力点をおいているのか、ちょっとわからないですね。僕の場合、擬制資本一つに絞っています。

櫻井●擬制資本として利子生み資本をとらえる方が原論は完結すると思います。

岩田●原論のシナリオとしては、擬制資本による総括の方が、カッコウは良いですね。

大内●形としては、確かにその方が安定する。ただ資本主義全体がそれでうまく動くかというと、そうではないので、それはまた違う問題があります。われわれの宇野ゼミの時代では、そういった利子論の議論は、あまりやってなかったですね。価値形態論や貨幣から資本への転化のところを、かなり熱心にやりましたが、第三巻までの議論はほとんどやりませんでした。

岩田●宇野さんがちょうど東大を退官されたでしょう。ようやく僕らがその辺に達し

た段階で、宇野さんが辞めました。僕達の場合は、鈴木（鴻一郎）さんのゼミの段階で、随分議論をやりました。

櫻井●鈴木さんは、その辺の議論について、実証研究も目指していたのでしょう。帝国主義研究をはじめ、その後の代を指導して、『恐慌論研究』も編集していましたね。

Ⅳ　宇野理論と実践活動との関係性

大内●それはちょっと後にしまして、ちょっと別の話題に移します。宇野さんは、岩田さんの大須事件など実践活動については、いろいろ話をすることはありましたか？

岩田●それはあまり無かったですね。僕も以前の運動についてはあまり話したくないでしょう。まあ失敗作ですしね。若気の至りというかね（笑）。

櫻井●当時、代々木の活動をしていたのに、それを辞めて宇野さんのゼミへ行く間に、何か精神的な葛藤のようなものはありましたか？

岩田●僕らの世代と直ぐ下の世代とでは性格が少し違います。直ぐ下の世代は、帝国主義とか反戦とか平和だとか言っていたでしょう。僕らの前の世代は、「日本資本主義論争」をしていました。大内力さんや鈴木鴻一郎さんは、そこから抜けようとする両面があるのですよ。

櫻井●岩田さんの場合は、完全に理論から実践活動へと入っていったのですね。実践活動をしながら、学問的には理論から入っていったのですね。

岩田●そう、理論からです。

櫻井●ほかの人達は、現状の分析を頼りに理論に入っていた場合が多いかと思います。純粋に理論に入っていったのですね。ヘーゲルを読んだのは、マルクスの前ですか、後ですか？

岩田●マルクスの後ですね。『剰余価値学説史』を読んでいて、それと並行してヘーゲルを読みはじめました。

大内●それと、当時は『グルントリッセ』が出た頃です。宇野ゼミのテキストもそうでしたね。それを前後に、ヘーゲルがかなり頻繁に議論されていました。

櫻井●ヘーゲルの議論自体は、『グルントリッセ』が出る前から始まってはいました。

岩田●宇野さんもそうでしたね。『グルントリッセ』の前に、ヘーゲルを読んでいました。名古屋に来られた時も、僕等とヘーゲルの議論をしましたよ。アンファング（始元）は何か？　価値か使用価値か？　形態か実体か？

櫻井●そうですね。宇野さんは、あの頃は気力がとても横溢していましたね。『価値

論』を書いたあとの時期ですが、その批判に反論しているうちに価値形態論が完成してくるし、原論の体系も完成する。
岩田●価値形態論に引っかかって、訳わからなくなったのは、中野正さんでした。いい人でした。
大内●いい人でしたけどね。我々は、中野さんとはあまりお付き合いがなかったのですが、岩田さんと降旗さんは、特に親しくされていました。
櫻井●岩田、降旗、公文（俊平）の三人は、中野さんと親しかったですね。
岩田●公文俊平、彼は今どこにいますか？
大内●彼は、もういろんな関係のところは辞めて、病気らしい。いろいろまとめる気力はあっても、体力が無い、と言っていましたね。
大内●さて、これからのテーマとして、宇野理論なるものが、いろいろ運動に影響を与えたというか、運動に関わりを持ったわけだし、岩田さんにもその辺の話は具体的に聞いてないけども、セクトとの関連もあったわけですね。その辺の話はまずいですか？
岩田●いいですよ。
大内●ちょっと具体的に話してもらえませんか。私はその時から、もう仙台に行ってしまって、あまり知らないので。いつ頃から接触が始まったのですか？
岩田●結局、安保闘争（60年）の後でしょうね。
大内●60年安保から70年安保の間ですか。
櫻井●60年安保の時は、岩田さん、降旗さんもそうでしたが、運動に関わってなかったでしょう。
大内●われわれの方が、時々国会に行っていました。
櫻井●ぼくもたまにはデモに行きましたが、岩田、降旗両先輩とも一切カンパにも応じなかったことはなんとなく記憶にあります。その60年安保が終わってからですよね。岩田さんが就職されたのは62年くらいでしたか。就職の前にはそんなことやっている余裕はなかったのでしょう？
岩田●ブンドの一派のマル戦というのが、僕のところに寄ってきたのです。
大内●それは向こうから寄って来たのですか？
岩田●はい、僕は、それまで党派なんて全然知らなかったでしょう。
大内●そうですね。大学院時代にはそれほど関係がありませんでした。
岩田●それで彼らが寄ってきたのは、僕の理論に関心が持って寄ってきたのかと思って、頭を撫でて少し世話を焼いていたのです。そういう関係ですよ。それでブンドが分裂しちゃって、マル戦が放り出されたのです。

大内●マル戦は、どこが強かったのですか？ 大学でいうと。
岩田●東大でしょう。教養から本郷の連関にかけて彼らはやっていて、彼らは東大の優等生です。東大生らしい左翼でした。僕はそんなこと全然知らないものだから、要するに綱領の話をしていたわけです。革命綱領とは何か？ といったことを。
大内●あんまり具体的な運動との付き合いを、立ち入ってやっているわけではなかったのですか？
岩田●結局、彼らは始終来ているでしょう。だから、ある程度は面倒を見ていた訳です。
櫻井●70年安保の前、1967年、68年頃は、岩田さんも結構やっていたんじゃないですか？ 自転車に乗って、東大の構内を廻っていたという噂も聞きました。
岩田●活動をやっていたというより、マル戦の世話を焼いていたのです。そして、いつのまにか、指導者格とみなされたのです(笑)。
櫻井●その時は、気持ちは高揚しましたか？
岩田●僕は、そんなに高揚してないですよ。実践運動なんて、もう大昔からでしょう。代々木の時代からです。そして綱領問題でずっと喧嘩してきたでしょう。
大内●代々木と喧嘩して辞めた時のことは、ちょっと確認するみたいで申し訳ないのですが、除名されたのですか、それとも自分から辞めたのですか？
岩田●自分から辞めたのです。辞めたというより、付き合いが切れたということです。
大内●自然消滅ですかね。
岩田●つまり、喧嘩するような中に、相手がいなかったのです。ただ、ブンドを結成した第一次世代というのは、東大の連中ですね。僕等より一つか二つ年代が上の連中です。60年安保の前かな。東大細胞で、分派闘争をやって日共を除名された連中です。
櫻井●岩田さんより少し上の世代になりますか。日共と学生の指導部が対立して、学生の方の指導部が皆除名されてしまいます。岩田さんより上の世代だと、どの辺の世代ですか。その連中が、岩田さんのところにオルグしに来たのでしょう？
岩田●そうです。名古屋まで来ました。
大内●名古屋までですか。でも東京に出てきた頃は、その連中とは関係は切れていたのでしょう？
岩田●切れていました。
櫻井●多分、日共の本体とはかなりずれていた連中でしょう。
大内●どんな連中が来たのですか？ 有名なのは、堤とか？
岩田●竹内という、インテリ面した、学者面した男が、名古屋までオルグをかけに来

ました。
櫻井●当時東大の学生組織についての記録を読めば、出ています。東大細胞が内部で争っている最中に、全国の学生のところへオルグに行っています。
岩田●たぶん、名古屋までその連中がオルグに来たのでしょう。
櫻井●その連中は優秀だったでしょうね。
岩田●そうです。
大内●そのアプローチがあったのは、当時、国際派と所感派に分かれていた内の国際派ですか？
岩田●国際派です。
大内●僕が大学に入ったのは1951年だけれど、駒場の大学の教室の中で、両派が完全にぶつかっていて、喧嘩を始めるのですよ。喧嘩と言っても、論争だけでなく、それこそ何回か完全に暴力的になっていました。大体、駒場のクラスで討論を始めようとすると、喧嘩になってしまうので、これはどうしようもないなあと思っていたのですが、まあそういう時代でした。もう日本資本主義論争なんてものではない。そうした点で代々木に距離を置くことになりましたね。
岩田●宇野さん達の時代は、結局日共がコミンテルンの32年テーゼによる綱領を出して、従ってそのテーゼに対抗するようなテーゼを考えざるを得ない、ということでしょう。講座派に対して労農派ですよね。
櫻井●そうかな。本当にテーゼを出そうとする余力があったのかな？
岩田●日本資本主義分析が、経済学の最終目標ということを、宇野さんは時々言うでしょう。それは、何のために日本資本主義分析が必要になるか。それは、日本革命の綱領を根拠付けるということでしょう。
櫻井●なるほど。
大内●岩田さんにはまだ送ってないのですが、後でメールのアドレスを教えてください。宇野さんが戦争中に中国の留学生と東北大においていろいろ関係していました。留学生が反日運動に関わっていて、宇野さんが完全につながっていますね。
岩田●それはおもしろいね。
大内●宇野さんは、あれだけ関わっていれば、戦争期になって捕まるのは、ある意味で仕方ないのではないか、僕の印象にすぎませんが。その時の留学生は中国に帰ったのですが、盧溝橋事件のすぐ後で、「今帰るべきか、どうか？」、宇野先生に相談したそうです。そうしたら、宇野先生は、「帰って、日本帝国主義と闘え」と言ったそうです。それは、帰って運動を続けるとなれば、「やれ」ということですよね。そういう話

を含めて、戦後その留学生は、天津の社会科学院、つまり大学院で、宇野先生の思い出を書いているのです。それがごく最近手に入って、いろいろ調べたら、宇野さんの方も、そのことがとても気になっていて、『資本論50年』の最後の方で、学生とのつながりや、現在どうしているかとか話しています。それから宇野さんが亡くなって、書いてくれた本人も最近死んでしまいました。結局、お互いが両方を心配し合う感じで終わってしまった訳です。そういった点から、宇野さんもかなりやっていたんですよね。関連の文献は、東北大の資料館の『魯迅記念室』に収めてあります。

岩田●はあ、なるほどね。

櫻井●宇野さん自身はやらないんだけど、やることに対して敬意を持っているという、実践家に対して、コンプレックスがありますね。

大内●コンプレックスというか、戦後の我々との関係から言えば、宇野先生は戦前の方がずっとやっていたと思います。戦前いろいろあって、苦労もしたのでいろいろ反省もあるのではないか、理論と実践をああいうふうに厳しく分けたというのは、どうも戦争中の体験があって、戦後どこまで自由と民主主義を信じこんでいいものかどうか、ものすごく疑問を持ったと思うし、警戒感ですよ。

櫻井●宇野さんは、東大の学生の頃、山川均の塾、私塾のような研究会に二、三回通ったけれど、とてもついていけなくて辞めてしまっています。実践家の熱気があるでしょう。宇野さんみたいに、ちょっとインテリが行っても相手にされなかったのじゃないかなと思うのだけど。それはずっとつながっているのじゃないかと思います。

大内●それは『資本論50年』にも書いていますね。

櫻井●それだから、逆にやる学生なんかを非常に支援するのですね。

岩田●宇野さんにとって、実践とは、重みがあったのじゃないですか。体を張らなければならない。命を懸けなければならないという。

大内●そうでしょう。戦前の人は大体そういうのが強いですから。特に宇野さんは。

岩田●おれはそこまでは、踏み切れないという意味でのコンプレックスでしょうね。実践運動やっている連中に対するコンプレックスではない。ただ、実践が戦前のロシア革命、コミンテルンの前衛党の活動ですね。

大内●自分に対してのコンプレックスですかね。

岩田●やるとしたらこうしなければならないという基準に対しての引け目でしょうね。

V　ソ連社会主義の崩壊の意味

大内●次に、三番目のテーマということで、〈ソ連の崩壊と宇野理論〉についてやりましょう。まあ率直に言って、宇野さんが生きていて、ソ連崩壊を見たらどうだったでしょうね。

岩田●宇野さんは、ソ連に対してかなり好意的だったと思いますよ。社会主義の基本だという意味で、彼らの時代からすると、社会主義というのは、マルクスもそうですが、私的所有の廃棄とそれを基礎にする計画経済でしょう。曲がりなりにも、ソ連はそれをやっているのです。しかもソ連がやったやり方以外は、あり得ない訳ですよ。基本的には、社会主義は実現した、ということでしょう。そして尚且つ、さらに提起する問題を考える余裕は、宇野さんにはなかったでしょうね。

大内●そうすると、ガックリきただけ？

岩田●だから、理解できなかったのではないでしょうか。何故ソ連が崩壊したのか。

大内●ただね、スターリン論文をあれほど批判して、単なる所有論ではしょうがない、一方で労働力商品化を止揚する。共同体と共同体の間に市場経済が拡大し発展し、まあ岩田さん流に言えば、世界資本主義ということになるだろうけど、宇野さんもその辺の歴史の見方があった訳です。そして戦前の東北大におけるいろんな人脈、さらに戦後をみていくと、〈共同体の存在〉について、非常に大きなウェイトをかけていることは間違いないですよね。そうなれば、ソ連型の社会主義に対して、かなり批判的な考えを持っていた、といえるでしょう。その辺はどうですか？

岩田●(宇野さんは) レーニンに対してどうか？　基本的には、レーニンのコピー、レーニンから一歩も前に出てない訳で、源泉はレーニンで、レーニンを宇野さんがどう評価しているのかという問題です。

大内●ただ、宇野さんの仕事の全体の流れをみていくと、初期マルクス、エンゲルスにおいて、とくにエンゲルスは若い頃から、唯物史観につながる公式的理解、あるいは歴史の〈否定の否定〉の強調があって、それがスターリン論文に継承されていって、レーニンにおいてもマルクス理解はエンゲルス的で基本的に同じです。それに対して、宇野さんは強く批判しているんですね。

岩田●どういう批判をしていましたか？　どこを批判していますか？

大内●それは、否定の否定で考えていくような、つまり所有法則の転換、社会的所有への転換を中心に社会主義を導いて、それから権力奪取という点です。プロレタリア独裁に支えられた社会的所有ということです。

岩田●つまり、資本主義の所有をどういうふうにおさえていたか？　単に私人が所有している、という意味での私的所有なのか、どうか。所有の主体を個人におくのか、企業におくのか。実際は企業で、法人所有ですね。その点を、宇野さんがどの程度つかんでいたのか、あるいはレーニンがつかんでいたのか、という問題になります。資本主義的所有の実態が法人所有だとしたら、企業が在る限り、それは存続せざるを得ない、社会主義になっても、ひっくり返るわけないのです。

大内●その辺について宇野さんは、どうだろう、あまり議論を聞いたことないですね。

岩田●それは、宇野さんは、レーニンの公式に合うように理論を設定したのではないでしょうか、逆算して設定しているのではないか、したがって、宇野さん自身の論理を追及して、展開したわけではないのではないか、と思います。

VI　共同体の根本問題
　　（社会主義をめぐるマルクスとレーニンの問題、モリスの提起）

大内●岩田さん自身としては、レーニンの誤りがソ連社会主義の崩壊の根本ですか？

岩田●つまり、マルクス自身が、そういう問題を含んでいるのか。レーニンは、マルクスの問題をコピーしているだけなのか。

大内●マルクスには、いろんな面があって、とくに晩年、例えばザスーリッチの手紙が来た時、その返事は、マルクス自身ずるいのですが、率直に自分の考え方を変えなければならないと言えばいいのに、無理しちゃって、返事が遅れるのは健康上の理由だとか言って、簡単に一言で済ますことができる、とか言うのだけど、要するに、所有の転化、〈否定の否定〉を事実上撤回してしまって、イギリス、西ヨーロッパで起きてくる特殊なケースであって、やっぱり共同体の存在は大きい、そして共同体を前提とした社会主義への移行を考えざるをえない、ということを認めています。そこがおそらく、エンゲルスとは完全に違うところだと思う。マルクスも亡くなる直前、最晩年の話だから、相当悩みながら対応したと思うのだけれども、もしそうだとすると、ナロードニキ、メンシェビキなどの考えに対して、ボリシェビキ、レーニン自身に問題があるということになり得る、というふうに僕は思っているわけです。

岩田●本当は、マルクスが考えなくてはならない共同体の問題は、フランス大革命では当然のことです。パリ・コミューンとか農民コミューンとか出てくるでしょう。彼らは何を主張しているかというと、共同体所有でしょう。

大内●そうですよ。共同体の方は無視して、労働者の方で権力を握ってしまえばなん

とかなる、というパリ・コミューンに対する評価が、すごくマルクスは、揺れていましたよね。なかなか評価できなくて、最後になって支持の表明を出すのだけど、パリ・コミューンが終わって二日後ぐらいで、支持しても意味がなくなっていた。パリ・コミューンをめぐってマルクスは揺れているわけです。他方でエンゲルスは、プロレタリア独裁を一生懸命主張するわけです。マルクスとエンゲルスの間に、少なくとも『経済学批判』の頃までは一体だったかもしれないと僕は思いますが、ともかく、ロンドンにマルクスが亡命して、その後にエンゲルスも追っ掛けてロンドンにきて、それからマンチェスターに行ってから、20年間もあります。この時期にマルクスは『経済学批判』から『資本論』を書いているわけです。〈プラン問題〉もあるわけですね。その後、エンゲルスはロンドンに帰って来る。この間にマルクスの考え方が、かなり大きく変わっていくわけで、その辺の評価をちゃんとし直さなければならないし、パリ・コミューンについても、マルクスとエンゲルスの違いもはっきりさせなければならないでしょう。

大内● 今、僕はウィリアム・モリスを研究しているのだけど、ウィリアム・モリスはとてもおもしろい。ほとんど紹介されていないけれど、エンゲルスとは、仲悪いのだよね。エンゲルスとはまったく違う考え方をしている。でもマルクスとモリスの相棒で同志だったバックスは仲が良い。マルクスを支持するところで、エンゲルスとモリスが完全に分かれてしまって、イギリスの社会主義組織の内部で割れていくわけですよ。

櫻井● それは、ハインドマンが悪いのではないの？

大内● いや、ハインドマンが悪いというわけでなく、ハインドマンとは個性というか人格上の問題で、理論上の問題ではない。

櫻井● 何れにしても、晩年のマルクスはフランスに行ったりして、共産主義者と分かっても、いつも排斥されて孤立して、孤独でフランスの社会主義者と別れてしまいますね。自分はマルクス主義者じゃないと呟いたという逸話があるみたいな、そういう非常に疎外感を持っている。それは、コミューン主義者と合わないからですよ。マルクスはコミューン主義者ではないから、マルクス主義者だから。

大内● モリスは、コミューン主義者で、ヨーロッパは大体コミューン主義で、イギリスもフランスもそうです。それが社会主義の本流なのです。要するに、あとマルクス及びエンゲルスを取り巻いていたのは、ドイツやロシアからの一部の亡命者が、ロンドンで巣食っていただけで、相手にされてなかった。

櫻井● そうですね。イギリスでも相手にされなくて、まあイギリスはちょっと特殊で、階級関係が厳しいでしょう。イギリスはマルクスには合っていると思うのだけど、ヨーロッパは全然違うわけです。

大内●マルクスとレーニンという関係もあることはあるけれど、レーニンは、亡命の時からエンゲルスとの関係が強いわけで、『資本論』を考えた時にはちょっと違うのでは？　宇野さんは、あのように『資本論』を読んでいたわけだから、ソ連崩壊に対しても、レーニンに全面的に依拠していたのかどうか、やっぱりレーニンですか？　そう言われればそうかもしれませんが。

大内●岩田さんとしては、ソ連の崩壊は、ある意味必然だったということですか。

岩田●つまり、何が崩壊したかということでしょう。つまり社会主義という名の資本主義の一種が崩壊したのか、どうか？

大内●社会主義の定義によりけりともいえるが、ヨーロッパにおける社会主義というのは、社会民主主義であったり、コミューン主義（コミュニタリアニズム）もそうであったりするわけだけど、日本、アジアにおいては、社会主義は、ソ連型一辺倒になるわけです。そこはちょっと区別して考えないとまずい。僕はやっぱり、マルクスとの関係を考えても、エンゲルスの線からレーニンへ行くソ連型社会主義の流れ、それに対して、もっと伝統的なウィリアム・モリスを含めたコミュニズムの流れがあって、それが今も生きている。だからそれをもういっぺん、ちゃんときちんと『資本論』との関係、あるいは宇野理論との関係を含めて体系化しなくてはいけないと思っています。

岩田●それをもっと鋭く言いますと、むしろヨーロッパにとっての、いわゆる社会主義の本流は、コミュニズムだということになりますね。

大内●そうです。コミュニタリアニズムですよ。コミュニティとコミュニティの間に市場経済があって、市場経済が拡大していって、その極点が、労働力まで商品化して、土地も商品化して、資本主義になるわけですよね。だけれどもその限界は、労働力の商品化もそうだけど、コミュニティを全部否定していくわけにはいかないですよね。それをしてしまうと、今のような無縁社会になるだけで、やっぱりできない。だから、そのコミュニティを、あるいはコミューンをバネにして、どう市場経済をコントロールしていくか、アウフヘーベンしていくか、という道があるはずで、それが社会主義じゃないのか？

岩田●言葉を変えると、コミュニズム、あるいはコミュニティ主義だということです。

大内●ソーシャリズムと言う時には、どちらかというとフランス語であって、フランスは、ソーシャルを、市場経済に対抗する言葉として使って、プライベート、自由、コマーシャリズムに対抗する言葉としてソーシャル、ソーシャリズムがある。ソーシャリズムは、インディヴィデュアリズムとか商業的フリーダムなどへの対抗概念でしょう。だから本当はコミュニズムなのですよ。整理するとね。

岩田●ドイツ社会民主党の社会主義というのは、誰が付けたのでしょうか？
大内●だれかが言い始めたと思いますが、ちょっと忘れましたが、もともとはコミュニズムの方が、言葉としては良いでしょう。
櫻井●岩田さんは、両者を分けようと言うのに対して、大内君は、ソーシャリズムとコミュニズムは、ヨーロッパでは一緒だと言うのでしょう。
岩田●分けるというか、本流は、コミュニズムだということですね。
櫻井●コミュニズムという場合、コミュニティとは何か、ということでしょう。消費ばっかりしているようなコミューンじゃしょうがないでしょう。生産もしないと。
大内●生産もしています。パリ・コミューンは、あの時だけでなく、新しい形のコミューンとは、フランス革命の時から生まれています。フランス革命の時に、パリにもコミューンができたので、その後の71年は、フランス革命で残っていた連中が総蜂起しただけです。
岩田●そうです。その時のコミュニストは、フランス大革命の残党でしょう。
櫻井●パリ・コミューンは、とても規模が大きいですよね。コミューンというのはもう少し小さいと思っていました。
大内●パリ・コミューンは連合体でしょ。コミューンそのものは、教会の教区を単位にしているようですね。それを寄せ集めて連合という形になっても、コミューンと言っています。それが、パリの規模で広がっているコミューンが、フランス革命の時からあって、それがあの時点で決起したのです。そのように私は思います。
櫻井●今でも、フランスとかイタリアに行くと、街角にコミューンと書いてあります。コミューンというのは古くから、中世、古代からあるのですかね。村という感じで。
大内●要するに、そういった人間の結びつきが、もともとあるということです。
岩田●中国でいうと、郷鎮ということになります。郷鎮企業の郷鎮で、いわば郷鎮コミュニティでしょう。
櫻井●日本の会社もそうじゃないですか？
大内●いや、それは崩壊してしまったんで、企業城下町的なものはどこにでもあるわけです。特に東北では、釜石なんて、完全に企業城下町です。
櫻井●愛知県もそうですね。
大内●それはたまたま、日本的な地方の企業的特質なんじゃないですか。
櫻井●いや、アメリカにも自動車のデトロイトなんかありますよね。鉄鋼の町とかもありますよね。今では寂れていますが。
大内●でも企業城下町というのは、企業とともに潰れてしまう。企業が海外へ移転し

まったら、それきりですからね。

岩田●企業城下町という場合、大企業の下請け集団という面と、一方で、本来は資本主義企業というのは、地区単位で、ごちゃごちゃと集まっているという意味での企業集団、企業コミュニティという面があります。

大内●ただそこには、中世のギルド的な組織化と、機械制大工業の組織化との決定的な違いがありますよね。

岩田●実際は、機械制大工業に決定的な意味は無いと僕は思います。イギリスの近代綿工業においてそれほど強くない。

大内●そうですね。そういう点から言えば、中世のギルドの方がまともな組織化だったと考えても良いわけです。日本はなくなっているけれど、イギリスだってドイツだって結構残っています。

櫻井●ギルドの名前は、確かに残っているけれど、本当のギルドなのでしょうか？

大内●実態は違うということですか？ 違いをどう評価するかという問題ですね。

櫻井●ソヴェト社会主義崩壊の話は、どうなりましたか（笑）。ソヴェトの単なる政権交代というような話ですか。資本主義から資本主義へという話が岩田さんの考えでしょう。

大内●それは、ある意味で前から言われているように、ソ連は国家社会主義だけれども、国家資本主義という意味で同じだと考えればいいのであって、一方に西側は福祉国家主義であり、東側は国家社会主義であり、両方とも同じ国家資本主義の二つのタイプで、東西に分かれて戦っていただけのことで、そういう割り切り方ができるでしょうね。

岩田●カレー・ライスか、ライス・カレーかの違いにすぎないということです。

櫻井●東ヨーロッパもそうですか。東ヨーロッパ諸国はちょっと難しいなあ。

岩田●何故そうなるのか、という問題がもう一つありますね。考えていた理念は違っていたはずなのに、実際はなぜ同じになってしまうのか、ということです。

大内●そこは、根本的に労働力の商品化を止揚するとか、コミュニティをどうするかという中身が無いから、権力を奪取してやればいい、というだけの話になれば、やっぱりすぐに崩れると思いますよ。冷戦時代が長く続いただけの話ですね。

櫻井●政治の力が強いのと、商品経済の力が強いのと、両者の程度（の力）ではないですか。資本主義だってそうしているし、中国も今そうでしょう。中国は、社会主義なのか、資本主義なのか、どっちなのですか、岩田さん？

岩田●どっちでしょうかね？

櫻井●資本主義だって国家の力が強いから、さまざまな規制をしていますから、自由に資本主義が動かないでしょう。

大内●ただそれはどうだろうか。ここまで、借金が増えてしまい、日本、アメリカは、景気対策などをやってしまうから、ますます借金が増えるわけです。ヨーロッパも財政問題抱えているし、どうも先進国は共通して、ケインズ主義ではやっていけないですね。日本の菅直人（元首相）なんて、今までのケインズ主義では駄目だけど、高福祉・高負担でやれば持つなんて言っても、もう限界が来てしまって、皆が政府に頼らずにどうやって、生きていくのか、生き方を考えましょう、ということになっています。皆がそう考えているのではないですか。国に面倒見てもらいましょう、国になんとかやってもらいましょう、あるいは国家権力を奪取するために命を懸けましょう、というのは、ある意味バカみたいなものでしょう。今どこにも就職できないようなやつが、政治家になっているだけだから、というような感じになっているのです。

櫻井●これはもう最終的に日本の場合は、財政がもたないから日銀が引き受けるということにならざるを得ないでしょう。

大内●引き受けたって、あとはどうするのか？　国の場合も借金として残るし、公債費として償還もするし、利子も払わなければならない。

櫻井●日銀が引き受ければ、解決するでしょう。というよりほかに方法がない。もちろん解決しないかもしれないけれど、例えば、第二次大戦後の時に、アメリカは中央銀行で買い取って、無難に収めたのではないですか？　そういうこともある。

大内●だけど、第二次世界大戦後は、アメリカが経済的にも、政治的にも軍事的にも支配できたからいいけど、それが今は失われているでしょう。

櫻井●それはそうでしょう。でも世界中で量的緩和でしょう。日本はあまりにもインフレを怖がっているところがあるけど、とりあえずインフレになる要因なんてないのだから、早く日銀に量的緩和させたほうがいい。世界的なインフレ傾向から取り残されると日本の産業は破滅ですよ。円高が続けば失業者が増えるばかりですよ。日本も世界に合わせるしかないんですよ。結局そうなるしかないですよ。

大内●無際限に引き受けることはできないよ。一方で、結局増税せざるを得ないでしょう。日銀だって、増税して何とかやってもらえれば、ありがたいと思っているのでしょう？　超低金利を続ければいいのだから。

櫻井●金利は全部日銀に入るでしょう。それで日銀は稼いだら、政府に返さなければならないでしょう。金利は変わらないです。

大内●金利は変わらないと言っても、超低金利だからこれ以上下げられないわけだよ。

櫻井●金利が変わるかわからないけれども、解決の方法なんて無いでしょう。ヨーロッパでも、繰り返し、繰り返し、社会的なデモや暴動でもって、緊縮財政なんてできないですよ。イギリスだって、フランスだってデモが起きている。
大内●(一方で、)戦争もできなくなっているでしょう。なぜ戦争ができないかというと、今はだいたい、戦時財政並みの借金でしょう。人手不足で失業予備軍がいない。アメリカもだんだん、そうなっていくかもしれない。
櫻井●今の経済状態はほとんど戦争していると同じだと考えればいいじゃないですか。
大内●戦争すれば破壊するから、復興需要が起こってくるけど、戦争しないで借金ばっかり増えていくのだからしょうがない。
櫻井●戦争になったら必ずインフレが起こるでしょう。戦争がなくともインフレになるんです。
大内●そうだけども、今は起きないと思います。だからなおさら困る。
櫻井●何とも言えないけれども、本当に解決しようがないですね。とにかく社会主義が解決するわけでもない。
大内●いや、社会主義のビジョンを変えて、コミューンというか、自分たちのために、自分たちでこじんまりとやってまとまっていきましょう、ということになれば、それは、そこそこやっていけるのではないですか。
櫻井●そういう意識ができればいいけど。
大内●人間の問題でしょう。意識改革をすれば良いのです。まあ、教育だね。宇野さんも最後は教育だと言っています。
櫻井●それは、時間がかかってしょうがない。20年も30年ぐらいね。その間につぶれてしまうかもしれない。
大内●まあ、時間がかかるのはしょうがないでしょう。
櫻井●今、ハーバード大学のサンデル教授が、(テレビに)出ていますが、彼はコミュニタリアンなのでしょう。コミュニタリアンとコミューン主義者との共通点はどこにありますかね？
大内●彼は、コミューン主義者だと思うよ、はっきり言わないだけで。コミュニタリアンだとは言っても、社会主義者は本来、コミュニタリアンであって、それでどうなのか、という問題の立て方は絶対しない。
櫻井●ひとつはベンサム主義、リベラリズムで、それに対してコミュニタリアンです。ベンサム主義は、功利主義で、最大多数の最大幸福、効率的な行動を重視する考えで、あれは資本主義的な論理を言っているのでしょう。片方は自由主義で、個人の自由を

守るという考えです。

大内●だけど似たような考えで、コミュニタリアンとそのような個人主義なり自由主義の考えと対置して、正義、ジャスティスの問題を論ずること、どっちが正義なのかということでしょ。なぜ、あんなのが流行るのだろうか。

櫻井●まあ講義のやり方、学生に言わせるというのが新鮮に映るのではないかな。分かりやすい内容だからでしょう。五人を殺すのと、一人を殺すのと、どっちが良いか？　といった問題でしょう。不思議なのは、自分を犠牲にするという話は出てこないですよね。日本人だったら出てくるかもしれない。自分が犠牲になっても止める。彼らコミュニタリアンとしては、それは困るでしょう。

大内●だから、ああ言うものが流行るということは、かなり皆意識的には、変わらざるを得ないと思っているし、いろいろ皆がちゃんと一緒にやっても良いというのであれば、解決の道はそう遠くはない、そんなに時間がかかるわけでもないだろう、という感じも、僕はします。

Ⅶ　08年アメリカ金融危機以降のグローバル資本主義と中国の登場、IT革命の現状

櫻井●ソヴェトの話から、現在の話はどうですか？　資本主義の現状、アメリカ、グローバリゼーションなどどうでしょう。

岩田●資本主義の話は、どんな焦点か、またその焦点は具体的に何処ですか。それは中国資本主義が出てきたことでしょう。

櫻井●中国資本主義を含めた現在の、サブプライムに始まる、2008年リーマンショック、現在進行中の問題をどういうふうに考えるかということだと思います。それを考えるためには、1929年大恐慌をどういうふうに位置付けるかということです。僕自身の関心からすると1870年代が、決定的に重要ではないかと考えています。70年代は、ドイツとアメリカの鉄鋼業でしょう。イギリスもそうだけど。　鉄鋼業の産業構造ができあがって、ドイツの場合、大砲を中心とした兵器の生産と鉄道建設ということになるけど、70年代最高の活況を呈した後にポシャってしまいますね。その後二十数年間、大不況が続くでしょう。19世紀というのは新しい産業構造ができあがると同時に、さらにあらたな電気だとか化学とかが出来上がっていく過程です。それと同時に、国際通貨制度が金本位制に一元化していく、複本位制から一元化してイギリスの金本位制に収斂していくという過程であるし、全部問題はそこに詰まっている

と思う。資本主義が、恐慌を通じて、生産力を上げていくという場合、今までの綿工業と全然違う訳だから。飛躍的にガクッと上がります。

大内●ただね、これまでの流れのつながりだと、70年代から、もういっぺん社会主義をめぐって論争が起きるわけだけど、パリ・コミューンを受けて、1870年代後半から80年代ですよ。金融資本でなくて、国家社会主義に対して、さっき言ったコミュニズム（共同体主義）の違いという論争が国際的に起こるのです。アメリカでは（エドワード）ベラミー、イギリスではモリス、ドイツはデューリングです。そこで、エンゲルスが『アンチ・デューリング』を書く、ということです。その一連の動きがあって社会主義をめぐる国際的論争が高まるわけです。

櫻井●確かにそれは、マイナーな議論としてはあるけれど、大きな議論としては無いと思います。確かにイギリスでは、マルクスの娘なんかが活動しているのだけど、ほとんど内輪の議論ですよ。社会主義運動は、確かに社会主義者にとっては大きいかもしれないけども、限定的で、影響を与えなかったと思いますね。

大内●社会主義運動というより、社会主義をめぐる国際的論争、議論が始まるのです。

櫻井●イギリスは、ハインドマンが一生懸命活動したり、翻訳を出して、英訳の『資本論』をエンゲルスが出しますが、意外とイギリスでは影響力が無いですよね。ドイツの方は、社会民主党が出てきたから影響は大きいですが。

大内●まあイギリスのハインドマンは皆からあまり支持されなかったし、ドイツは社会民主党が大きいですね。しかし、『資本論』も仏語版、そして20年も遅れて出た英語版は何度も増刷されていますよ。

櫻井●結局、僕の考えでは、「形態が生産実態を包摂する」苦労、苦難が、典型的にそこに出ているのではないか、ということです。多数の生産を集合させ、一つのまとまった（世界）資本主義という体系にまとめることは、なかなかうまくいかない。それは、今の中国の問題を考えても、非常に教訓的だなと思います。中国の生産力水準は、一段低いというか、既存の生産能力でやっているのでしょう。どうでしょうか。そうではなく、岩田さんが言われるIT革命の面もあるかもしれないけれど、いわゆる横への拡大が続いていると思います。先進資本主義国は、横への拡大はもう終わってしまって、縦への技術革新を求めているのだけど、それがなかなか見当たらないという状況で停滞している。そのような複合的な問題があります。岩田さんはその点をどう考えていますか。中国を含めた世界の動きについて聞きたいです。

岩田●世界の焦点は何だということですね。さきほどの中国の問題とイコールではないでしょうか。中国が焦点になっていて、中国がどう動くか、どう展開するか、それ

を軸にして世界がどういうふうに動くか、という方向になっているのではないでしょうか。その中国の場合、何が焦点か？　中国の軸になるような産業は何ですかね？
櫻井●自動車でしょう。
大内●よくわからないけれども。自動車や鉄道、高速道路などですかね。
岩田●自動車が軸となって動くとなると、アメリカは、かつて自動車が軸となって動いたでしょう。それからどういう形で、どういうプロセスで中国に移行しつつあるのか。つまり、国際的景気循環の軸がアメリカから中国に移行するという問題になるのではないですか。
大内●ただ、うまく移行しているのではなく、中国がそれをどう受け止めているのか、中国自身が、はっきり自分が軸になってどういうふうにリードするか、まだ十分な確信がないように見えます。
岩田●中国の誰が確信を持ち、決めますか。
大内●中国共産党自身がまだ無いでしょう。
岩田●共産党はそんなに力無いですよ。
大内●それでは、どこになりますか。
岩田●資本主義ですよ。資本主義的機構が受け止めるか、どうかということでしょう。
大内●そうかな、そんな機構は無いんじゃないかな。中国というのは、ともかく揺れる時は大きく揺れるし、もう一度揺れるとは思う。今言ったような、まさにリーダーシップを取るときに、どう行くかという時に内部をめぐって大きな闘争があるでしょう。
岩田●つまり人に力点を置くのか、機構に力点を置くのか。人を主人公とみなすのか、機構を主人公とみなすのか。
大内●ただ機構といっても、人がいるわけで、どういった人、リーダーですね。昔から、孫文、毛沢東、鄧小平といったリーダーが出てくるかではないですか。
櫻井●それは、資本主義なのか、社会主義なのかということですよ。岩田さんが言おうとしているのは、機構が動かしているならば資本主義で、人が動かしているならば社会主義に近い、ということではないですか。私の印象ではそうなりますね。
　中国の自動車工業はよく知らないのですが、やっぱり垂直的な関係なのでしょう。岩田さんが言っているクライアント・サーバーシステムは世界的に広がっているけれど、アメリカの自動車産業は、部品を一番安いところから買っているのですか？　そうではなく、やっぱり中国の中で作っているのでしょう。
大内●いやそうでもないよ。日本の場合は、組立を日本国内でやっているでしょう。ただ、電気自動車とか、エコカーになっていくと、自動車の概念が違っていくでしょ

う。極端な場合、電気製品になっていくでしょう。
櫻井●それはなかなか難しく、無理ではないかと思いますね。
大内●いや、案外早く行くとおもいますね。
櫻井●エコカーというのは、自動車の問題というより、今言われている電力供給の効率化が根本的問題だと思います。
大内●そうですね。自動車もそうだけど、エネルギー問題ですね。
田中●最近のスマートグリッドは、電気の配電の問題やコントロールシステムの問題ですが、例えば電気自動車を各家庭の充電装置として行われる限定された地域単位のシステムではないかと言われています。これはアメリカのような州レベルでは可能性があると思います。カリフォルニアのようなITベンチャーの多い地域が有名です。中国では、IT産業のベンチャー企業が多い深圳のような地域では可能性があり、インフラが進んでない分、大気汚染対策として可能性があるかと思いますが、いかがでしょうか。
大内●そういう面はあるね。ただ中国は、あの国のだだっ広さを見るとどうかな？自動車でのこのこ行くのか、あるいは新幹線のようなものが主導して行くのか、という問題がありますね。いずれにせよスマートグリッドは重要です。
櫻井●僕は、日本が一番進んでいると思いますよ。例えば超伝導の研究は、電力の損失をいかに防ぐかということです。中部電力が開発している蓄電のシステムです。
大内●ただね、電力会社が今非常に脅威を持っていますよ。むしろ、今後は電気電子、建設などが儲かりはじめてきて、電力の方は、最後の生き残りはやはり、原子力発電でやりたいという焦りが、東北電力あたりを見ているとよくわかる。特にマスコミによく働きかけています。いま言ったような、スマートグリッドでもって水平的なネットワークで組まれたら、今みたいに発電、送電、配電まで全部一体化するシステムが崩れるわけです。それが崩れたら（電力会社は）地域独占ができないわけです。
岩田●ところで、この本『中国を制す自動車メーカーが世界を制す』(2009年) はおもしろいですよ。表題は鋭いですね。ただ書いてあることは、中国を制する自動車メーカーはまだ登場していない、ということです。中国市場は乱戦模様で、戦国時代です。
大内●日本人が書いているのですか？
田中●日本人も書いていますが、周政毅という台湾出身の人が監修です。中国社会が世界最大規模のモータリゼーションに突入することによって、これまで世界市場の基軸産業であった自動車産業の再編と同時に、地球規模の環境問題を提起しています。中国社会に問われるこの問題を冷静にとらえているようです。

岩田●おそらく、若い人達中心に書いているのでしょう。

櫻井●ただ日本では、例えば成田の駐車場にお金を取るところとくれるところと二つあり、その間駐車場に止めている間に車のバッテリーを使わせてもらうスマートグリッドであって、お金を払うというシステムの構想もできています。日本は始まったら、本当に早く進むでしょう。一番環境が整っているからです。アメリカは広いしいろいろ制約があります。アイディアは早いですが。

大内●いや、スマートグリッドの場合は、元々はICTがあるのですよ。ICTプラス低炭素経済化、LCE、それと結びついてスマートグリッドを中心とする今の新しい発電技術が出てきています。

櫻井●風力なんかそうですね。

大内●だから、決してICTがICT革命だけで終わるのではなく、それを前段階として、後の段階は低炭素化に結びついて産業構造の転換になり、自然エネルギーを活用するという形になれば、もういっぺん、自然エネルギーの時代に戻るわけです。ということは産業構造の転換による産業システム、産業組織の転換、それがビジネスモデルをも変えることになるか？ ここまでくれば資本主義的機構といえるかどうか？ それがうまくコミュニティに結びつけばいいわけです。うまくいくと私は期待していますがね。

岩田●大内君の話は、うまくまとめ尽くしていますね(笑)。

大内●まあ、それはこれからの話ですからね。ただ、仙台の広瀬川について、自然再生エネルギーのスマート・コミュニティの「水系モデル」を僕は具体的に研究会で考えている。事態が動かないとあまり予測の話をするだけになりますので、またいずれ話し合いましょう。

Ⅷ 宇野理論の展開と現状(鈴木原理論以降)

大内●そういうことで(最後に)、宇野理論の解体していく状況の感想についてしゃべり合いませんか。

岩田●そうね。どういうグループが解体されているのでしょうか。

大内●岩田さんが提唱して、鈴木鴻一郎さんが追随して世界資本主義論になったけれども、鈴木さんが早く亡くなったこともあって、しっかり定着しないまま、若い世代は全然核がないですね、我々との間に世代間ギャップが広がっていくだけですね。そういう状況をどう見ていますか？ 岩田さんとの関係では、五味君ぐらいでしょう。

岩田●そうでしょうね。

宇野経済学50年をめぐる座談会
大内秀明＋櫻井 毅＋岩田 弘

櫻井●侘美（光彦）君は、岩田さんに近かったけど、早く亡くなってしまいました。伊藤君も岩田理論だったけれど、今は必ずしもそうではないですね。
大内●あの鈴木さんは、我々が『経済学原理論』を書いていた時に、言わば岩田さんのシナリオに乗った、ということで思い出があります。
櫻井●岩田さんが特に関わった部分は、下巻ですね。
大内●いや、上巻の『序論』からそうでしょう。
櫻井●序論はそうだけども、中身は多少遠慮したでしょう。下巻はかなり変わっている。
大内●だけど最初の序論のところは、完全に岩田さんの丸写しでしょう。どうでしょう、岩田さんは今どう思っていますか？
　僕は純粋資本主義（の立場）ですが、当時、鈴木さんが東大の経済学部で『特殊講義』を担当されて、私は、たまたまその講義を学部の4年の時に聴講していました。鈴木さんがその時、東大生協プリント部でプリント作る際に、毎回のように私を呼んで、私のノートをチェックして、それをプリントに出されていました。知っているのは、鈴木さんと私だけですがね。
櫻井●その講義は、原論ではないでしょう。
大内●事実上、原論ですよ。貨幣の資本への転化、資本の生産過程ぐらいまでです。原論の講義を担当される準備段階でした。それはほとんど誰も聞いてないと思います。それは純粋資本主義の立場だった。
櫻井●東大の講義名は、経済学原理ですかね。私は生協のプリント部から出たプリントは持っていますよ。もうボロボロになっているかもしれない。とにかく、『経済学原理論』の下巻がなかなか出なかったですよね。
大内●その辺の思い出（経緯）から行きましょうか。岩田さん何か思い出すことありませんか。
岩田●僕はちょっと記憶があまりないですね。
櫻井●降旗さんと岩田さんが取り込まれて、『マルクス経済学』正・続（鈴木鴻一郎著）に関わっていますよね。
大内●『マルクス経済学』の続のほうでしょう。
櫻井●そうです。特に続編のほうで岩田さんと降旗さんが、注釈を書いています。あの辺からだと思いますね。
岩田●鈴木『原理論』はその後です。あれは僕が仕上げました。文章スタイルが僕のスタイルになっているでしょう。
櫻井●下巻はまったくそうだと思いますよ。

大内●いや上巻の『序論』のところもそうですよ。僕は、岩田さんから原稿を最初から見せられて、一生懸命に読んだから覚えている。
岩田●その『序論』を、序論だということを黙って、宇野さんに見せに行きましたよ。そうしたら、宇野さんが、岩波の『世界』に紹介してやる、と言いました。
櫻井●そうですか。『思想』ではなかったですか。でも、もし『世界』に載ればおもしろかったな。
岩田●紹介してもらえばよかったですね。鈴木さんの序論は、後で書き直せば良かったのですが遠慮しました。
大内●鈴木さんは、表現は変えても、あんまり書き直してなかったでしょう。僕は、両方を読んだからほとんど丸ごと写したといった感じですね。
岩田●ほとんど直していないです。『世界』の話とはちょっと別ですね。
大内●『マルクス経済学』の時には、降旗さんと一緒にやったのですか。
岩田●最終的には、僕がほとんどやりました。
櫻井●そうですか。二人でやったのかと思っていました。
岩田●宇野さんに、(鈴木原理論の) 序論を見せにいった話ですが。
櫻井●論文のタイトルは、何にしたのですか。
岩田●タイトルは書いてなかったです。
櫻井●要するに、それを宇野さんは評価した訳ですよね。もう一度読んでみようかな。
岩田●そうでしょうね。自分の理解と基本的には同じで、鋭く表現しているという評価でしょう。だから、岩波の『世界』に紹介してやると言ったのでしょう。
大内●それはやめたのですか？ それが出ていたら大変なことだったでしょうね。
岩田●鈴木『原理論』の序論になるわけでしょう。いくら宇野さんが紹介してやる、と言っても遠慮せざるを得ないですね。
櫻井●鈴木さんは、そのことを知らないでしょう。宇野さんはどこで怒ったのでしょうかね。上巻は良くて、僕にはよくわからないけれども。
岩田●宇野さんは怒っていましたか。
大内●鈴木『原理論』にはそれほどでもないですよ。ただ、その後の鈴木さんには怒っていましたね。
櫻井●だって、あの本のシリーズは、宇野さん監修でしょう。
大内●むしろ、その後の鈴木さんは、反宇野が強くなっていったからでしょう。
岩田●僕が又聞きしていたのは、恐らく鈴木原理論について、法政の日高普さんが宇野さんに言っていたのでしょう。

大内●それは何って？
岩田●日高さんが、宇野さんに鈴木さんが宇野原論を変えている、と詳細に報告していたのでしょう。そうしたら、宇野さんが言うには、鈴木君は昔からよく反対ばかりしていたと。
大内●宇野さんは、鈴木さんが人と自分のものがわからなくなる、前にも事例があって、俺は何とか救ってやったのに、という宇野さんの話は、何回か聞いたことがあります。
櫻井●日高さんも、鈴木原理論の一部を利用しているじゃないですか。日高さんは、そういうことはあまり気にしないんだな。
大内●そうですね。上巻はそれほどでもなくて、むしろ下巻は、我々の担当した部分は鈴木さんと生産価格論からだいぶ変えています。
櫻井●だいたい後ろのあとがき、長い注釈の後記ですか、岩田さんがかなり書いていますよね。
岩田●あんまり覚えていないですね。ただ、下巻で僕らがやったのは、等価交換から転化するという平均利潤の誘導の仕方を変えた点からでしょう。
大内●その辺から変えていきましたね。確かにそういう違いはありました。
櫻井●その点は、僕は良いと思います。ただ地代論はちょっと矮小化された気がします。やっぱり信用論（利子論）が全然違うんじゃないかな。まあ問題作でしたよね。特に下巻は、大変な議論を巻き起こした。
大内●ただ議論は内部的でしたね。対外的ではないんだな。
岩田●しかし、対外的には案外皆何にも言わないね。対外的には最大問題になるところです。マルクス主義の伝統的な解き方を引っ繰り返したでしょう。平均利潤の説明の仕方、利潤率の傾向的低下の法則について全部変えました。
櫻井●流通浸透視角は、岩田さんでしたか？
大内●最初は、大島雄一氏が、流通浸透視角と小商品生産視角とに分けたのです。小商品生産視角というのが、エンゲルス流の小商品生産者の個人的生産・個人的所有であって、その否定としての私的所有と社会的生産、そしてその否定の否定というシェーマが商品生産視角です。流通浸透視角は、それに対してむしろ、流通が外部から浸透して、労働力つまり生産をとらえて資本主義になっていく。それを前提に社会主義を構想するということになりますね。
櫻井●大島雄一氏は、主として岩田さんを（流通浸透視角として）批判したのじゃなかったですか？

大内●いやそうでもなくて、大塚史学との対比で宇野理論は元々そうだという主張でしょう。

岩田●流通浸透視角とは、宇野理論の特徴だという使い方でしょう。

大内●資本主義に対する商品経済、市場経済との関連で言えば、それで良いじゃないですか。

櫻井●岩田さんは、大島雄一氏を知っていましたか。名古屋だったか東大だったか。

岩田●名古屋では個人的に知っていましたよ。

大内●早く亡くなったからね。佐藤金三郎の方が早かったけども、そのすぐ後ですよ。

櫻井●宇野理論を批判する人ばかり早く亡くなって、宇野理論が頑張っていることになるのかな。

大内●宇野理論がバラバラになっていて、若手に何か言うことありませんか。

櫻井●あまり岩田さんのところに来ないですよね。河村哲二君ぐらいですか。

岩田●一度来たことありましたよ。

櫻井●彼は岩田理論とは言えないな。アメリカ資本主義論とか。

大内●だから結果的には、われわれは世界資本主義論なり純粋資本主義論という形でやってきたけれど、結局のところ東大を中心にして、次の世代が継承しないまま、何となくバラバラになり、崩れたということではないですか。

岩田●宇野理論が解体して、分解していったということでしょう。

大内●解体して、分かれて論争するならまだ良いけれど、それもない。だから困るんだな。

櫻井●宇野理論について書くことが、みな嫌だと言っているらしいです。宇野理論と名前を出すのが嫌らしい。関係あると思われたくないと。

岩田●宇野理論の運命なのか。マル経の運命なのか。つまり宇野理論の解体は、マル経の解体になってしまっているのか。

大内●マル経の解体と同じですか。それとも、もっと特殊なことですか。

岩田●特殊宇野理論の解体になっていますか。

櫻井●マル経の中で宇野理論だけ色を付けてもらいたくない、ということじゃないかな。

大内●何故なのかな。代々木系と言われたいのか？　まさかね？

櫻井●それは無いと思うけど、マル経だと言われたくないのでしょう。

大内●結局、そうだろう。マル経は絶滅危機品種だからね。

櫻井●でも今はマル経じゃないと何も説明できないという気がします。

大内●僕も、今までマル経でずっと、やってきて何も限界も不便も感じなかったからね。

櫻井●やっぱり、形態が生産をつかむということは、決定的ですよね。流通浸透視角かもしれないけれど、それがわからなければ、経済学はわからないと思うのですけどね。近代経済学の人はどう考えているのか。

岩田●近経は、原理をやっているのですか。

櫻井●近経の原理は、ワルラスとマーシャルで終わってしまったと思います。マクロ経済学というのがあるけれど、クラシックから受け継いでいる原理という意味ではなくなっていると思います。

大内●ケインズがあるけれど、有効需要論は、マルサスの過少消費説の焼き直しに過ぎない。マルサスは原理になっていない。東北大にいた安井琢磨さんがケインズ批判をして、マーシャルやワルラスの理論の継承がない点を鋭く衝いていた。近経もちゃんと宇野批判をやって欲しい。労働力の商品化をどうするのか？

【コメント】

「宇野・岩田論争」が提起したもの

大内秀明

1）世界資本主義と一国資本主義、純粋資本主義の抽象の意味

まず、世界資本主義と純粋資本主義の対立だが、世界資本主義と対立するのは一国資本主義（今回は「国民資本主義」になったが）とされてきた。市場も、世界資本主義は世界市場であり、それに対し一国資本主義は国民経済、国内市場である。しかし、世界資本主義に対し、純粋資本主義を一国資本主義とするのは、かなり意図的な誤解というか、むしろ議論のすり替えであり、そもそも宇野理論の純粋資本主義は、一国資本主義では決してない。

宇野理論の純粋資本主義は、近代社会の資本主義の歴史的発展から理論的に抽象された資本主義であり、そこでの市場は世界市場でも、国内市場でもない。理論上の抽象的な市場である。そこにまた市場、市場原理の形態的特性もあり、方法的に理論的な抽象を認めるか否かが、ここでは対立点になるだろう。

そもそも世界資本主義論は、歴史的な現実を写実的に「模写」するだけで、抽象することを認めないのではないか？『資本論』の自然科学的な実験室の抽象を否定するのは当然として、宇野理論の抽象に特有な「方法の模写」論を認めようとしないの

ではないか？　確かに「方法の模写」論には、イギリスをモデルに先進資本主義の純粋化傾向を、時間的・空間的に拡大延長し、純粋資本主義像を想定する方法的主張が一部にはあった。それを観念的方法として退け、世界資本主義論は抽象を否定して、単純な模写論に回帰させているだけなのか？　これでは実証史学と、どこがどう違うのか？　混沌とした世界市場の現実的表象を、いたずらに追いかけ廻り、走り廻るだけではないのか？　宇野が岩田に対し「君の世界資本主義は、海の上に浮かんでいるのかね」と皮肉ったのを思い出す。

　宇野理論の純粋資本主義の抽象は、宇野『原論』や『恐慌論』に見られるとおり、政策なき政策といえる「自由放任政策」の下で、先進資本主義の世界市場が、約10年を周期とした世界恐慌を含む景気循環という自律的成長の歴史的現実に基づいた抽象だ。この自律的成長こそ、純粋資本主義の歴史的・現実的抽象であり、抽象の「方法の模写」に他ならないのではないか？　宇野理論は、周期的恐慌を初期マルクス・エンゲルスの唯物史観による恐慌＝革命テーゼのドグマから解き放ち、周期的恐慌を含む景気循環の法則性を、純粋資本主義の抽象による経済学の原理論として、いいかえれば資本主義経済の理論的認識として概念化したと思う。

　たしかに世界資本主義論も、混沌とした世界市場の現実を、単純に模写するだけではないらしい。世界市場の歴史的発展を、一方で純粋資本主義を一国資本主義の観念的抽象として批判、排除しながら、他方では「内面化」と称して原理論を構築している。この内面化による原理論の内容が、結果的には純粋資本主義の抽象による宇野・原理論の内容と変らないものであり、「内面化」は他でもない純粋資本主義の抽象の容認に過ぎない点は、すでに櫻井論文「岩田弘の世界資本主義論とその内的叙述としての経済理論」（武蔵大学論集62巻1号）が見事に検証した。

　こうした批判に対して、岩田氏は今回、「内面化という言い方は、言葉がきつかったので、価格関係に還元する」と弁明されている。確かに市場経済では、すべてが価格関係に還元されて運動する。しかし、土地自然もそうだが、労働力商品は労働賃金の変動で明らかだが、労働力商品の特殊性から、資本主義的な人口法則として、周期的恐慌の景気循環を基礎づけているのだ。その労働力商品の特殊性は、単に商品市場の「価格関係に還元される」とはいえない。労働力の代替財はないし、世代間を通して再生産されなければならず、近頃のロボットや少子化による「人材不足」で大騒ぎせざるを得ないのだ。A・スミスなどは、労働力ならぬ「労働の商品化」による生産過程の流通過程化、それによる商品経済および資本主義社会の絶対視による永遠化に陥った。それを乗り越えて『資本論』、さらに宇野理論によって労働力商品化の特殊性が理論

化されたのである。
　『資本論』の純粋資本主義の抽象、それをさらに純化した宇野理論の三段階論は、言うまでもなく純粋資本主義の原理論を基礎にしている。だから純粋資本主義の抽象を否定すれば、世界資本主義論は無論のことだが、宇野理論とは言えないだろう。そして、純粋資本主義の宇野・原理論によって、理論と歴史（さらに理論と実践、科学とイデオロギーなど）の弁証法的統一のドグマも否定された。純粋資本主義の抽象を否認する世界資本主義論は、そのことにより理論と歴史の再統一のドグマを主張しようとしているのではないか？　世界資本主義の外的発展の「内面化」は、何のことはない「内面化」の表現で唯物史観と同様な「歴史の論理化」をはかろうとしていたと思う。
　理論と歴史の統一のドグマは、初期マルクス・エンゲルスの唯物史観に基づいていた。唯物史観は、「導きの糸」であり、単なるイデオロギー的仮説に過ぎない。理論研究の深化、歴史検証を通じて、作業仮説は法則性を与えられ、さらに歴史的検証を経ることになる。マルクスの経済学研究も、1859年の『経済学批判』までは、その「序文」などで自認しているように、唯物史観の仮説に理論が還元され、埋没される方法がとられていた。しかし、『批判』から『資本論』の間に『剰余価値学説史』が書かれ、経済学批判体系プランも変更され、『資本論』は純粋資本主義の法則解明として、唯物史観の仮説が論証され、さらに実証されることになった。まさに方法的「大転換」だった。この大転換の上に、宇野理論の三段階論が生まれたことをくれぐれも銘記しなければならない。

2) 「貨幣の資本への転化」と「資本の商品化」

　『経済学批判綱要』（略称グルンドリッセ）は、正確には『資本論』草稿ではない。上記の『批判』から『資本論』への方法的「大転換」を踏まえれば、『経済学批判綱要』を『資本論』草稿として出版宣伝することも、マルクスの方法的「大転換」の意義を無視するだけではないか？　純粋資本主義の経済法則を解明した『資本論』の意義を曖昧にし、それを唯物史観のイデオロギー的作業仮設に還元し、さらにマルクス・レーニン主義のドグマに『資本論』を引き戻すことにもなりかねないからだ。戦後、グルンドリッセが初めて公刊され、一時的ながらグルンドリッセのブームが起こり、宇野ゼミでもテキストとして採用された。
　しかし、『批判』から『資本論』への「経済学体系プラン」の変更、その方法的「大転換」の理論史的意義からすれば、まさに研究の逆コースだったし、だからブームも間もなく消え去った。ただ、『批判』が商品論と貨幣論だけに限られていたのに比べて、

グルンドリッセの内容範囲は、プランの「資本一般」、さらに土地所有や賃労働から抽象された「資本」にも及んでいる。その点で、理論形成史の文献的価値は大きいと思う。しかし、理論的には土地所有（地代論）、賃労働（資本蓄積論）を捨象したまま、「資本一般」「資本」を説こうとする方法では、労働力商品の特殊性を十分理解できず、資本主義のダイナミックな運動は解明できなかった。だからこそ、マルクスにとって方法的「大転換」が不可避だったのだ。

ここでグルンドリッセに立ち入ることはできないが、この時点ではマルクスも「貨幣」、そして「貨幣の資本への転化」で歴史的な世界市場を念頭に、貨幣から資本の流通形式を導き出すのに苦心していた。（例えば、W-G-W-G-Wの形式などからG-W-Gの形式を導くなど）歴史的・論理的展開の試みといえるし、こうしたグルンドリッセの歴史的・論理的な展開が、世界市場の発展の内面化という世界資本主義論に通底した方法的見地ではないかと思われる。その点で、グルンドリッセをテキストにして、宇野・岩田論争が巻き起こり、純粋資本主義vs世界資本主義の理論的対立となったのは、ある意味で皮肉だろう。論争でも、宇野の側は、すでに戦前からの自らの研究を踏まえ、戦後『経済原論』、『経済政策論』の出版によって、三段階論の方法は確立をみていた。したがって、グルンドリッセに対しては、純粋資本主義の『資本論』が形成される途上の単なる過渡的な「星雲状態」と捉えていた。岩田の世界資本主義論が、グルンドリッセに乗りながら、世界市場の歴史的・論理的な移行論を主張したのに対し、あくまでも純粋資本主義の「貨幣」の機能論、そして「貨幣の資本への転化」の論理に徹しようと対応したのが、宇野の立場だったことを思い出す。

岩田は、蓄蔵貨幣を前提にして、とくに貨幣の「支払手段」の機能については、信用を持ち込んでいる。単なる貨幣の機能ではなく、ここで貸付・利子の関係を想定することになってしまう。だからまた、世界市場における貨幣から、前期的な商人資本・金貸資本への移行論も説かれることになる。まさに、世界資本主義の歴史的移行のロジックに他ならない。一方宇野は、純粋資本主義の立場から、貨幣論は支払手段についても、商品の流通・授受から独立した貨幣の単なる支払い機能を解くだけにとどめている。さらにまた、世界資本主義論の歴史的移行のロジックからすれば、前期的な商人・金貸資本から産業資本、金融資本への移行が問題になる。従って、岩田が支払い手段の貨幣に信用、金融の機能を想定することは、さらに①前期的な商人・金貸し資本、②近代的な産業資本、③商業信用から銀行信用、そして利子論を踏まえた資本の商品化＝株式資本による金融資本への歴史的移行まで念頭においてのことだろう。

たしかに岩田の言うとおり、商業信用の場合、「商品の売り手が買い手に貸し付け

るという、売り手の信用」になる。手形が流通して再生産の拡大をみるし、手形の決済手段として支払手段の貨幣が機能する。しかし、こうした信用取引の前提には、『資本論』第二巻「資本の流通過程」を通しての遊休資金の形成があり、その資金形成に基づいて銀行信用も形成され拡大する。こうした信用取引の拡大、そして資本の再生産過程の拡大によって、資本蓄積に基づく経済成長も実現する。だから、支払手段としての貨幣の機能を超えた信用の仕組みは、資本の流通過程や蓄積・再生産過程の展開を前提にせざるをえないし、したがって信用・利子論として論じなければならないとしたのが、宇野の純粋資本主義の立場だったと思う。

　なお、念のため、信用取引の拡大は、投機的取引を助長してバブル経済の基礎になる。つまり『資本論』第三巻、個別資本の競争から資本過剰による利潤率の低下に対して、利子率の上昇による貨幣・金融恐慌によって資本過剰にストップがかかる。この金融恐慌を梃子として、資本の価値破壊が進み、次の資本蓄積・成長が準備される。言うまでもなく宇野『恐慌論』の大筋だが、要するに商業信用から再生産過程での資金形成による銀行信用の拡大、その投機的拡大が重要であり、そうした再生産過程の資金形成を無視した投機的バブルが慢性化すれば、実体経済の成長戦略には一向に結びつかない点で、今日のアベノミクスの「異次元緩和」のバブル拡大をもたらすだけに終わる。

　もう一点、岩田は世界資本主義の歴史的移行を念頭に、宇野の利子論による原理の完結の方法を批判し、株式資本による「資本の商品化」としての「擬制資本」を強調している。株式資本による金融資本の歴史的発展を展開しようとしているし、それが世界市場のグローバル化を背景に、実体経済から遊離して金融機能が異次元緩和などでバブル化する現状とも結びつくのだろう。しかし、宇野の場合は、利子論で原理論を完結させ、株式資本による金融資本の発展は、段階論の課題とした。それは株式資本が具体化する株式会社では、純粋資本主義の内部においては、単なる利子の取得だけで満足する「金利生活者」「資産保有者」を想定できないからであり、したがって株式会社は金融資本の蓄積様式に特有な産業組織として論ずることにならざるをえないのだ。

　但し宇野の場合も、利子論に付属させて、『経済原論』(岩波全書版)では「第三節　それ自身に利子を生むものとしての資本」を論じ、「一般に資本主義社会においては一定の定期的収入は、一定額の資本から生ずる利子とせられることになるのであって、貨幣市場の利子率を基準にして、かかる所得は利子による資本還元を受けた、いわゆる擬制資本の利子とみなされることになる」として、地代―土地所有、配当―株式資本、利子―有価証券を列挙している。その上で、土地、株式、証券の売買は「原理論で解

明しえないより具体的な諸関係を前提とし、展開する」として、長い注を付している。いずれにせよ、宇野の説明も曖昧であり、さらに立ち入った検討が必要であろう。

　要するに、純粋資本主義の原理論を否定した世界資本主義論は、ここで『批判』のグルンドリッセの世界市場の「流通浸透視角」からの歴史と論理の再統一を図ることになるだけなのではないのか？　というよりも、歴史と論理の統一のドグマへの回帰のために、宇野の原理論と段階論、さらに現状分析の三段階を否定したのであり、したがってまた段階論のロジックは存在しないことになってしまう。たんなる世界市場の「内面化」のロジックと歴史的変化の「外面化」の二面に過ぎず、宇野の段階論に特有な経済政策の前提になる資本主義の産業構造の段階的変化、資本蓄積の産業組織的転換、さらに「労使関係」の歴史的展開などは、視野に納まらなくなるのではないか？　次に段階論の検討に移ろう。

3）段階論と移行論の違い

　宇野の段階論は、一方で『資本論』研究による純粋資本主義の原理論に対するとともに、他方では戦前・東北大学での講座担当が「経済政策論」だった事情で、「経済政策論」として体系化された。しかし、たんなる経済政策としてならば、先進国vs後進国の政策的移行など、必ずしも資本主義の発展段階論にはならないだろう。資本主義の発展段階論の視点は、宇野が述懐している通り、マルクス『資本論』とレーニン『帝国主義論』との方法を整理することから提起されたものに他ならない。『帝国主義論』は、その方法論の難点は別にして、少なくとも資本主義の歴史的発展段階の視点、つまり産業構造の重化学工業化への段階的発展を踏まえた政策論だった。

　段階論については、残念ながら座談会で立ち入った議論が行われなかったので、ここで論点を付け加えたいと思うが、宇野の段階論は経済政策の単なる歴史的「移行論」ではない。重商主義、自由主義、そして帝国主義の3つの段階にはなっているが、それは政策の段階的特徴づけではあっても、移行論ではない。政策の歴史的移行となれば、例えば先進国イギリスの自由主義政策に対し、後進国ドイツの保護主義の政策対立となり、それがさらに帝国主義の対立へと発展した。このような政策の歴史的移行からすると、イギリス対ドイツというように、一国資本主義の対立となり、さらに先進国イギリスについては、その時間的・空間的な延長線上に純粋資本主義のモデルが観念的に想定されてしまう。こうした一国資本主義の純粋資本主義モデルを、おそらく岩田氏は批判したかったのであろう。

　戦前、宇野の経済政策論の形成過程では、ドイツの保護関税をめぐる論争など、英

独の関税政策の具体的分析があった。しかし、段階論としての経済政策は、レーニン『帝国主義論』を踏まえ、世界史的発展を主導する資本主義の支配的資本の政策要求の歴史的変化である。初期の前期的商人・金貸資本、確立期の産業資本、そして後期の金融資本であり、これらの支配的資本の蓄積・再生産を代表する政策体系に他ならない。しかも、支配的資本の蓄積・再生産については、それぞれ支配的な基幹産業があり、その産業構造 (industrial structure) の上に、特有な産業組織 (industrial organization) が形成されていた。宇野・段階論としては、①地場羊毛の毛織物工業とマニュファクチュア組織に基づく前期的商人・金貸資本　②輸入綿花の綿糸・綿織物工業と機械制大工業による産業資本、そして③石炭石油・電気エネルギーによる重化学工業と金融資本の産業組織である。

　ただし宇野・段階論の場合、前期的商人・金貸資本、産業資本、そして株式資本による金融資本の3形式が、原理論における流通(形態)論、生産(過程)論、そして分配(関係)論の理論的展開に反映され、照応するかのように説明されたこともあるかと思う。歴史と論理の統一であり、岩田・世界資本主義論の歴史的移行にも通底する説明だろう。しかし、たんなる資本の運動形式だけならば、商人・金貸資本、産業資本、株式資本は、現代を含めて各段階にも共通して認められる形式であり、純粋資本主義の抽象の意義を曖昧にするだけだろう。歴史的移行と論理的移行の混同は許されない。

　段階論は、論理的移行ではないし、その歴史的反映でもない。むしろ産業構造の歴史的転換、産業組織の段階的変化、さらに労使関係 (industrial relations) の展開を内容とした支配的資本の歴史的変化である。だからこそ宇野は、段階論の方法については、原理論とは異なり、「典型論」とか「類型論」とかの方法を主張したのであろう。その点で、岩田・世界資本主義論の「外面化」による歴史的移行論とは、方法的共通性は全くない。歴史的移行となれば、階級対立を踏まえた上記の労使関係を前提にした運動論、運動の主体形成が説かれねばならない。段階論に対する現状分析の課題だろう。

　ただ、宇野・段階論の金融資本については、独と英・仏の類型化が中心で、何故かアメリカ金融資本の取り扱いはトラスト運動に偏っている。第一次大戦前の時期を取り上げようとした事情やアメリカの特殊性への配慮かも知れないが、第一次大戦から第二次大戦へ、さらに冷戦時代を射程に置けば、アメリカ金融資本の産業構造、とくに電気、自動車などの耐久消費財産業、テーラー・システムなどの産業組織、消費者金融や労使関係などを、もっと重視すべきではなかったか？　類型化も、独と英に加えて、むしろアメリカが対抗軸のひとつに加わってこそ、帝国主義段階の金融資本の諸相もより明確になるのではないか？

現状分析は各国分析、そしてその集合体としての「世界経済論」になるだろうが、純粋資本主義の原理論を踏まえ、現状分析を進めるための一種の作業仮説として、段階論が必要になるのではないか？　しかし、各段階の主導国の支配的資本の段階論は、例えばドイツの金融資本とドイツ経済の現状分析が分かち難く絡み合っている以上、両者の区別は難しい。宇野・段階論の難点でもあるが、しかし日本資本主義の現状分析としては、段階論を類型論ないし典型論として、方法的に前提せざるを得ないと思う。現状分析を、原理論を踏まえて行う以上、段階論が必要だし、それ無しには単純な模写論となり、実証史学の成果を超えられないだろう。

4) 国家論の方法をめぐって

段階論としては、国家論の位置づけが極めて大きな論点である。世界資本主義論も、そう簡単に国家権力を市場の価格関係で内面化できるわけではない。岩田も、国家の内面化に関して「内面化という言い方は、言葉がきつかったので、価格関係に還元する」と言い替えていたが、この言い替えはかえって不味い。なぜなら、租税国家としての近代国民国家は、言うまでもなく個人にせよ、法人にせよ、納税と行政からの物的・サービス給付で国家と関連する。租税納付は義務であり、行政の物・サービスは給付で、市場の価格関係・取引関係ではない。A・スミスは貨幣で納税して、サービスを国から買う関係にしたが、これこそ市場とともに近代国家の絶対視のイデオロギーだ。D・リカードは、国際価値論と租税財政論を編別上括りだして『経済学と課税の原理』を書いた。

マルクスも、『批判』までは、プランで商品・貨幣から直線的に上向し、国家、外国貿易にまで到達する単純な「上向法」だった。しかし『資本論』では、純粋資本主義を抽象した。純粋資本主義の自律的運動法則からは、内部的に国家は出てこない。出てこない点にこそ運動の自律性もある。とくに宇野・原理論では、国家の権力機能が皆無としなければ、純粋資本主義の抽象の意味も無くなる。唯、『資本論』にも、鋳貨とか、労働日をめぐり、国家の役割が出てくる。これらを論拠に、財政学や労働経済の関係者が原理的に国家を論ずるが、しかし歴史的な事実の説明だけで、理論的には国家権力の積極的役割とは言えない。たんなる社会的裏付けだけの形式的役割に過ぎない。

問題は、資本の原始的蓄積、そこでの労働力商品の創出である。ここでは国家権力が、「助産婦」の役割となり、権力的に「二重の意味で自由な労働力」を商品化した。商品・貨幣・資本の流通過程の発展のロジックだけからは、労働力は商品化できない。自力では労働力商品を「出産」できないからこそ、国家権力の助産婦の役割が必要だ

ったのだ。純粋資本主義の自律的運動の論理だけでは展開できず、そこで『資本論』では、資本の蓄積過程の理論的説明のいわば「付論」「補論」として、「所有法則の転変」などとともに、第1巻第7編第24章「いわゆる本源的蓄積」を置き、さらにマルクスが生前に手を入れた仏語版では、第24章以下を第8編に独立させ節を章に格上げした。つまり、純粋資本主義の法則展開の外部に、国家とその権力による本源的蓄積を位置づけることによって、『批判』までの曖昧な位置づけを処理したのだ。

ただ、このように方法上処置された近代国民国家は、いわゆる「法治国家」として資本主義の発展の枠組みを維持する役割を果たすことになった。上記「二重の意味で自由な労働力」の商品化、それを裏付ける土地の私有財産と商品化、そして土地資産への地租を中心とした「租税国家」の役割である。その上で農業の資本主義化を含む農村工業（イギリスでは羊毛・毛織物工業）のマニュファクチャ経営と、それを支配する前期的商人・金貸資本の利益を代表する重商主義政策が推進された。続いて第一次産業革命で産業構造の段階的変化がやってきて木綿工業が基幹化する。機械制大工業が組織され、近代国民国家の政策は「政策なき政策」の自由主義に転換する。

ここで、機械制大工業が組織者となり「資本はいわば権力者化する」（宇野『経済原論』）資本主義は自律的な景気循環により自己組織化され、純粋資本主義が抽象されることになる。周期的恐慌は、初期マルクス・エンゲルスの「恐慌・革命テーゼ」としてではなく、資本の過剰蓄積にたいして、金融貨幣恐慌により資本価値を破壊し整理して、さらなる成長のステップを準備する。だから、周期的恐慌を含む景気循環の自律性こそ、純粋資本主義の自己組織化であり、資本主義が歴史的に世界史の発展段階に位置づけられることになる。原理論は、組織化からみれば、まさに資本主義の市場原理による自己組織化にほかならない。

つぎに、第二次産業革命と呼ばれる重化学工業化は、金融資本を支配的な資本として、高度な組織化を図る。いわゆる組織的独占であり、国家もその利害を代表して帝国主義の政策を展開する。国家は、ここで官僚国家として積極的役割を演ずる。自由主義の「小さな政府」から積極的な「大きな政府」へ、たんなる「法治国家」から「行政国家」へ、「租税国家」から「国債国家」へ、このように近代国民国家も、支配的資本の産業組織の段階的変化と共に変化する。純粋資本主義の周期的恐慌による景気循環の自己組織化、それを前提とする支配的資本の組織化をバックアップする近代国家の役割である。

宇野理論の段階論は、国家論からみると、たんなる経済政策の段階的変化にとどまらず、資本の体制的組織化の段階的変化であり、原理論もまた上記のごとく、自律的

な景気循環の自己組織化の原理である。原理論の上に、段階論の近代国民国家による体制組織化の歴史的変化が展開される。しかし、20世紀を迎え、世界史の発展は、「戦争と革命」の世紀に変わり、2度の世界大戦と長期の冷戦時代が到来した。「国家資本主義」とか「国家社会主義」とか呼ばれて、近代国民国家と資本主義の体制組織との関係が、改めて問われることになった。

宇野は、第二次大戦の敗戦から戦後体制の再出発の時点で「資本主義の組織化と民主主義」(『世界』1946年5月号) など、その年に4つもの時論を矢継ぎ早に寄稿した。その一部を引用すると、

> 「資本主義は、その存続のため、恐慌と失業を克服する途を発見しなければならなかった。
>
> ナチス・ドイツはこの課題を、周知のごとくその独特の方法によって解決しようとして失敗した。――資本主義の組織化が今後いかなる形態で行われるにせよ、それがいかなる基礎において、いかなる条件の下に行われ得るかを明らかにしなければ、ナチス・ドイツの失敗を批判することも出来ないであろう。
>
> 今次大戦後の世界資本主義は、いうまでもなくこれをナチス・ドイツと反対に民主主義的に解決しようとしている。――資本主義は、民主主義的に組織化されない限り、真に組織化されるものではないのである。」

含蓄に富んだ問題提起だが、大戦を経て、つまりナチスや日本軍国主義の敗戦を経て、近代国民国家が資本主義を超えて、体制の組織化を図るとすれば、民主主義的な組織化しかない。経済的自由主義、政治的民主主義の価値観による体制の組織統合だが、ソ連崩壊を経たポスト冷戦の今日、民主主義による組織統合が根底から揺らいでいる現実をどう見るか？　政党政治の政権交代の時代は終わり、EUなどの地域統合は、ソブリン危機やスコットランド独立など地域独立の国民投票が続出し、中東の部族国家イスラム国の登場、各地の民族的宗教紛争など、自由と民主主義の価値観による体制の組織化の限界を暴露している。現代資本主義の民主主義の危機だが、段階論を超えて現状分析の手法の検討に移ろう。

5) ソ連型社会主義の崩壊と「現状分析」の方法

宇野の三段階論では、原理論と段階論、それらを前提とした各国の現状分析、その集合体としての世界経済論が、第3の現状分析の領域に他ならない。世界資本主義論のように、世界市場の変化を主導する支配的資本の発展ではない。しかし、宇野・現状分析も世界経済論では、それぞれの発展段階での主要な中心国の位置づけが明らかに

なるから、結果的には世界資本主義論の外的発展と大きな差異が生ずるとは思えない。

　むしろ宇野・現状分析の問題点は、第一次世界大戦とその結果としてのロシア革命によるソ連邦の成立で、世界史的発展が資本主義から社会主義へ転換、その結果として方法論を現状分析にしたことにある。段階論は第一次大戦までで終わり、それ以降世界史は、ソ連社会主義のリーダーシップにより発展するという、コミンテルン以来のマルクス・レーニン主義に共通の歴史認識である。しかし、そのドグマが、1991年のソ連崩壊で呆気なく破綻した。現状分析の取り扱いを中心に、宇野・三段階の方法も再検討を迫られるのは当然だろう。

　ただ、宇野もコミンテルンのドグマを、ただ信じ込んだわけではない。別の機会に検討したが、一連の「『資本論』と社会主義」の論稿で、初期マルクスとともにエンゲルス、レーニン、そしていち早くスターリン論文を批判した宇野である以上、ソ連評価も極めて慎重だった。宇野は、エンゲルス以来の唯物史観のドグマを批判し、レーニンの『帝国主義論』も、段階的特徴の例証とその評価は別にして、その方法を厳しく批判する。「根本は、原理論と段階論との方法上の違いにあるといってよいでしょう」と繰り返し批判していたのだ。

　にもかかわらずレーニン『帝国主義論』を、段階論として評価しようとする。その理由は、「レーニンのロシア革命を容認したことにある」（拙著『土着社会主義の水脈を求めて──労農派と宇野弘蔵──』第十章）と考える以外ないだろう。具体的には、フルシチョフのスターリン批判やハンガリー問題の後、1971年（昭46）になって『経済政策論』の改訂版を出し、その「補記」において、こう述べた。「その後の資本主義の諸国の発展は顕著なるものを見せながら、それはこれらの社会主義の建設を阻止しうるものではなかったようであり、しかもその発展に新たなる段階を画するものがあるとはいえないのである」と述べ、段階論は第一次大戦までで終わり、それ以降については、それを現状分析の世界経済論とした。ただ、この時点で岩田を含めてわれわれもまた、反スターリンの立場は明確でも、宇野に対してソ連体制の崩壊を、明確に提起していなかったことを反省する。

　ただしハンガリー問題、チェコ事件、さらには中ソ論争など、東のソ連圏などに生じた体制破綻の予兆について、すでに話題にはしていたものの、あからさまに宇野批判はしなかった。それに、宇野が72年（昭47）に病に倒れて以降、とくに宇野の発言もないまま、77年には他界してしまった。もし宇野が、そして友人だった向坂逸郎が生きていたら、91年のソ連崩壊について、二人はそれぞれどう見るだろうか？しかし、ここではそうした不毛な議論は意味がない。ただ、1917年（大6）のロシア革

命の直後、ドイツに留学した二人の世代的イデオロギーの時代認識の限界だった、と言うほかないだろう。そして、ソ連崩壊によって、宇野の三段階論の一角は崩れ落ちた。初期マルクス・エンゲルスの唯物史観を厳しく批判し、レーニンからスターリンへ批判の矢を放ち続けた宇野の三段階論、とくに段階論については、一定の修正が必要になるだろう。例えば、段階論に関しては、上記の通り第一次大戦までと限定した論拠に、ソ連体制が前提されていた以上、ソ連崩解は金融資本と帝国主義政策の持続を前提し、その上でアメリカの金融資本とドルを基軸とする国際通貨・金融体制を典型とする補強が不可欠だと思う。同時にまた、世界経済論としての現状分析は、第二次大戦と日独伊三枢軸国の敗戦と連合国およびソ連型社会主義の勝利、戦後の冷戦構造に対する分析が必要だし、ソ連型社会主義を相対化し、「国家社会主義」として位置付ける必要があると思われる。世界大戦の「熱戦」、そして半世紀に及ぶ「冷戦」と呼ばれる「戦後体制」の長期に亘る持続の中で、クーデターまがいの権力奪取によるプロレタリア独裁、中央集権的な指令型計画経済、さらに原爆と原発の抱き合わせの原子力・核開発競争、さらに加えて中ソ論争を踏まえた中国型社会主義の新たな地位についても、改めて解明し直す必要があると思う。

　我々もまた、こうしたソ連崩壊による新たな論点を掘り下げる討論を期待し予定していた。しかし、岩田氏も他界して宇野のもとに去ってしまった。残された記録では、「社会主義というのは、マルクスもそうですが、私的所有の廃棄とそれを基礎とする計画経済でしょう。曲がりなりにも、ソ連はそれをやっているのです。しかもソ連がやったやり方以外は、あり得ない訳ですよ。基本的には、社会主義は実現した、ということでしょう。そして、尚且つ、さらに提起する問題を考える余裕は、宇野さんにはなかったでしょうね。」この発言内容が繰り返され、確認されただけに終わってしまった。この発言内容は、唯物史観のドグマである所有法則の転変、いわゆる「否定の否定」に対しての批判であり、資本主義が社会的生産の発展に対し、私的・個人的所有の基本的矛盾を内包しているのに対し、社会主義では社会的生産の拡大発展に対し、所有法則は私的・個人的所有を止揚して、国有や公有、集団所有などの社会的所有に変革される。そして、商品経済の無政府制の止揚で計画経済となる、まさにマルクス・レーニン主義のドグマに対する批判に他ならない。

　しかし、レーニンの段階論はともかく、初期マルクス・エンゲルスの唯物史観のドグマ、とくに「否定の否定」の所有法則の転変についてならば、岩田氏より以上に、むしろ宇野自身が再三再四繰り返し批判していた。とくに資本主義の基本矛盾を、「社会的生産と私的所有」の矛盾ではなく、「労働力商品の特殊性」に求めていたし、それ

により純粋資本主義の原理論も構築していたのだ。むしろ問題があるとすれば、労働力商品化の止揚を、レーニンのプロレタリア独裁に期待し、計画の主体形成をレーニンの外部注入論である前衛党の役割とする、宇野のソ連論にあったし、ビジョンとしての社会主義論の不備などにあったと思われる。だから岩田氏に聞き質したいのは、世界資本主義の発展が、内在的に「ロシアにおける資本主義の発展」を生み、その世界資本主義が、なぜにソ連型社会主義を外面化し、それが崩壊したのか？　そこを聞きたかったのだが、最後にもう一点だけ、論点提起したい。

6) 宇野理論とコミュニタリアニズム（共同体社会主義）

　われわれの話し合いで、もっとも盛り上がり、かつ意気が投合したのは、コミュニティ・共同体をめぐる議論だった。さながら岩田ゼミの再開でもあったが、それもまたソ連崩壊によってマルクス・レーニン主義のドグマが否定され、代わるべき社会主義のビジョンが求められているからだろう。晩期マルクスの古代社会やロシア共同体への関心、生前マルクスと接点のあったE・B・バックス、そしてW・モリスとの共著『社会主義』（大内・川端康雄監訳『社会主義――その成長と帰結――』2014年晶文社刊）、さらに西欧の古典的共同体社会主義、サンデルなど現代のコミュニタリアニストとの関連など、幅広く話題にできたことは有益だった。まだまだ話は尽きなかったのだが、われわれが社会主義を捨てられない限り、赴くところは共同体社会主義だったのだろう。その共同体へのアプローチをめぐって、岩田・世界資本主義論と宇野・純粋資本主義論との差異はどうなるのか？　残された大きな論点だと思う。

　ここで推測を交えることを許して欲しいが、岩田・世界資本主義論はマルクス、そして宇野が強調していた、市場・商品経済がもともと共同体の生産の内部からではなく、共同体と共同体の間から、その商品交換の拡大から発生した事実に着目している。したがって、市場・商品経済の拡大から世界市場が発展し、この基軸となる世界資本主義の歴史的展開を追跡することになる。こうした流通浸透視角からすれば、世界資本主義の外部に共同体経済が存在し、市場経済は絶えず共同体経済に外的圧力をかける。その世界資本主義の圧力で共同体は崩壊し、世界資本主義の内部に包摂される。内面化に対する外面化のロジックである。この外面化のロジックからすると、世界資本主義論の共同体経済は、あくまでも前近代的な共同体の残存であり、それを世界資本主義が完全に内部化できないところに、世界資本主義の矛盾も存在することになろう。そして、そうした外部の共同体による社会主義だとすれば、それは一種の「周辺革命論」になるのではないか？

しかし、世界資本主義の外的拡大に限界があるにしても、外部の共同体の存在が、そのまま社会主義といえるのかどうか？　その外部の共同体社会主義が、どのように世界資本主義の内部に作用し、世界史的な世界資本主義の体制変革に繋がるのか？　体制変革の主体となるものは何か、どのような組織と運動が変革の主体になるのか？　さらに、外部に存在する共同体であれば、それを新たな共同体社会主義のビジョンに設定できるのか否か？　さまざまな疑問が尽きないと思う。すでにR・オーエンのニュー・ラナークの実験を始め、共同体社会主義に類する実験が、従来さまざまに行われ、さまざまな失敗や成功が繰り返され重ねられてきているだけに、岩田・世界資本主義論からのビジョンと展望に詳細な検討が必要なのだ。

　他方、純粋資本主義論の立場からは、どうなるのか？　宇野は戦後、三段階論を構築、それを精緻に纏め上げる作業を続けた。とくに純粋資本主義の原理論の精緻化に努力は集中されたが、その場合も『資本論』との関係が問われ続けた。しかも、宇野による「『資本論』と社会主義」をめぐっての一連の論稿に見られるように、その作業は社会主義の科学的論拠付けを目指していたことが看過されてはならない。もともと宇野の『資本論』研究の出発も、たんに『資本論』の理論的研究ではなく、社会主義を根拠付けるための研究だったことは、宇野が繰り返し述懐していた。商品経済の歴史形態的特徴を明らかにする「価値形態論」研究、資本主義の基本矛盾の解明のための「労働力の商品化」論、さらに相対的過剰人口の法則解明の恐慌論研究も、資本主義の運動法則の背後に人間と自然との物質代謝が充足されている「経済原則」を明らかにするものだった。それにもとづく「『資本論』と社会主義」の解明だったのだ。

　宇野は、純粋資本主義の法則解明で、恐慌論と崩壊論のイデオロギー的癒着を切り離した。段階論を歴史的移行から典型論として展開し、さらに現状分析により体制変革の主体形成と組織的運動の役割を根拠づけた。その体制変革の主体的運動の目指すビジョンは、人間と自然の物質代謝の経済原則の目的意識的実現であり、近代社会の資本主義的経済法則の超克だった。主な柱を整理すれば、①人間労働は、近代の商品化された「賃労働」から、類的存在としての「協同労働」へ、②自然環境は、地域に賦存する自然再生エネルギーによる循環型利用、③必要労働による人間の生存と世代間再生産を保障し、④生産財と消費財の資源の適正配分による地産地消の地域循環、⑤剰余労働に基づく地域公共財の確保と福祉・文化・芸術の向上、この経済原則の主体的かつ組織的な実現はまた、上記のモリスなど、西欧の伝統的共同体社会主義の理念でもあり、ヴィジョンでもあった。

　宇野の『資本論』を基礎とした純粋資本主義からの共同体社会主義のビジョンは、

その経済原則である自然と人間の物質代謝から、いわば内部的に提起されたアプローチといえる。それとは逆に、上記の岩田・世界資本主義論のアプローチは、市場・商品経済の世界資本主義の内部ではなく、その外部にある共同体に依拠した共同体社会主義ではないか？　両者は、同じ共同体社会主義でも、まさに対照的であり、十分な討論が必要だった。宇野による戦後の原理論の構築と『資本論』研究が、最終的に『資本論』と社会主義に集約され、その結果として経済原則に基づく内部からの共同体資本主義のビジョンだとすれば、その内在的批判から代替的ビジョンも提起されなければならないであろう。

　確かに宇野は、世代的制約などから、レーニンの段階論について、イデオロギー的に評価し、またソ連擁護のイデオロギーにも囚われた。とはいえ宇野は、初期マルクス・エンゲルスの唯物史観を厳しく批判していた。マルクス・レーニン主義の唯物史観のドグマを、宇野ほど早くから、かつ厳しく批判した者はいない。唯物史観は、たんなるイデオロギー的仮説であり、資本主義を歴史的なものと把握するために必要な作業仮説に過ぎない。しかし、それが理論的に論証されず、また歴史的に実証されず、単なるイデオロギーとして一方的に主張されれば、それはドグマになり現実にはソ連崩壊に繋がった。しかし、宇野はマルクス・レーニン主義のドグマを批判し、その上で『資本論』を科学的に論証し、経済政策論など段階論、そして多くの現状分析を手がけてきた。たんなるイデオロギー的作業仮説から一方的に主張されていた唯物史観の「社会主義的科学」は、宇野の「『資本論』と社会主義」によるレーニン、スターリンの批判を通じて、はじめて「科学的社会主義」として共同体社会主義の内実が経済原則として基礎づけられた功績を、今高く評価しなければならない。

【講演】
岩田弘の世界資本主義論とその内面化論としての経済理論

(2012.11.24. 現代史研究会　於専修大学)

櫻井　毅

　ただいまご紹介いただきました櫻井です。今日はマルクス経済学の中でも、岩田弘さんのマルクス経済学の考え方について、若干の検討を行っていきたいと思います。岩田弘さんは先日突然にお亡くなりになられたわけで、現代史研究会では、その追悼

というか、あるいはその回想という形で、今日、岩田さんの理論を巡ってお話するということになりまして、私と五味久壽さんがその役目を任されました。私もかなりの年で、最近の岩田さんのお考えも十分フォローしているわけではなくて、十分ご期待に添えるお話ができるかどうか分かりませんが、とにかくできるだけ努めさせていきたいと思います。

別の機会に何度か書いたり、しゃべったりしたのですでにご承知かと思いますが、岩田さんと私とは大学院時代、ほぼ6、7年間、ほとんど同時に宇野先生の下で、また宇野先生が定年で退官されたあとも鈴木鴻一郎先生の下で、大学院で研究生活を送りました。岩田さんは私より2つ、3つ年は上なのですが、学年としては1年の違いで、ほとんど同時に学んだ仲であります。

そしてその中で、岩田さんは自らの世界資本主義論という理論をつくり上げていった。ですから、そのつくり上げていった過程は、ほぼ私と一緒に勉強していた時代だろうと思います。ですから、どうしてもそういう時代の記憶や、初期の岩田さんの考え方が中心になるというのは、私の記憶の中にそちらのほうが強いものですから、そういうことに傾きがちになるかもしれません。最近の、特にここ十数年ぐらいの岩田さんの考え方の変化については、あとで五味さんが詳しくお話になると思いますので、私はそういうことはあまり触れることはないだろうと思います。

岩田さんとそういうわけで私は若い時期を、20代後半にかけて大学院時代を過ごしました。そして岩田さんも私も5年間以上、大学院に在籍して、私は就職口がなくて1年留年して、岩田さんは2年留年されたと思いますが、同時に就職をしました。そのあとは大学紛争の時代でもあり、またお互いの大学の仕事で追われていて、あまり交渉はなかったのですが、最近この十数年ぐらい前から、私も大学を辞め、岩田さんも大学を辞められたということもありまして若干の時間の余裕ができ、それで再び交渉が戻って参りました。ただ昔のように毎日のように会うというわけではありませんので、たまに私の研究会なんかにも来ていただいたり、まれには流山の彼のマンションを訪ねたり、あるいはメールや電話で話したりという程度でそれほど詳しく接触したわけではありませんが、昔の岩田さんとの付き合いが、また再び戻ってきたわけです。

そういった状況の中で、先日、岩田さんが突然亡くなられて、私は大変なショックを受けました。岩田さんとは、いろいろと考え方は違うのですが、教えられることは非常にたくさんありました。彼に意見を聞くといつも何かいいヒントを得られるように思っていました。そういう意味で貴重な相談相手だったのです。彼のようなすばら

しい先輩を持ったことは、私にとって非常に有益で有難いことだと思って、岩田さんには今でも非常に敬意を抱いているわけであります。

　それで最初に岩田さんのことを話すために、世俗的な話になるかもしれませんが、一つお話しておかなければならないことがあるかと思うのです。それはどういうことかと言いますと、最初は岩田さんの考え方が岩田理論として出てこなかったということです。それが鈴木理論として登場してきたということが、やはりなんらかの弱みを岩田さんの理論に与えているのではないか、ということなのです。

　岩田さんは昭和29年に東大の大学院に入られた。私は翌年の30年に入ったので1年後輩で、そのときは宇野先生の演習で指導していただいておりました。宇野先生はそのあと、3年後に定年の60歳で東大をお辞めになり法政大学に移られます。私はドクター1年、岩田さんはドクター2年の終わったときです。それまで岩田さんの場合は、すでに何かにも書いてお話をしたことがあるのであるいはご存知かと思いますが、大学院に入られる前にかなりの経歴があるのです。終戦のときは中学5年生だったのかな？　そして終戦後、名古屋の経済専門学校という官立の専門学校にお入りになりまして、そこで3年間過ごしたあと、旧制の名古屋大学に入られて卒業した。その旧制の経済専門学校、後に新制の名古屋大学の経済学部に吸収されるわけですが、その経済専門学校に在学中、宇野さんが名古屋大学に経済原論の講義に非常勤で来られたことがあった。そのときに、岩田さんは初めて宇野さんに会ったと、岩田さん自身の話で聞いております。岩田さんはそのとき、日本共産党の非常に積極的な学生活動家として自分の仲間を引き連れて、宇野さんの講義に出て行って「ひとつ冷やかしてやろう」と、そういう意気込みで行ったと語っておりました。

　ところが宇野さんの講義を聞いていると、それがなかなか面白くて、しかも質問すると非常にまともにきちんと答えてくれる。こんな先生は今までいなかった、ということで、宇野さんに敬意を持ったのかもしれません。そういうことが何度かあって、宇野さんが「じゃあどこか喫茶店を紹介してくれれば、そこで議論を続けよう」ということで、喫茶店に行って、また宇野さんと議論をした。そういうことを岩田さんは言っておりました。

　その後、例の大須騒擾事件に加わりまして逮捕、起訴され、被告人に岩田さんがなりまして、拘置所に半年ぐらい入っていたのでしょうか。その時に『剰余価値学説史』を何度も徹底的に読んだという話をご本人から聞いています。私は詳しいことは知りませんが、そのときは旧制の名古屋大学の1年生ぐらいだったと思うのですが、それ

で3年で卒業できたのかどうか詳しいことは分かりませんけれども、とにかく卒業して東京に出てきた。そして、東大の新制の大学院に入った。そのときに、宇野さんと再会したということなのです。入学試験の面接で再会したのでしょうか。

私は宇野さんがその頃、『経済評論』の座談会の中で、名古屋にもなかなか勉強している学生がいるという話を、岩田さんの名前は挙げていませんが、語っていたのを記憶しています。そういうことで「東京へ来ないか？」と宇野さんが誘ったのかな、という気もしていたのですが、岩田さんに確かめたら「そんなことは全然ない。その後、名古屋以外で初めて宇野さんに会ったので、ほかに行くところがないから、宇野ゼミを選んだだけだ」と、本当のことは分かりませんが、そういうことを言っておられました。

そのときに岩田さんはすでにもう若手の学者と言っていいぐらいの蓄積と能力があったのだと思います。私が1年あとに入ったころは、もうとてもおよびもつかない、3年も5年も違うという感じが正直なところしました。降旗節雄さんという人が岩田さんと同級で上にいて、彼もなかなかの秀才で岩田さんより説明能力はずっとありましたから、私はいつも分からなくていろいろなことを教えてもらいましたが、博識で頼りがいのある少壮の研究者だな、という当時の印象は今でも強く残っています。同輩の大内秀明君とか阪口正雄君などもすごかったし多士済々でした。

そういうわけでありますが、やはり日常的に会っているので、私的に俗っぽい感覚で岩田さんの下宿に遊びに行ったり、皆でいろいろな喫茶店に行ったり、いろんな話はやっておりました。同じように今ここに出席しておられます岡本磐男さんはさらにその1年上の先輩ですが、やはり私は岡本さんからも大学院に入ってすぐからいろいろと教えていただいたことが非常に多い先輩でありました。

そういうことで、我々は宇野ゼミで一緒にやっていたのですが、ただ宇野先生が、岩田さんや降旗さんがドクター2年終わったときに定年で退職されて法政大学へ移られた。そして、そのあと宇野ゼミはほとんど全員がそのまま鈴木鴻一郎先生のゼミに引き継がれたのです。そのときにすでに鈴木先生は岩田さんの影響を理論的に非常に受けまして、かなり刺激を受けたという以上に岩田さんの考えに感化されていたのです。もちろん宇野理論を超えたいという鈴木先生ご自身のご努力があったことは言うまでもないでしょう。そういうことで経済学部の経済原論の講義は当時「経済学原理」という名称だったかと思いますが、その講義を山田盛太郎氏から引き継いだ鈴木先生がしばらく担当されていたのですが、その講義の内容がその時期に大きく変わってしまったのです。

それは、ガリ版刷りの講義録が当時、出ていますので、それを見ると分かるのですが、以前は1冊だったものが上下2冊になり、しかもその上巻の内容も突然変わったばかりでなく、下巻がそのあとなかなか出なかったことがありまして、そのときに体系的に大きな変更があったということなのです。鈴木先生の経済学原理、その講義は経済学部学生の必修科目でみんな聞いていますから、そういう中で鈴木理論は新しい経済学原理論として、東大の学生の中へ急速に浸透していくのです。
　ですが、背後で構想を共にしている岩田さん自身の名前は全然出てこなかった。当時は鈴木理論と言われていた。ただ内容を多少知っている人は、鈴木理論イコール岩田理論だとか、括弧岩田理論だとかいうようなことを言っていましたが、一般的には鈴木理論として登場してきたことは確かで、だれもそれに疑問を抱いた人はいなかったのです。しかし同時にまた、岩田理論がこういう形で表に出てきたのは鈴木教授の学問的指導力があってのものであったといえないこともないと感じるのです。自然科学の論文によくあるように共同研究の筆頭署名者が鈴木教授であったということなのでしょうか。
　岩田さんはその後独立した研究者として鈴木先生とは離れて立正大学の教授を最後まで勤めていらっしゃったわけですが、そして研究会などを通じて多くの岩田理論の継承者、理解者を育てたわけですが、でもやはり東京大学、あるいは東京大学でなくてもいいのですが、研究者になるような若い優れた大学院生をいっぱい抱えている大学の教授として、鈴木＝岩田理論の中心人物である岩田さんが直接指導に当たることができる立場にあったとするならば、岩田理論というのが、多くの弟子たちの力によってもっといろいろな形で多方面に発展できたのではないかと考えて、私は非常に惜しまれるのです。
　岩田さんの考え方はもちろん完全なものではないでしょうが、優秀な大学院生がそれぞれ考え方を受け継ぎ、欠陥を正して独自に展開していけば、もっと多くの花開く場所があったのではないか。それが岩田さんは、たまたま事情あって鈴木理論として登場して、今では岩田理論と言われていますが、当初はそう言われなかった。いわば鈴木教授の陰に隠れていた。それは鈴木理論として登場してきた。東大の「経済学原理」という講義の担当者である鈴木先生の新しい理論ですから当然に大きな影響力を持って普及はしていきました。しかし、実際にその理論を自ら構想して展開していったのは岩田さん自身ですから、仮に理論を共有できたとしても、やはり当事者でないほかの人では、その理論を教え発展させるのにも限界があったのではないかと思ってしまうのです。

そういうふうに言うと私が大いに薫陶を受けた尊敬する鈴木先生に対して失礼かもしれませんが、私はそういうふうに、当時、そこに一緒にいた人間としてそれをつくづく感じるし、岩田理論はもちろん今でもここには人がたくさん集まってくるぐらい有力な学説ではありますが、やはりもっと多方面で展開する可能性をもっていたのではないか、と思ってしまうのです。例えば、鈴木先生自身の学部からの学生はそのころ、大学院へかなり進学してきて、侘美光彦さんや伊藤誠さんなどを含む多くの方々が続々大学院に入ってこられ、鈴木理論というのを展開されてくるのですが、やはりそこには岩田理論と若干の微妙なニュアンスの違いがあり「鈴木理論と岩田理論は違う」ということを言う人もいましたし、そのころの院生さんたちはなぜか鈴木理論イコール岩田理論と言われるのを非常に嫌っていました。確かに出発点は同じでも独自に理論が展開していくのも当然かもしれません。鈴木先生の独自の見解を込めた論考も発表になりました。でも他方では、大内力先生のように宇野理論の正統派と目される人たちからは、両者を世界資本主義論として一括して厳しい批判を浴びせられていたわけで、ニュアンスの違いに留意する人はほとんどいませんでした。

　そういうこともあって、岩田理論自身の普及・展開ということでは、そういった事情が多少妨げになったのではないかということも、今、この際、お話したほうがいいかもしれないと思うのです。もちろん今では鈴木理論という名前すらも耳にしなくなったわけですが、しかし、その鈴木先生の編著書である『経済学原理論』で初めて岩田さんが自らの理論を明らかにしたときは、これは鈴木理論として出てきたのです。その『経済学原理論』の上巻には「序論」というのがありますが、それは岩田さんご自身が書いたのです。上巻の場合には、まだ岩田理論が完全に展開できていないというか、鈴木さんの下で十分に展開できなかった、と言うべきかもしれませんが、上巻のほうは序論だけが岩田理論の方法を明らかにしているものの、具体的な叙述の中ではまだ岩田理論が全面的に開花していない。鈴木先生独自のお考えと岩田さんの考えが十分練り上げられていない。中途半端になっている。しかし下巻のほうになると、岩田さん自身に言わせれば「あれは僕の言葉で書いてある」と言うくらいですから、全部岩田さんの理論だと言っていいかもしれないのです。

　ただし、上巻の「序論」は全体ができ上ってから、あとから書いたので内容はより明確になっているわけですが、岩田さんの話によると、「これは実は原稿を書いて宇野さんに読んでもらったら、宇野さんはそれを『世界』に紹介しよう」と言われた、とのこと。多分それは岩田さんの聞き間違いで、宇野さんが紹介しようと思ったのは当時編集に関係されていた『思想』の方だと思うのですが、『思想』に載せてやろう、

と宇野さんはそう思われた。ただその宇野さんに読んでもらった原稿が、現在残っている『経済学原理論』の序論と同じかどうかは定かではありません。世界資本主義論というのもそこで堂々と述べられているし、岩田理論の十分な片鱗どころではなく、独自の主張はそこに明らかなのですが、ただ、段階論という言葉も残っているし、宇野さんは許容範囲内だと見たのかもしれません。しかし、岩田さんの話によると、これは鈴木さんの本の「序論」になるわけだから別の雑誌に載せるわけにはいかないということで、せっかくだけども、ということでお断りせざるを得なかった。そのことをどういうふうに宇野先生に説明したか分かりませんが、岩田さんが「宇野さんにはお断りした」と非常に残念そうに話していた記憶が残っています。

　そういうわけで、ちょっとした歪みというか、あるいは岩田さんの文章を鈴木先生が直したという可能性も十分にありますので、簡単には断定はできないのですが、それはそれとして、そういう問題が、そのあとに引っかかってくる感じがするわけです。いずれにしても、そういう東大とか、東北大学とか、そういう研究者になるような大学院生を多く抱えているところで堂々と自説を展開し指導できれば、もっと岩田理論というのは大きな存在になったかもしれないなということを、現在ちょっと感じているということをお話ししたかったわけであります。そしてそういう思いは私だけのものではありません。同じような感想を持っておられる方もいます。もちろんそういう考えに否定的な方もいらっしゃいます。

　ところで最近の岩田さんとのことですが、岩田さんと私が、この数年の間に話をしたことというのは、一つは社会評論社から2009年に私が出しました『資本主義の農業的起源と経済学』という本のメインテーマである原始的蓄積期の解釈です。農業から資本主義が出発したのではないか。労働力の商品化のためには食料の市場向けの大量生産が前提であり、イングランドでは生産の効率化を契機として農業の資本家的生産の動きが産業革命に先行して進んでいたのではないか、というのが私の話で、確かに従来にない考えなのですが、岩田さんと話していると、岩田さんはどうもあまり積極的に納得してくれなかったという記憶があります。

　岩田さんは、もちろん農業の資本主義化というのを19世紀の、宇野先生のいわゆる純粋化傾向にかかわるものとして理解していて、「農業も資本主義化したと宇野さんは言うけど、そんなことはないよ」というのが岩田さんの従来からの口ぐせだったから、なかなかその辺のことは理解していただけなかった、という思いがあります。16、17世紀から18世紀の話を私はしているわけですから、19世紀になっても農業が

全面的に資本主義化したというのは事実でないという話にこだわる岩田さんとは、ちょっとそこのところでうまくピントが合わなかったかもしれません。

　あと一つ岩田さんと晩年にお話をしたテーマは、資本主義の生産過程の話であって、マルクスはもちろんですが、宇野さんもそうだけれども、生産過程というのは、やはり唯物史観というものがその理解の災いになっているのではないか。宇野さんのあらゆる社会に共通な経済原則と言っても、それはやはり唯物史観ではないか。岩田さんはその点どうなのか？　資本主義生産の部分性を強調する岩田さんも、生産過程論では全面性を主張されるのだから、やはり唯物史観じゃないか、というような関係でお話したと思うのですが、岩田さんはその点について、あまりはっきりしたことをおっしゃらなかったのだけど、岩田さんの研究会で私の生産過程論を扱った論文を取り上げて議論していただいたみたいなので、それは非常に私にとって有難く名誉なことでした。資本の生産過程というのは、私に言わせると、あらゆる社会に共通などころではなくて、資本主義の生産過程としてしか認識できない。ほかの社会では、まったく同じというわけにはいかない、非対称なんだと。そういうことを私が話すと「昔の大学院時代を思い出すね」と岩田さんが電話で笑っていたのが記憶に残っています。そんなことをお話ししただけで、それ以外は一般的な話が多く、あまり詳しい理論的な話はしないままに亡くなられてしまったのが残念であります。そんな話ばかりしていると本論に入りませんので、今日のお話のテーマに入りたいと思います。

　今日のお話は最初に、レジュメの目次の中で「問題の輪郭」と書いたと思いますが、岩田さんの世界資本主義論、あるいはいわゆる内面化論としての『経済学原理論』の考え方は、ご承知のように宇野先生との議論、宇野理論との対決から出てきたことは言うまでもないわけであります。宇野理論を超えたいという鈴木先生の思惑とそれを下支えする論理の構築がそこでコラボレイトされた。宇野さんの理論体系を否定し、それで宇野さんの段階論を否定し、そして経済学の純粋資本主義という宇野さんの核心的な想定を否定するという新しい考えが、そういうところから始まったのです。

　しかし、岩田さんの思考過程をたどってみると、岩田さんは宇野さんの三段階論、あるいは原理論の考え方をはじめから否定してかかっているわけではなかった。もともと岩田さんは「宇野さんの二面のうちの一面の方を自分は受け継いでいるのだ」と、少なくとも初期のころはそういうことを強く主張されていました。ゼミで宇野さんに食ってかかるときも、「これは宇野先生が言っておられることを自分はやっているだけだ」と、いつも宇野さんに説明するのだけど、宇野さんは「それはない。それは違

う」と言って拒否されるわけですが、確かにそういう面があったことは否定できないです。

　宇野さんの三段階論、原理と段階論と現状分析と経済学の対象を三つに分けるという考え方は、岩田さんに言わせると、これはもう画期的なのだと。これは宇野さんが登場する以前と以後では、もう世界が違う。世界のマルクス経済学、日本の経済学、マル経もそうですが、宇野さんの登場以前と以後は全然比較にならない。それ以後、大きく発展したと。それは岩田さんが自分の論文の中ではっきり言われていることです。

　どういうことかというと、今までのマルクス経済学というのは、三つの段階、理論的な部分と、それから歴史的な部分と、それから具体的な現状の分析との関係がごちゃごちゃになって、全然区別されていなかった。例えば日本の経済の分析といっても、『資本論』を直接日本の経済にそのまま適応して「こうこうだ」という分析が多くて、全然めちゃくちゃだと。そういうことを方法論的にすっきりさせたということは、宇野さんの大きな功績なのだと、そういうふうに岩田さんは言われているのです。

　そしてまた段階論についても、そういう重商主義、自由主義、帝国主義と分けることはともかくとして、全体としてこの宇野さんの段階論というのはまさに世界史的な把握であったと。資本主義の発展というのを世界史的に見ている点というのは、これはまったく画期的で岩田さんはむしろ感動したのだ、と、そういうふうに岩田さんは言われるわけです。

　特に感動したと言われたところの一つは、金融資本段階の最後、ロシアに革命が起こって、ソヴェトが成立したとき、それ以後、これは世界史的に言えば、これは資本主義の時代が終わって社会主義になったのだと考えるべきであって、「金融資本の段階論の問題ではない。すでにそれは世界経済論の問題だ」というふうに、宇野さんが経済政策論のいちばん最後の版、新訂版という版の「補記」というところでお書きになっている。そこに岩田さんは非常に大きな感銘を受けたと言われていたことがあります。岩田さんが感動したというこの宇野先生の発言の真意を巡っては現在論争問題になっているのですが、ここではこれ以上触れません。

　岩田さんの言うように、確かに宇野さんは世界史的な展開を見ている。岩田さんはそれは高く評価する。ただ、それが、単なるタイトルに終わってしまっている。資本主義の特徴を、例えば経済政策をせっかく世界史的なものとして見ているのに、内容は個別的な国の問題に解消されてしまう。重商主義の経済政策は、これは国際的な政策であるし、自由主義段階の自由主義政策も国際的な観点で述べられている。金融資

本の段階の帝国主義政策も、やはり国際的な問題として提起しているということは非常に正しくとらえていることを示しているのだけど、ただそれが時代別のタイトルになってしまっている点が不十分である、と岩田さんは言うわけです。

その時々の代表的な国、イギリスとかドイツというふうに取り上げて、そこの資本主義を典型として固定化し、そしてそれを尺度にして他国と横で比較するというやり方が、これは違うのではないか、というわけです。そこから岩田さんの世界資本主義論が始まるわけですが、やはり、宇野さんの場合は、段階論では、外部と内部、資本主義とそれから資本主義の外側の、非資本主義的な経済関係、あるいは国家というような政治的な関係、そういうものが実は資本主義の発展に影響している、という認識があるんです。そういうものとの相互関係が現実の資本主義を動かしているというような理解なんですね。宇野さんの場合。

そして重商主義段階もそうだと。自由主義段階はそれが非常に少なくなっている。それから帝国主義段階になると、それがまた大きくなってくる。そういうふうに考えて、外部と内部と言うのですが、資本主義的な関係とか、資本主義的でない経済関係、あるいは政治的関係、そういうものとの対比というか、対立として問題を捉えている。宇野さんの場合ですね。その時、基準になるのが、自由主義段階であって、自由主義段階がいわば尺度になって、それと重商主義段階を比べると違いが出てくる。それから帝国主義段階と比べると違いが出てくる。

そういう違いを、いわば段階論として明らかにしようとしている、というふうに私などは考えているんですが、そうではないのだと。岩田さんは、その資本主義というものは、非資本主義的な関係、あるいは国家という絶対的な権力関係をも資本主義経済というか、そういう商品経済的な関係の中に溶解してしまうのだ、と。非資本主義的な関係を全部、資本主義的というか、商品交換関係の中でもって溶解してしまう。内面化してしまう。そのことによって、資本主義を、資本を主体とする世界経済というものが自律的に展開するものとして理解しないといけない。つまり世界資本主義として展開しないといけない、という。

宇野さんも、そういう考え方はあるのです。ですから、岩田さんは、そういう宇野さんの二面の一面を取ったのだと。これは嘘ではありません。例えば宇野さんの『恐慌論』という本がありますが、そこに国際関係を恐慌論の中でなぜ捨象するか、とその「序論」でもって書いているところがあるのですが、そこでは宇野さんは、「資本主義は対外関係と同じ原理をその社会の原理にしているからだ」と、そういうように言われている。つまり内部的に、内部の商品関係に、外の関係も全部翻訳できるのだ。

だから、そういう外部的関係は恐慌論から捨象できるのだ、ということを宇野さん自身がそこでは明確に説いているわけなのです。

そのことについて、岩田さんはその宇野さんの方法をとっている。だから、自分は翻訳というか、外部の環境を全部内部に翻訳できると考えているし、商品関係で外部を全部資本主義は取り込んでいく。主体としての資本主義の動きの中に、外面的なものは全部溶解して入っていて、そういうものとして資本主義は自律的に展開していくのだ。資本が主体として歴史的な現実的な展開を遂げている。これがまさにわれわれが対象とする唯一の資本主義であって、これをわれわれは経済学という学問の対象にする以外にはないというのです。理論だって、やはりそれ以外には対象はあり得ないというのが、世界資本主義の運動を内面化する、内部的に叙述する理論であり、それが経済学の原理にほかならない、というわけなのです。

だから、全部一つなのです。世界資本主義というのは、現実的な歴史的な資本主義の発展過程でありますし、その内容を内部的な叙述として書き改めれば経済学の原理になる。それが、岩田さんの世界資本主義であり、内部化したところの経済理論でなければならないとする、そういう考え方だと思うのです。ですから、宇野さんの段階論の批判というのが立脚点ですが、一部は確かに認めている。世界性とかそういうものは認めているし、その功績は認めているけれども、それでは不十分なのだと。そういうことで世界資本主義論は出発して、それがますます精緻な理論に展開している。とりあえずそういうふうに考えたらいいのではないかと思うのです。

だけれども、世界資本主義という主張がそういう主張だとしても、そして、その経済学の原理というものが、内面化の理論だと岩田さんが言ったとしても、その前にどうしてもやはりもう一つの問題、つまり純粋資本主義の原理論という問題が立ちはだかっているのです。段階論は今言ったような説明ですが、原理論の問題になると、今度はいわゆる純粋化傾向という問題がありまして、純粋化傾向にのっとって抽象するというのが原理だ、という宇野さんの基本的な考え方が、岩田さんにとっては障害になって立ちはだかっているというか、とにかく気に入らない。

やはり内面化するのだ。だけどその内面化ということと宇野さんの原理はいったいどう違うのか。それがまた大きな問題になるわけです。それはあとでもう一度言うつもりでいますが、その前に、いわゆる純粋資本主義というものをもう一度考えておかなければならない。純粋資本主義というものはいったいなんなのか。岩田さんが言うように、「これは単なる観念的なもので、そんなものありはしない。ありはしないよ」と岩田さんは片付けちゃうのですが、純粋資本主義の議論というのは、実は非常に長

い歴史を持っているし、そう簡単に否定できるものではないだろう、と私は思っているわけです。

　ですから、そのことをちょっとお話ししておかなければならないと思うわけです。次の話の材料になるのですが、それは純粋資本主義という言葉自身はそんなに昔のことではないのです。ピュア・キャピタリズムというような言葉は戦前の英語の論文にも見受けられますし、古くはグロスマン。戦前ですが、グロスマンはそういう言葉を使っていたと指摘されていますし、それから、河上肇とか、だいたい似たような考えで資本主義を把握していたと考えられていますが、もっと前にさかのぼって考えてみると、資本主義の歴史、経済の歴史というか、資本主義を分析した学説の歴史というのを見ると、結局、その対象を理論的につかんでいくという過程で、どんどん対象が絞られていくということがあるのです。資本主義を資本主義として純粋に捉えるというのは、神学者だったり哲学者だったり医者だったり貿易商人だったり、いろんな人がやるわけですけど、そこに一つの大きな流れ、傾向がある。医者であり測量技師であったウィリアム・ペティが経済学をやったときは、そういう対象はまだ曖昧模糊としていたかもしれない。ですけど、欧州に追放された地主で貴族のジェームズ・スチュアートが登場してきたり、あるいは大学教授で道徳哲学者のアダム・スミスが出てきたりすれば、ある程度対象認識がまとまってくるのです。

　国家意識ができてきて、周りにというか、一つの周囲が形成されて経済活動もまとまってくると、資本主義経済というのはこんなものだろうな、ということがだんだん明確になってくる。カンティヨンとかもそうでしょうし、アダム・スミスなんかもそうでしょう。あるいは、重農主義のケネーやさらに進んだテュルゴーなんかも、やはり、再生産という問題を扱うと、どうしてもやはり一つのまとまった内容を持つようになってくるのです。

　ケネーは自分のこの論じていることは決して仮定の問題ではなくて、現実を反映しているのだ、現実そのものを描いたものだ、というように自分の論文の中で書いています。そういうふうにして、資本主義がどんどん16世紀以降に発展してくると、そういうものをなんとかまとめて理解しようという、それはそれぞれの主観的な行為かもしれませんが、そういう思惟というか、考えがどんどん展開していって、哲学者であったり、医者であったり、あるいは現実の経済を動かしている実業家であったり、いろいろな人たちがさまざまな知恵を持ち寄って、だんだん対象を体系化してきた歴史が、実は経済学というのを作ってきた過程だと思うのです。

それがはっきりしてくるのが重農主義以降であって、カンティヨンとか、ケネー、テュルゴー、あるいはスチュアートとか、あるいはスミス、あるいはリカードだろうと思うのです。やはり、ただスミスは『諸国民の富』ということで、必ずしも一国資本主義ということを論じてはいないと思うのですが、リカードになりますと、明らかに一国資本主義体制です。リカードの理論で非常に興味があるのが、国際比較生産費説というのがあって、今でもリカードの理論はそのまま通用していると言えないこともないのですが、ポルトガルとイングランドの比較をして、ポルトガルでワインを作るのと、イングランドでワインを作るのではどう違うか。ポルトガルのほうが少ない人間の労働量でもって、一定量の、同じ量のワインができる。それから、もう一つ、毛織物を作るのに、ポルトガルとイギリスでどっちが安くできるだろうか？　それは確かにポルトガルのほうがイングランドよりは少ない労働量でできる。リカードの例だと、ちょっと忘れましたが、確か90人でポルトガルはできて、イングランドでは100人だったかの労働量。ワインのほうは、数字を忘れてしまいましたが、イングランドでは120人の労働者数で、ポルトガルでは90人だったか、数字はともかくとして、いずれもイングランドで作ったほうが、生産に必要とする労働者の人数が多いのです。

ですが、その差が多いのはワインのほうだと。ワインははるかにポルトガルで作ったほうが有利なのだと。そういうことで、ワインはポルトガルに作らせる。そして、毛織物はイングランドで作らせる。それが国際的な利益になるのだ、ということを説いているのです。そのことはどういうことかと言うと、イングランド、イギリスといってもいいですが、イギリスでもワインを作ることができるし毛織物を作ることもできると考えていたことがわかるということなのです。ごく最近はイギリスでも南部の方ではワインを作れるようになりましたが、ワインつくりはずっと昔からイングランドでは無理とされていたことは言うまでもありません。リカードは当然承知していたはずです。

それでもポルトガルで作らせるワインよりも、イギリスで作ったほうがワインの価値は高くなってしまうのだけど、効率は悪くなるのだけども、しかし、内部化して見れば、外国のものを、ポルトガルで作ったものを不効率でもイギリスで作ったように翻訳して、全部イギリス一国の中に圧縮し、世界のあらゆる輸入物資を全部イギリスの中で作られたように想定することができる、と抽象化しているのですね、リカードは。いわゆる、岩田さんの言うところの内面化の論理というのは、実はリカードの中にすでにあるというふうに私には考えられるのです。

リカードはそういうことを意識したかどうか分かりませんが、そういう形で一国の

枠の中で、資本主義経済社会というものを抽象化する。一国資本主義という考え方をそこではっきりと主張したと言っていいと思うのです。だから原理ができる。

しかもリカードがそれ以前の経済学者、アダム・スミスを決定的に超えている点はどこかと言えば、やはり地代論だろう思うのです。リカードはご存じのように差額地代論というものを展開した。差額地代論というのは、最劣等の土地には差額地代は存在しないという前提から成り立っているのです。だから最劣等地にできる生産物は、地代はゼロなのです。つまり、地代がゼロというのはどういうことかと言えば、リカード的には全部、労働の生産物だということなのです。そしてその限界生産物がその商品の価値を決定するということです。それまでの経済学と言えば、ペティやカンティヨンはもちろん、労働と土地の生産物だという。そういうことで価値を計算するし、アダム・スミスも一方で労働価値説みたいなことを言うのですが、実際に価値を計算する場合、それは価格の問題になって、利潤と賃金と地代、その三つで合成された構成価格になってしまう。土地の豊度の違いによって地代に差ができることを価値論との関連で十分根拠を持って把握できていなかったのですね。

リカードになって初めて、地代を除いた限界の土地生産物の価値がその土地の全生産物の価値を決定するという原理を確立することによって、生産物に投下された労働量が価値を決定するという原理を一般化することが可能になり、それによって初めて労働価値説による理論を全面的に組み立てることができた。地代を全部除くことによって、理論経済学が形成されたという点で、リカードの経済学史の上での役割はまさに決定的だと思うのです。リカード以前と以後では全然違う。よく言われるようにまさに理論経済学の成立ですね。そういうふうに考えられるわけですが、そういうリカードの『経済学原理』、それをマルクスが徹底的に勉強した。

マルクスは古典経済学をもちろん大いに勉強したのですが、『資本論』の内容というのは、だいたいリカードの学説に体系的には大きく依存している。ただ、リカードが全然やっていなかったことがある。それは、信用論の問題なのです。商業信用、銀行信用とか、あるいは利潤率と利子率を巡る経済変動の問題とか、そういう問題はリカードは全然やっていなかった。マルクスはロンドンに亡命してから50年代60年代に古典経済学を大いに学んで、原稿をいろいろと書いていくのですが、その中で具体的にも50年代、60年代のイギリスの信用機構はどんどん組織化され発展していく。

その場合に、金融制度がどんどん出来上がってくるのです。銀行自身もそうですし、国際的なマーチャント・バンカーの活躍にしても、そういう国際的な連関を主導していく銀行のシステム、金融のシステムっていうのができつつある状況のまさにそのと

きに、マルクスは60年代を過ごしている。マルクスは実務も一生懸命勉強している。エンゲルスに簿記のことなんかも聞いていますね。マルクスが一番活躍した、執筆活動をした時代は50年代から70年代までということでしょうが、やはり、5、60年代が一番精力的に書いていた時代だと思うのです。そのときはまだ、金融機構ができつつあったけれど、そして実務家がいろいろ研究しているけれど、理論的にはまだ整理されていないのですね。

　だから、信用論では不十分なところがいっぱい残っている。断片的でまだ完全に構成されていない部分が残っていると思うのですが、原理の信用論の前の部分というのは、労働力商品の把握と剰余価値論、そして蓄積論なども、もちろんマルクスのオリジナルだとしても、すでにスミスも手をつけ、リカードもかなり議論を進めているわけですから、割に比較的簡単にできる。地代論は完全にリカードにおんぶしているわけですし、比較的簡単にできるのだけど、信用論のところができていないというのが『資本論』草稿でも未解決の問題を引き起こすことになっていて、エンゲルスによるその原稿の整理の仕方なども後に難しい問題を引き起こすわけです。そういう問題がさらに原理の世界の構築を複雑にするのですが、それにしても純粋の資本主義という原理の世界の安定的イメージというものを、マルクスはリカードから大きく引き継いでいるのではないかと思うのです。

　ところが他方、マルクスは、ヘーゲルの哲学を若いときから勉強しているので、そういう弁証法的な理解というか、弁証法的な展開ということに対しても、非常に留意している。しかも社会主義者ですから、そういう問題にもマルクスは頭を使わなくてはならない。ただ原理的な展開ということになると、そういう問題はなかなかうまく論理に入ってきませんから、蓄積論の「最後の鐘が鳴る」という問題もありますが、経済の本質的な理論部分からは外して考えていいと思います。結局のところ『資本論』における信用論というものの叙述を見ると、現実的な事実の展開と論理的な扱いとのその両面の交錯があって混乱しているのではないかと思われるのです。この問題に深入りするつもりはありませんから、まず一般的な方法論を整理することから話を始めたいと思います。

　このレジュメの中でも引用しておきましたが、よく言われる有名なのは、経済学の場合は自然科学の場合と違って、顕微鏡も試薬も役に立たない。ただ、人間の抽象力だけしかないのだ、というところです。これは『資本論』の第一巻、初版の最初の序文で書かれていることです。

　ところが、それもまた添付資料の中で引用してありますから、あとでお読みになっ

ていただきたいと思うのですが、もう一つ『資本論』の第二版、再版をマルクスが出すときに、「後書き」というのを書いている。「後書き」というのを読みますと、これは皆さんご存じだと思うのですが、『資本論』の初版のロシア語訳が出て、それに対してカウフマンという人が書評している。その書評の内容のいわば繰り返しで、マルクスはそれをいわばそのまま自分の見解にしているわけですね。

その書評を見ると、著者、つまりマルクスは、『資本論』の中で、資本主義の発生、発展、消滅について書いている。そういうことを指摘しているのです。マルクス自身はそれを読んで非常に喜んで、喜んだとは書いてないけども、「後書き」の中で、こういう方法こそ自分が主張している経済学の方法の完全な説明ではないか。自分の言いたいことをちゃんと分かってくれているということを、非常に感激した口調で紹介しているのです。

マルクスは、対象を純粋な状況においてその運動を客観的に明らかにする。一方で、そういう手法を取りながら、他方で資本主義というものが発生、発展、消滅するという過程を持つということを、それを明らかにするのが自分の仕事だ、『資本論』の役割だ、ということも考えている。いったいどっちなのだろうか？　そういうことがどうしても問題になるわけです。

マルクスはほかのいくつかの場所でも方法について書いてあるのですが、興味があるものは、それも参考資料の中で引用してきましたが、『剰余価値学説史』の中でマルクスは「あらゆる過程のあらゆる部門は資本主義的生産になるのだ。ひたすら絶えずそういう傾向にあるのだ」というふうに書いていて、その最終的な極点が、まさに資本家と労働者が全部そうなってしまうという極点なのです。そういうふうに言っていることが、他方でご承知の蓄積論の二四章「最期の鐘が鳴る」という有名な言葉はご存じだと思うのですが、あそこで言っていることとちょっと平仄が合うような、つまり、純粋化の傾向が進んだその極点で資本主義は終わるのだ、と言っているような気がしないでもない。その点、よく分からないのですが、そこで生産力が一番上がるのだ、とマルクスが言っていることは確かです。

だけれども、全体として見ると、そういう生産力の変化に触れるところはありますが、例えば利潤率の均等化にしても、いつも均衡している状況のところでくり返す法則性を明らかにしているというのが、『資本論』における方法の基本的な部分なのではないかと思うのです。

ところどころに利潤率の傾向的低落とか、あるいは蓄積論とか、そういうところで歴史的な結末のようなことを書こうとしている面が確かにある。だからなかなか複雑

なのだけども、全体として見れば、やはり繰り返すという局面で、書いているのではないかと考えられるわけです。まさにそういう視点で『資本論』を理解し、その方法をもって一貫して自らも『資本論』に対処して自らの理論を構築したのが宇野さんだろうと思うのです。

　宇野さんは、その純粋資本主義というイメージを自らの『経済原論』で具体的に描いているわけですが、ただ問題は、その純粋資本主義という想定を、古典派経済学以来の、なんとなく与えられたイメージとして描くというものでは、宇野さんとしてもやはり問題があります。主観的な捉え方にすぎないと言われる怖れもある。そういうわけで宇野さんは何か仕掛けが必要だと。その重大な仕掛けが、いわゆる資本主義に歴史的な純化傾向があるという、そういう話なのです。

　歴史的純化傾向というのはどういうことかというと、16世紀、17世紀以降の資本主義の発展、19世紀の中期に至る過程、これをずっと見て行くと、資本主義がどんどん純粋化していく傾向があったということが分かる、と。ただ純粋化傾向というものは、絶対的なものなのでしょうが、そうでないのでしょうか。ともあれ完全に最後まで進行していくわけではないのです。そこが難しい点ですね。

　われわれがいつも宇野先生から説明されていた図を、ここに書かせていただきます。経済がこういうふうに発展していくと書いて、こういうふうに商品経済がどんどん広がっていくと先生は黒板にお書きになるのです。これはこの場合、商品経済、こっちは封建社会で、こっちになると資本主義になるのですが、この商品経済がどんどん拡大していくと言うのです。そこに宇野さんがいつも付け加えたのが、その傾向を思惟によって延長するんだということ。そうして、これが純粋資本主義だといつも言われていた。

　最後まで100％純粋化することはないけれども、思惟によって、頭、頭脳ですが、こういう傾向を思惟によって延長するのだ、といつも言っておられましたが、それで純粋資本主義になる。これが宇野さんの純粋資本主義論の基本的な考え方なのです。思惟によって延長するのは何なのかと、そのころも私は疑問に思った。他方で純化傾向は逆転するという問題を抱えているわけですからね。それから、こういう傾向があるというのは誰が決めるのか。こういう傾向が本当にあったとどうして言えるのか。そういう点が引っかかる点ですよね。

　だけど、宇野さんは歴史的な傾向があった、と。歴史的な傾向があったのでその傾向を思惟によってそのままずっと延長していくと、純粋資本主義社会のモデルができる。しかし宇野さんはそういう純粋資本主義というモデルがマックス・ウェーバーの

ような主観的なモデル、イデアルティプスのように捉えられては困ると。それは恣意的なモデルですからね。宇野さんはこれはウェーバーのモデルとは違ってあくまでも客観的に存在するのだ、唯物論な根拠があるのだ、ということをここで大いに主張されるわけです。それで、そのためにこの純粋化の歴史的傾向ということが強調される。そこで反論が生じる。実際、宇野先生の純粋資本主義のモデル設定やそれを基礎づける純粋化傾向に対しては、多くの批判があります。それを見ておきましょう。

例えば、黒田寛一氏は以前『宇野経済学方法論批判』という大層な本を書きましたが、その本の中で一生懸命、「宇野さんは認識論が欠落している」「宇野さんはマシなほうだから、タダモノ論になっているけども、高級なタダモノ論だ」なんていうようなことをお書きになっていますが、そこでは認識論が欠落しているというのが致命的な欠陥とされているわけです。これは、いわゆる「プロ科」に属するあの人たちにとっては、プロレタリアートとしての主体性がないから、そういう認識ができないのだ、という批判を言われるわけですが、ただその中で黒田寛一氏は宇野さんにとても高い尊敬の気持ちを持っていたようでありまして、増訂版のほうの、あとから出た『宇野経済学法論批判』の中には、宇野さんからもらったハガキが、写真版でそのまま載っているのです。黒田氏の質問に対する宇野さんの返事が載っています。

そこでは宇野さんは、ある程度、相手を立てながら、しかし、この純粋化傾向というのは、単に純粋化傾向だけではなく、その方法自身をも実は模写しているのだということを強調されている。宇野さんの純粋資本主義論のもう一つの柱は実は方法自身を模写しているのだ、純粋化という傾向自身が方法を模写している。そういうことを実は宇野さんは途中からかもしれませんが、『経済学方法論』の中でも言われているので、最終的に強調されているもう一つの面であることは確かなのです。

方法を模写しているとは、どういうことかと言えば、資本主義世界というような全体の論理的な構造を展開する順序というか、そういう対象を描く論理的叙述の方法をも、この純粋化傾向のなかで模写できるのだ、ということが宇野さんの重要な根拠になっていて、それが唯物論的な根拠を与える、と宇野さんは信じていたのだろうと思うのです。それはそれなりに納得できるという人もいるだろうし、それでは納得できないという人もいまして、宇野さんの純粋化傾向で一番多くの批判が集まっているのがその点ではないだろうか、と思うのです。宇野派の人は全然それに頓着しないで、問題なくこれを正しいと思っている人が大部分でしょうが、そうでない人がいないわけでもない。つまり宇野さんの言っていることがすごく難解なわけですよ。

だけど先ほど言いましたように、そういう批判があるにしても、宇野さんのこうい

う傾向にのっとった抽象というのと同時に、宇野さんも同時に言っていることなのですが、経済学の歴史が、アダム・スミスにしても、リカードにしても、そういう経済学者がそれぞれの時代において、資本主義というものの内部を解明しようとして、ある種のモデルを作って解明しようとするその動きというのは、ずっと、あるいは全部が、主観的に対象を捉えているだけだと言えないこともないかもしれないけれど、その主観がずっと集まって、蓄積され、純化されて、一つの体系として客観化されてできあがってくるのが、純化傾向というものの具体的な姿ではないか、と思われるのですね。古典派の集大成と言われるリカードの経済学体系などはまさにそうだと思いますが、それがマルクスに受け継がれている。マルクスを、さらに『資本論』を、いわば下敷きにして今度は宇野さんも『原論』を書くわけだから、そういう経済学の歴史の重みというものが、むしろ純粋化というものを実質的に支えていると考えるべきではないか、と私は思っているのです。宇野さんご自身もそういう風にお考えだったのではないか、と思います。

この純粋化傾向と言うけれど、個々の経済学者の営為が積み重ねられて次第に対象が明確になってゆく、つまりそういうものとして経済理論をずっと書いてきた歴史がここにあるわけです。だから、対象の歴史的傾向というよりも、むしろ認識の歴史的過程と考えたほうがいいのではないか、と思っているのです。

そういう点で言えば、宇野さんもそれこそいつも書いているわけではないけれど、折々に繰り返しそういう指摘をしていますから、この歴史的純粋化傾向というのはなかなか重い問題だと思わざるをえない。岩田さんも「そんな傾向はありはしない」などと簡単に言えないのではないだろうか、ということが私の言いたいことなのです。

それで、次の問題は、今度は岩田さんの世界資本主義の内面化論という問題で、先ほどお話ししたように、世界資本主義の発展というのは、ずっと今も続いているわけだと思いますが、そういう資本主義の発展、そういう現実の発展を内面化しなくてはいけない。それ以外にはあり得ないと岩田さんは言うわけですが、そうなると中国巨大資本主義の発展に至る最近までの世界資本主義の展開を内面化するという話になりますが、それはなかなか難しい問題になりそうなのでここではとりあえず省かせていただきます。というよりむしろその前に言っておかなければならないことなのですが、岩田さんはだいたい最初にこの世界資本主義の構想を発表したときは60年から70年代にかけてだと思うのです。そういうときの、彼の時代的な歴史的認識というものが彼の理論そのものに大きく影を落としていることは間違いない。その時の射程は現

在の状況まで必ずしも伸びていません。

　ところで岩田さんは、世界経済の現実的な運動過程の内面的な樹立、これが本来の経済原論だと言われる。「岩田さんの経済原論はいったい何か？」と言うと、多くの人が言うのです。──「宇野さんの経済原論とどこが違うのだ？　ほとんど同じではないか」と。もちろん違いはあります。細かく言えばいろいろなところにあります。出発点も世界市場を前提したところで流通形態を強調するわけですから、宇野さんと確かに発想の前提に若干の違いはあるかもしれない。貨幣論なんかも違いがあるから、資本形式論にも違いがあるかもしれない。あるいは、内面的にも蓄積論の構造とか範疇の展開の順序にも、また宇野「分配論」に対する「総過程論」など、叙述の違いは多々あるのですが、しかし大きな違いではない。決定的な違いとはとても言えないように見える。

　それは、世界資本主義論ではなくて、宇野さんの純粋資本主義論を信奉している多くの宇野派の人たちの『経済原論』を見たって、宇野さんの『原論』とはかなり違うのです。違うのだけど、これは何も世界資本主義論の方法によるから違うのではない。別に岩田さんの方法論に従っているわけではない。自らの原論の体系を自らの頭の中で考えて、再構成していくと、宇野さんの『原論』ではおかしいというところが出てくる。そういうところを修正して、自らの論理でもって原論をかたち作っていく。そういうところでおのずから違いが出ている。ほとんど同じ原論というのはないわけです。みんな違いがある。模倣ではない、それぞれの独自の研究に基づいてやっているのだからそれは当然です。

　では、岩田さんの原論の宇野『原論』との決定的な違いはどこにあるのかということになりますと、岩田さんは再三言っていますように、純粋な資本主義を対象にした原論ではない。世界資本主義の現実に展開する過程を内的に写し取った、内的に模写した、そういうものが原論だと言っているわけです。そうなりますと、最初のほうは形態論の展開の中で、なんとか説けるとしても、一番決定的に違うのは最後のところです。最後の部分は決定的に違う。決定的に違わなければならないのです。岩田さんの場合、歴史が入ってくるからです。

　この最後の違い、宇野さんの『原論』にしても、岩田さんの「原理論」にしても、その違いというのはいったいどこにあるのか？　株式会社の話になるのです。資本の商品化の問題になるのです。岩田さんといえども、現実に「原論」の展開の中で資本主義は消滅すると説いているわけではない。宇野さんは、あたかも永久に繰り返すごとき展開だ、とご自身で言われているが、それでは岩田さんは最後の規定をどういうふ

うにみているのか。

　宇野さんの『原論』ではどうなっているか、と言えば、「それ自身に利子を生むものとしての資本」、それが最後の章になっているわけです。「それ自身に利子を生む資本」なんて現実にありはしない。現実にはあり得ないのだけど、理念としては存在する。宇野さんの『原論』はそういう終わり方なのです。それは具体化するものが株式会社であり、株式会社の利潤を利子率で資本還元したものとして資本に価格がつくということになります。資本が商品になるのですね。株式会社が内的に要請されているのです。

　その前にすみません。引用があります。参考資料に宇野『経済原論』からの引用がありますが、これはなかなか意味の深い引用なので、ちょっと読んでみましょうか。

> 「理論的に限定されなければならない純粋資本主義社会が、現実的には実現されないままに資本主義の末期的現象を呈することになるのであるが、しかし資本主義の発展期における、その純化傾向の内には、すでに純粋の資本主義社会における機構が展開される。商品経済は社会を形成する理論的構成体として、その自立的根拠をうるとともに、基本的諸現象を展開するわけである。金融資本の時代としての変化を示した後も、別に新たな形態を展開するわけではない。金融資本の時代を特徴づける株式資本の産業への普及も、純粋の資本主義社会において、すでに論理的には展開せざるをえない。言い換えれば、ここでもその歴史的過程は、純粋の資本主義社会を想定して得られる基本的規定によって、これを基準として理解せられうるし、またせられなければならない」。

　そんなことが書いてあって、株式会社を予想する、株式会社、利潤を利子率で還元したところの擬制資本、そういうものとして資本は商品化しているわけですが、そういうものとして最後に『原論』を締めくくるというのが宇野さんの構想なのです。あくまでも現実には、「それ自身に利子を生む資本」なんてありはしないのだけど、あるものとして理念化する。そして、それは最初の価値によって規定された商品の概念を否定するシュルスの規定として再び最初の商品規定に、アンファングに回帰していくという、なんだかトリックみたいな話なのですが、宇野さんはそれを主張されたと思うのです。

　岩田さんも、それは確かに価値法則を否定するものとして資本の商品化が説かれるとみるわけですが、興味深いことに、これは確かに永遠に繰り返すかのごとく展開するという宇野さんにしても、本当は繰り返していない証拠だと岩田さんはみるのです。そして、やはりそれが資本主義というものの限界を示しているのだという理解をする。それは、岩田さん自身に引きつけた解釈だと思うのですが、そういう理解をした上で、

岩田さん自身がそれをどういうふうに説くかというのは、やはり大きな問題だろうと思うのです。

　なぜならば、岩田さんは金融資本のところまで、あるいはもっとそのあとまでも、自分の世界資本主義の発展過程に入っているわけですから、それをも内部化して理論化しなければならない。その義務が岩田さんにはあるわけです。しかし岩田さんはそれを株式会社で擬制資本として、資本の商品化として、やはり最後を説こうとするのです。

　どこに違いがあるのだろうか。そこは正直言って私にもよく分からないところなのですが、株式会社というのは原理的には、つまり宇野さん流に言えば、あらゆる企業が株式会社になるわけではありません。巨大な企業が株式会社化する。でもすべての資本が必然的に株式会社の形をとるわけではない。また必ずしもすべての企業にとって株式会社のメリットがあるわけではないからです。

　もちろん、今でも日本でもそこらの商店街にある小さな商店、八百屋、魚屋でもかなりが株式会社とか有限会社の形をとっていると言えばそれまでですが、やはり株式会社の意味は、巨大な固定資本を持っていて、市場で資本調達する必要のある大企業ですよね。全部が大企業になるわけではない。全部が株式会社になる必要はない。そういうふうに考えますと、原論の展開の中で株式会社が必然的に最終的に展開されるような概念であるかどうかも問題だし、なかなか難しい問題がある。岩田さんは、その株式会社で擬制資本、そういうものを説いて、それを資本の商品化として最後に置くことによって、資本主義の限界、つまり資本主義生産がその性格上終わらざるを得ないということを言おうとする。ところが、なかなかそれだけでは言えなくて、生産力と生産過程の問題を持ち出してくる。同じように「資本の商品化」で終わっていても、そこが宇野さんと岩田さんとの決定的な違いになるのです。

　これは『経済学原理論』の下巻の中で顕著に見えるのですが、これは岩田さんが当時書いたのだとは思うのですが、あるいは鈴木さんの手が入っているのかもしれない、そこのところはっきり分からないのですが、岩田さんの考えとしてここでは扱いたいと思うのですが、生産力と生産関係の矛盾が、そこで爆発するというか、矛盾が露呈するというか、そういうことになる。生産力とは何かと言ったら、固定資本。固定資本が巨大化するという話なのです。固定資本が巨大化することによって、従前の生産関係が維持できなくなる。その説明はちょっと曖昧なことになっているのですが、そういうふうに書いてある。

　従前の景気循環によって、生産資本、固定資産が破壊される、更新される、と言い

ながら、簡単に更新できないほどの巨大な固定資本があって、それは温存、維持されなければならない。そういう固定資本というのがどんどん出てくるのです。それは新しい生産力を示すものだ。その生産力と生産関係の矛盾は簡単に解決できない。解決できないがゆえに、資本の商品化という形を通じて、それをあたかも解決したかのように見せかけるのが、この経済原論のシュルスの規定だと岩田さんは言われている。

　正直言って私はよく理解できないし、多くの人も理解できないだろうと思うのですが、とにかく生産力、生産過程の問題がそこに登場してくる。それは宇野さんにはなかったことですよね。宇野さんは原理という理解ですから、金融資本段階であっても、原理としては適応されるというのが宇野さんの「経済原論」という意味です。そこへ行くと、宇野直系と言っていいかどうかわかりませんが、大内力さんの『経済原論』なんかですと、非常にその点はすっきりしている。というよりしすぎている。

　なぜかと言うと、『原論』における生産力というのは限定されているのです。いわゆる産業資本段階の生産力水準に限定する。金融資本段階は原論に入れない。これを大内先生ははっきり言われている。先ほど読み上げました宇野さんの引用の下に、大内力さんの引用をしてありますが、そこにこう書いてある。──「注目しておく必要がある。こういう前提は資本主義の運動法則をもっとも明快に、単純化された形で解明するためには不可欠のものであるが」というのは、生産力水準に触れるのは、問題として取り上げないけれども、あえて言うが、ということなのですが、「それをより具体的に歴史過程に対応させてみれば、それは19世紀の、先にみたような近代的鉄鋼業が中心産業になるような事態を生じる以前の」──産業資本段階という意味ですね。──「以前の、生産力水準に対応した関係であるといわなければならない」と。

　だから、株式会社は、大内さんは説かない。これは一番徹底している。宇野さんの考えとも違いますが、宇野さんの考え方の一面を極端に展開したもので、生産力水準で切ってしまうのです。経済原論における生産力水準というのは、綿工業の生産力水準だ。鉄鋼業になると、帝国主義段階になるわけですから、これは経済原論からはもう外されてしまうのです。大内『経済原論』の「原論」という意味はいったい何だったのか、ということになりますが、大内先生はそのように考えられた。

　もちろん宇野さんは、そういうふうには考えない。先ほど引用したように、帝国主義段階になったって、原論はそのまま適応できるということを明らかに言われているわけです。

　岩田さんの場合には、そこのところだけ、帝国主義段階になったところだけ違うというのは、宇野さんがあえて理念としてのみの現実には、内容に一切触れなかった株

式会社、そういったものが現実化して、それが基本的になるのだ、ということを反映したような理論的展開でなければならない、ということを岩田さんは言うのだけど、それはただ、やはり宇野さんと同じように資本の商品化で終わってしまう。そこがよく分からない。

（マイクが電源ストップ、しばらく中断）

　そういう問題もあるのですが、全体としていえば、岩田さんも結局、最後は宇野さんの場合と非常に似てしまうのです。岩田さんの「原理論」というものを、宇野さんの「原理論」と決定的に違うものにするということを岩田さんは出来なくなった。あるいは、出そうとしてもうまくいかない。そういう印象を私は持つわけです。

　私は大学院時代はともかく、岩田さんが亡くなられる前の去年か一昨年が電話で意見が対立した時、「君は純粋資本主義だったよね？」と言われたことがあります。「君は純粋資本主義派だよね？　世界資本主義論じゃないよね」と岩田さんに言われたことがあって、ちょっと当惑したことがありました。最近はそういうことにこだわることはなかったのでおやと思ったことがあります。実際、岩田さんの考えていたようには原理論では意外にも決定的な差はなくなっていたんです。

　大学院のころから、特に論客として岩田さんたちと対立したのは、大内秀明氏、あるいはちょっと遅れて鎌倉孝夫氏などですが、彼らは純粋資本主義の論者。私も純粋資本主義論者で岩田さん、降旗さんは世界資本主義論。鈴木鴻一郎先生の外国留学のときは、その代講として降旗さんとか岩田さんが学部の鈴木ゼミを指導していたわけで、そういう中から侘美君や浜田君、そして伊藤君など俊才が次々に大学院に入ってくるわけです。そういう継承関係はあるのです。そういうわけで、世界資本主義の鈴木ゼミ本流と宇野ゼミの残党としての宇野純粋資本主義派がいわば大学院鈴木ゼミの中に同居していたのです。鈴木先生は極めて開放的でリベラルな先生でしたから、我々も平和な雰囲気の中で論争を繰り返していたのです。

　要するに岩田さんたちとわれわれとは、最後までその点で合致することはなかったのだけど、それはやはり今言ったような理由で、岩田さんが内面化の理論として最終的には宇野『原論』と大差ない純粋資本主義に到達したとしても、それではしょせん大して違いがないじゃないか、そういう問題に帰着すると同時に、その内面化という問題について言えば、多くの問題を残したままになっている。

　例えば、恐慌論でも最後に金流出の問題なんかを説くのですが、外国に金が流出す

るというのは、内面化された一国の中でどうやって説くのですか？　そういう話がいつも出てくる。内部的に流出する、国内で流出するということは、もちろん資本主義経済の外部の世界に流出することと同じだけれど、やはり、外国、つまり他の資本主義国へ流出していく、ということにこそ大きな意味があるはずなのだが、それを内面化した論理、しょせん、それは一国資本主義の論理ということになりますが、そういう中で説けるだろうか、そういう疑問も絶えず発せられていて、岩田さんがそれに対して、どうもあまりはっきり答えたという記憶が定かではないのです。

　そろそろ時間が終わりということになりますが、岩田さんの世界資本主義論というのは、そういう点で言うと多くの疑問を残したままだとしても、非常に大きな影響力を与えて、宇野理論の中でも非常に広範囲に影響を与えた考え方だったことには間違いないと思うのです。それは理論の問題としてより現実の資本主義の分析という面で特にそうでした。

　世界資本主義という言葉自身は昔から使われていた言葉です。例えば、特に1930年代、資本主義の一般的危機とか、全般的危機という言葉がコミンテルン、ああいうところを通じて非常に広がった時代のパンフレットや本を見ますと、世界資本主義という言葉は頻発しています。ただ、その世界資本主義という言葉は、世界の資本主義とか、世界的な資本主義とかいう程度の意味で、理論的な内容はなかったと考えられます。だから、その点で言うと、岩田さんが世界資本主義という言葉を使ったときに、そういう言葉はすでに一般的な言葉でありながら、全然違う、新しいシステムとしての世界資本主義を一つの運動する世界的な経済像として捉えた点で非常に大きな意味がある、と私どもは考えたことは確かです。

　ですから、そう言う考えに接して、特に理論の人でない国際経済を勉強する人たちは、非常に大きな影響を受けたと思うのです。実際、19世紀の70年代、大不況期。その大不況期の時代を考えてみると、確かにイギリスは金本位制であったのですが、ほかのイギリス以外の国は金銀複本位制でありましたし、日本も世界の中に入ってくる時代で金本位制、中国は銀本位制だった。だけど、そういう世界的な通貨体制がイギリスの金本位制に従って、全部金本位制に集約されていく。その時点でイギリスではそういう国際的な金融の中心としての性格をどんどん濃厚に持っていく。

　それは生産力が、イギリスを中心に形成されたということもありますし、原料を輸入して、商品を加工して輸出するという、そういう体制もあって、世界的な体制になったということは事実です。その意味を岩田さんがその世界資本主義論の中で明らかにしたという点では、私、個人的に言えば非常に大きな感銘を受けました。これはす

ばらしいな、という感じを受けました。

　ただ、岩田さんは、その世界資本主義の展開過程というのを、イギリスのポンド体制、そこに力点があって、そこから出発しているせいかもしれませんが、その以後の展開というのは全部、国際通貨制度が中心になっているのです。

　宇野さんは逆に国際通貨制度についての関心が薄かった。ほとんどなかった。関心はむしろ世界農業問題の方だった。それに対して岩田さんは、国際通貨制度、国際的な世界市場的な観点を打ち出して、説いた。そのことがずっと20世紀、第一次世界大戦から第二次世界大戦に続いていくときに、そういう通貨体制の崩壊ということを、1971年でしたか、ニクソン・ショックに持ってきまして、そのニクソン・ショックが岩田さんの理論にとって決定的なポイントになりました。ニクソン・ショックで世界の資本主義が崩壊するきっかけになるのだ、ということが岩田さんの当時の理解だったと思うのです。

　山陽特殊製鋼というのはそのとき倒産した。その山陽特殊製鋼の倒産が日本資本主義の倒産だ、というようなことを言っていたのを記憶していますが、そういうような捉え方は、その時点では確かに面白い見方で、そのことが岩田さんの理論的な確信であり、また実践運動に通じての考え方につながっていくのだと思うのですが、それ以後、世界は必ずしもそう動いていない。岩田さん自身もそのことは、自己批判されていますね。新しい『世界資本主義』のⅠのほうです。Ⅰの一番最後のところの注で自己批判されている。これは参考資料にもちょっと引用しておきました。

　岩田さんの引用の最後のところの「帝国主義と現代資本主義の執筆時期は1960年末であるが」と書いたところで、「自分自身の考え方が間違っていた、新しいシナリオに変わってしまったので」ということを反省の弁として述べられていますが、そういう点がどういうふうに変わっていくか。岩田さんが世界資本主義の発展をどう見ていくか、その矛盾をどう捉えるか、その次の体制をどう考えるか、ということについては、私はあまり最近の文献をフォローしていないので、しかもあとで五味さんがそういうことに中心的に触れられると思うので、五味さんにお任せするとして、私はそのぐらいしか言うことがありませんが、とにかくそういうことで、岩田さんの世界資本主義論というのは、当時としては、非常に画期的なものだということはできると思うのです。

　当時、アミンとかフランクの従属理論とか、それから、特にウォーラステインなんかの考え方は岩田さんの登場と相前後していると思うのですが、やはり一種の世界資本主義の見方だと思うのですが、あれはやはり、私はその辺ほとんどフォローしてい

ないから、的がずれているかもしれないのですが、やはり型を固定化して考えているような気がするのです。岩田さんのようなダイナミズムというのが考えられない。

もちろん、覇権論みたいなものもありますから、覇権の推移ということもあるかもしれないけど、やはり岩田さんのものとも、その点は違う。岩田さんのほうがはるかに優れた着眼点ではないかと私は見ているわけで、その点で世界資本主義論というものは非常に雄大な構想だったと私は考えているのです。

ただ、最近の10年ぐらいの世界資本主義の歩みというものを岩田さんがどうお考えになっていたか。そしてこれをどういうふうに捉えられていたか。資本主義の新しい生産体制への移行ということも、一番初期の『経済学原理論』の下巻では、そういう言葉さえ触れられているわけだけど、今はそういう考えはたぶん捨てられていて、また別な考えでもって議論をお考えだろうと思います。そういう違いが、例えば原論に内面化するとしたら、いったいどういうことになるか、という、そういう点もいささか興味がありますが、今や直接伺うことができないわけです。

原論について言うと、先ほど言いましたように岩田さんが宇野さんに対して、宇野さんは画期的な三段階の方法論を展開したけれども、それは今までの既存の理論に対しては、非常に決定的なパンチになっている。だけれども、新しい理論、新しい資本主義認識について宇野さんは何もやっていないのだ。そういうふうに批判されている。つまり方法論的批判の枠を出なかった、というわけです。

しかし岩田さんの内面化理論についても、私に言わせれば方法論的な提案ではあるけども、じゃあ具体的にいったいどういうふうにうまくいっているだろうかと言うと、どうもあまり積極的な点は感じられない。それは世界資本主義論ではなく、従前の純粋資本主義論にのっとった経済原論の研究家たちが、自主的にやっている展開とあまり変わらないじゃないか、そういう印象を持っているわけです。

いささかいい加減な話になってしまって申し訳ありませんが、時間が参りましたので私の今日のお話はこれで終わらせていただきたいと思います。どうもご清聴ありがとうございました。

第 3 部

追悼 岩田弘先生

追憶の二重丸

伊藤 誠
(東京大学名誉教授)

　岩田弘さんが2012年1月末に急逝され、はや3年になる。遺稿集出版の企画に接し、それをよろこびつつ、あらためて想い起こすことも多い。
　初めてお会いしたのは1959年、私が大学院に進学した年で、宇野弘蔵先生が定年退官された翌年のことであった。宇野先生の育てられた輝かしい門下生の多くが鈴木鴻一郎ゼミに集まり、そこでは岩田弘さんと盟友の降旗節雄さんとが師範代格で、後続世代の大内秀明さん、櫻井毅さん、山口重克さん、鎌倉孝夫さんらと毎回、白熱した議論をたたかわせていた。鈴木先生がけんかにだけはならないようにと注意したほどで、その激しさにはおどろかされた。私の一学年上には侘美光彦さん、浜田好通さんらもいて、そのころがなつかしい。
　岩田さんと降旗さんとのコンビは緊密で、よくマルクスとエンゲルスのようだといわれていた。実際、岩田さんの議論にはマルクスの重厚で雄大な味わいがあり、降旗さんにはエンゲルスを思わせる回転の速さや拡がりが感じられた。この二人は、共同して『資本論』の最初の草稿『経済学批判要綱』の邦訳作業も試みていると聞いていた。
　この『要綱』の検討の成果も生かして執筆された岩田さんの論文「貨幣の資本への転化──『資本論』体系におけるその課題と意義──」(鈴木鴻一郎編『貨幣論研究』青木書店、1959年) は、並んで公刊された降旗論文「商品流通と貨幣」とともに、示唆するところの大きい論稿で、感銘を受けた。その理論的示唆は、やがて鈴木鴻一郎編『経済学原理論』上下 (東京大学出版会、1960、62年) と岩田さんの名著『世界資本主義』(未来社、1964年) に体系的に結実してゆく。『資本論』にもとづく宇野理論の世界資本主義論としての発展の試みにほかならない。
　「貨幣の資本への転化」の論文を公刊した直後のころであったか、岩田さんが経済理論学会の年次大会で報告した記憶がある。黒板に大きな二重丸を三つ書いて、第一の二重丸は、内部の丸で示される資本主義的生産が外部の丸で示される世界市場との関連にもとづき、局部性をもちながら商品経済により自律的に運動している世界本主義の構造を、第二の二重丸は、世界市場の形成に始まり、その中枢に資本主義的生産が終始部分性をもって発生し発展する資本主義の世界史的過程の推移を、それぞれあ

追憶の二重丸

伊藤 誠

らわす。第三の二重丸は、『資本論』による経済学の原理論が、商品、貨幣、資本の流通形態論にもとづき、資本の生産過程が特殊な歴史社会として形成展開される論理構造において、世界資本主義の構造とその歴史的形成、発展の理論的考察をおこなう体系を示す、と説いた。岩田さんにはめずらしく明快で鮮やかな報告であった。

そのころ岩田さんは本郷の西片町に12畳くらいはありそうな広い和室を借りていた。原稿を書くと、それを部屋いっぱいに端から巻物のように並べ、いすに立ち上がって、うえから眺め論理展開のつながりを点検し、しあげている、という。この様子をうかがったのは侘美さんからであったか。後年、飛行機でうえからみていると、ヨーロッパなどの農村共同体のしくみがよくわかると、おっしゃっていたことも連想される。

ともかく、壮大な二重丸三つとその関連についての報告といい、うえから全体の体系的関連を自らの原稿についても追究する姿勢といい、飛行機でもうえから世界構造を把握しようとする視線といい、岩田さんの特性のひとつは、複雑な資本主義世界の歴史、構造、動態についての体系的で理論的総括への強い志向性であった。それとともに、ヘーゲルからマルクスがその合理的核心を学び取り、宇野がそれを現代化しつつ継承していたような、弁証法による包括的体系構成の論理を使いこなせる、たぐいまれな才能の可能性も感じさせるところがあった。その側面は、学びたいといっても、なかなかまねのできないところである。とはいえ、マルクス経済学の優れた特徴は、現代にいたる資本主義の世界史的発展の総括的で体系的理解への試みをめぐって発揮されるべきこともまたあきらかなところであろう。

そのような岩田さんの資質と志向性が理論体系として結実した『世界資本主義』は、宇野理論に依拠しつつ、宇野三段階論の方法について、つぎのような問題を提起していた。すなわち、原理論を、現実の資本主義の発展から抽象された純粋資本主義社会内の理論モデルとみなし、それを基準とする資本主義の世界史的段階論をタイプ論的類型論とみなし、それらに依拠する現状分析が資本主義経済の無限に複雑な現実の追究に拡散されるのでは不十分ではないか。むしろそのような研究の成果も生かして、原理論は、近代以降の世界史的発展そのものを考察対象にしてそこに読みとれる世界資本主義の現実的形成、発展の自律的論理を体系的に内面化して展開したものとみるべきであり、ついで段階論は、世界資本主義の現実的な主導的産業や支配的資本の具体的発展やその交代にともなう経済政策の変化をふくむ歴史的発展段階の総括に重点をおき、現状分析はこれを前提とする個別資本主義諸国の分析にあたるものと再整理したい。それらは考察対象を異にする研究領域の差異とみなされてはならないし、そ

れらをつうじ一貫して世界資本主義の現実的展開の理論的考察とその総括が問われ続けられてよい。

こうした岩田さんの提唱は、歴史と論理の統一を素朴に提唱していたマルクス経済学のかつての正統派的見解を、宇野理論の発展としてあらためて再解釈してみせたものといえなくもない。それとともに、その後1970年代以降に訪れた現代資本主義の危機と再編の長期にわたる過程に現実に展開されているグローバリゼーションのなかで、世界システムとしての資本主義の意義がさまざまな見地から省察されるようになるなかで、宇野学派にもとづくその先駆的試みをなしていたとふりかえることもできる。

しかも、『資本論』の原理は、現代の新自由主義的グローバリゼーションのもとでの資本による労働力の搾取関係の拡大深化、さらには恐慌による経済生活への破壊的作用、人間社会と自然への疎外と荒廃化傾向などにまさに現実的に作用していることにも、世界的に再認識が促されつつある。この側面も、宇野学派のなかでは、『逆流する資本主義』(『伊藤誠著作集』第4巻社会評論社、2010年) などで私がやや不器用に強調してきたところであるが、かえりみると、それも岩田理論から、私が示唆を受けている一面につうじている。

実際、『資本論』の原理が19世紀中葉までのイギリス社会の発展傾向にもとづいて想定される純粋な資本主義社会内部を考察対象として展開されるものと理解し、19世紀末以降の資本主義は帝国主義段階論として、むしろ原理的には扱えない、いわば資本主義の純化傾向を鈍化され、不純化される傾向をともない、農業問題や国家の役割に大きく規定された資本主義の世界史的段階論としての考察課題となるとみなす、宇野三段階論の考察次元の区分論のみでは、新自由主義的グローバリゼーションのもとで提示されている、現代資本主義のもとでの経済生活の格差と貧困の再拡大、不安定、自然環境破壊などを批判的に考察し分析するうえで、それらが経済政策上の誤りなど資本主義の原理外の不純な諸要因の作用に帰着させられがちとなりはしないか。そのような傾向が生ずるのであれば、宇野三段階論は、その方法論的意図に反し、むしろ認識上の障害となるおそれさえありはしないか。

もっとも、岩田さんの『世界資本主義論』における魅力的な原理論の再解釈と現代資本主義論とには、資本主義の世界史的発展の体系的総括を見切ろうとする性急さが、いくつかの点に残されていた。岩田さんには、意外にせっかちなところがあったのかもしれない。

そのひとつは、株式資本としての資本の商品化の規定が、資本の最高の発展形態と

追憶の二重丸

伊藤　誠

して原理論の終結を示すとされるさいに、その資本形態のもとで、利潤率の均等化とそれをつうずる統一的社会的生産編成を実現する機構が失われ、生産力と生産関係の矛盾を解決しえなくなったと総括している点にある。たしかに株式資本は、巨大な固定資本の実現を容易とし、その設備能力としての過剰化にともなう不況の長期化を招き、周期的恐慌による生産力と生産関係の矛盾の現実的解決の法則的反復を妨げて、そこから金融資本としての独占組織を成長させ、帝国主義政策や雇用政策を要請する資本主義の変容をまねいた。とはいえ、株式資本も利潤率をめぐる競争を終焉させるものではなかったし、第二次大戦後の高度成長期のように、歴史的条件によっては、そのもとでの資本蓄積の自律的拡大を可能とする機構の一環となりうる側面をも有していた。

その高度成長期の終焉を、アメリカの金ドル交換を基軸とする戦後のブレトン・ウッズ国際通貨体制の崩壊とそれにともなう世界経済の収縮、これに促される世界資本主義とその「もっとも弱い環」日本における革命的危機の到来で締めくくっているところもまたあまりに性急な結論であった。1970年代初頭の経済危機は、国際通貨危機の背後には、高度成長期の資本蓄積がもたらした先進諸国をつうずる労働人口と一次産品の供給余力にたいする現実資本の過剰蓄積にともなう、利潤率の圧縮という、まさに宇野恐慌論の現代的発現の危機が進行していたのであり、それに呼応し、その後の危機と再編は、長期にわたる海外と国内とにわたる産業予備軍の大規模な再編をすすめる大不況期をなしている。新自由主義的グローバル資本主義のその動態は、むしろソ連型社会主義を解体させ、社会主義的変革の理念と運動に深刻な打撃を与え、反動的な歴史の逆流をもたらし、資本主義の執拗な生命力を印象づけている。グローバル資本主義のこうした展開は、一方で岩田『世界資本主義』論の現代的で先駆的意義を想起させつつ、他方でその出版当時の性急な展望に強く反省をせまるところとなっている。

さきにふれた学会報告での三つの二重丸にも示されていたように、マルクスから宇野原論を介し、岩田さんが継承し、おりにふれて強調していたのは、世界市場を形成する商品経済の諸形態が、古代以来の共同体的生産にたいし、外来的に諸社会の間に発生した歴史性を有し、資本主義的生産は、これを基礎として社会の内部の生産をも編成する特殊な自律性を形成し、確保しているという理解である。

それは、商品関係に特有な価格関係と社会的生産に原則的に認められる労働時間の相互関係をめぐる価値法則やその展開関係としてのいわゆる転形問題論争の再考にさいしても重要な示唆を与えてくれた。

それとともに、市場経済と資本主義経済とを同一視しがちな新古典派経済学による社会主義批判にたいし、市場社会主義論の現代的展開の意義や、中国社会主義市場経済の理論的可能性の検討にも大いに役立つところがあった。

　他方、岩田さんは『世界資本主義』では、なおソ連型諸社会も社会主義の建設に向かいつつあるとみなして、その点では宇野の認識と一致していたが、ソ連崩壊後、ソ連型社会も現代中国も国家資本主義の異なる類型とみなすようになっていた（『現代社会主義と世界資本主義』批評社、1998年）。しかし、それはどうであったか。

　宇野が経験しえなかったソ連崩壊による歴史の危機に、宇野学派がどうたちむかえるか。岩田さんも提起していた現代社会主義再考の課題は重い。とはいえ、この点で岩田さんが世界資本主義内の派生的類型としてソ連、中国を位置づけたのは、『世界資本主義』の規定との関係においても、理論的にも、やはりやや性急な現代史の総括となっていないであろうか。それは、ソ連については、むしろ日本の正統派マルクス経済学者の最近の見解に近い。宇野学派内でもおそらく賛否が分かれるところであろう。（たとえば『伊藤誠著作集第6巻『現代の社会主義』社会評論社、2012年、菅原陽心編著『中国社会主義市場経済の現在』御茶の水書房、2011年、参照。）

　岩田さんは、こうしていくつかの点で性急な論旨を残しながら、世界資本主義の総括的認識への強い志向性をつらぬき、それによって政治的、革命的危機への日本の左翼勢力の新たな結集に期待し連帯する立場を堅持していた。いま現実に進展しているサブプライム世界恐慌からギリシャ危機と中国経済のバブル崩壊のショックのなかで、日本では、東北大震災と原発過酷事故からの復興過程で、脱原発を含む自然環境の危機がとくに強く意識されるようになり、安倍内閣によるTPP推進や、安保関連法案の強行採決や辺野古への基地移設計画などに示される軍事化路線にも憂慮が深まっている。戦後70年、日本には、経済生活のうえでの格差、不安定、新たな貧困が拡大し、平和憲法の危機が深まり、反動的閉塞感も強い。そこからの脱却を求め、アベ政権打倒への民衆的諸運動も各地に広がり、その連帯も強化されつつある。

　岩田さんがわれわれに提起し続けた日本の左翼運動の課題の総括とその論拠となりうる理論と分析の必要性は、いまふたたびあきらかに切実さを増している。この遺稿集も大切な手がかりとして、岩田さんの生涯をかけた思索の跡を偲びつつ、マルクス経済学を現代にどう活かすか、その方途をあらためてともに探り続けてゆきたい。

（本稿は、岩田弘先生を偲ぶ会編『岩田弘　経済学と革命運動』[情況出版、2012年4月]におさめられている拙稿「二重丸三つの岩田さん」に加筆したものである。）

岩田さんの人と学問

山口重克
(東京大学名誉教授)

　岩田さんとの最初の出会いのことは良く覚えていないが、私の大学院生時代から電通大の助手の時代にかけて、どういうわけか誘われて岩田さんの住居によく遊びに行った。彼は東大の弥生門のすぐ近くに住んでおり、私も東大の正門の近くに下宿していたので、そのせいで誘われたのかも知れない。岩田さんはそのあと本郷の菊坂に住居をかえたが、そこへもよく行った。五味久壽君の追悼文に晩年の岩田さんが宮崎駿のアニメをよく見ていたと書いてあるのを読んで思い出したのだが、そのころは、論文のストーリー作りに役に立つのだと言って山手樹一郎の時代小説をよく読むといっていた。また、ベートーベンのシンフォニーを聴きながら論文を書くと、その楽章構成がビルトインされて、説得力のある論文構成を考える参考になるというようなことを言っていた。

　私は1965年に電通大から新潟大に移籍したので、その後は個人的な付き合いはなくなった。おそらく新左翼系の実践活動に入っていったのもその頃のことではないかと思われる。私は68年に大学闘争まっただ中の法政大学に移り、川上忠雄君や杉浦克己君らといろいろ汗をかいたが、何時だったか岩田さんが法政にヘルメットをかぶって乗り込んで来て演説会を開いたことがある。たしか服部信司君やいいだももさん達も一緒だったように記憶している。内ゲバのはげしい時だったので、何もなければよいがと、会場の片隅でひやひやしながら見守っていたことを思い出す。

　学問のことについて言えば、世上、世界資本主義と純粋資本主義とが対立的に対比されているが、これが原理論についてのことだとすると、この対立のさせ方には私はやや違和感がある。宇野さんの原理論はもちろん純粋資本主義論であるが、岩田さんの原理論もその対象世界は純粋資本主義であるように思える。ただ、その純粋資本主義を理論的に設定する手続きが、宇野さんの場合は、19世紀中葉までの資本主義の純粋化傾向を延長して設定したとされているのに対して、岩田さんはその当時の世界資本主義を内面化して設定したものでなければならないといっているという違い、つまり純粋資本主義の設定の手続きに違いがあるわけである。

　しかも、岩田さんも言っているように、宇野さんも、恐慌論では対外関係を翻訳す

るという方法論を述べており、これは岩田さんのいわゆる内面化論なのである。だから、この内面化論に関しては宇野さんも受け入れる余地があったのではないかと思われる。

では、両者の原理論が同じ純粋資本主義論であるのに、どこか違うのかというと、おそらく宇野さんの純粋資本主義論における運動法則が循環法則であるのに対して、岩田さんの原理論は、歴史的な発展・変容の過程も内面化して叙述したものだとされている点であろう。この点は宇野さんとしては受け入れることが出来なかった。

発展・変容を説こうとすると、原理論の中に純粋と不純の対抗関係、あるいは資本主義と非資本主義の対抗関係を持ち込まなければならないが、不純ないし非資本主義にはいろいろあるから、この対抗関係には原理はない、タイプがあるだけだ、というのが宇野さんの考え方で、だから宇野さんは段階論という研究分野を提起したわけである。岩田さんは原理論の中で発展・変容を説こうとするわけであるから、岩田さんには当然のこととして段階論はない。

こうして要するに、岩田理論と宇野理論の違いは、原理論の中で発展・変容を説くかどうか、あるいは原理論とは別に段階論という分野を設けて発展・変容を説くか、という点にあることになる。岩田さんは主観的にはそのような発展・変容を内面化した原理論を志向していたかも知れないが、実際にはそのような原理論は出来ていない。櫻井毅君の追悼文によると、岩田さんは原論をもう一度やってみたいと言っていたとのことなので、どのような原論になったか、それが発展・変容を取り込んだ原論であったとしたら、是非見たかったのにと残念に思う。

次に、世界資本主義論と段階論について考えて見たい。これも、資本主義を世界史的な体制だとみていた宇野さんから、岩田さんは資本主義の世界性を学んだと言っているように、宇野さんにも世界資本主義論的な側面があるにはある。しかし、これは必ずしも明確にはされていない。段階論としての経済政策論は、宇野さんの場合、基本的には対外政策論であり、その限りでも世界資本主義論的にならざるを得ない面があるはずであるが、どうしてなのか必ずしも明確に世界システム論になっていない。

これは宇野段階論の一つの問題であるといってよいだろうが、それはともかく、岩田さんは、いくつかの論稿で「資本主義の世界性と国民性」について論じている。その要点は、資本主義の世界性を国民性の連合性、寄せ集め性と解するか、あるいは資本主義の国民性をその世界性の有機的構成部分と解するかという点が問題であり、この後者の観点にたたなければならないというのが岩田さんの主張であった。この場合、岩田さんは、資本主義の世界性の形態的な根拠として、商品経済が種々の社会的生産

をその内容に無関心に外から結合するのにふさわしい経済形態だと言う点をあげ、同時に、その実体的な根拠としてより高次の普遍性、資本の過程に取り込まれる生産過程の普遍性をあげて、「この実体的な普遍性を根底から制約するものとして、労働力の国民性があり、さらにその背後に、国家権力発生の国民性がある」と述べている。

　19世紀中葉から19世紀末までのイギリス資本主義を基軸とする世界資本主義には、世界性と国民性の有機的一体性が存在していたと言えるかも知れない。しかし、20世紀のはじめと30年代とに、イギリス資本主義の編成力が劣化し、世界資本主義を構成する各国民経済・地域経済の不均等発展による対立・抗争が激化して、有機的編成は解体せざるを得なかった。二度の世界大戦はその結果である。資本主義市場経済は、各国・地域の実体経済を一様化して世界的に編成しようとする強い志向を持っていることは確かだけれど、国民的・地域的な実体経済の抵抗・反撃も強く、流通形態的な世界性志向が勝利した時期と労働力商品に代表される多様な国民性志向が勝利した時期とが交代を繰り返していたと言えるのではないか。現代も、冷戦終結後の米国型証券金融資本による世界編成は破綻に瀕しているといってよいだろう。このように考えて来ると、19世紀についての世界性と国民性の統一体としての世界資本主義というのも、実は資本主義市場経済の世界編成力に対する買い被りがあったのではないか、多様な実体経済を表層的な流通形態で有機的に編成するということは本来出来ない相談だったのではないか、という気がしないでもない。岩田さんはこの現在の情況をどのように考えるのかも、お元気な間に是非聞いておきたかったと残念である。

（本稿の初出は、岩田弘先生を偲ぶ会編『岩田弘　経済学と革命運動』［情況出版、2012年4月］である。）

岩田先生を偲ぶ

河村哲二
(法政大学経済学部教授)

　岩田先生が亡くなられ、まさに巨星落つの感が強い。岩田先生と直接お話するようになったのは、最晩年の数年ではありましたが、研究会の席上で私の著作に関するコメントをいただいたり、また何度もお電話をいただき、議論が何時間にも及ぶこともありました。いつもながら鋭い論点と雄大な理論空間による議論を展開され、大いに触発されたことが懐かしく思い出されます。岩田先生のご研究は、原理論領域から、現実資本主義分析、オールタナティブ論など、実に多岐にわたる多くの学ぶべき内容があり、すべては受け止め切れていないと思っていますが、思い返せば、岩田先生からは、顕在的にも潜在的にも実にいろいろなことを学んできたと思っています。すべてここで論じることはできませんが、とりわけ、経済学の方法論として、現実世界の中から資本主義の基本ロジックを見出して理論化する先生の基本姿勢こそが、最も重要な点であったと受け止めています。

　岩田先生は、周知のように、マルクスに対する宇野の「三段階論」の提起を体系的に受け止めた上で、マルクス、宇野に学びながら、「世界資本主義」論として独自の方法と理論体系を提起された。その方法の核心は、資本主義の流通形態論における「内面化」のロジックによる「内的模写」を通じて、資本主義の原理を解明する原理論体系の領域を理論的に設定する方法にあった。現実の資本主義は、多様で複雑な非資本主義的・非商品経済的な現実的関係と諸要素のなかで「部分的」な存在でありながら、商品経済の形態的ロジックによる「内面化」を通じて自らを貫く。そうした資本主義の自立的関係の基本ロジックを見いだし、その「内的模写」を通じて原理論体系の理論領域を設定し、資本主義の原理像を解明する。この点が、岩田理論の最も基本にある。こうした岩田先生の世界資本主義論の基本的方法と認識が、岩田理論の神髄である点に異論はほとんどないかと思います。

　確かに、岩田先生の「内面化」と「方法的模写」の方法における「学史的抽象」の意義の問題や、原論体系の論理領域のなかで、資本主義の原理的関係そのものの変質を規定しようとする点など、後の宇野の方法論の再検討の中で、原理論体系の論理領域の設定方法としていくつか重大な問題を含むことが明らかにされてきた。しかし、岩

岩田先生を偲ぶ
河村哲二

田先生の提起した方法は、多様で複雑な非資本主義的・非商品経済的な現実的関係と諸要素のなかに存続する現実資本主義の解明と、資本主義の原理像を一般的に解明する原理論体系との最も本質的な理論的関係を問い直す方法的提起であり、とりわけ現代資本主義の現実的分析と資本主義としての本質論を論じる場合には避けて通れない問題といってよいと思われます。

　宇野「三段階論」の方法をごく平板にとらえれば、現実資本主義の「純化傾向」を基礎とした「純粋資本主義社会」を想定する宇野の方法には、「純化傾向」をそのまま現実資本主義の現実そのものとして実体論的に捉え、現実資本主義が「不純化」するがゆえに「段階論」を要するという単純化された解釈がありうる。まして、第一次大戦後の資本主義は、社会主義との対抗の段階に入った資本主義であり、「不純」度はさらに拡大し、段階論の対象にもならず、現状分析論として明らかにする以外にない……。ごく単純にとらえれば、こうした論理構成を導出することは可能である。そうした立論を「純化・不純化」論と名付ければ、これをとりわけ現代資本主義の歴史的本質論をとらえる宇野の立論の本筋とみるのはあまりに平板な俗説に堕する見方といってよいと思われます。岩田先生の方法的提起は、こうした平板な解釈に対し、資本主義の原理的規定と現実資本主義の関係を改めて理論的に問い直す上で、非常に重要なものであるとみています。

　さらに、こうした方法論を提起する一方で、岩田先生は、とりわけ共同体論を重視する方向で一貫していた。これは、資本主義に対するオールタナティブ社会を構想する上で、実に重要な視点であったと思われます。戦後の現代資本主義は、とりわけ1970年代を境にして大きく転換し、「グローバル資本主義」の様相を強めながら、新たな展開のダイナミズムをグローバルな規模で顕在化させている。そうした現実資本主義の歴史的位相の解明そのものと、そこからさらに「資本主義」を超えたオールタナティブ社会を見出して行く上で、岩田先生の「世界資本主義論」と「共同体論」は、大変重要な視角とフレームワークとなると思われます。

　「国家独占資本主義論」や「福祉国家論」、あるいは「混合経済体制論」など、多くの現代資本主義論は、資本主義社会の最も基本的な対抗的関係を「市場 対 国家」の構図で捉えている。しかし、岩田先生は、「世界資本主義」と「共同体」の対抗的関係、言い換えれば、「市場 対 コミュニティ」（あるいは市場原理対共同体の原理）の対抗関係こそが、現実資本主義とその変容、さらに資本主義を超えるオールタナティブ社会を与える、最も基本的な関係であるという認識にたつものといってよいと思われます。これは、宇野が最も強調した「労働力の商品化の無理」、あるいは資本主義の流通「形

399

態」と社会的「実体」の矛盾を資本主義の本質とみる認識もその点に最大の意義があるといってよいと思われます。

　そうしたフレームワークを、現在のグローバル資本主義に当てはめれば、一方で剝き出しの資本の基本ロジック（それはもともと近代国民国家のフレームワークを超えたグローバルな本質をもつ）による企業・金融・情報のグローバル化と政府機能の新自由主義的転換を主要経路とするグローバル資本主義の展開が、既存の社会経済・政治システムの制度構造・文化思想構造に解体と変容の圧力を加え、そのインパクトに対する「コミュニティ」レベルの基本ロジック――、つまり「コンミューン-イズム」と言い換えた方が正確にその内容を表現するものであり、さらにそれは日本社会の文脈に置き直していえば、「字・大字」を最も基礎的単位とする関係として言い換えることができる――からの反発・抵抗・対抗運動という、「キャピタル-イズム 対 コンミューン-イズム」の対抗関係が、そうした現実資本主義の現状における現実のダイナミズムの最も根本にある。そうした点を捉えているものと解釈できる。その点こそ、岩田先生の世界資本主義論の根本認識にあると捉えることができると思われます。その意味で、現実資本主義の歴史的展開を、「生成」・「発展」・「変質」（「死滅」）という単線的な経路でしかみない単純な「純化・不純化」論を超えた、現実資本主義の展開とその変容のダイナミズムそのものを現実に即して捉える基本視点となる。

　そうした対抗関係が最も基本なダイナミズムとして作用して、新たな資本主義の制度群と各種組織の形成と発展を通じて既存システムの変容をもたらし、特定の時期に特有の特定の社会経済・政治構造とメカニズムが形成される。それが資本主義の枠内にとどまる再編に帰結するのであれば、資本主義の新たな段階的発展に帰結することになる。そこには特定の発展段階特有の資本主義のロジックが基本として作用する。それを軸に特定の時期の特定の政治・国家・社会経済の諸問題を具体的に解明することが可能となる。

　そうした点の解明があって初めて、現実的かつ具体的なオールタナティブへの戦略が構築できる。今、「市場の危機」として顕著に現れたグローバル金融危機・経済危機に対してケインズ主義の復活を喧伝する向きもあるが、各種の「国家」機能の意義を持ち出したところで、現実資本主義の変容と転換のダイナミズムの本質を捉えることはできない。まして、近代国民国家の権力奪取を通じて中央指令型の社会主義計画経済（「スターリニズム」）を構築することでは、資本主義社会に対するオールタナティブ社会は与えられないことは、すでに歴史が証明している。このように捉えられると思われます。グローバル資本主義とコミュニティ原理の対抗関係の対抗関係を基本に

おくことによって、単純な「類型論」を超えて、資本主義の「段階論」による現実資本主義の現状の解明と、それを踏まえた、オールタナティブへの戦略的方法を与えることになると同時に、そうしたオールタナティブを現実化する主体は何処にあるのかも明らかにすることになる。

　岩田先生は、オールタナティブへの探求に情熱を傾けられ、「段階論」の具体的定式化はなされなかった。その点は残念ではありますが、常に現実世界の中に内的なロジックを探る方法が、岩田理論の最も基本にあり、今や、グローバル資本主義の危機に直面し現代資本主義の一大転換に直面する世界、さらにはなによりも、大震災津波被災と原発危機が加わった「二重の危機」によって、近代資本主義化のプロセス全体の問題が丸ごと問われている日本国家に対し、真の解決を目指すオールタナティブを明らかにするには、岩田先生のこの点に学ぶ必要を改めて痛感しています。岩田先生のご冥福を心からお祈りします。

岩田弘先生の追悼の意を込めて

福岡克也
(立正大学名誉教授／早稲田大学環境総合研究センター顧問)

　私の生涯において、岩田弘先生に御縁をもてたことは望外の幸せであった。しかも、職場での重大な時期に協力して事を成就させたことは輝かしい思い出の一つとなっている。経済学は、私にとっては既に東大農学部で学んでいたエコロジーの思想に加えて、東大経済学部でのマル経や近経の基礎学習が大きな戦力となっていた。経済学研究科での「再生産表式分析序論」などのややクラシックだが厳密な読解の学習・ゼミは、多くのマル経専門家を知る契機になったが、農業にも詳しい大内力先生や佐伯尚美先生とお付き合いをもて、私も林政、林業、森林の担当として「農業経済小辞典」に執筆参加した。これらの過程では岩田弘先生と御一緒することはなかった。
　近経では生涯でお世話になり続けた大石泰彦先生はもとより、多くの近経学者の仲間や友人をつくることができた。
　そうした流れのなかで、1972 (昭和47年) 10月、前任の山形大学助教授より立正大学教授への転勤となったが、赴任の情報をきいて、大学院で私の門下にいた院生 (彼は進歩的な大学改革の戦士であった) が、私に「今度、先生の行かれる立正大学経済学部には、私達の尊敬する岩田弘先生がおられます」と知らせてきた。身近なところから岩田先生に関して教えられたのは、突然で初めてだったが、赴任前から新しい職場での大きな一つの関心となったことも事実であった。
　しかし、東大での接点はなく、経済学部では、近経ブロックで、ミクロ・マクロ経済学原論、公共経済学、流通経済学などの講義担当であったので、マル経原論などのブロックとは独立しており、さり気なく、マル経との対立的意識すら存在していたことも事実である。こうした先入観は私は持たなかった。無意味とは思えなかったが私の問題意識はそうした伝統？とは全く異なっていた。自分の研究歴や関心の分野からみて、人間サイドの身勝手なシステムや思いこみに過ぎないと思っていたからだ。したがって、マル経分野でも学内でほぼ二組に分かれていたのも、そんなに苦痛でもなかった。生物の分類で同種の二種目ぐらいと思ったから、岩田弘先生のブロックも堂々たる純粋種と認めていたのであった。岩田弘先生を中心に、優秀なメンバーが揃っていて、大学自治の原則のもとで、カリキュラム、担当から、教学・研究の内容決定まで、各自

岩田弘先生の追悼の意を込めて
福岡克也

の意思を尊重しつつ、美事に自治が守られていた。講座制の学部にいたものにとっては、このシステム (科目制) の自由さに、真の研究のあり方についての共感を覚えた。

時代の変化とともに、大学改革の流れが進み、1970年代より1985年にかけて、大量の学生を入学させ (定員の1.5倍から2倍)、大学の採算をとるという私学の政策が進み、経済生活は安定するが、教育に対する責任や質が問われることにもなった。これを改めるには、ファカルティメンバーの自覚が第一である。この時点から、大学改革への具体的取り組みがスタートした。

この改革に関して、教学への価値観が知らず知らずに理解できていた岩田弘先生への距離感がぐっと縮まったのである。公式のシステムであったカリキュラム委員会で、近経ブロックの改革案を出したのに対して、自らの改革案も出したうえで、岩田弘先生のブロックの賛成を得たのである。これが始まったトタンに、毎晩、岩田先生より意見電話が入り、相互の意見の交流が熾烈となった。岩田先生の声を聞かなければ寝られない状態ともなった。岩田先生も一筋の理論をもって臨んで容易に譲らないが、頑迷固陋の人ではなかった。対する私も自説はもっていたが、対応は平和的、建設的、我慢づよく臨んだ。両者の交渉は、やがて合意形成に向かい、1985年 (昭和60年) 以降の大学院建設の方向、実現となった。社会科学系に大学院のなかった時代での仏教・文学系の大学での様々なネックはあったが、学部の意思がまとまった後は、この大学の建学の精神にもあるように、順調に計画は進み、難所はむしろ文科省の大学設置審に及んだ。

ヒト、モノ、カネと言うが、永年の経済学部の財政貢献で、モノ (設備)、カネ (資金) はととのってきたが、今一つ欠けていたヒトの充実をはからねばならなかった。これを機会に私はブロックの諸先生とも協議のうえ、近経の大家、東大大石泰彦教授の定年退官を契機として、近経ブロックの中心としてお迎えすることにした。近経科目の充実をはかり、バランスある経済学部の発展を企図したのである。かつてはマル経ブロックが一つの障害とも思われていたが、既に同ブロックとの日常的意思疎通は図られていたので、大きな共通の改革のもとで、この提案は受け入れられ一致して進むことができた。ここでも岩田弘先生の大きな考えが力となって頂いたことは事実である。

改革の第一段階では、大学院の修士課程を設置することとし、新任の大石泰彦先生に大学院委員長、経済学部長をお願いし、大学の慣例に従い、教員全員による選挙で選出した。岩田弘先生と私とが設置委員として、大石先生の補佐役となった。大石先生はご自身のイデオロギーなどは脇におかれ、純粋な学者としての立場から、メディアでの俗評とは全く異なる公正かつ自治的な立場を貫かれたのも記憶にとどめられている。岩田弘先生は理論経済学を中心に国際経済を含めたグローバルな理論で構成さ

れ、私は設置審の条件であった多くの他の経済学系と異なる特質をもつ、斬新な環境に対する経済学系の研究システムを構成した。設置審に何回か、大石先生と説明に出かけ、霞ヶ関から先生の車で品川の大学に帰っていた。岩田弘先生も独特な自動車運転で伴われていたが、対官僚の方は、大石先生と私に任されていた。マル合教授もそろって漸く1988年4月より大学院の修士課程が発足した。

　改革の第二段階は、大学院修士課程の完成と次のステップである博士課程の新設である。修士課程の完成に至らぬ1989年1月、郵政研究所所長として大石先生は国より委嘱され任命された。長年に亘って郵政を育てられてきた先生にとっては大切な職務への就任であり、一応私は岩田先生を誘って旅先の温泉まで行って、大石先生の真意を確かめた。

　私も岩田先生も「本学のためにお時間を頂けないか」と留意したが、「諸君に頑張ってもらって斬新な大学院をつくって欲しい」とのことで、私の情況判断は固まった。岩田先生と意見を交わし、二人で力を合わせてこの苦難を乗り切ろうという結論となった。この時の二人の心の動きと決意は、岩田先生との協力のなかでも印象深い思い出となっているのである。私どもとしては、まず大学院修士課程の完成が第一であり、留学生を含め責任もって指導に当った。大石先生の後任として私が1989年1月(平成元年1月)より、2000年3月(平成12年3月)まで、長きに亘って大学院の完成、経済学研究コースと環境系研究コースの完成に力を尽すことになった。私は岩田先生にこれらの職務をお願いしたが、ここで岩田先生は、「これからの仕事は、全学の広い同意と、何といっても文部官僚とのやり取りが多く、福岡先生が当ることが適わしい」とのお考えを力説され、選挙を毎回(当時任期2年)経て、遂に仕事をすることになった。しかし岩田先生はポストなどは任せても、実質の研究において、大学院の運営において欠くべからざる役割を果していただいた。いくつかの重要事項のうち、岩田先生自ら中国の留学生を大量に受け入れられ、北京大学、華東師範大学などとの交流を進められた。また、国際的研究だけではなく、私の環境研究の重要性を認められ、これからのグローバルな時代での経済研究においても不可欠なジャンルと認識された。岩田先生の新たな経済研究は、スモールサイズのネットワーク化など、現代経済の矛盾に対するシステム的アプローチが主となって、全く世間の常識や学問の安易な既存理論への安住を排した新たなものであり、科学的研究とは、かかるものであるとの模範を示したものと思えた。

　同居している私の環境研究についても、人一倍の関心と研究をして理解につとめて頂いた。このことは私の環境研究を背中から押してくれる友情以上のものがあったこ

岩田弘先生の追悼の意を込めて
福岡克也

とに感謝申し上げている。

　岩田先生は、とくに大学院博士課程の申請に当って、ご自身のジャンルだけでなく、私のジャンルにまで強い関心をもたれ、かつ理解を深め、先生なりに最終的には、強力な支持者としてサポートして下さった。経済学の派閥のなかで、私のようにエコロジーサイドからアプローチをしている立場からは、全く孤軍奮闘の日々であったが、私の狙いとしているところは、さすがに岩田先生においてはご自身の価値観のもとで確実に把握していただいたと確認できた。

　とくに私の著作の一つである『地球環境保全戦略』（有斐閣、1993年）は、大学院博士課程の設置申請に当って重要な参考文献とされたことは明らかである。岩田先生の遺品を整理されていた五味久壽先生から、亡くなってから、私に岩田先生の読まれたそのままの姿で送って下さった。

　他者の読書後のメモなど、のぞき見することはないが、送られてきた本を通して、私は岩田先生の生きた気脈を感ずることができた。今となっては、岩田先生と五味先生の深い友情とご理解に改めて感謝の意を表したい。良き友の大事な心づかいは幸せと思っている。

　岩田先生に特にご理解いただいた点は、資料より次の諸点であることが判った。論旨は私のものであるが、強い同感の意が現わされていたことで、核心については明確に同意されていたものと考える。いくつかを挙げさせてもらう。

　「人類の生存にとっても、他の一三四万種以上の地球の生物にとっても、二〇世紀の人類文明の与えた打撃は大きい。すでに地域的公害から地球的規模の環境破壊へと事態は深刻化し、地域的対策から地球的規模の国際的協力に至るまで、一貫した人類の対応と適切な手段の選択が求められている。」

　「過剰な人口の圧力を緩和し、限界に達した自然の浄化力と再生力を回復するためには今から二一世紀へかけての時間はかけがえなく貴重な時間なのだ。二〇世紀の物質的繁栄はたしかに人類の浪費の写像と言えるだろう。しかしその傲れる経済もいまや避け難い衰退の危機を迎えている。……およそ国家権力とほど遠い日米の二人の環境問題研究者（福岡とレスター・R・ブラウン）が、共通して抱いた不安は残念ながら当たってしまった。依然として世界の経済体制は人口の過剰な圧力と自然の破壊の圧力をはねのけるだけの力をもっていないこと、地球温暖化を加速させる温暖化ガスを抑制し、フロンなどの排ガスを積極的に回収するなどの共同行動が組み立てられてきていないこと、自然の能力を培養し、その範囲内での森林や農地、漁場での採取を行うべきであるのにそれが守られていないことなど、持続的発展（サステナブル・ディベロッ

プメント）とは程遠い軌道を走り続けている。とくに政治、経済、マスコミの分野、各国政府や国際経済協力機構など、意思決定に影響をもつメンバーに真のエコロジカルな理解が欠け、既存の考え方や権力に依拠して、日常性の枠組みの延長上で、政策対応がなされる傾向が続いている。」

「今日のような過渡の資源利用のもとでは経済サイドから、マテリアル・リミテーション＝物質の限界が刻々と現実の問題となりつつある。エンドレスな経済成長と進歩が、機械論的科学技術の延長路線の上にのみ成立するならば、環境を破壊し、人間を含めた自然の否定という形で、過去の文明・文化を一気に失なってしまうだけの被害を与えることは間違いだろう。……マーケットを通して人間の共同体はひたすら利益のみを追求し、近代的合理主義の名のもとに、人間は自然を人間の目的に合うように再編成し破壊した。」

「現実の物質循環系のなかでは、市場財ないし公共財として利用されることを目的に採取され、循環されている物質のほかに、生産部門、消費部門、廃棄物処理部門、リサイクル部門を問わず、共通して市場財に属さず、公共財に属さず提供されている。いわば費用負担のない自由財としての自然からの恩恵（環境ベネフィットまたは環境財）が存在する。これらも厳密には物質循環過程に入り、また特定の廃棄物処理機関を通さずに排出されているケースもある。こうした自然のベネフィットについては、自由財として費用負担がなく、市場のプロセスにも乗ってこないので、非経済財として取り扱われているが、現実の物質循環では無視しえない不可欠な循環物質であるといわざるをえない。……以上のすべての現象とプロセスをまとめると経済活動による物質循環モデル、およびそれにもとづく地球環境計算のシステムにまとめることができる。このモデルを基準として考えるならば、従来の一方的な経済成長や技術発展に伴う生態系の破壊や再生資源の枯渇などによるマイナスの環境負荷を考える新たな厚生基準を立てることによって経済政策を転換していかなくてはならない。いまや国民総生産の大幅な増加で真の厚生を最大にするという可能性は失なわれてきつつある。」

これは環境保全型経済の理論と政策につながる私の研究であったが、岩田先生は、この研究をトレースされ、懸念も示されてフォローされていた。旧来の経済学研究への批判でもあった。

現実に良き理解者を失なった淋しさはあるものの、共に切磋琢磨できた喜びと貴重なアドバイスやコメントを思い浮かべながら、常に心での情報共有が行なわれていると考えている。書斎で岩田先生の電話を待っているような気分におかれることもある。常にあの日々は生きてつながっているのだ。

最晩年の岩田先生から学ぶ

田中裕之
(立正大学非常勤講師)

　私が初めて拝聴した岩田先生のご講義は、2002年の大学外の研究会と立正大学の大学院の講義でした。それ以来、大学院のゼミがご自宅における月一回の研究会へと移り、亡くなられる2012年1月の最後の研究会まで参加しました。従ってその10年間、最晩年の岩田先生のご研究生活から学んだことを、振り返りながら述べることにします。

現実主義者としての最晩年の岩田先生の印象

　私は学部生時代、埼玉大学の経済学部において、他ゼミ生でありながら鎌倉孝夫先生のゼミに参加させていただきました。当時鎌倉先生が、大学院時代の鈴木鴻一郎先生のゼミにおける岩田先生の存在は「鈴木先生より怖い天皇のようであった」と言われたことが印象に残っております。そのため私にとって、岩田先生がかつて主張されていた1960年代後半のいわゆる世界資本主義システムの危機論や工場占拠闘争における岩田先生の政治的イメージも、極めて近寄り難いものでした。

　ところが、2000年代初頭に初めて拝聴した岩田先生のご講義では、中国の登場によるアジア資本主義の再編がもたらす世界市場システムの世界史的転換について主張され、そのダイナミズムと極めて現実主義的方法に非常に強い関心を持ちました。

　実際に、ご自宅の研究会等で直接お伺いするなかで岩田先生の印象は、左翼的思想家や知識人の伝統的な姿勢とはかなり違っているように思われました。どちらかと言うと、職人上がりの中小企業の厳しい経営者、労働現場の組織者といった印象で、極めて経験的、現実的な行動原理をお持ちになっていると感じました。

　後にお聞きしましたが、先生ご自身が戦時中の勤労動員、戦後の焼け跡の闇市の商売経験をお持ちであること、特に闇市における独立独歩の厳しい生活体験、いわゆる無頼派と呼ばれるご経験が、体質として強く残っていたことが大きいと言えます。具体的には、名古屋経済専門学校に入学される前に、三重県鈴鹿のご実家の農業と同時に、大阪商人と名古屋商人をまたいだ油紙のブローカー的仕事をされていたそうです。岩田先生の言動や物腰に見られた丁寧で細かな配慮と鋭く強い説得力の両面には、そ

の闇市時代の近畿・愛知の商業圏でのご経験が大きく反映しているのではないか、やがて政治闘争時代を経て、晩年はその点に特に自覚的であったのではないか、と思われます。後に、大学院時代から理論形成された世界市場論は、異なる空間における価格差を前提とした世界商業が組織する世界市場の実態を基礎とするものであって、その理論形成の思考材料となる貴重なご経験をなさったのではないかと思います。

新装版『世界資本主義Ⅰ』における世界史的到達点である現実の意味

　この2000年代の前半の時期、岩田先生のご研究は、2006年刊行の増補新装版『世界資本主義Ⅰ』(以下、「増補版」と略す。)の準備段階でしたが、基本的なシナリオは、ある程度出来上がっていたそうです。「増補版」の特徴は、1964年旧版への修正と新しい世界史的問題の提出になっています。つまり、60年代後半からの金ドル体制の崩壊による国際通貨体制の動揺と世界資本主義の危機という現状分析に対する修正が行われ、資本主義世界システムの再編過程を通して、世界構造の軸がヨーロッパシステムから移動して、新たな中国・アジアシステムの登場というシナリオになっています。

　序文となる「増補版の刊行にあたって」において、さらに「増補版」が分冊編成であることが明記され、『世界資本主義Ⅱ』は、中国史を主題として、人間社会の基礎単位であるコミュニティとその国家的統合である「律令制共同体国家」を中心に中国文化圏の歴史を振り返ることを予定されていました。未完に終わったこの続編分冊のシナリオと細かい論題については、本書における五味久壽先生の解題と序文をご参照ください。

　この序文では、旧版との違いとなる、「金ドル交換停止後の世界市場」、「ソ連型社会主義の自壊」、「パソコン登場後の新情報革命と新産業革命」、「中国・東アジア資本主義の登場」、「人間コミュニティの再生」の5点が列挙されています。

　この新たな論点には、共通する重要問題があります。第1に、研究対象の出発点が、1990年代冷戦崩壊後の世界構造の変動を通した、2000年代前半という時点での世界史的現実であるということ。第2に、そこから歴史的なプロセスを振り返り、世界システムの全体認識へと至る方法です。言い換えるならば、歴史的現実である現在の特徴を到達点として、そこへ至るプロセス全体をとらえる世界史的問題、さらには資本主義経済を超える人類史的問題が提起されています。逆に、21世紀初頭この世界史的到達点こそが、人類史的問題を提起する独自性を有していると言えます。

　この特徴は、「増補版」の第一部のタイトルである「新情報革命・新産業革命と新資本主義の登場」に示されています。21世紀へ至る国際金融市場の転換、ソ連型社会主義体制崩壊の考察は、あくまでも第一章「二つの世界戦争とその戦後産物としての現

代資本主義の登場」の枠内の展開です。そして、金ドル交換停止とオイルショック以降の現代資本主義の基軸産業における、大量生産システムの再編成という現実問題に力点が置かれています。その場合、世界市場と基軸産業やその生産システムとの連関関係が問われます。

金ドル交換停止後の世界市場資本主義の組織原理

「金ドル交換停止後の世界市場」の特徴が考察されている箇所は、第一章、第三節「現代資本主義の生産力的特質とその基軸産業」であり、旧版におけるドル基軸体制の崩壊による大不況ではなく、過剰ドルによる世界インフレ進行の実態を、世界市場商品間の問題として考察されています。その実態は、「世界市場内の諸商品に対する中央銀行券の不均衡な減価」であり、石油価格の高騰の意味が、世界市場商品による基軸為替の逆評価という世界市場問題として提起されています。つまり、市場で最も要求される一般的商品が、準備貨幣的商品となり、石油商品が逆にペーパーマネーである基軸通貨の「価値を尺度する実質的貨幣」として機能している点が強調されています。

これは、『資本論』の価値形態論の「一般的価値形態」に関する問題ですが、一般的等価形態の商品が準備貨幣的商品となることは、1990年代以降、アジア金融危機を通して、商品市場や金融商品の先物取引やヘッジ取引が常態化した世界市場の現実においても、理解可能であることになります。むしろ為替市場と連動した金市場・商品市場における貨幣の流動化、短期資金の流動化という現在の問題が、原理的問題を提起していると言えます。

基軸通貨や世界市場商品の意味は、国民経済の側から見ますと、国際収支における決済準備金（金準備・外貨準備）の必要や保有という国民経済の存続条件であり、その獲得には、輸出産業を代表する基軸産業の輸出製品の世界市場商品としての国際的な競争力が、資本主義的内部蓄積の前提となります。

岩田先生は、この決済準備金の世界市場における前提条件としての性格、資本主義経済の生存条件としての性格を、本書に収められた「経済学原理論序説」（1990年）において既に主張されていました。ただし、「増補版」では「資本主義経済の組織原理」への変化がより明確になっています。つまり、旧版のように宇野原論や方法論との対話や批判的考察ではなく、また資本論体系を現状分析に直接適応させるのではなく、あくまでも現状の世界構造とその世界史的意味や独自性を明確にして、それによって資本主義の組織原理を再考するという問題設定と言えます。

さらに資本＝企業組織体における、貨幣準備の重要性が問題になりますが、それにつ

いては、ソ連型社会主義の崩壊、中国企業改革を通した企業組織体の理論的考察が行われています。

ソ連型社会主義の実態と企業組織の実体（ENTITY）

ソ連型社会主義のその実態は、戦時統制経済を基礎とする国家資本主義的な管理統制機構であり、資本主義世界システムの一構成要因にとどまる、という結論を出されています。さらに、現代資本主義の基本性格は、その生産力の基礎を機械機器産業が主導する現代製造業による大量生産システムとする限り、戦後産物としての戦時統制経済における国家資本主義的性格を引き継ぐ点に集約されます。その意味は、企業の国有化は、企業組織の資本主義的性格を、実態として廃棄し得ないということです。

ソ連型社会主義崩壊のこの総括は、1980年代後半以降の中国の経済改革との比較関係に置かれ、中国実体経済の拡大発展の現状に対する理論的研究を通して可能になったと言えます。中国華東師範大学国際金融学院との共同論文集に収められた「株式会社制度と国際金融市場」（『立正大学 経済学季報』特別号「中国経済改革と国際金融市場」1999年3号）では、中国の実体経済の中心となる、電力消費量や貨物輸送量の拡大、素材産業・製造業の生産拡大の現状を確認しつつ、中国企業改革を通した、企業の法人化の課題と会計主体としての企業独立化の理論的問題が考察されています。すなわち企業法人、会計主体としての企業が、資本主義的所有関係の本質である、という問題提起です。

企業の法人化は、出資者・設立者の権限と企業それ自体の権限を法制度的に分離するものであり、会計主体としての企業は、その現実的維持再生産条件を「企業の債権・債務関係に対する充分な決済準備金の保有」として、現金・預金だけではなく固定設備や原材料在庫、換金性のある商品在庫が保持しています。この条件は、『資本論』第二部の資本循環論における三つの循環側面に対応するものであり、企業活動の一定の基準時点で総括的に表したものが、貸借対照表・バランスシートであることです。

「増補版」においては、バーリー＆ミーンズの『現代株式会社と私有財産』が批判的に検討され、株式会社における法人企業それ自体が独自の実体（ENTITY）を持ち、現実には出資者である株主は二次的な存在であり、経営の実権を持つ取締役会の機関が、企業の債権債務の全資産に対する無限責任を課されていることが、強調されます。したがって、企業の国有化とは、経営機関は維持され、株主の地位に国家を置くものに過ぎないと言えます。

この法人企業の実体性や現実的維持再生産条件にしたがうならば、資本主義的所有主体は企業自体であって、自然人としての個人やその集合体としての資本家階級では

ないということになります。逆に企業経営をどのような集団が担っていようと、あるいは労働者集団が経営権を持って担ったとしても、資本主義的所有の性格は変わらないと言ってよいでしょう。このことは、『資本論』における資本は企業組織自体であり、資本家はその担い手に過ぎないということであり、資本―賃労働関係の階級間対立という伝統的マルクス理解への鋭い批判点になっています。

他方で、企業組織体の債券債務としての資産である固定設備や原材料在庫、商品在庫に対して、同時に労働過程・生産過程の現場における直接的な維持管理・再生産に必要になる集団的な労働の機能性、普遍性が問われています。これは労働過程におけるコミュニティの問題として後ほど論じます。

最終的に、ソ連型社会主義の崩壊の実態は、資本主義世界システムの一構成要因としての国家資本主義の崩壊であり、その国家資本主義の困難は、先進国の基軸産業における再編圧力と同じ問題として位置づけられています。したがって、現代資本主義の生産力の基盤となったアメリカ型大量生産システムの成立とその再編自体へ論点が絞られています。

産業革命としての現代製造業の独自性

「増補版」、第一部の本論である第二章「新産業革命の開始と現代資本主義の分極化」では、その主題が現代資本主義の生産力の質的転換と位置づけられ、現代製造業の大量生産システムの再編の中心は、グローバルな「分散・並列ネットワーク」への生産システムへの転換であり、新情報革命によって組織される21世紀新産業革命として提起されています。

言い換えるならば、旧来のアメリカBIG3の内製的な垂直統合型の生産システム、そしてIBMに代表される大型機情報処理による中央集権型企業管理システムから、シリコンバレーの新興企業と台湾・中国華南の生産・設計委託企業に代表される、グローバルな水平分業型の生産システムとパソコン以後のリアルタイム処理による生産組織単位や事業所単位のネットワークシステムへの転換と言えます。「現代資本主義の分極化」とは、この両者の質的に異なる生産力基盤、産業編成、企業組織編成への分極化を意味しています。そして後者による前者への再編圧力とされます。

ここで、新産業革命の方向性をとらえる前に、現代製造業の大量生産システムの登場と確立期の世界史的意義を確認しておきます。

岩田先生の第二次大戦後のアメリカを主軸とする世界システムの確立期の考察は、「『マルクス経済学の現代的課題』の刊行を記念して――河村シナリオと宇野段階論に

寄せる」(『アソシエ』13号、2004年4月号)において、河村哲二先生の『第二次大戦期アメリカ戦時経済の研究』(御茶ノ水書房、1998年)における問題提起を受けて展開されています。20世紀初頭、アメリカ大衆車市場を形成するフォードシステムは、互換性部品製造と内製型・垂直統合システムとして登場して、戦時経済を通し、中小部品メーカーや他の業種へ波及することで一般的なアメリカ型大量生産システムの1950年代の確立期が示されています。

ここで注目すべき点は、産業革命の内容規定の問題です。アメリカの自動車産業は、従来の内陸型重工業とは異なる産業系列として登場する新興産業であり、その地理的・地域的独自性を強調されています。それは、イギリスのランカシャー地域の綿工業が、それ以前の羊毛工業とは異なる地域と生産の発展系列から登場した事と同様にとらえられます。

また現代製造業の生産システムとしての独自性は、機械加工組立産業と電気・電子機器産業として多種多様な部品生産とそのアセンブルであり、内陸型の重工業を素材・装置型の産業へ再編するだけでなく、重工業のような固定設備や原材料の規模・重量に制限される一極集中型ではなく、部品生産の地域的分散型の分業システムとして成立することです。

現代的表現に置き換えると、サプライチェーン(供給網)のネットワーク化ですが、本書所収の共著論文「3.11後の世界と日本資本主義が直面する問題」(2011年)では、東日本大震災が提起した、自動車産業が直面する電子制御系部品の拡大と部品サプライチェーンのグローバルネットワーク化が主題となっています。以上の産業革命としての現代製造業の生産システムの登場によって、重工業を基礎とする古典的帝国主義段階の世界史的地位は、過渡的なものにとどまります。

「増補版」では、フォードシステムの資本蓄積過程による社会的再生産拡大の理論的問題が提出されています。レギュラシオン派を始めとする一般的な「大量生産―高賃金―大量消費」の消費・需要主導型の循環モデルは、過少消費説の裏返しの表現に過ぎず、アメリカ型の大量消費の特徴は、大手メーカーのメンテナンスやローンの販売・金融サービスによる消費拡大であり、フォードの高賃金体系も労働コストを上回る、製造工程内部の技術的生産性上昇という供給・生産要因が強調されました。

ここでは、投資の自己拡大による生産・供給主導型が、資本主義的蓄積過程の本質であるという原理的問題が提起されています。ケインズの『一般理論』におけるセー批判と有効需要の問題提起に対して、リカード理論批判につながる過少消費説ではなく、「投資の構造的停滞」という現代資本主義の特殊な要因を前提とした論点であり、

欧米先進国製造業や従来の重工業などの設備投資減退に対する政府投資の課題、という位置付けが行われました。

繰り返しになりますが、最晩年の岩田先生は、上述した世界史的現実としての資本主義の到達点から、『資本論』体系の意味を問われましたが、特に資本蓄積過程における産業実体の投資拡張と金融市場の連関関係を常に強調されていました。2008年のアメリカ金融危機においても、住宅産業や自動車産業の停滞との関連を重視されています。(本書の『情況』座談会)その点を明確にした上で、仮想化する国際金融市場を担う欧米資本主義と世界の実体過程を担う中国・アジア資本主義との分極化が、世界構造の特徴として示されています。

生産システムからコミュニティへ

新情報革命が組織する新産業革命の特徴と方向性に話しを戻しますと、21世紀に入り、世界の工場から巨大な世界市場として変化した中国の登場とアジア資本主義の再編は、欧米の製造業を巻き込む主要因となっています。更に、登場したその他の新興国が、資源・エネルギーの巨大消費国となった中国への供給拠点と変化するなかで、世界的な環境負荷も生じています。そのことが、オイルショック以来の先進国製造業の産業・企業内部の技術革新を超える困難な問題となり、今日のICT（情報コミュニケーション技術）が登場していることが特に重要です。その点で、「増補版」のシナリオは、先を見越した鋭い問題提起であったと思われます。

新情報革命の主役は、パソコン登場後の分散型ネットワークシステムによる情報処理システムであって、大型機コンピューターによる一極集中的情報処理システムに対するグローバルな汎用性や競争力における優位性です。その中心となる、アメリカ西部のカリフォルニア、シリコンバレーを中心とするICT産業は、東部に集積する電子・電気機器メーカーや中部の自動車メーカーとは異なる産業系列として発展しています。

シリコンバレーの地域的産業の女性研究者であるアナリー・サクセニアンは、『現代の二都物語』(日経BP、原著1994年)、『最新・経済地理学』(日経BP、原著2006年)において、以上の点を明らかにしています。サクセニアンは、シリコンバレーのハイテク産業の地域的集積の優位性やその原動力を、伝統的なアメリカ個人主義やベンチャー企業精神ではなく、技術者・労働者の「コミュニティ」のネットワークとして強調しています。(余談ですが、Appleの創設者であり開発者であったウォズニアックは、ジョブスとHPの工場ラインで出会ったそうです。)さらに、台湾・中国、インドなどの新興国のデジタル機器やネットワーク通信産業の特徴として考察を行っています。

岩田先生は、サクセニアンの地域産業コミュニティ論、技術者コミュニティ論を高く評価され、『世界資本主義Ⅱ』のシナリオにおける基本項目として明示されました。(「解題」の本表紙をご参考ください。) 元々、戦前の勤労動員では兵器工場の修理部門で働かれ、工作機械に非常に関心が高く、ご自宅に小型の旋盤機械を置かれ、パソコンについてもMS-DOSの時代から自作をなさるほどの理科系タイプの方でしたので、ハードウェアからソフトウェアの時代への変化に対して、非常に柔軟で現実的感性をお持ちでした。

　そのご経験から、岩田先生の労働過程における労働者のコミュニティの含みのある原理的規定は、生産設備や製品に対する維持管理、再生産に関わる機能的な目的意識性を持った集団労働、技術的分業・協業関係に基づく規定と言ってよいでしょう。

　現在、パソコンやデジタル機器における基幹部品の電子制御化、モジュール化、独立化が進み、自動車に代表される機械機器産業にも波及しつつある中で、組立ラインの自動化が進む部分と基幹部品の設計レベルの協業(コラボレーション)が進む部分とに分かれつつあります。更に自動運転といった、道路状況を読み取る情報処理の人工知能技術が展開しつつあり、基本ソフトウェアやプラットフォームにおいて主導するICT企業との協業が進む可能性が高くなっています。その意味で、『資本論』体系における機械制大工業による全面的機械化の想定には大きな難点が生じます。したがって、晩年の岩田先生の研究対象は、資本の生産過程の原理的規定から離れ、現実の製造業の再編問題となるグローバルな分散型の生産システムへと変化しました。

社会の基礎単位であるコミュニティの実体性と生体的・情報的言語の問題

　以上のようなコミュニティの性格は、いわゆる原始共産制の理念とは異質な現実的、日常的な規定性になります。「共同体」という翻訳も市民社会の平等の理念から逆算された、近代ヨーロッパ的発想に基づくものであって、近代ヨーロッパの知識人であるマルクスもそれを免れることができなかった、と評価が変わりました。

　そこから、『世界資本主義Ⅱ』においては、唯物史観に代表されるヨーロッパ社会を理念とする普遍的社会発展のモデルではなく、動物集団のテリトリーに始まり、定住農耕の農業社会の展開を通して、社会的基礎単位のコミュニティの実体性を明らかにして、中国史を例解とするコミュニティ、国家、商品経済の相互関係として人類史を再検討するシナリオになっています。そこでは、経済学を超える現代の生物学・動物学、考古学・人類学の全体論を援用することが予定されていました。

　既に、増補版『世界資本主義Ⅰ』において、21世紀新産業革命による生産力の質的転換を、物理化学的生産力から生物学的、言語的・情報的生産力への転換として提起

最晩年の岩田先生から学ぶ
田中裕之

されています。生物系への生産力の接近は、遺伝情報、生物多様性、多細胞生物の細胞間接触などの現代生物学の研究からの援用によって「端緒的に留まる」と位置づけられています。その接近は、アナロジーと解釈することも可能です。

しかしながら、今日の産業界では、多様な物理化学現象を、デジタル言語処理で認識するセンサーによるモノのインターネットIoT (Internet of Things) の時代へ突入し、膨大化するデータの解析に人工知能とそれを搭載した人間頭脳型コンピューター、人型ロボット、動物型ロボットの研究状況が進んで、企業のR&D投資が拡大しつつあります。

それは機械化＝自動化によって人間の労働を奪う面がありますが、重要なことは、人間の頭脳・思考の働きを、「情報処理」として「特徴量」や「ディープラーニング」へと応用できる部分と人工知能が判断し得ない人間の価値判断における独自性が、今後社会において研究され明らかになる（松尾豊『人工知能は人間を超えるか』角川選書、2015年）、ということです。それは、岩田先生の提起した言語情報処理としての文字言語＝思考言語といった、問題のより具体的かつ現代的課題と言えるでしょう。また先生とは異なる研究領域や研究方法から同じような結論にたどり着いている研究（栗田子郎『進化生物学入門』講談社学術文庫、2013年）も、生物学や動物学の領域において増大していく可能性があります。

岩田先生は、言語を集団内の個体認識として規定され、高度な頭脳を持つ動物集団においても、思考言語として機能していると主張され、動物テリトリー＝コミュニティと人間コミュニティの同質性と異質性について、研究されていました。奥様を亡くされた後も、40年以上飼っていたオウム科のヨウムは、先生の研究対象であると同時に大事な家族の一員だったようです。

最晩年の先生は、介護ヘルパーさんやマンション内の主婦との会話も楽しまれ、気さくで激高することのない穏やかなご性格でした。ヘルパーさんから「可愛い」と言われていることに、私が戸惑うこともありましたが、先生は政治組織運動の男性的思考原理から、コミュニティを担う女性的行動原理を評価する方向へ変わられ、戦後の地域闘争において主婦、女性集団が担っていた面は評価されていました。運動の自然発生性を基礎として、現代世界で起こる運動のネットワークコミュニケーションの拡大にも関心をお持ちで、集団における個々の目的意識性、全体の中の独立性を持たざるを得ないと言われました。「市民社会の理念的な個人ではなく、現実の個人は多種多様なコミュニティに関わっているものだよ。」と笑みを浮かべて仰られた先生の姿が忘れられません。研究はもとより、現代世界の激変に対応する、自己の内的原理の重要性をご教授いただきました。あらためて御礼を申し上げます。

岩田弘先生著作目録

著作

- 経済学原理論　上　鈴木鴻一郎編　1960年、下　1962年　東大出版会（特にその序論などは岩田世界資本主義の原点）
- 世界資本主義　未来社　1964年
- マルクス経済学上　盛田書店　1967年（のちに風媒社）
- マルクス経済学下　盛田書店　1969年（のちに風媒社）
- マルクス主義の今日的課題——現代革命論入門　林書店　1966年
- 現代国家と革命　現代評論社　1971年
- 資本主義と階級闘争——共産主義Ⅰ——　1972年　社会評論社
- 同上　1983年　新序文を付して批評社から再刊行
- 同新装版　1989年　批評社　副題を資本・労働・世界資本主義に変更、英文では、Capitalism, Class Struggle and Revolutionと表記し、次の著作と同時に刊行
- 現代社会主義と世界資本主義　共同体・国家・資本主義　批評社　1989年
- 世界資本主義——新情報革命と新資本主義の登場——批評社　2006年
- 現代の偶像⑯　宇野弘蔵……イデオロギー病の克服者　朝日ジャーナル　1968年12月29日
- 三〇年代とフランス五月危機　危機に立つ現代帝国主義（二）　情況　1969年4月号
- 世界資本主義の現段階　社会科学　16号、経済往来社　1969年12月
- レーニン党の原理とその検証（菊池昌典、津田道夫との座談会）構造　1970年4月号
- 階級・国家・民族・イデオロギー　マルクス主義国家論の根本問題　構造　1970年7月号
- 現代国家の歴史的地位——階級・国家・民族・イデオロギー（二）　構造　1970年11月号
- 権力闘争とは何か——工場占拠・二重権力・武装蜂起・工場占拠　風媒社　1971年
- 工場占拠と統一戦線戦術　「権力」編集委員会　風媒社　1971年
- 理論・実践・イデオロギー　情況　1971年5月号
- 宇野弘蔵をどうとらえるか　芳賀書店　1972年11月
- 資本主義の現在と経済学の問題（大内秀明との対談）現代の眼　1973年1月号
- 米国の孤立とマイホーム主義　現代の眼　1973年4月号
- 国際通貨危機と社共連合の台頭　現代の眼　1973年5月号
- 『資本論』の方法と国家（玉城哲、山下正明と鼎談）　国家論研究　3号　1973年7月
- 資本主義はどこへ行く　世界政経　1973年7月号
- 帝国主義と国家——降旗節雄氏の批判に寄せて——　国家論研究　4号　1974年3月
- チリにおける革命と反革命　近畿大学学術講演集　1974年4月
- 労賃について㈠　立正大学「経済学季報」24巻2号　1974年11月
- 資本主義の世界性と国民性　宇野弘蔵著作集別巻月報　岩波書店　1974年
- 唯物史観と経済学、セミナー経済学教室一所収　日本評論社　1974年
- 宇野経済学　科学的自立の不幸な逆転　流動　1975年4月
- 戦後通貨体制崩壊の現局面　情況　1976年3月号
- 自主管理闘争・自主管理社会主義・多党制　労働者管理と社会主義　1975年5月　社会評論社
- 現代資本主義論のジレンマ　現代の眼　1976年4月号
- 現代世界資本主義の魔性　現代の眼　1976年5月号
- 共同体・国家権力・資本主義——対談『『資本論』体系と国家の論理』を読んで——　国家論研究10号　1976年10月
- 『資本論』と資本主義——共同体・国家権力・資本主義Ⅱ——　国家論研究　11号　1976年12月
- 帝国主義が提起した理論問題、——共同体・国家権力・資本主義Ⅲ——　国家論研究　12号　1977年3月
- ヒルファーディング・レーニンの歴史的地位——共同体・国家権力・資本主義Ⅲの二　国家論研究　3号　1977年6月
- 労賃について㈡　立正大学「経済学季報」27巻1号　1977年7月
- 宇野三段階論と資本主義像——共同体・国家権力・資本主義Ⅲの三——　国家論研究　14号　1977年8月
- "限りある地球"の再生産構造（湯浅赳男との対談）　現代の眼　1977年8月号
- 宇野理論の歴史的地位　現代の眼　1977年9月号
- 現代世界分析への視座——宇野理論の歴史的地位（二）——　現代の眼　1977年10月号
- 社会主義の世界的崩壊とマルクス主義　流動　1977年12月号
- 共同体—階級—共産主義——現代の思想的拠点とは何か——　太田竜、蔵田計也と討論　流動　1977年12月号
- 資本主義の世界史的発展と国家権力——共同体・国家権力・資本主義Ⅲの四——　国家論研究　16号　1978年5月
- 商品・貨幣・資本形態論と宇野原理論——共同体・国家権力・資本主義Ⅲの五——　国家論研究　17号　1978年7月
- 労賃について㈣　立正大学「経済学季報」28巻1号　1978年9月
- 一九三〇年代の政治と経済　経済学批判5　1979年1月　社会評論社
- コミュニズムの根拠と目標は何か　現代の眼　1979年6月号
- マルクスの理念と現在　菊池昌典、竹内芳郎、廣松渉と　第三文明　1979年6月号
- 世界不況と世界インフレ——一九七〇年代の歴史的特殊性——　日本財政経済研究月報26巻7号　1979年7月
- 国家資本主義の組織化の全世界的破綻——これを八〇年代はどう突破するか——　インパクト　4号　1980年1月（内容は中国革命の挫折と現代世界）
- 自主管理社会主義の根拠を問う　流動　1980年8月号
- 六〇—七〇年闘争をどう総括するか——ソヴェト・コンミューン革命とレーニン・トロツキー主義——　流動　1980年10月号
- ソ連経済の行きづまりと現代資本主義　日本財政経済研究月報　28巻4号　1981年4月

- 自主管理社会主義の根本問題　自主管理社会主義 4 号 1981 年 4 月
- 自主管理社会主義——その世界的背景と問題点——　立正大学経営論集 23 号 1981 年 12 月
- マル経・宇野理論——大内力氏の社会主義論に寄せて　現代の眼 1982 年 2 月号
- 現代社会主義と賃労働　立正大学「経済学季報」31 巻 3・4 号 1982 年 3 月
- 特殊ヨーロッパ的な世界系としての資本主義——ウォーラーステイン『近代世界システム』　ポランニー『大転換』に寄せて——　国家論研究 21 号 1983 年 2 月
- 現代社会主義の根本問題　マルクス経済学の現在　社会評論社 1986 年 6 月
- 中野先生から学んだこと——質的規定性と量的規定性　『中野正先生追悼集』1986 年
- 現代世界の諸問題——それは何を提起しているか——　立正大学「経済学季報」36 巻 4 号 1987 年 3 月
- 世界システムとしての資本主義——唯物史観と『経済学批判要綱』の「序説」——　立正大学「経済学季報」37 巻 1 号 1987 年 5 月
- 共同体・国家・資本主義㈠——『経済学批判要綱』における先行諸形態論の地位——　立正大学「経済学季報」37 巻 2 号 1987 年 7 月
- 共同体・国家・資本主義㈡——アジアの共同体、古典古代的共同体、ゲルマン的共同体——　立正大学「経済学季報」37 巻 3 号 1987 年 11 月
- 資本、土地所有、賃労働、近代国家㈠——『資本論』原始的蓄積論の根本問題——　立正大学「経済学季報」37 巻 4 号 1988 年 3 月
- 資本、土地所有、賃労働、近代国家㈡——原始的蓄積と近代国家——　立正大学「経済学季報」38 巻 2 号 1988 年 1 月
- 資本、土地所有、賃労働、近代国家㈢補論Ⅰ「資本主義的時代の発生史」と近代的土地所有　立正大学「経済学季報」38 巻 3 号 1988 年 12 月
- 資本、土地所有、賃労働、近代国家㈣補論Ⅱ　明治維新と地租改正　立正大学「経済学季報」38 巻 4 号 1989 年 3 月
- 資本、土地所有、賃労働、近代国家㈤補論Ⅲ　ヴェラ・ザスーリッチの質問とマルクス——　立正大学「経済学季報」39 巻 1 号 1989 年 6 月
- 資本、土地所有、賃労働、近代国家㈥——資本主義の人類史的地位——　立正大学「経済学季報」39 巻 2 号 1989 年 9 月
- 経済学原理論序説㈠——世界システムとしての資本主義とその経済的組織原理——　立正大学「経済学季報」39 巻 4 号 1990 年 3 月
- 経済学原理論序説㈡——世界資本主義の自己組織学としての経済学原理論——　立正大学「経済学季報」40 巻 5 号 1990 年 11 月
- 資本主義の経済的組織原理㈠　世界市場と貨幣　立正大学「経済学季報」41 巻 1 号 1991 年 9 月
- ソ連社会主義の崩壊とヨーロッパの市場的再編成——ヨーロッパはその歴史的ダイナミズムを回復しうるか——　状況と主体 1991 年 10 月号
- 資本主義の経済的組織原理㈡　世界商業・貨幣市場・国民経済・大工業　立正大学「経済学季報」41 巻 2 号 1992 年 1 月
- 資本主義の経済的組織原理㈢　資本主義の大工業としての資本主義生産　立正大学「経済学季報」41 巻 3・4 号 1992 年 3 月
- 資本主義の経済的組織原理㈣　資本主義の大工業としての資本主義生産　立正大学「経済学季報」42 巻 1 号 1992 年 7 月
- 資本主義の経済的組織原理㈤　資本主義の大工業としての資本主義生産　立正大学「経済学季報」42 巻 4 号 1993 年 3 月
- 全ヨーロッパの市場的再編とアジア産業の台頭——ダウンサイジング・ネットワーク革命と産業システムの世界的変化——　立正大学「経済学季報」43 巻 2 号 1993 年 10 月
- 欧州の市場再編とアジアの台頭——それは世界資本主義の新段階の開幕を意味するのか——　情況 1993 年 12 月号
- 叛乱型運動の普遍性と二一世紀——全共闘はどのような本質問題を提起したか——　情況 1993 年 12 月号
- 資本主義の経済的組織原理㈥　資本主義生産の内的矛盾　立正大学「経済学季報」44 巻 2 号 1994 年 11 月
- 株式会社制度と国際金融市場（1）立正大学「経済学季報」特別号（華東師範大学との共同論文集）1999 年 3 月
- 『帝国』と現代資本主義の諸相（降旗節雄との対談）　情況 2004 年 1・2 月合併号
- 『マルクス経済学の現代的課題』（全九巻）の刊行を記念して——河村シナリオと宇野段階論に寄せる——　アソシエ 13 号 2004 年 4 月
- 現代世界における二つの世界恐慌——一九二九年恐慌と二〇〇八年恐慌——を比較する　情況 2009 年 10 月号

鼎談・対談

- 世界資本主義と近代世界システム（聞き手 柄谷行人）「批評空間」Ⅱ期 20 号　太田出版 1999 年 1 月
- 侘美光彦、伊藤誠、岩田弘鼎談　現代資本主義と世界大恐慌——㈠現代資本主義はどのように世界大恐慌を回避したのか　㈡世界大恐慌の条件は熟しているか　㈢二〇世紀の世界史の総括と人類史的課題——　情況 2002 年 4・5・11 月号
- 降旗節雄・岩田弘対談　現代資本主義と宇野経済学——㈠戦後資本主義は最終段階を迎えつつあるのか　㈡現代資本主義と宇野経済学　㈢IT 革命と情報化社会　㈣現代資本主義と宇野経済学　二〇世紀をどう総括するか——　情況 2001 年 7 月号
- 降旗節雄・岩田弘対談　ネグリ&ハートの『帝国』と現代資本主義の諸相　情況 2009 年 1・2 合併号
- 岩田弘・五味久壽・矢沢国光　鼎談 始まった世界恐慌、その歴史的意義を問う　情況 2009 年 1・2 月合併号
- 岩田弘・五味久壽・矢沢国光　鼎談 アメリカ金融危機が意味するもの——二九年型世界大恐慌は始まったのか——　情況 2009 年 4 月号

岩田弘先生年譜

- 1929年　三重県鈴鹿市に生まれる（2月22日）
- 1941年　三重県立神戸中学校入学（1945年卒業）
- 1947年　名古屋経済専門学校入学（1950年卒業）
- 1950年　名古屋大学経済学部入学（1953年卒業）
- 1954年　東京大学大学院社会科学研究科修士課程入学（1956年卒業、論文テーマ［貨幣と資本］）
- 1956年　同理論経済学専攻博士課程入学
- 1961年　同上単位取得満期退学、法政大学短期大学部非常勤講師（経済原論）
- 1962年　立正大学経済学部講師（経済原論）
- 1963年　同上助教授
- 1965年　経済学博士（東京大学）授与（論文テーマ「資本主義の歴史的発展と理論体系」）
- 1966年　立正大学経済学部教授（経済学原理・経済政策）
- 1979年　立正大学経済学部教授辞任（5月31日より経済研究所嘱託勤務）
- 1980年　立正大学経済学部教授
- 1999年　立正大学経済学部退職
- 2012年　逝去（1月30日。享年82歳）

あとがき

五味久壽

　岩田の没後すでに足掛け4年になる。ここに『岩田弘遺稿集──追悼の意を込めて』が、ようやく刊行できる運びとなった。編者としては「刊行にあたって」で述べたように、できれば岩田が意図していた『世界資本主義Ⅱ』ないしその遺稿を中心に置く形で刊行したかった書物であるが、岩田が「中国は一筋縄ではいかない」と口にしていた難しさによって、岩田自身が仕上げた文章の量が少なかったため、この表題とすることはできなかった。このことが残念である。
　また単に『岩田弘遺稿集』と題することは、21世紀（岩田にとっての70歳代以降）に入ってからの岩田の著作が多いとは言えない上に、ほとんどが「情況」などの雑誌にすでに一度発表されたものであるため、これも表題としてふさわしいとは言い難かった。
　したがって、本書の『岩田弘遺稿集──追悼の意を込めて』という表題は、整っていないものではないかという印象をお持ちになる読者もおられるであろう。この不整合は本書の内容からくるものであり、読者のご寛恕を乞う次第である。
　本書は、第1部「岩田弘と世界資本主義」、第2部「「世界資本主義」の現局面をめぐる鼎談」、第3部「追悼 岩田弘先生」の3部分から構成されている。

　第1部「岩田弘と世界資本主義」は、未完成に終わった『世界資本主義Ⅱ』のプランと岩田弘における「世界資本主義」理解の変遷とについての編者の解説、および『世界資本主義Ⅰ』と『世界資本主義Ⅱ』の執筆の前後に岩田によって書かれた二つの論考を収録した。後者の「3.11後の世界と日本資本主義が直面する問題」は、田中裕之との共著論文であるが、岩田の遺稿となった。
　もちろん岩田は、『世界資本主義』の著者であるだけでなく「経済学原理」の研究者である。著作目録に示されているように、岩田には1990年代において「経済学原理論序説（一）（二）」と「株式会社制度と国際金融市場(1)」などの著作があり、編者から見て岩田が現実の動向に触発されて初めて書くことができた原理論（特に決済市場に

注目して信用論の考察を進める)に関する興味深い内容を持っているが、どちらも未完のまま中断された。

本書に収録されていない「株式会社制度と国際金融市場(1)」、次の第2部における「鼎談　侘美光彦＋伊藤誠＋岩田弘(司会)」の最後に置かれた岩田自身の補足の内容に反映されている(3回に分けて「情況」に掲載されたが、2002年4月、5月の後の3回目が11月に時期がずれ込んでいるのは、岩田が座談会の内容を大幅に書き直し、補足の部分を執筆するのに手間取ったためであったと記憶する)ので、ご参照いただきたい。

ちなみに岩田は、原理論の分野に関してはよく「二人のマルクス」、「二人の宇野さん」という言い方をしており、相手を批判するためにはまず相手の評価すべきところを見出してその位置づけを与えなければならないと言っていた。結果から見れば、岩田は、『マルクス経済学(上)』を『資本主義経済の原理』という表題に改めて資本主義経済の組織方法を説こうとしたが、これが岩田「世界資本主義論」であると定式化した著作は残さなかった。岩田がこうした理由については本書で述べたとおりである。

第2部「「世界資本主義」の現局面をめぐる鼎談」としては三つを収録した。すでに発表されてから時間も経過し「世界大恐慌」ではなく「リーマン・ショック」程度のものであったが、再録したのは、次のような理由からである。岩田は、文章を仕上げることに対する意識が強すぎたことはすでに述べたが、その反面としてよく【駄法螺経済学】と自称していたように座談を好んでいた。つまり、岩田は対談形式や座談会形式を通してそうした意識の束縛から解放されることを知っており、鋭い問題提起を行い、世界資本主義の現局面の特徴に対する的確な表現を新しく思いついたりする結果になったからである。それゆえ、岩田のいわば本音に近いものがよく出ていることに注目した。

鼎談　侘美光彦＋伊藤誠＋岩田弘(司会)「現代資本主義と世界大恐慌」において、岩田は司会者の役割に自己限定すると言っているが、岩田が司会者としての才能を持ち合わせていること、鼎談をどのように持っていくかについてあらかじめ計画したところ、また成り行きに任せてはいるが、同時に触発されて自己の見解を発言したことが反映されている(なおこの鼎談は、世界資本主義分析フォーラムというサイトで全文を読むことができる)。

さらに言えば、侘美と伊藤という岩田の次の世代と岩田との間には、「原理論」と「社会主義」に対する理解に相違があることも見て取ることができる。

もう一つの鼎談は、岩田の新情報革命・新産業革命による現代的生産力の「生体システムへの端緒的接近論」の主張と、それに対するかつての岩田のとった世界資本主

あとがき
五味久壽

義分析方法への復帰を要求する矢沢国光氏による反発が示されている。また岩田の中国とコミュニティに対する理解も示されている。

その後における画像処理技術の進歩とCPUの能力向上を土台として、自動車の自動運転や工場のロボット化、さらには社会全体のIOTなど、言語システムを基盤として自立的な組織相互がお互いに話し合って協調して行動するという岩田の言う生体システム的生産力への見通しが実現し始めている。ニコラス・ラーディは、中国が「国進民退」ではなく、「民進国退」であると言い、中国民間企業の担う中国巨大資本主義の発展力を評価している。そしてこれが、岩田のいうコミュニティの相互関係、さらにはコミュニティの内部関係をどう変えて行くのかは、たとえば中国のNPO活動に詳しい麻生晴一郎が言うように、2008年の四川地震以後の中国において「中国の国家はだめになっている」とする見方が広がることを通して中国で盛んになったNPO活動の中国社会に対する影響の評価を含めて、今後の課題であろう。

第3部「追悼 岩田弘先生」は、「追悼の意を込めて」という本書の一半の趣旨にかかわる。ただし、「岩田弘先生を偲ぶ会」編の「岩田弘 経済学と革命運動」と題するパンフレットとは区別して、岩田経済学をよく知っている大学関係の研究者の寄稿に限定した。寄稿者の顔ぶれが限定された結果として、岩田世界資本主義論が宇野経済学を内在的に批判しようとしたものではあってもその中の一部分であるという観を呈することになったかもしれない。

だが岩田は、経済学という領域から生物学や心理学といった他の学問領域にも関心を広げ、世界史的現実の観察者・記録者としての役割を果たそうとして真摯な研究活動を行った。しかも岩田の生きた時代は、ヨーロッパ・アメリカシステムが支配する段階から中国・アジアシステムが支配する段階への転換が次第にはっきりしてきており、岩田もそのことは十分に意識していた。岩田が提起した問題が心有る人によって再考されることを願うしだいである。

刊行に当たっては、『世界資本主義Ⅱ』の刊行を生前の岩田から委託されていた批評社のスタッフの絶大なご助力を得ることができたこと、さらに編者と共同して原稿集めにあたってくれた田中裕之（立正大学非常勤講師）の尽力が大きかったことを記して、あらためて感謝する次第である。なお田中裕之については、本書所収の追悼文「最晩年の岩田先生から学ぶ」の内容に反映されているように、2002年以降最晩年の岩田に師事し、最晩年の岩田の信頼を受けて文字通り親しくその謦咳に接しつつ薫陶を受け、その言行を最もよく知る人柄であることを特記しておきたい。

初出一覧

五味久壽「『岩田弘遺稿集――追悼の意を込めて』の刊行にあたって」……書き下ろし

第1部　岩田弘と世界資本主義
1. 五味久壽　解題「『世界資本主義Ⅱ』のプラン問題について」……書き下ろし
2. 五味久壽「岩田弘と『世界資本主義』とを振り返って」……書き下ろし
3. 岩田弘「グローバル資本主義とマルチチュード革命――ネグリ＆ハートの『帝国』に寄せて」……2003年4月26日の現代史研究会における発言を基にした書き下ろし
4. 岩田弘＋田中裕之「3.11後の世界と日本資本主義が直面する問題――現代型製造業のグローバルなネットワーク化と新情報革命の世界史的意味――」……2011年の8月前後に執筆された雑誌「情況」への未提出論文
5. 岩田弘「経済学原理論序説」――（一）世界システムとしての資本主義とその経済的組織原理……立正大学『経済学季報』第39巻第4号・1990年3月21日発行より収録
6. 岩田弘「経済学原理論序説」――（二）世界資本主義の自己組織学としての経済学原理論……立正大学『経済学季報』第40巻第2号・1990年11月20日発行より収録

第2部　「世界資本主義」の現局面をめぐる鼎談
1. 鼎談　岩田弘＋五味久壽＋矢沢国光「始まった世界恐慌、その歴史的意義を問う」…「情況」2009年1・2月合併号より収録
2. 鼎談　岩田弘＋五味久壽＋矢沢国光「アメリカ金融危機が意味するもの――29年型世界大恐慌は始まったのか」……「情況」2009年4月号より収録
3. 鼎談　侘見光彦＋伊藤誠＋岩田弘（司会）「現代資本主義と世界大恐慌」＊編集：五味久壽
　　第一部　「現代資本主義はどのように世界大恐慌を回避したのか」……「情況」2002年4月号より収録
　　第二部　「世界大恐慌の条件は熟しているか」……「情況」2002年5月号より収録
　　第三部　「20世紀の世界史的総括と人類史的課題」……「情況」2002年11月号より収録

4. 鼎談　大内秀明＋櫻井毅＋岩田弘（記録・田中裕之）「宇野経済学50年をめぐる座談会」……未発表のまま保存されていたものを収録
　　大内秀明　コメント「宇野・岩田論争」が提起したもの」……書き下ろし
　　桜井　毅　講演「岩田弘の世界資本主義論とその内面化論としての経済理論」……現代史研究会：於専修大学（2012年11月24日24）に加筆・訂正し収録

第3部　追悼　岩田弘先生
1. 伊藤誠「追憶の二重丸」……岩田弘先生を偲ぶ会編「岩田弘 経済学と革命運動」（情況出版、2012年4月）における論考「二重丸三つの岩田さん」に加筆・訂正し収録
2. 山口重克「岩田さんの人と学問」……岩田弘先生を偲ぶ会編「岩田弘 経済学と革命運動」（情況出版、2012年4月）における論考「岩田さんの人と学問」に加筆・訂正し収録
3. 河村哲二「岩田先生を偲ぶ」……岩田弘先生を偲ぶ会における講演をもとに加筆・訂正し収録
4. 福岡克也「岩田先生の追悼の意を込めて」……書き下ろし
5. 田中裕之「最晩年の岩田先生から学ぶ」……書き下ろし

岩田弘先生著作目録……岩田弘先生を偲ぶ会編「岩田弘 経済学と革命運動」（情況出版、2012年4月）に収録されている著作目録に加筆・訂正し収録

岩田弘先生年譜……岩田弘先生を偲ぶ会編「岩田弘 経済学と革命運動」（情況出版、2012年4月）に収録されている年譜に加筆・訂正し収録

あとがき　五味久壽……書き下ろし

編者略歴

五味久壽（ごみ・ひさとし）

1945年長野県に生まれる。67年東京大学経済学部卒業。73年同大学院経済学研究科博士課程満期退学。80‐2015年立正大学経済学部教授。立正大学名誉教授。博士（経済学）。著書に『グローバルキャピタリズムと世界資本主義』、『中国巨大資本主義の登場と世界資本主義』（いずれも批評社）がある。

岩田弘遺稿集
―― 追悼の意を込めて

2015年12月10日　初版第1刷発行

編　者……五味久壽

発行所……批　評　社
　　　　〒113-0033　東京都文京区本郷1-28-36　鳳明ビル102A
　　　　電話……03-3813-6344　　fax.……03-3813-8990
　　　　郵便振替……00180-2-84363
　　　　Eメール……book@hihyosya.co.jp
　　　　ホームページ……http://hihyosya.co.jp

装　幀……閏月社
組　版……字打屋
印刷所……モリモト印刷㈱
製本所……㈱越後堂製本

乱丁本・落丁本は小社宛お送り下さい。送料小社負担にて、至急お取り替えいたします。
ⓒ Gomi Hisatoshi 2015 Printed in Japan
ISBN978-4-8265-0633-5 C3033

JPCA 日本出版著作権協会　本書は日本出版著作権協会（JPCA）が委託管理する著作物です。本書の無断複写などは著作権法上
http://www.jpca.jp.net/　での例外を除き禁じられています。複写（コピー）・複製、その他著作物の利用については事前に日本出版著作権協会（電話03-3812-9424 e-mail:info@jpca.jp.net）の許諾を得てください。